Edmundo Tulcanaza

Avaliação de empreendimentos e recursos minerais

tradução | Cecília de Souza Leite Floresta

Edmundo Tulcanaza

Avaliação de empreendimentos e recursos minerais

tradução | Cecília de Souza Leite Floresta

Copyright © 2015 Oficina de Textos

Grafia atualizada conforme o Acordo Ortográfico da Língua
Portuguesa de 1990, em vigor no Brasil desde 2009.

Conselho editorial Arthur Pinto Chaves; Cylon Gonçalves da Silva;
Doris C. C. Kowaltowski; José Galizia Tundisi;
Luis Enrique Sánchez; Paulo Helene;
Rozely Ferreira dos Santos; Teresa Gallotti Florenzano.

Capa e projeto gráfico Malu Vallim
Diagramação Alexandre Babadobulos
Preparação de figuras Renata Prilip
Preparação de textos Hélio Hideki Iraha
Revisão de textos Ana Paula Ribeiro
Revisão técnica Arthur Pinto Chaves e Carlos Enrique Arroyo Ortiz
Tradução Cecília de Souza Leite Floresta
Impressão e acabamento Intergraf

Dados Internacionais de Catalogação na Publicação (CIP)
(Câmara Brasileira do Livro, SP, Brasil)

Tulcanaza, Edmundo
    Avaliação de empreendimentos e recursos
minerais / Edmundo Tulcanaza ; tradução Cecília
de Souza Leite Floresta. -- São Paulo : Oficina de Textos, 2015.
    Título original: Evaluación de recursos y negocios mineros

    Bibliografia.
    ISBN 978-85-7975-189-9

    1. Depósitos minerais - Métodos estatísticos
2. Empreendimentos 3. Indústria mineira - Aspectos
econômicos 4. Minas e recursos minerais -
Avaliação - Métodos estatísticos I. Título.

15-08220   CDD-333.85

Índices para catálogo sistemático:
1. Recursos e empreendimentos minerais :
Avaliação : Modelos econômico-financeiros
333.85

Todos os direitos reservados à Editora Oficina de Textos
Rua Cubatão, 959
CEP 04013-043   São Paulo   SP
tel. (11) 3085 7933   fax (11) 3083 0849
www.ofitexto.com.br   atend@ofitexto.com.br

PRÓLOGO À EDIÇÃO BRASILEIRA

Nos últimos quinze anos, os recursos minerais sofreram mudanças substanciais que, de uma forma ou de outra, tornaram possível a sua revalorização. Atualmente, são muitos os profissionais interessados na pesquisa e descoberta de corpos mineralizados, no desenvolvimento e exploração de minas, na viabilidade, construção e produção de novos depósitos minerais: os investidores, com as atentas observações do mercado; os trabalhadores, na esperança de melhores condições de vida; o Estado, com seus impostos e *royalties*; e as comunidades, com petições sociocomunitárias e a preocupação com a proteção ambiental. Todos desejam e se esforçam para conhecer os avanços conquistados no desenvolvimento de trabalhos que têm melhorado a qualidade de recursos e reservas, seus riscos, oportunidades, potencial e vulnerabilidade dos negócios em projeção.

Assim, é de suma importância que as informações levadas a *público* pelos profissionais da área reflitam confiabilidade, transparência e um claro respaldo. Portanto, desde as incertezas iniciais que permeiam os primeiros estudos geológicos até a declaração de reservas comprovadamente viáveis economicamente, há uma conjunção de trabalhos, conhecimentos, experiências, gestão e engenharia que aprimoram, por sua vez, o valor desses recursos e reservas.

É por esse motivo que esta edição conta com dois novos capítulos: "Certificação de recursos e reservas minerais" e "Valoração de recursos e reservas minerais".

Espero que as informações fornecidas por esses capítulos permitam que novos caminhos sejam abertos em meio aos árduos e complexos dilemas que nos desafiam constantemente no setor de empreendimentos minerais.

Edmundo Tulcanaza (edmundo@tulcanaza.cl)
Curaumilla, 8 de dezembro de 2014

SUMÁRIO

...A TÍTULO DE INTRODUÇÃO 9

PARTE I: DISTRIBUIÇÕES DE OCORRÊNCIAS MINERALIZADAS 13

1. Bases probabilísticas 15
    1.1 Eventos e probabilidades de ocorrências 15
    1.2 Algumas relações probabilísticas 16
    1.3 Exemplos 19

2. Distribuições e modelos 33
    2.1 O modelo binomial 33
    2.2 O modelo de Poisson 35
    2.3 O modelo normal 37
    2.4 O modelo lognormal 43
    2.5 Simulação de uma distribuição estatística 50

3. Análise multivariável 53
    3.1 Modelos de interdependência 53
    3.2 A interdependência de duas variáveis 57
    3.3 Análise multivariável 62

PARTE II: ESTIMATIVA DE RECURSOS *IN SITU*... *79*

4. Continuidade espacial **81**
    4.1 Continuidade espacial: variografia 81
    4.2 Desvios: erros e flutuações 98

5. Estimativa de recursos *in situ* *117*
    5.1 Estimativa: recursos *in situ* *117*
    5.2 Amostragem de material particulado 132

6. Distribuição e seleção mineral **143**
    6.1 Distribuições locais: recursos recuperáveis 143
    6.2 Valorização do empreendimento mineral:
          modelos econômico-financeiros..166

PARTE III: PLANEJAMENTO MINEIRO: A CONVERSÃO DE RECURSOS EM RESERVAS 175

7. Parâmetros técnico-econômicos 177
    7.1 Parâmetros a serem considerados no planejamento mineiro 177
    7.2 Formalismos técnico-econômicos para o desenvolvimento
        do desenho e planejamento mineiro.. 182

8. Estratégia e sequenciamento da extração mineral 191
    8.1 Otimização do empreendimento: estratégia de consumo das reservas 191
    8.2 Otimização do empreendimento por meio da análise de cenários
        alternativos e de acordo com a teoria de opções 200
    8.3 Modelos, planejamento da lavra e inventário de reservas 204

9. Declaração de reservas minerais...219
    9.1 A declaração do inventário de reservas minerais................................ 219
    9.2 Definição do complexo mineiro e valorização do empreendimento 221

PARTE IV: CERTIFICAÇÃO DE RECURSOS E RESERVAS 243
10. Certificação de recursos e reservas minerais 245
    10.1 Estudos realizados durante as etapas de exploração
         e desenvolvimento 246
    10.2 Fases de engenharia de um projeto de mineração................................. 248
    10.3 O relatório técnico de um projeto de mineração....................................252

PARTE V: VALORAÇÃO DE RECURSOS E RESERVAS............................. 263
11. Valoração de recursos e reservas minerais 265
    11.1 Padrões internacionais 265
    11.2 Valoração de propriedades mineiras 268
    11.3 Critérios para a tributação de propriedades mineiras 277

Referências bibliográficas 301

Sobre o autor 303

...A TÍTULO DE INTRODUÇÃO

Recursos e empreendimentos minerais

O empreendimento mineral se diferencia substancialmente de outras iniciativas, e uma das razões é a sua natureza.

No empreendimento mineral:

- Seus ativos estão – e permanecem por um bom tempo – associados a *encraves geográficos* distribuídos aleatoriamente no espaço e privilegiados pela existência de recursos geológicos de interesse comercial. Essa situação implica, por um lado, o *caráter probabilístico* que adquire a série de êxitos e fracassos em que desembocam a prospecção, a exploração e, finalmente, o desenvolvimento desses recursos; e, por outro, o *intenso esforço inversionista* requerido em infraestruturas, acessos e sustentabilidade do entorno ambiental.

- Seus parâmetros produtivos e aqueles de natureza econômico-financeira são configurados com base em *informações fragmentárias*, com as quais se devem *delimitar* as várias incertezas existentes sobre o recurso, *garantir*, por igual, objetivos de longo e curto prazo e *maximizar* os excedentes e a rentabilidade do negócio.

- Sua produtividade, em virtude do *paulatino esgotamento dos recursos minerais extraídos*, diminui natural e progressivamente com o tempo, fazendo com que a *produtividade futura do recurso, que em essência é exaurível e não renovável, dependa em grande medida dos recursos extraídos atualmente*.

- Seus resultados operacionais e econômicos exigem um focalizado desenvolvimento tecnológico e uma gestão administrativa adaptada às exigências do negócio (características transferíveis), com o intuito de satisfazer as *singularidades intrínsecas do recurso* a ser extraído; ou seja, seu teor, recuperação e gênesis (características intransferíveis). Esses esforços requerem *longos períodos de estudos, maturação e implementação,* bem como uma alta cota de capital de risco.

- Seus resultados econômicos estão relacionados a uma característica estratégica relevante com o propósito de planificar o levantamento e a exploração dos recursos minerais: o *caráter cíclico e a alta volatilidade dos preços dos metais, com altas e baixas que oferecem a oportunidade de gerar significativas recompensas em intervalos de tempo bastante restringidos*.

Talvez esta última seja uma característica que represente em alto grau a maior vulnerabilidade do negócio. De fato, a significativa e progressiva baixa nos preços dos metais, em termos reais, unida às suas flutuações cíclicas (Fig. I.1), resultou na constante desvalorização dos recursos minerais nas últimas décadas. Curiosamente, essa desvalorização, por outro lado, tem impulsionado a indústria mineira a incentivar, com maior interesse, as mudanças tecnológicas e os avanços em gestão mencionados anteriormente. Essas mudanças e avanços conseguiram frear o aumento dos custos produtivos, possibilitando cada vez mais a exploração e o benefício de minerais de menor qualidade e incentivando, progressivamente, uma diminuição generalizada da curva de custos da indústria.

A corrida descendente de preços e custos se desenvolveu paralelamente ao esgotamento paulatino dos melhores recursos geológicos e das reservas de minerais de melhor valor econômico. *A atual diferença tênue existente entre preços e custos e a recorrente volatilidade dos fluxos de rentabilidade afetaram dramaticamente as próprias empresas mineiras.* O número de empresas mineiras, de acordo com os *rankings* da Fortune 500 ou da FTSE-100, tem diminuído consideravelmente com o tempo, evidenciando, por isso, uma drástica diminuição do valor das ações das empresas mineiras na última década (Fig. I.2).

O que foi dito anteriormente coloca em evidência o potencial e a vulnerabilidade do negócio.

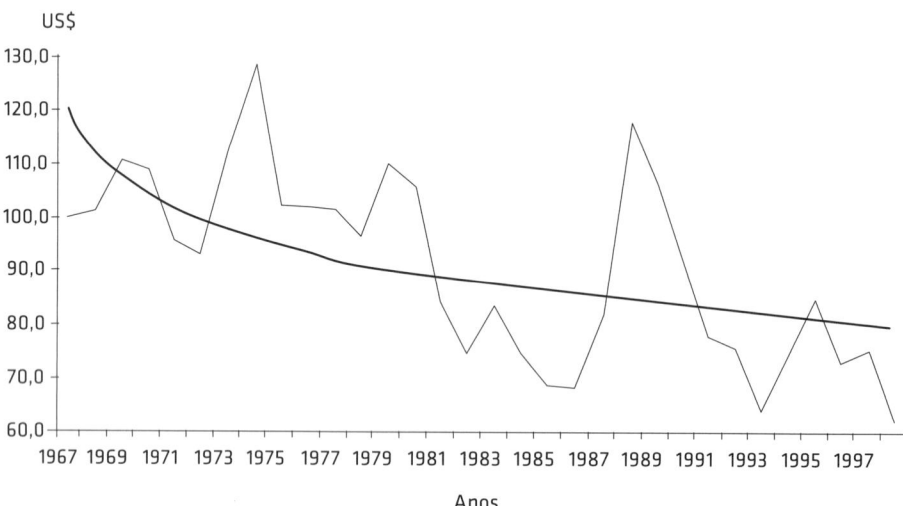

Fig. I.1 Média de preços reais dos metais (US$) (1967 = 100) – alumínio, cobre, ferro, prata, níquel, estanho, zinco
Fonte: Liétard (1999).

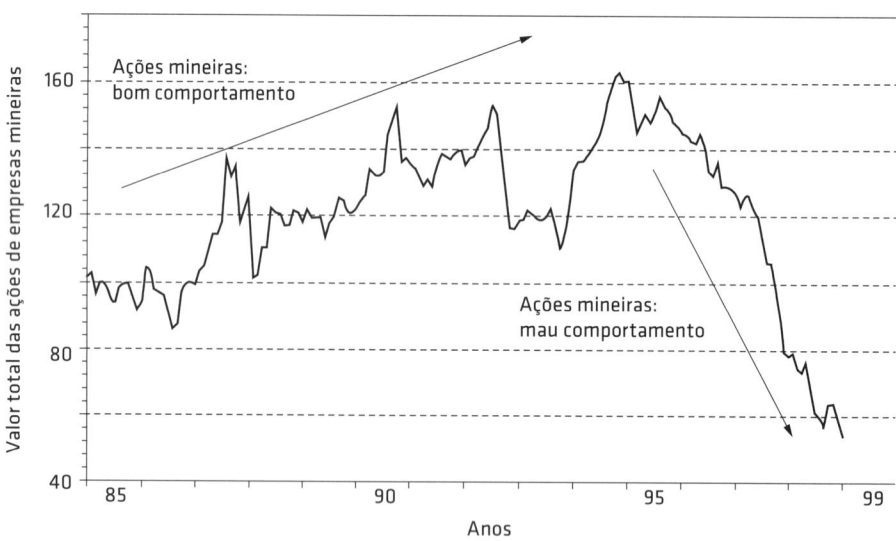

Fig. I.2 Valor de ações mineiras relativas a ativos mundiais
Fonte: Eccles (1999).

O potencial dos empreendimentos minerais não representa uma questão retórica. Dados relativos aos anos de 1965 a 1995 assinalam que, enquanto a população mundial duplicou em 45 anos, o consumo de metais aumentou em um período de tempo muito menor. No caso do cobre, por exemplo, o consumo duplicou em apenas 30 anos. A Fig. I.3 mostra o grau de desenvolvimento de um país medido pelo seu Produto Geográfico Bruto (PGB) e pelo consumo de cobre *per capita* da população.

A vulnerabilidade da indústria, representada pelas incertezas intrínsecas ao recurso mineral e pelo risco dos negócios em virtude da deflação dos preços das matérias--primas, requer um processo de asseguramento de protocolos e métodos associados à cadeia de valor do negócio, incluindo parâmetros econômicos e análises competitivas de sua estrutura financeira. Diferentemente do passado, métodos e procedimentos utilizados na indústria devem ser rigorosa e solidamente fundamentados. Os parâmetros técnico-econômicos e as técnicas de avaliação devem ser mais bem adaptados para considerar contingências às quais continuamente estão associados os empreendimentos minerais, além de facilitar a vinculação destes com sua estrutura de negócios e com sua projeção financeira.

Na base de toda essa gama de incertezas e riscos estão os modelos numéricos, em especial aqueles de natureza estatística, que, mediante formalismos e critérios, contribuem para mitigar a vulnerabilidade do negócio. Esses modelos permitem melhorar a garantia das informações a fim de diminuir as incertezas relativas ao recurso mineral e aperfeiçoar os critérios e formalismos para reduzir o risco derivado dos erros e flutuações das estimativas, além de desenvolver novas técnicas de valorização para a análise econômico-financeira do negócio.

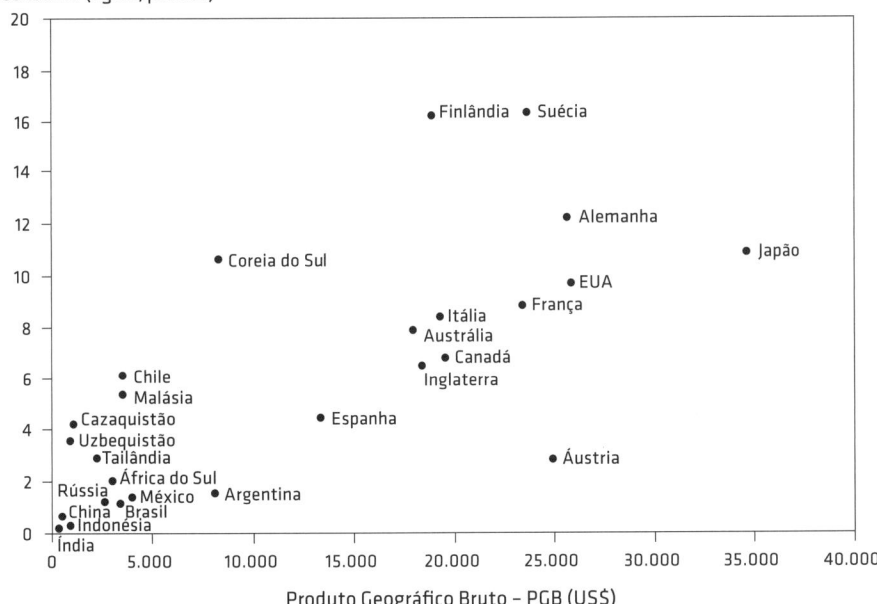

Fig. I.3 Consumo de cobre refinado em quilos por pessoa em função do PGB

A demanda por minerais não deixará de existir, e, da mesma forma, as necessidades de explorar, encontrar novos depósitos, desenvolver novas explorações e comercializar os metais produzidos permanecerão como atividades que fazem parte de um excitante negócio. Esse negócio, que está localizado na intersecção da demanda crescente por minerais e metais e do esgotamento progressivo dos recursos que os sustentam, impulsiona a aplicação de conceitos geológicos avançados para a modelação preditiva da distribuição de ocorrências minerais, a localização de alvos eficientemente identificados e a incorporação tecnológica para o asseguramento da base mineira e dos processos relacionados.

É nesse contexto que os modelos numéricos contribuem para satisfazer os propósitos anteriormente mencionados. Nesse propósito está inserido também o objetivo principal deste livro: fornecer uma síntese das técnicas e aplicações numéricas utilizadas no âmbito dos recursos e empreendimentos minerais.

Assim, na parte 1 estão resumidos e sintetizados os procedimentos probabilísticos e estatísticos aplicados à quantificação das incertezas relacionadas ao recurso mineral; a parte 2 explicita os riscos associados aos recursos e reservas derivados como resultado dos erros e flutuações de seus parâmetros mais relevantes; a parte 3 ilustra as técnicas de valorização de projetos minerais, com ênfase na teoria de opções; a parte 4 apresenta os temas e conteúdos compreendidos na certificação de recursos e reservas; e a parte 5 trata da valoração de recursos e reservas minerais, dando especial atenção à técnica de nós binomiais, cujo objetivo é avaliar as opções reais apresentadas pelos cenários de exploração, levantamento e/ou benefícios associados.

Parte I
DISTRIBUIÇÕES DE
OCORRÊNCIAS MINERALIZADAS

1.1 Eventos e probabilidades de ocorrências

As complexas condições geológicas que determinam a presença de minerais numa região não permitem caracterizar com precisão os recursos minerais no que diz respeito à sua ocorrência espacial. Essa ocorrência é resultado de fenômenos geológicos que se sobrepõem no decorrer do tempo, desenvolvendo interações muito difíceis de identificar. Apenas a descoberta de uma ou mais dessas ocorrências permite que se aproxime da caracterização de tais recursos em termos de sua possível gênese e distribuição espacial. Essa descoberta, no entanto, também é um evento fortuito. Dependendo da tecnologia e do incentivo econômico, a descoberta de uma ocorrência mineral representa um êxito diante de dezenas de fracassos.

O baixo nível de expectativas ao qual está sujeita a evidenciação de um depósito mineral vem assim manifestar, em último caso, a constante insuficiência de informações disponíveis. Dessa forma, é possível tão somente uma aproximação da realidade. É em meio a esse complexo esquema de circunstâncias que a ocorrência de minério em determinado local admite uma dupla caracterização: qualitativamente, a ocorrência mineral pode ser interpretada, na maioria das vezes, em bases *determinísticas* e princípios geológicos formalmente estabelecidos; quantitativamente, no entanto, tal ocorrência responde melhor às leis da incerteza, sujeita a princípios e modelos *probabilísticos*.

As ocorrências minerais de que se fala podem ser representadas de maneira tangível por meio de características regionais quantitativas, como:
- número de ocorrências por região;
- extensão dessas ocorrências;
- qualidade dessas ocorrências.

Com relação ao depósito individual, essas características podem estar associadas com:
- a quantidade de blocos exploráveis por depósito;
- a tonelagem permitida por um determinado teor;
- a distribuição dos teores do depósito.

Qualquer uma das características mencionadas pode estar associada, em sua forma mais simples, à *frequência* com que ocorrem. Esse parâmetro singular, no entanto, pode ser estabelecido durante uma observação particular, por meio de uma diversidade de critérios. Tais critérios podem responder a:
- uma tendência histórica;
- um critério subjetivo;
- uma observação baseada em ocorrências geológicas reais;
- uma observação baseada em ocorrências geológicas simuladas.

Contudo, a frequência de ocorrência medida por meio de observações particulares limita o uso desses critérios (Agterberg, 1977). Em virtude dessa limitação, é necessário transgredir o marco restringido das observações particulares e extrapolar o conceito de frequência para o caso em que o número de observações cresça indefinidamente. Nesse caso, a frequência de ocorrência, considerada como *frequência relativa*, transforma-se em *probabilidade de ocorrência*.

Tab. 1.1 Frequência de ocorrência

Zonas	Número total de minas	Número de minas de urânio	Frequência de ocorrência das minas de urânio
1	1	1	1,00
2	5	4	0,80
3	10	8	0,80
4	40	32	0,80
5	50	43	0,86
6	60	52	0,86
7	100	85	0,85

Esse conceito será explicado por meio de um exemplo. Após um estudo mineral regional, foi detectada a existência de depósitos de urânio em sete zonas geográficas que apresentam características geológicas similares (Tab. 1.1).

A quantidade de depósitos de urânio, que varia de acordo com a zona – constituindo, portanto, uma *variável* –, resulta, no entanto, em uma frequência relativa que é praticamente constante para todas as zonas e que, no caso, oscila entre 0,80 e 1,00. Por frequência relativa dos depósitos de urânio entende-se a razão:

$$F = \frac{\text{número de depósitos de urânio}}{\text{número total de depósitos}} \quad (1.1)$$

A experiência mostra, então, que, em diversas circunstâncias práticas – por exemplo, no caso de formações geológicas similares –, as sucessivas frequências de ocorrência de um determinado fenômeno são, em termos gerais, parecidas. Essa regularidade é maior caso se considerem séries que comportam uma grande quantidade de observações.

É essa constatação experimental que conduz à interpretação da probabilidade como o limite da frequência relativa que resultaria da consideração de uma série infinita de experiências.

Pela razão anterior, define-se o termo probabilidade utilizando o conceito de frequência relativa. De fato, a frequência relativa de um evento produzido infinitas vezes tende a um valor fixo que leva à definição de probabilidade. Ou seja, em uma série de experiências similares, deve-se atribuir uma probabilidade p à ocorrência de um determinado evento, de maneira que em muitos experimentos a frequência de ocorrência do evento seja igual a p. Então haverá uma equivalência entre a probabilidade de um evento e a frequência relativa do evento, esta entendida como a relação existente entre o número de observações favoráveis ao evento e o número total de observações favoráveis e não favoráveis ao evento.

1.2 Algumas relações probabilísticas

A seguir, estão resumidos alguns dos conceitos que governam a ocorrência de fenômenos sujeitos a leis probabilísticas.

a] A probabilidade de um evento A, $p(A)$, está limitada pelos valores zero e um. Quando a probabilidade de ocorrência de um evento é zero, sua ocorrência é impossível;

quando a probabilidade de ocorrência é um, o evento certamente acontecerá. A probabilidade de ocorrência de um evento limita-se sempre a esses dois valores: zero e um.

b] De dois eventos A e B, a probabilidade de ocorrência seja do evento A, seja do evento B é dada pela probabilidade de ocorrência do evento A mais a probabilidade de ocorrência do evento B menos a probabilidade de ocorrência conjunta dos eventos A e B, ou seja:

$$p(A \text{ ou } B) = p(A) + p(B) - p(A \text{ e } B) \tag{1.2}$$

Para eventos mutuamente exclusivos, isto é, que não podem ocorrer simultaneamente:

$$p(A \text{ e } B) = 0 \tag{1.3}$$

e

$$p(A \text{ ou } B) = p(A) + p(B) \tag{1.4}$$

Isso significa que, se dois eventos são mutuamente exclusivos, a probabilidade de ocorrência de um deles é igual à soma de suas probabilidades individuais.

c] Princípio de probabilidades totais

Caso se tomem os subconjuntos L_2, L_3 e C_1, será obtida uma representação gráfica conforme indicado na Fig. 1.1.

A probabilidade de um evento se apresentar como L_3 ou C_1 é:

$$p(L_3 \text{ ou } C_1) = p(L_3) + p(C_1) - p(L_3 \cdot C_1) \tag{1.5}$$

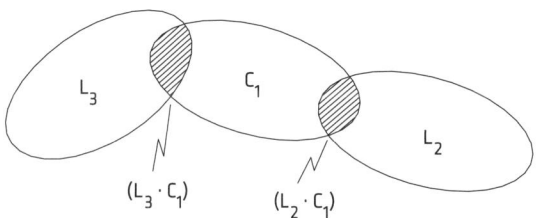

Fig. 1.1 Probabilidade de ocorrência de subconjuntos

A fórmula geral, chamada de fórmula de *adição de probabilidades*, é:

$$p(L_i \text{ ou } C_j) = p(L_i) + p(C_j) - p(L_i \cdot C_j) \tag{1.6}$$

Quando é impossível que o evento $L_i \cdot C_j$ (ou seja, $L_i \cdot C_j$) ocorra, então $p(L_i \cdot C_j) = 0$. Por exemplo, qual é a probabilidade de um minério pertencer ao tipo L_1 ou ao tipo L_2:

$$p(L_1 \text{ ou } L_2) = p(L_1) + p(L_2) \tag{1.7}$$

d] Se a ocorrência do evento B depende da ocorrência do evento A, a ocorrência simultânea de A e B é dada por:

$$p(A \text{ e } B) = p(A) \cdot p(B)_A \tag{1.8}$$

em que:

$p(B)_A$ = probabilidade de ocorrência do evento B condicionado à ocorrência do evento A.

Da mesma forma, se a ocorrência do evento B independe da ocorrência do evento A, então:

$$p(A \text{ e } B) = p(A) \cdot p(B) \tag{1.9}$$

Evidentemente, se os eventos A e B são mutuamente exclusivos:

$$p(A \text{ e } B) = 0 \tag{1.10}$$

Desse modo,

$$p(A \text{ e } B) = p(A) \cdot p(B) = 0 \tag{1.11}$$

Ou seja, quando dois eventos *são mutuamente exclusivos*, a probabilidade de que ocorra um *ou* outro é simplesmente a soma de suas probabilidades marginais. Assim como $p(L_1 \text{ ou } L_2) = p(L_1) + p(L_2)$, também a probabilidade de que ocorra um *e* outro é simplesmente o produto de suas probabilidades marginais.

$$p(L_1 \text{ ou } L_2 \text{ ou } L_3) = p(L_1) + p(L_2) + p(L_3) \tag{1.12}$$

> A probabilidade de encontrar um depósito de cobre em uma grande região é estimada em 0,14; a probabilidade de encontrar um depósito de ouro na mesma região é de 0,02. A probabilidade de encontrar tanto um depósito de cobre quanto um de ouro é, assim, de 0,16. Por outro lado, a probabilidade de encontrar um depósito de cobre e também um de ouro é de 0,0028.

e] Independência probabilística

Denomina-se u a ocorrência de um evento e $\bar{u}$ sua não ocorrência.

Dessa forma, u e $\bar{u}$ são eventos complementares. Assim, $p(u) + p(\bar{u}) = 1$, ou seja, a probabilidade de um evento e seu complemento é igual a um. Disso resulta uma propriedade importante com base no teorema que define que, quando a probabilidade de um evento L_i condicionado a outro evento C_j é igual à probabilidade do evento L_i condicionado ao complemento do outro C_j, então os eventos C_j e L_i são chamados *independentes no sentido probabilístico ou estatístico*.

Uma maneira de expressar a independência probabilística é, então:

$$p(L_i / C_j) = p(L_i / \overline{C_j}) \tag{1.13}$$

com

$$p(L_i) + p(\overline{L_i}) = 1 \tag{1.14}$$

$$p(C_j) + p(\overline{C_j}) = 1 \tag{1.15}$$

já que

$$p(L_i) = p(L_i \cdot C_j) + p(L_i \cdot \overline{C_j}) \tag{1.16}$$

$$p(L_i \text{ e } C_j) = p(L_i \cdot C_j) \tag{1.17}$$

e

$$p(L_i)_{C_j} = p(L_i / C_j) = \frac{p(L_i \cdot C_j)}{p(C_j)} \tag{1.18}$$

$$p(L_i) = p(L_i / C_j) \cdot p(C_j) + p(L_i / \overline{C_j}) \cdot p(\overline{C_j}) \tag{1.19}$$

Logo, sob a hipótese de que:

$$p(L_i / C_j) = p(L_i / \overline{C_j}) \tag{1.20}$$

$$p(L_i) = p(L_i / C_j) \left[p(C_j) + p(\overline{C_j}) \right] \tag{1.21}$$

$$p(L_i) = p(L_i / C_j) \qquad (1.22)$$

e considerando que

$$p(L_i / C_j) = \frac{p(L_i \cdot C_j)}{p(C_j)} \qquad (1.23)$$

$$p(L_i \cdot C_j) = p(L_i) \cdot p(C_j) \qquad (1.24)$$

Esta última relação já foi citada anteriormente. Portanto, os eventos L_i e C_j são considerados independentes caso se demonstre que sua probabilidade *conjunta* é o produto de suas probabilidades marginais, que é conhecido como *lei de multiplicação* para eventos independentes (probabilidade conjunta = produto de probabilidades marginais).

Por exemplo, qual é a probabilidade de tirar 2 na segunda jogada de um dado, com a condição de que na primeira se tenha obtido um 4?

$$p(2,4) = p(2) \cdot p(4) = \frac{1}{36} \qquad (1.25)$$

1.3 Exemplos
1.3.1 Exemplo: probabilidades de êxitos e fracassos

Com o objetivo de examinar uma aplicação dessa simples fórmula, tome-se como exemplo o caso de uma moeda. Comparem-se os resultados de uma exploração hipotética com aqueles obtidos quando uma moeda é lançada ao ar. Ou seja, caso se obtenha cara, a exploração é considerada um fracasso, mas, caso apareça o lado inverso, a exploração é considerada um êxito.

A probabilidade de que o lado que possui a imagem de um rosto gravada fique voltado para cima (um fracasso) em uma jogada (que poderia resultar tanto em um fracasso como em um êxito) representa um caso possível entre dois casos totais. A probabilidade é dada pela razão ½ e seu valor é, portanto, 0,50. Da mesma forma, a probabilidade de que o lado inverso fique voltado para cima também é dada por 0,50. Assim, os resultados podem ser colocados da seguinte maneira:

Probabilidade de êxito	:	0,50
Probabilidade de fracasso	:	0,50
Probabilidade total	:	1,00

Seria possível estudar a probabilidade associada a situações combinadas da mesma forma como se estudaria a probabilidade de êxitos e fracassos no caso de uma exploração representada hipoteticamente pela jogada de uma moeda. Por exemplo, no caso de duas explorações, as opções serão obter dois êxitos consecutivos, dois fracassos consecutivos, um primeiro fracasso e um êxito subsequente e, finalmente, um primeiro êxito e um fracasso subsequente. Dessa maneira, e considerando as relações enunciadas no item *e* da seção 1.2, as quatro possibilidades podem ser representadas pelo seguinte quadro de relações:

Probabilidade de dois êxitos consecutivos	:	½	×	½
Probabilidade de dois fracassos consecutivos	:	½	×	½
Probabilidade de um êxito e um fracasso	:	½	×	½
Probabilidade de um fracasso e um êxito	:	½	×	½
Probabilidade total	:		1,00	

Com base na probabilidade de êxito de uma explotação qualquer (como aquela estabelecida anteriormente, por exemplo, 0,50) e na qual a adição das probabilidades totais deve somar a unidade, faz-se possível extrapolar a análise das duas explorações para o caso de N explorações (Davis, 1977). Nesse caso, a probabilidade de que as N explorações resultem em êxito é dada pela expressão $(½)^N$; da mesma forma, a probabilidade de que cada exploração resulte em fracasso também é dada por $(½)^N$.

Diga-se agora que, em vez de uma probabilidade de fracasso para cada exploração igual a 0,50, tem-se uma probabilidade de fracasso para cada uma delas igual a q. Nesse caso, se existem N explorações, a probabilidade de haver um fracasso em cada uma delas é dada, evidentemente, pela expressão $(q)^N$. Como essa probabilidade mais a probabilidade de haver *pelo menos* um êxito deve somar a unidade, a probabilidade P de existir pelo menos uma exploração exitosa com N tentativas é dada por:

$$P = 1 - (q)^N$$

Suponha-se, por exemplo, que durante um determinado ano foram gastos 60 MUS\$ em explorações regionais e que cada campanha de exploração demandou, em média, 120.000 US\$. Além disso, imagine-se que nesse ano foram cinco as campanhas que obtiveram êxito. Nesse caso, o número total de explorações pode ser comparado a 500 (= 60.000.000 US\$/120.000 US\$), e a probabilidade de êxito de uma campanha de exploração nessas regiões pode ser estabelecida, então, em 0,01 (= 5/500). Portanto, a probabilidade de haver um fracasso em uma dessas campanhas de exploração nessas regiões é de 0,99 (= 1,00 – 0,01). Caso fosse tomada a decisão de realizar 20 novas tentativas, a probabilidade de que todas elas resultassem em fracasso seria, então, de $(0,99)^{20}$. Por outro lado, a probabilidade complementar, isto é, a probabilidade de que pelo menos uma dessas campanhas resultasse em êxito, seria de 0,182 (= 1,00 – $(0,99)^{20}$).

Com base na mesma probabilidade de êxito e fracasso do caso anterior, imagine-se agora uma situação diferente (Roscoe, 1971). Suponha-se que, para justificar uma exploração regional, a probabilidade esperada para a identificação de pelo menos um depósito seja de 0,25. O número de campanhas que pode resultar de tal probabilidade seria dado por:

$$0,25 = 1 - (0,99)^N$$

e, assim,

$$N = \frac{\log 0,75}{\log 0,99} = 28,6 \sim 29 \text{ tentativas}$$

Se cada campanha de exploração requer uma média de 120.000 US\$, as 29 tentativas demandariam um total de 3,4 MUS\$. Dessa forma, com base nas expectativas de uma determinada região, poderia ser estabelecido um pressuposto para a exploração (Harbaugh et al., 1977).

1.3.2 Exemplo: potencial econômico mínimo

Imagine-se que, durante uma primeira campanha de exploração com malha quadrada, foram amostrados 50 pontos e detectados três tipos de mineralização (Fig. 1.2), sendo um em uma formação geológica 1 e dois em uma formação geológica 2. A formação 1 cobre 37 pontos da malha quadrada e a formação 2, 13.

A probabilidade de detectar um tipo de mineralização em uma das malhas quadradas da formação 1 é de 0,027 (= 1/37) e na formação 2, de 0,154 (= 2/13). Na área total, a probabilidade de encontrar um tipo de mineralização para essa malha quadrada praticada é de 0,06 (= 3/50).

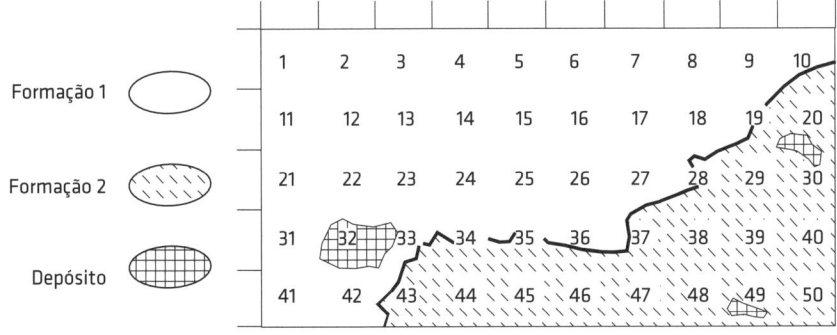

Fig. 1.2 Uso de dados geológicos

Esperando uma exploração mais exitosa em outra área dominada pela formação 2, imagine-se determinar a probabilidade de detectar, em uma das células, pelo menos um índice mineral com três programas de explorações. Nesse caso, a probabilidade de fracasso na detecção de um índice de mineralização na formação 2 é de $q = 1,000 - 0,154 = 0,846$, e a probabilidade de ocorrerem fracassos consecutivos no decorrer das três campanhas é de 0,605 (= $0,846^3$). Assim, a probabilidade de êxito de detectar pelo menos um índice de mineralização depois de três programas de exploração na formação 2 é de 0,395 (= 1,000 - 0,605).

Caso se suponha que um índice de mineralização pode finalmente resultar em um projeto que proporcione um lucro líquido de 2,8 MUS\$, o potencial econômico mínimo (o valor provável) que se espera obter desses três programas de exploração pode ser estimado em 1.106.000 US\$ (= 0,395 × 2,8 MUS\$). Dessa forma, se cada programa implica um custo, por exemplo, de 400.000 US\$, deverão existir razões muito bem justificadas para apoiar essas três campanhas de exploração.

1.3.3 Exemplo: eventos discretos e suas probabilidades de ocorrência

Para resumir os conceitos descritos anteriormente, imagine-se o planejamento de três sondagens em uma jazida. Cada sondagem pode resultar em um êxito (E) ou em um fracasso (F). Suponha-se também que a probabilidade de êxito seja p e a probabilidade de fracasso, q. No Quadro 1.1 estão relacionadas a combinação de êxitos e fracassos e as probabilidades compostas no caso dessas três sondagens.

Observando a estrutura dos valores anotados anteriormente, deduz-se, nesse caso, que a soma das probabilidades compostas é dada por $(p + q)^3$. Se p apresentasse um valor de 0,35, por exemplo, o valor de q seria de 0,65, e os eventos de êxitos e fracassos poderiam ser resumidos da maneira apresentada na Tab. 1.2.

Nesse exemplo, o número de êxitos (ou fracassos) pode ser caracterizado por um número x que supõe diferentes valores. Em outras palavras, o número de

Quadro 1.1 Combinação de êxitos e fracassos e probabilidades compostas das três sondagens

Êxitos e fracassos			Probabilidades compostas
Poço 1	Poço 2	Poço 3	
E	E	E	$p \cdot p \cdot p = p^3$
E	E	F	$p \cdot p \cdot q = p^2 \cdot q$
E	F	E	$p \cdot q \cdot p = p^2 \cdot q$
F	E	E	$q \cdot p \cdot p = p^2 \cdot q$
E	F	F	$p \cdot q \cdot q = p \cdot q^2$
F	E	F	$q \cdot p \cdot q = p \cdot q^2$
F	F	E	$q \cdot q \cdot p = p \cdot q^2$
F	F	F	$q \cdot q \cdot q = q^3$

fracassos constitui uma variável que, nesse caso, se encaixa em uma categoria restringida de valores (por exemplo, 0, 1, 2, 3). Cada um desses valores (por exemplo, valores discretos 0, 1, 2, 3) está associado a uma probabilidade de ocorrência p. A probabilidade total de todos os eventos deve somar um. Assim, a probabilidade cumulativa do valor discreto x aparece também associada a uma repartição de massa unitária F(x), linearmente distribuída. A função F(x), chamada função de repartição probabilística, está, desse modo, diretamente relacionada a uma distribuição probabilística p(x). F(x) e p(x) são valores probabilísticos que se referem a uma variável que, nesse caso, supõe valores discretos.

Tab. 1.2 Resumo dos eventos de êxitos e fracassos

Eventos/Número de fracassos	Probabilidades compostas	
	Parciais p(x)	Acumuladas F(x)
3 êxitos/0 fracasso	0,042875	0,043
2 êxitos/1 fracasso	0,238875	0,282
1 êxito/2 fracassos	0,443625	0,725
0 êxito/3 fracassos	0,274625	1,000

Se a variável é contínua (por exemplo, teor mineral), a função recebe o nome de função de densidade probabilística.

1.3.4 Exemplo: parâmetros característicos de uma função probabilística

O conhecimento aproximado de uma função probabilística é construído com base em:
- um parâmetro que oferece uma ideia do ponto médio da função: o valor médio;
- um parâmetro que oferece uma ideia da dispersão da função em torno do valor médio: a variância.

O *valor médio*, ou abscissa do centro de gravidade da função, é dado pela soma dos valores da variável ponderada por suas respectivas probabilidades, ou seja:

$$m = E(x_i \cdot p_i) \quad \text{(caso discreto)}$$

$$m = \int_{-\infty}^{+\infty} x \cdot f(x) \cdot dx \quad \text{(caso contínuo)}$$

A *variância*, ou momento de inércia da repartição, é dada por:

$$V = E(x_i - m)^2 \cdot p_i \quad \text{(caso discreto)}$$

$$V = \int_{-\infty}^{+\infty} (x-m)^2 \cdot f(x) \cdot dx \quad \text{(caso contínuo)}$$

Todo valor médio também recebe o nome de esperança matemática (E.M.), que é um operador que apresenta as seguintes propriedades:

a) a E.M. de uma soma de variáveis aleatórias (V.A.) é igual à soma das E.M. de cada uma das V.A:

$$E(x_1 + x_2 + \ldots + x_n) = E(x_1) + E(x_2) + \ldots + E(x_n)$$

b) a E.M. do produto de uma V.A. por uma determinada constante é igual ao produto da E.M. da V.A. pela constante:

$$E(\lambda x) = \lambda E(x)$$

O valor médio proporciona uma medida do valor mais representativo da variável em estudo. No caso do exemplo da seção 1.3.3, o valor médio do número de êxitos depois das três sondagens de exploração seria:

$$m = 3 \times 0{,}042875 + 2 \times 0{,}238875 + 1 \times 0{,}443625 + 0 \times 0{,}274645$$
$$m = 0{,}128625 + 0{,}477750 + 0{,}443625 + 0{,}000000$$
$$m = 1{,}05 \text{ êxito}$$

A variância proporciona uma medida da dispersão dos valores tomados pela variável com respeito ao valor médio. No exemplo que se está analisando, a variância seria:

$$V = (3 - 1{,}05)^2 \times 0{,}042875 + (2 - 1{,}05)^2 \times 0{,}238875 + (1 - 1{,}05)^2 \times 0{,}443625 + (0 - 1{,}05)^2 \times 0{,}274645$$
$$V = 0{,}16303 + 0{,}21558 + 0{,}00110 + 0{,}30280$$
$$V = 0{,}68251$$

O desvio padrão e o coeficiente de variação são outros dois parâmetros que definem uma distribuição de probabilidade. O desvio padrão é dado por $\sigma = \sqrt{V}$ e o coeficiente de variação, por $C = \sigma/m$.

1.3.5 Exemplo: retornos esperados associados a cenários excludentes

Um geólogo confronta duas escolhas: sondar ou não sondar. Ele pensa que, caso opte por sondar, terá uma probabilidade de êxito de 55% e 45% de fracasso. Estabelecida a presença de um depósito, o ganho monetário do negócio pode aproximar-se de um valor em torno de 700 MUS$. O custo da sondagem, por sua vez, é estimado em 90 MUS$. Que decisão tomar?

A sondagem poderia resultar em duas situações:
a) Êxito com 610 MUS$.
b) Fracasso com 90 MUS$.
c) O valor esperado da sondagem é dado por $0{,}55 \times 610 - 0{,}45 \times 90 = 295$ MUS$.
d) O valor esperado da não sondagem é zero.

Assim, o geólogo decidirá sondar.

Dispondo de *informações perfeitas*, o valor que se espera obter com o negócio foi estabelecido em 335,5 MUS$ (=0,55 × 610 MUS$). No entanto, o valor provável do negócio, *sem informações*, foi estimado em 295 MUS$. Portanto, nessas condições, o custo máximo para a obtenção de qualquer outro tipo de informação adicional alcança 40,5 MUS$.

1.3.6 Exemplo: função de repartição probabilística

Assuma-se uma variável que se move, fundamentalmente, em uma categoria *EM* com probabilidade $\geq 1/3$. Ocasionalmente, essa variável pode também se mover em duas categorias opostas, *EB* e *EA*, com igual probabilidade de ocorrência. Expressar a probabilidade de ocorrência desses eventos.

- Probabilidade fundamental do evento na categoria *EM* $\geq 1/3$.
- Probabilidade ocasional do evento na categoria *EA* + *EB* < 2/3.
- Probabilidade do evento na categoria *EA*, *EM* ou *EB* = 1,0.

1.3.7 Exemplo: estabelecimento de cenários

A avaliação de um negócio deve contar, primeiro, com a identificação de *cenários produtivos prováveis* e, posteriormente, com a definição de seus *fluxos ou excedentes* com base nos parâmetros técnico-econômicos sustentados.

A ocorrência de um evento (*Pe*) pode estar relacionada à probabilidade de ocorrência de (*N*) cenários prováveis (*pe*1 + *pe*2 + *pe*3 +....+ *peN*). Esses cenários podem ser definidos em função de variáveis independentes (por exemplo, tonelagem do depósito, *t*, preço do metal, *p*, ou outra qualquer), de modo que a probabilidade de ocorrência de um desses cenários (*pei*) será dada, no caso das variáveis tonelagem e preço, pela probabilidade de ocorrência conjunta de certo nível de tonelagem (*ti*) e determinado nível de preço (*pi*). Assim, a probabilidade do evento *i*, (*pei*), em termos de tonelagem e preço, inclui o produto das duas probabilidades parciais indicadas: *pti · ppi*.

A consideração de todos os cenários prováveis, incluindo a estimativa de conteúdos, recuperações e outras variáveis, além das probabilidades de ocorrência associadas à tonelagem e ao preço, permite definir a probabilidade de ocorrência de cada cenário, de maneira que a soma total destes, dessas probabilidades, soma a unidade.

Considerem-se:

- três cenários de tonelagens: 200*u*, 300*u* e 400*u*, com probabilidades (0,4), (0,3) e (0,3), respectivamente;
- três cenários de preços: 100*u*, 120*u* e 80*u*, com probabilidades (0,6), (0,25) e (0,15), respectivamente;
- em síntese, nove cenários combinados tonelagens-preços (Tab. 1.3).

Tab. 1.3 Matriz de probabilidades

Duas variáveis, *T* e *p*, com suas probabilidades ( ) de ocorrência		T = 200*u* (0,40)	T = 300*u* (0,30)	T = 400*u* (0,30)	1,00
(0,60)	Preço 100*u*	0,24 [1]	0,18 [4]	0,18 [7]	0,60
(0,25)	Preço 120*u*	0,10 [2]	0,075 [5]	0,075 [8]	0,25
(0,15)	Preço 80*u*	0,06 [3]	0,045 [6]	0,045 [9]	0,15
1,00		0,40	0,30	0,30	1,00

Um evento surgirá desses nove cenários [ ]. Cada cenário pode ser avaliado economicamente. Tais avaliações aparecem, assim, associadas a probabilidades de ocorrências específicas.

Estimativa de excedentes

A determinação dos excedentes do negócio depende basicamente dos fluxos de caixa anuais e dos riscos que afetam esses fluxos.

Fluxos de caixa anuais

Dependem essencialmente das vendas, custos e impostos (Quadro 1.2).

Vendas potenciais

O valor das vendas é determinado, geralmente, mediante o valor de retorno líquido após a realização dos processos que convertem a rocha em produto final (por exemplo, *net smelter return*, NSR).

Tomando como base o concentrado de minério, o retorno líquido obtido após o tratamento (NSR) apresenta expressões muito específicas. No caso do cobre, por exemplo, a expressão utilizada pode ser representada por:

$$NSR = [(m - d)(p - CR)/100 - CT - AJTP] + CD$$

em que:

m = teor do concentrado (20%-40%);

d = perdas metalúrgicas (1%-1,7% Cu);

p = preço da tonelada de metal (1.900 US\$/t metal) (observação: neste livro, faz-se sempre referência a tonelada métrica);

CR = custo de refinação por tonelada de metal (200/250 US\$/t metal);

CT = custo de tratamento do concentrado (80/100 US\$/t conc);

$AJTP$ = ajuste do preço do cobre (positivo/negativo);

CD = créditos por conteúdos em ouro, prata e molibdênio, entre outros.

Quadro 1.2 Composição do fluxo de caixa

(1)	vendas potenciais	(+)
(2)	custos potenciais de produção	(−)
(3)	rendas potenciais	(1) − (2)
(4)	impostos	
(5)	fluxo de caixa descontado	(3) − (4)

Custos operacionais

Os custos associados a um empreendimento mineral dependem de muitos fatores, como o método e a tecnologia de extração, o método e a tecnologia do processo, a dimensão da operação, a relação estéril-minério, entre outros. Esses custos operacionais não incluem depreciações nem gastos financeiros.

Impostos

Dependem dos regulamentos locais. No Chile, por exemplo, a renda, para fins de pagamento de impostos, pode ser diminuída por meio de:

- Prejuízos tardios, gastos de extração (que podem ser 100% considerados custos operacionais), gastos com o desenvolvimento mineral (que podem ser 100% considerados custos operacionais), gastos de depreciação. Custos de aquisição também podem ser considerados custos operacionais.
- Determinação dos excedentes econômicos

Os excedentes anuais requerem uma consolidação dos fluxos de caixa através do horizonte de negócios. Essa consolidação envolve uma série de incertezas presentes no negócio por meio de uma taxa de desconto i.

Representando um valor econômico anual por A, um valor presente qualquer por VP, um valor futuro qualquer por VF e o risco por uma taxa de desconto i, pode-se instrumentalizar a consolidação com as seguintes expressões:

Valor futuro de um valor presente

$$VFVP = VP(1 + i)^n$$

em que:

$VFVP$ = valor futuro de um valor presente;

VP = valor presente;
i = taxa de juro anual;
n = quantidade de anos.

Valor futuro de uma prestação

$$VFA = A(T_{VFA})$$

em que:

VFA = valor futuro de uma prestação;

T_{VFA} = valor da Tab. 1.5 que é função da quantidade de anos e da taxa de desconto considerada.

Valor presente de um valor futuro

$$VPVF = VF/(1 + i)^n$$

em que:

$VPVF$ = valor presente de um valor futuro;

VF = valor futuro;

i = taxa de juro anual;

n = quantidade de anos.

Valor presente de uma prestação

$$VPA = A(T_{VPA})$$

em que:

VPA = valor presente de uma prestação;

T_{VPA} = valor da Tab. 1.7 que é função da quantidade de anos e da taxa de desconto.

Taxa interna de retorno (TIR)

É a taxa de juro que iguala a soma dos valores dos fluxos anuais à inversão inicial.

Vejam-se algumas aplicações (Tabs. 1.4 a 1.7).

Tab. 1.4 T_{VFVP}: valor futuro de um valor presente

	Fator de conversão											
Períodos	1%	2%	3%	4%	5%	6%	7%	8%	9%	10%	11%	12%
1	1,0100	1,0200	1,0300	1,0400	1,0500	1,0600	1,0700	1,0800	1,0900	1,1000	1,1100	1,1200
2	1,0201	1,0404	1,0609	1,0816	1,1025	1,1236	1,1449	1,1664	1,1881	1,2100	1,2321	1,2544
3	1,0303	1,0612	1,0927	1,1249	1,1576	1,1910	1,2250	1,2597	1,2950	1,3310	1,3676	1,4049
4	1,0406	1,0824	1,1255	1,1699	1,2155	1,2625	1,3108	1,3605	1,4116	1,4641	1,5181	1,5735
5	1,0510	1,1041	1,1593	1,2167	1,2763	1,3382	1,4026	1,4693	1,5386	1,6105	1,6851	1,7623
6	1,0615	1,1261	1,1941	1,2653	1,3401	1,4185	1,5007	1,5869	1,6771	1,7716	1,8704	1,9738
7	1,0721	1,1487	1,2299	1,3159	1,4071	1,5036	1,6058	1,7138	1,8280	1,9487	2,0762	2,2107
8	1,0829	1,1717	1,2668	1,3686	1,4775	1,5939	1,7182	1,8509	1,9926	2,1436	2,3045	2,4760
9	1,0937	1,1951	1,3048	1,4233	1,5513	1,6895	1,8385	1,9990	2,1719	2,3580	2,5580	2,7731
10	1,1046	1,2190	1,3439	1,4802	1,6289	1,7909	1,9672	2,1589	2,3674	2,5937	2,8394	3,1059

Tab. 1.4 T_{VFVP}: valor futuro de um valor presente (cont.)

Períodos	Fator de conversão											
	1%	2%	3%	4%	5%	6%	7%	8%	9%	10%	11%	12%
11	1,1157	1,2434	1,3842	1,5395	1,7103	1,8983	2,1049	2,3316	2,5804	2,8531	3,1518	3,4786
12	1,1268	1,2682	1,4258	1,6010	1,7959	2,0122	2,2522	2,5182	2,8127	3,1384	3,4985	3,8960
13	1,1381	1,2936	1,4685	1,6651	1,8857	2,1329	2,4098	2,7196	3,0658	3,4523	3,8833	4,3635
14	1,1495	1,3195	1,5126	1,7317	1,9799	2,2609	2,5785	2,9372	3,3417	3,7975	4,3104	4,8871
15	1,1610	1,3459	1,5580	1,8009	2,0789	2,3966	2,7590	3,1722	3,6425	4,1773	4,7846	5,4736
16	1,1726	1,3728	1,6047	1,8730	2,1829	2,5404	2,9522	3,4259	3,9703	4,5950	5,3109	6,1304
17	1,1843	1,4002	1,6529	1,9479	2,2920	2,6928	3,1588	3,7000	4,3276	5,0545	5,8951	6,8660
18	1,1962	1,4283	1,7024	2,0258	2,4066	2,8543	3,3799	3,9960	4,7171	5,5599	6,5436	7,6900
19	1,2081	1,4568	1,7535	2,1069	2,5270	3,0256	3,6165	4,3157	5,1417	6,1159	7,2633	8,6128
20	1,2202	1,4860	1,8061	2,1911	2,6533	3,2071	3,8697	4,6610	5,6044	6,7275	8,0623	9,6463
21	1,2324	1,5157	1,8603	2,2788	2,7860	3,3996	4,1406	5,0338	6,1088	7,4003	8,9492	10,804
22	1,2447	1,5460	1,9161	2,3699	2,9253	3,6035	4,4304	5,4365	6,6586	8,1403	9,9336	12,100
23	1,2572	1,5769	1,9736	2,4647	3,0715	3,8198	4,7405	5,8714	7,2579	8,9543	11,026	13,552
24	1,2697	1,6084	2,0328	2,5633	3,2251	4,0489	5,0724	6,3412	7,9111	9,8497	12,239	15,179

Tab. 1.5 T_{VFA}: valor futuro de uma prestação

Períodos	Fator de conversão									
	1%	2%	3%	4%	5%	6%	7%	8%	9%	10%
1	1,000	1,000	1,000	1,000	1,000	1,000	1,000	1,000	1,000	1,000
2	2,010	2,020	2,030	2,040	2,050	2,060	2,070	2,080	2,090	2,100
3	3,030	3,060	3,091	3,122	3,152	3,184	3,215	3,246	3,278	3,310
4	4,060	4,122	4,184	4,246	4,310	4,375	4,440	4,506	4,573	4,641
5	5,101	5,204	5,309	5,416	5,526	5,637	5,751	5,867	5,985	6,105
6	6,152	6,308	6,468	6,633	6,802	6,975	7,153	7,336	7,523	7,716
7	7,214	7,434	7,662	7,898	8,142	8,394	8,654	8,923	9,200	9,487
8	8,286	8,583	8,892	9,214	9,549	9,897	10,260	10,637	11,028	11,436
9	9,368	9,755	10,159	10,583	11,027	11,491	11,978	12,488	13,021	13,579
10	10,462	10,950	11,464	12,006	12,578	13,181	13,816	14,487	15,193	15,937
11	11,567	12,169	12,808	13,486	14,207	14,972	15,784	16,645	17,560	18,531
12	12,682	13,412	14,192	15,026	15,917	16,870	17,888	18,977	20,141	21,384
13	13,809	14,680	15,618	16,627	17,713	18,882	20,141	21,495	22,953	24,523
14	14,947	15,974	17,086	18,292	19,598	21,015	22,550	24,215	26,019	27,975
15	16,097	17,293	18,599	20,023	21,578	23,276	25,129	27,152	29,361	31,772
16	17,258	18,639	20,157	21,824	23,657	25,672	27,888	30,324	33,003	35,949
17	18,430	20,012	21,761	23,697	25,840	28,213	30,840	33,750	36,973	40,544
18	19,614	21,412	23,414	25,645	28,132	30,905	33,999	37,450	41,301	45,599
19	20,811	22,840	25,117	27,671	30,539	33,760	37,379	41,446	46,018	51,158
21	23,239	25,783	28,676	31,969	35,719	39,992	44,865	50,422	56,764	64,002

Tab. 1.5 T_{VFA}: valor futuro de uma prestação (cont.)

Períodos	Fator de conversão									
	1%	2%	3%	4%	5%	6%	7%	8%	9%	10%
22	24,471	27,299	30,536	34,248	38,505	43,392	49,005	55,456	62,872	71,402
23	25,716	28,845	32,452	36,618	41,430	46,995	53,435	60,893	69,531	79,542
24	26,973	30,421	34,426	39,082	44,501	50,815	58,176	66,764	76,789	88,496
25	28,243	32,030	36,459	41,645	47,726	54,864	63,248	73,105	84,699	98,346
30	34,784	40,567	47,575	56,084	66,438	79,057	94,459	113,282	136,305	164,491
40	48,885	60,401	75,400	95,024	120,797	154,758	199,630	259,052	337,872	442,580
50	64,461	84,577	112,794	152,664	209,341	290,325	406,516	573,756	815,051	1.163,865

Tab. 1.6 T_{VPVF}: valor presente de um valor futuro

Períodos	Fator de conversão											
	1%	2%	3%	4%	5%	6%	7%	8%	9%	10%	11%	12%
1	0,99010	0,98039	0,97087	0,96154	0,95238	0,94340	0,93458	0,92593	0,91743	0,90909	0,90090	0,89286
2	0,98030	0,96117	0,94260	0,92456	0,90703	0,89000	0,87344	0,85734	0,84168	0,82645	0,81162	0,79719
3	0,97059	0,94232	0,91514	0,88900	0,86384	0,83962	0,81630	0,79383	0,77218	0,75131	0,73119	0,71178
4	0,96098	0,92385	0,88849	0,85480	0,82270	0,79209	0,76290	0,73503	0,70843	0,68301	0,65873	0,63552
5	0,95147	0,90573	0,86261	0,82193	0,78353	0,74726	0,71299	0,68058	0,64993	0,62092	0,59345	0,56743
6	0,94204	0,88797	0,83748	0,79031	0,74622	0,70496	0,66634	0,63017	0,59627	0,56447	0,53464	0,50663
7	0,93272	0,87056	0,81309	0,75992	0,71068	0,66506	0,62275	0,58349	0,54703	0,51316	0,48166	0,45235
8	0,92348	0,85349	0,78941	0,73069	0,67684	0,62741	0,58201	0,54027	0,50187	0,46651	0,43393	0,40388
9	0,91434	0,83675	0,76642	0,70259	0,64461	0,59190	0,54393	0,50025	0,46043	0,42410	0,39092	0,36061
10	0,90529	0,82035	0,74409	0,67556	0,61391	0,55839	0,50835	0,46319	0,42241	0,38554	0,35218	0,32197
11	0,89632	0,80426	0,72242	0,64958	0,58468	0,52679	0,47509	0,42888	0,38753	0,35049	0,31728	0,28748
12	0,88745	0,78849	0,70138	0,62460	0,55684	0,49697	0,44401	0,39711	0,35553	0,31683	0,28584	0,25667
13	0,87866	0,77303	0,68095	0,60057	0,53032	0,46884	0,41496	0,36770	0,32618	0,28966	0,25751	0,22917
14	0,.86996	0,75787	0,66112	0,57747	0,50507	0,44230	0,38782	0,34046	0,29925	0,26333	0,23199	0,20462
15	0,86135	0,74301	0,64186	0,55526	0,48102	0,41726	0,36245	0,31524	0,27454	0,23939	0,20900	0,18270
16	0,85282	0,72845	0,62317	0,53391	0,45811	0,39365	0,33873	0,29189	0,25187	0,21763	0,18829	0,16312
17	0,84438	0,71416	0,60502	0,51337	0,43630	0,37136	0,31657	0,27027	0,23107	0,19784	0,16953	0,14564
18	0,83602	0,70016	0,58739	0,49363	0,41552	0,35034	0,29586	0,25025	0,21199	0,17986	0,15282	0,13004
19	0,82774	0,68643	0,57029	0,47464	0,39573	0,33051	0,27651	0,23171	0,19449	0,16351	0,13768	0,11611
20	0,81954	0,67297	0,55367	0,45639	0,37689	0,31180	0,25842	0,21455	0,17843	0,14864	0,12403	0,10367
21	0,81143	0,65978	0,53755	0,43883	0,35894	0,29415	0,24151	0,19866	0,16370	0,13513	0,11174	0,09256
22	0,80340	0,64684	0,52189	0,42195	0,34185	0,27750	0,22571	0,18394	0,15018	0,12285	0,10067	0,08264
23	0,79544	0,63414	0,50669	0,40573	0,32557	0,26180	0,21095	0,17031	0,13778	0,11168	0,09069	0,07379
24	0,78757	0,62172	0,49193	0,39012	0,31007	0,24698	0,19715	0,15770	0,12640	0,10153	0,08170	0,06588

Tab. 1.7 T_{VPA}: valor presente de uma prestação

Períodos	Fator de conversão											
	1%	2%	3%	4%	5%	6%	7%	8%	9%	10%	11%	12%
1	0,9901	0,9804	0,9709	0,9615	0,9524	0,9434	0,9346	0,9259	0,9174	0,9091	0,9009	0,8929
2	1,9704	1,9416	1,9135	1,8861	1,8594	1,8334	1,8080	1,7833	1,7591	1,7355	1,7125	1,6901
3	2,9410	2,8839	2,8286	2,7751	2,7233	2,6730	2,6243	2,5771	2,5313	2,4868	2,4437	2,4018
4	3,9020	3,8077	3,7171	3,6299	3,5459	3,4651	3,3872	3,3121	3,2397	3,1699	3,1024	3,0374
5	4,8535	4,7134	4,5797	4,4518	4,3295	4,2123	4,1002	3,9927	3,8896	3,7908	3,6959	3,6048
6	5,7955	5,6014	5,4172	5,2421	5,9757	4,9173	4,7665	4,6229	4,4859	4,3553	4,2305	4,1114
7	6,7282	6,4720	6,2302	6,0020	5,7863	5,5824	5,3893	5,2064	5,0329	4,8684	4,7122	4,5638
8	7,6517	7,3254	7,0196	6,7327	6,4632	6,2098	5,9713	5,7466	5,5348	5,3349	5,1461	4,9676
9	8,5661	8,1622	7,7861	7,4353	7,1078	6,8017	6,5152	6,2469	5,9852	5,7590	5,5370	5,3282
10	9,4714	8,9825	8,7302	8,1109	7,7217	7,3601	7,0236	6,7101	6,4176	6,1446	5,8892	5,6502
11	10,3677	9,7868	9,2526	8,7604	8,3064	7,8868	7,4987	7,1389	6,8052	6,4951	6,2065	5,9377
12	11,2552	10,5753	9,9539	9,3850	8,8632	8,3838	7,9427	7,5361	7,1607	6,8137	6,4924	6,1944
13	12,1338	11,3483	10,6349	9,9856	9,3935	8,8527	8,3576	7,9038	7,4869	7,1034	6,7499	6,4235
14	13,0038	12,1062	11,2960	10,5631	9,8986	9,2950	8,7454	8,2442	7,7861	7,3667	6,9819	6,6282
15	13,8651	12,8492	11,9379	11,1183	10,3796	9,7122	9,1079	8,5595	8,0607	7,6061	7,1909	6,8109
16	14,7180	13,5777	12,5610	11,6522	10,8377	10,1059	9,4466	8,8514	8,3125	7,8237	7,3792	6,9740
17	15,5624	14,2918	13,1660	12,1656	11,2740	10,4772	9,7632	9,1216	8,5436	8,0215	7,5488	7,1196
18	16,3984	14,9920	13,7534	12,6592	11,6895	10,8276	10,0591	9,3719	8,7556	8,2014	7,7016	7,2497
19	17,2261	15,2684	14,3237	13,1339	12,0853	11,1581	10,3356	9,6036	8,9501	8,3649	7,8393	7,3650
20	18,0457	16,3514	14,8774	13,5903	12,4622	11,4699	10,5940	9,8181	9,1285	8,5136	7,9633	7,4694
21	18,8571	17,0111	15,4149	14,0291	12,8211	11,7640	10,8355	10,0168	9,2922	8,6487	8,0751	7,5620
22	19,6605	17,6581	15,9368	14,4511	13,1630	12,0416	11,0612	10,2007	9,4424	8,7715	8,1757	7,6446
23	20,4559	18,2921	16,4435	14,8568	13,4885	12,3033	11,2722	10,3710	9,5802	8,8832	8,2664	7,7184
24	21,2435	18,9139	16,9355	15,2469	13,7986	12,5503	11,4693	10,5287	9,7066	8,9847	8,3481	7,7843

1.3.8 Exemplo: valorização dos cenários

Em um depósito de cobre, determina-se um teor de corte de 0,2% Cu. Para processar cerca de 20 Mt (t × 10⁶) de minério por ano mediante o processo de lixiviação em pilhas, existem duas alternativas:

- A primeira é caracterizada pelo envio de toda a tonelagem anual para britagem, 20 Mt min, com um teor médio de 0,6% Cu, a um custo total de extração e retorno de 3,00 US$/t min. Nesse caso, a recuperação metalúrgica gira em torno de 80%.
- A segunda é caracterizada por evitar operações de britagem para cerca de 8 Mt min com teores entre 0,2% Cu e 0,5% Cu, com teor médio de 0,35% Cu, transportando esse minério diretamente para um processo de empilhamento. A recuperação dessa porção pobre diminuiria, no entanto, em 60%. A porção de teor mais elevado, com média de 0,75% Cu, aumentaria de maneira correspondente à sua recuperação para 85%. O custo dessas 8 Mt min seria de 1,8 US$/t e o da porção de teor elevado, cerca de 12 Mt min, seria mantido em 3 US$/t min. Em um período de cinco anos será necessário, para essa segunda alternativa, uma inversão de 1 MUS$ no primeiro ano e outra de 3 MUS$ no terceiro ano.

Qual das duas alternativas é mais conveniente para o negócio se a taxa de desconto selecionada pelo empreendimento é de 10% e o preço do metal é de 2.200 US$/t?

Solução
Primeira alternativa
Renda = 20 Mt × 0,80(0,60/100) × 2.200 US$/t metal
= 211,20 MUS$
Custo = 60,00 MUS$
Retorno anual = 151,20 MUS$

Segunda alternativa
Renda = 8 Mt × 0,60(0,35/100) × 2.200 US$/t metal
= 36,96 MUS$
Custo = 14,40 MUS$
Retorno anual = 22,56 MUS$

Renda = 12 Mt × 0,85(0,75/100) × 2.200 US$/t metal
= 168,30 MUS$
Custo = 36,00 MUS$
Retorno = 132,30 MUS$

Retorno durante os cinco primeiros anos da alternativa 1:
= 151,20T_{VPA} (5, 10) = 151,20 × 3,791
= 573,20 MUS$
Retorno durante os cinco primeiros anos da alternativa 2:
= (22,56 + 132,30)T_{VPA} (5, 10) − 1 × 1,0/(1 + 0,10)^1 − 3 × 1,0/(1 + 0,10)^3
= 154,86 × 3,791 − 1 × 0,909 − 3 × 0,751
= 583,91 MUS$

A alternativa 2 aparece como a mais conveniente.

1.3.9 Exemplo: valorização dos retornos prováveis

Diga-se que o teor médio esperado de um depósito de ouro, com 10% de probabilidade, é de 3,0 g Au/t. Com 60% de probabilidade, esse teor poderia ser de 2,2 g Au/t. Com 30% de probabilidade, esse teor poderia ser de 1,4 g Au/t.

Estimativas apontam uma tonelagem *T* de reservas de 3 Moz Au para um empreendimento no qual se espera investir a soma *I* de 25 MUS$. Será processada uma tonelagem, *t*, de 10.000 t min/dia, com uma recuperação de 78% e um custo de operação de 9 US$/t min.

Considerando que o investimento pode ser descontado linearmente das rendas, para efeito de uma taxa de impostos de 35%, e assumindo um retorno líquido equivalente a 65% do valor do metal e preços, *p*, de 290 US$/oz Au, 320 US$/oz Au e 350 US$/oz Au, com probabilidades de ocorrência de 0,20, 0,50 e 0,30, respectivamente, determinar a TIR e a probabilidade, *PBB*, de que o retorno, depois de aplicada a taxa de impostos, seja superior a 4 MUS$/ano.

Solução

T = 3 Moz Au

Teor = 0,1 × 3,0 + 0,6 × 2,2 + 0,3 × 1,4 = 2,04 g Au/t

p = 0,20 × 290 + 0,50 × 320 + 0,30 × 350 = 323 US$/oz Au

Anos = 16

Renda anual = (10.000 × 0,78 × 365/31)2,04 × 323 × 0,65

$\qquad$ = 91.839 × 2,04 × 323 × 0,65

$\qquad$ = 59.695 × 2,04 × 323

$\qquad$ = 39,33 MUS$

Custo anual = 32,85 MUS$

Retorno anual = 6,48 MUS$

Outros gastos = 1,56 MUS$

Retorno antes dos impostos = 4,92 MUS$

Impostos (35%) = 1,72 MUS$

Retorno depois dos impostos = 3,20 MUS$

$T_{VPA}(16, 10)$ 7,824   3,20 × 7,824 = 25,04

$T_{VPA}(16, 11)$ 7,379   3,20 × 7,379 = 23,61

A TIR é de aproximadamente 10%.

Para determinar a probabilidade de que o retorno anual, depois de aplicadas as taxas de impostos, seja superior a 4 MUS$/ano, podem ser elaboradas as Tabs. 1.8 e 1.9.

Tab. 1.8 Matriz de probabilidades

Duas variáveis, teor e preço, com suas probabilidades ( ) de ocorrência		l = 1,4 oz Au (0,30)	l = 2,2 oz Au (0,60)	l = 3,0 oz Au (0,10)	1,00
(0,20)	Preço 290 US$/oz Au	0,06 [1]	0,12 [4]	0,02 [7]	0,20
(0,50)	Preço 320 US$/oz Au	0,15 [2]	0,30 [5]	0,05 [8]	0,50
(0,30)	Preço 350 US$/oz Au	0,09 [3]	0,18 [6]	0,03 [9]	0,30
1,00		0,30	0,60	0,10	1,00

Tab. 1.9 Matriz de retornos depois dos impostos

Alternativa		Renda/retorno anual antes dos impostos	Retorno anual depois dos impostos	PBB
1	Renda anual	59.695 × 1,4 × 290	(< 0)	
	Retorno anual	(−)MUS$		
2	Renda anual	59.695 × 1,4 × 320	(< 0)	
	Retorno anual	(−)MUS$		

Tab. 1.9 Matriz de retornos depois dos impostos (cont.)

Alternativa		Renda/retorno anual antes dos impostos	Retorno anual depois dos impostos	PBB
3	Renda anual	59.695 × 1,4 × 350	(< 0)	
	Retorno anual	(–)MUS$		
4	Renda anual	59.695 × 2,2 × 290	(< 0)	
	Retorno anual	3,67 MUS$		
5	Renda anual	59.695 × 2,2 × 320	4,95 MUS$	0,30
	Retorno anual	7,62 MUS$		
6	Renda anual	59.695 × 2,2 × 350	7,51 MUS$	0,18
	Retorno anual	11,56 MUS$		
7	Renda anual	59.695 × 3,0 × 290	12,40 MUS$	0,02
	Retorno anual	17,52 MUS$		
8	Renda anual	59.695 × 3,0 × 320	14,89 MUS$	0,05
	Retorno anual	22,90 MUS$		
9	Renda anual	59.695 × 3,0 × 350	19,38 MUS$	0,03
	Retorno anual	28,27 MUS$		
Probabilidade de que o retorno anual depois dos impostos seja superior a 4 MUS$/ano				0,58

Um dos objetivos práticos da Estatística é determinar funções matemáticas que possam servir de modelos de ocorrência para os variados fenômenos aleatórios que se apresentam nas ciências experimentais. Esses modelos se tornam possíveis graças à existência de determinadas leis probabilísticas (Davis, 1973). Alguns casos serão apresentados no próximo capítulo.

2.1 O MODELO BINOMIAL

Usualmente, o modelo binomial é aplicado a fenômenos caracterizados por uma variável aleatória que, observada por meio de experimentos independentes e idênticos, responde necessariamente a dois eventos possíveis: ocorrência ou não ocorrência. Esse modelo pode caracterizar, por exemplo, a presença de um seleto número x de depósitos (ocorrência de x depósitos), resultante de um total de n observações. Evidentemente, o modelo binomial se aplica à ocorrência de eventos discretos. Ele foi usado em um exemplo anterior e é dado por:

$$P(x) = \binom{n}{x} p^x (1-p)^{n-x} = \frac{n}{x!(n-x)!} p^x (1-p)^{n-x} \qquad (2.1)$$

em que:

$P(x)$ = probabilidade de ocorrência combinada de um número x de eventos após n observações consecutivas;

n = número total de observações;

x = número de eventos a ocorrer;

p = probabilidade de ocorrência de um evento qualquer.

O valor médio do modelo binomial é dado por:

$$m = n \cdot p \qquad (2.2)$$

A variância é dada por:

$$V = n \cdot p(1-p) \qquad (2.3)$$

2.1.1 Exemplo: potencial mineiro regional

Pode-se compreender, por exemplo, cem distritos mineiros de interesse. Cada um deles foi subdividido em uma malha de 5 blocos × 5 blocos, isto é, 25 blocos cobrem cada um dos distritos. Com base em informações geoquímicas e levantamento geológico, cada um dos blocos gerados é submetido a uma caracterização de seu potencial mineiro por meio de duas categorias: blocos potencialmente atrativos e blocos que não suscitam interesse. A Tab. 2.1 mostra o resultado obtido por meio dessas observações.

Tab. 2.1 Distritos e blocos potencialmente atrativos

Número de blocos potencialmente atrativos/distrito	Número de distritos	Número total de blocos atrativos
(1)	(2)	(1) × (2)
0	14	0
1	25	25
2	27	54
3	23	69
4	7	28
5	2	10
6	1	6
7	0	0
8	1	8
	100	200

O modelo binomial pode ser usado nesse caso para estabelecer a probabilidade de ocorrência de um determinado número de blocos atrativos, x, em um dos distritos. Para calcular essa probabilidade, P(x), a probabilidade de ocorrência p de um bloco atrativo qualquer deve ser determinada primeiro. Para tanto, pode ser utilizada a fórmula:

$$p = \frac{m}{n}$$

em que:

p = probabilidade de ocorrência de *um* bloco atrativo por distrito;

m = valor médio do número de blocos atrativos por distrito;

n = número total de blocos observados por distrito.

Assim, o valor *m* obtido diretamente da Tab. 2.1 resulta em 2 (= 200/100). O valor de *p* é determinado de acordo com:

$$p = 2/25 = 0{,}08$$

Considerando a probabilidade de ocorrência de um bloco atrativo qualquer por distrito, é possível então incorporar o fato de que essa probabilidade existe para qualquer um dos 25 blocos que cobrem um distrito. Isso pode ser feito por meio da Eq. 2.1:

$$P(x=1) = \frac{25!}{1!\,24!}(0{,}08)^1(0{,}92)^{24}$$
$$= 25 \times 0{,}08 \times 0{,}135 = 0{,}270$$

E a probabilidade de não encontrar nenhum bloco atrativo em um dos 25 blocos do distrito será:

$$P(x=0) = \frac{25!}{1!\,25!}(0{,}08)^0(0{,}92)^{25}$$
$$= 1 \times 1{,}00 \times 0{,}124 = 0{,}124$$

Como resultado, também se poderia afirmar que a probabilidade de ocorrência de dois ou mais blocos de interesse seria 1 − 0,270 − 0,124 = 0,606.

Dois comentários merecem ser feitos nesse momento:

a] O uso do modelo binomial implica duas condições:

1] a probabilidade de ocorrência de um evento no decorrer de todas as observações deve ser a mesma;

2] as observações devem ser independentes.

b] Com base no modelo binomial, pode-se determinar a estimativa de probabilidades de ocorrência em diferentes formações geológicas e distritos. Também é possível estabelecer um *ranking* a fim de elencar tais distritos de acordo com o potencial mineiro esperado. Esse *ranking* permite orientar as explorações em uma região mineira.

O próximo exemplo demonstra, por sua vez, o uso da expressão de variância.

2.1.2 Exemplo: distribuição de blocos de acordo com a qualidade

Um depósito de cobre é estimado em cem blocos de 20 m × 20 m × 10 m. Cada um desses blocos é dividido em quatro blocos de tamanho igual (10 m × 10 m × 10 m), os quais são caracterizados conforme estejam localizados acima ou abaixo do teor de corte determinado. A Tab. 2.2 traz um resumo dos cem blocos contendo zero, um, dois, três e quatro blocos acima do teor de corte considerado.

A probabilidade de ocorrência de um desses blocos localizados acima do teor de corte, da mesma forma que no caso anterior, é dada por:

$$p = \frac{m}{n}$$

Tab. 2.2 Distribuição de blocos

Número de blocos (10 m × 10 m × 10 m) com teor > teor de corte	0	1	2	3	4
Número de blocos (20 m × 20 m × 10 m)	8	32	34	21	5

O valor médio, m, dos blocos acima do teor de corte pode ser obtido por uma média ponderada, por exemplo:

$$m = (0 \times 8 + 1 \times 32 + 2 \times 34 + 3 \times 21 + 4 \times 5)/100 = 1{,}83$$

Dessa maneira,

$$p = \frac{1{,}83}{4{,}00} = 0{,}46$$

A probabilidade de ocorrência de dois blocos acima do teor de corte no interior de um bloco de 20 m × 20 m × 10 m será dada de acordo com:

$$P(x = 2) = \binom{4}{2}(0{,}46)^2(0{,}54)^2 = 0{,}370$$

O número de blocos observados no interior de um bloco de 20 m × 20 m × 10 m é desconhecido. Esse número poderia ser calculado considerando:

$$V = n \cdot p \cdot q$$

ou também

$$V = m \cdot q$$

Nesse caso, a variância é dada por:

$$\frac{(1{,}83-0)^2 8 + (1{,}83-1)^2 32 + (1{,}83-2)^2 34 + (1{,}83-3)^2 21 + (1{,}83-4)^2 5}{100} = 1{,}02$$

Assim,

$$1{,}02 = m \cdot q$$

$$1{,}02 = 1{,}83 q$$

e

$$q = 0{,}55$$

Finalmente considerando:

$$V = n \cdot p \cdot q$$

$$n = 1{,}02/(0{,}46 \times 0{,}54)$$

$$n = 1{,}02/0{,}25 \sim 4$$

2.2 O modelo de Poisson

O modelo de Poisson é aplicado geralmente a fenômenos caracterizados por uma variável aleatória que, observada por meio de uma série de experimentos independentes e idênticos, responde discretamente no tempo ou no espaço. A variável em estudo pode representar, por exemplo, o número de depósitos detectados em uma grande área e a quantidade de falhas de uma máquina durante um turno, entre outros.

Para descrever esse modelo, basta recordar que a base dos logaritmos neperianos, e, tem por expressão:

$$e = \frac{1}{0!} + \frac{1}{1!} + \frac{1}{2!} + \frac{1}{3!} + \ldots = 2{,}7183 \tag{2.4}$$

e também

$$e^z = \frac{z^0}{0!} + \frac{z^1}{1!} + \frac{z^2}{2!} + \frac{z^3}{3!} + \ldots \tag{2.5}$$

$$e^z = 1 + z + \frac{z^2}{2!} + \ldots \tag{2.6}$$

A expressão $e^z \cdot e^{-z} = 1$ pode ser utilizada como modelo de uma distribuição de probabilidade.

$$1 = e^{-z} \cdot e^z = e^{-z}\left(1 + z + \frac{z^2}{2!} + \ldots\right) \tag{2.7}$$

Essa distribuição descreve muito bem a realização de eventos localizados em um determinado intervalo de tempo ou de espaço, quando z representa a esperança matemática de realização do evento.

Os termos sucessivos

$$e^{-z}, z \cdot e^{-z}, \frac{z^2 \cdot e^{-z}}{2!}, \frac{z^3 \cdot e^{-z}}{3!} \ldots$$

indicam a probabilidade de realização de 0, 1, 2,... eventos.

Basta, então, conhecer a quantidade média de realizações do evento z em um intervalo de tempo ou em uma região do espaço para calcular a probabilidade de todos os números possíveis de realizações contidas neles. A única condição é que z seja aproximadamente constante de um ensaio a outro. Se o espaço amostral varia, esse método só pode ser aplicado com algumas correções. Desse modo, é possível afirmar que

$$P(K) = e^{-z} \frac{z^K}{K!} \tag{2.8}$$

indica a probabilidade de realização de K eventos, que se apresentam com uma média de realizações z em uma região do espaço ou em um intervalo de tempo.

A lei de Poisson tem por valor médio

$$m = z \tag{2.9}$$

e por variância

$$V = z \tag{2.10}$$

A Tab. 2.1 mostra a distribuição de blocos atrativos por distrito usando o modelo binomial. O número esperado por distrito é 2 (= 200/100). Usando, agora, o modelo de Poisson, é possível determinar a probabilidade de ocorrência de um desses blocos ($K = 1$) por distrito. A Eq. 2.8 oferece o seguinte resultado:

$$P(K = 1) = e^{-2{,}0}(2{,}0)^1/1! = 0{,}135 \times 2 = 0{,}270 \tag{2.11}$$

E a probabilidade de não encontrar nenhum será:

$$P(K = 0) = e^{-2{,}0}(2{,}0)^0/0! = 0{,}135 \times 1 = 0{,}135 \tag{2.12}$$

Assim, a probabilidade de ocorrência de dois ou mais blocos atrativos por distrito será de 1 – 0,405 = 0,595. Quando se compara a probabilidade obtida com o modelo de Poisson (= 0,595) com aquela estabelecida com o modelo binomial (= 0,606) no exemplo da seção 2.1.1, para saber qual modelo caracteriza melhor a realidade seria adequado estabelecer uma comparação entre os resultados obtidos em ambos os modelos e o número real de distritos (Tab. 2.3).

Tab. 2.3 Comparação entre dados reais e os modelos binomial e de Poisson

Número de blocos atrativos/distrito	Número de distritos		
	Real	Binomial	Poisson
0	14	12,4 (= 100 × 0,124)	13,5 (= 100 × 0,135)
1	25	27 (= 100 × 0,270)	27 (= 100 × 0,270)

2.2.1 Exemplo: comparação entre os modelos binomial e de Poisson

Um segundo exemplo ilustrará outra comparação de resultados entre a aplicação dos modelos binomial e de Poisson.

Há 35 distritos mineiros localizados em uma grande região, e 63 índices de mineralização localizados aleatoriamente nessa mesma região foram detectados. Pede-se para determinar a probabilidade de que *um* desses distritos não contenha nenhum índice de mineralização.

Usando o modelo binomial, é possível considerar a Eq. 2.1. Nesse caso, a probabilidade de ocorrência de um índice específico em *um* dos 35 distritos é de (1/35). Consequentemente, a probabilidade de não ocorrência desse índice nesse distrito é de (34/35). Assim, de acordo com a Eq. 2.1, a probabilidade de não ocorrência dos 63 índices no dado distrito é:

$$P(x=0) = \binom{63}{0}(34/35)^{63}(1/35)^0$$

$$P(x=0) = 0,16$$

Por outro lado, considerando o modelo de Poisson, o número esperado de índices por distrito mineiro precisa ser calculado primeiro. Esse número é:

$$m = 63/35 = 1,8 \text{ índice/distrito mineiro}$$

Aplicando a Eq. 2.8,

$$P(x=0) = e^{-1,8}(1,8)^0/0!$$

obtém-se

$$P(x=0) = 0,16$$

O uso do modelo de Poisson requer que o número esperado de ocorrências, z, seja aproximadamente constante ao longo dos intervalos de tempo ou espaço considerados. Do contrário, os resultados precisam sofrer algumas correções.

2.3 O MODELO NORMAL

O modelo normal é utilizado para representar uma variável aleatória contínua, caracterizada por uma distribuição simétrica de suas ocorrências em torno de um valor central. A densidade desse modelo, que responde a uma curva em forma de sino (Fig. 2.1), é definida por:

$$p(x) \cdot dx = \frac{1}{\sigma\sqrt{2\pi}} e^{\frac{-(x-m)^2}{2\sigma^2}} \cdot dx \qquad (2.13)$$

em que:

$p(x)$ = valor da função densidade associada à variável;
x = valor da variável em estudo;
m = valor médio da variável;
σ = desvio padrão da variável.

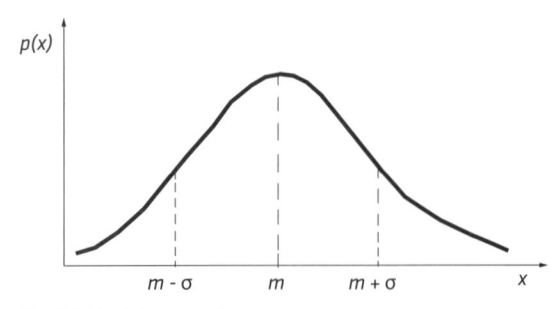

Fig. 2.1 Modelo normal

A densidade de probabilidade desse modelo é tal que:

$$\frac{1}{\sigma\sqrt{2\pi}} \int_{-\infty}^{+\infty} e^{\frac{-(x-m)^2}{2\sigma^2}} \cdot dx = 1 \quad (2.14)$$

O máximo dessa distribuição é obtido derivando:

$$p'(x) = \frac{1}{\sigma^3\sqrt{2\pi}} e^{\frac{-(x-m)^2}{2\sigma^2}} \left[\frac{(x-m)^2}{\sigma^2} - 1\right] \quad (2.15)$$

Assim, haverá dois pontos de inflexão para $x = m + \sigma$ e $x = m - \sigma$.

Como é possível deduzir, a distribuição normal é simétrica, ou seja:

$$p(m + x) = p(m - x) \quad (2.16)$$

Quando a origem das coordenadas passa por m, $m = 0$, a distribuição se denomina centrada. Quando $m = 0$ e $\sigma = 1$, a distribuição normal é padronizada (DNP) (Fig. 2.2).

Nesse caso, a expressão dessa distribuição se reduz a:

$$p(x) = \frac{1}{\sqrt{2\pi}} e^{\frac{-x^2}{2}} \quad (2.17)$$

A função de distribuição pode ser dada de acordo com a definição:

$$F(x) = \int_{-\infty}^{x} p(x) \cdot dx \quad (2.18)$$

$$\lim F(x) = \int_{-\infty}^{+\infty} p(x) \cdot dx = 1 \quad (2.19)$$

A distribuição é simétrica quando $x = m$. Se $x = 0$, logo:

$$F(m + x) + F(m - x) = 1 \quad (2.20)$$

$$F(m) = \frac{1}{2} \quad (2.21)$$

Fig. 2.2 Distribuição normal padrão

Além disso, para esse caso, o teor m máximo da abscissa é simultaneamente o valor da média, da mediana e da moda.

2.3.1 Momentos

Os momentos podem ser entendidos como parâmetros específicos que caracterizam numericamente uma determinada distribuição probabilística e que são estabelecidos com base em uma expressão matemática generalizada definida como de ordem n.

A distribuição normal é caracterizada por seus dois primeiros momentos: o valor médio e a variância. Nessa distribuição, a média, a moda e a mediana coincidem com o valor da abscissa m que divide a superfície abaixo da curva em duas partes simétricas e opostas. A variância se apresenta igual à dispersão.

Em um primeiro momento, representando a distribuição de acordo com intervalos de classe e suas respectivas frequências relativas e considerando que

$$\int_{-\infty}^{+\infty} p(x) \cdot dx = 1 \quad (2.22)$$

é possível decompor essa equação integral em integrais parciais associadas aos intervalos selecionados

$$\int_{-\infty}^{\alpha_1} p(x)\cdot dx + \int_{\alpha_1}^{\alpha_2} p(x)\cdot dx + ... + \int_{\alpha_n}^{+\infty} p(x)\cdot dx = 1 \tag{2.23}$$

que representam áreas parciais da curva total de probabilidade.

$$A_1 + A_2 + ... + A_{n+1} = 1 \tag{2.24}$$

Portanto, a área compreendida no intervalo a_i e a_{i+1} traduz a probabilidade de que a variável (por exemplo, teor mineral) se encontre dentro desse intervalo.

No caso da distribuição normal padrão, a área compreendida entre $m - \sigma$ e $m + \sigma$ equivale aproximadamente a 68% da área total (considerada como unidade); a área entre $m - 2\sigma$ e $m + 2\sigma$, a aproximadamente 95%, e a área entre $m - 3\sigma$ e $m + 3\sigma$, a 99,7%. De maneira correspondente, é possível afirmar, levando em conta a expressão $m \pm t\sigma$, que o intervalo definido por:

$t = \pm 1$ indica 68% de probabilidade de possuir a V.A. x neste intervalo;

$t = \pm 2$ indica 95% de probabilidade de possuir a V.A. x neste intervalo;

$t = \pm 3$ indica 99,77% de probabilidade de possuir a V.A. x neste intervalo.

Assim, é importante recordar que um modelo de probabilidade representa a distribuição da probabilidade de ocorrência de uma V.A. de acordo com determinados intervalos que caracterizam os valores por ela alcançados. A proporção de área compreendida no intervalo a_i e a_{i+1} indica a probabilidade de que a V.A. se encontre nesse intervalo.

2.3.2 Critério de comprovação

Diante de uma distribuição definida com base em uma associação de intervalos de classe *versus* frequências relativas, representada por uma curva em forma de sino (simétrica), será possível adequá-la a uma distribuição normal se a expressão $m \pm t\sigma$,

para $t = 2/3$, define um intervalo que cobre 50% das observações;

para $t = 1$, define um intervalo que cobre 68% das observações;

para $t = 2$, define um intervalo que cobre 95% das observações;

para $t = 3$, define um intervalo que cobre 99,7% das observações.

Além disso, essa hipótese poderá ser afirmada por meio de uma relação linear entre t e m. De fato, qualquer distribuição normal

$$P(x)\cdot dx = \frac{1}{\sigma\sqrt{2\pi}} \int_{-\infty}^{x} e^{\frac{-(x-m)^2}{2\sigma^2}} dx \tag{2.25}$$

reduz-se a uma distribuição normal padrão

$$P(t)\cdot dt = \frac{1}{\sqrt{2\pi}} \int_{-\infty}^{t} e^{-\frac{t^2}{2}} dt \tag{2.26}$$

com a mudança

$$t_i = \frac{x_i - m}{\sigma} \tag{2.27}$$

que indica uma relação linear entre t_i e x_i do tipo

$$t_i = ax_i + b \tag{2.28}$$

Ao mesmo tempo, depreende-se que:

$$t_i \cdot \sigma = x_i - m \tag{2.29}$$

ou seja,

$$x_i = m + t_i \cdot \sigma \quad (2.30)$$

Fig. 2.3 Relação entre os valores das variáveis x, t e a escala gaussiana

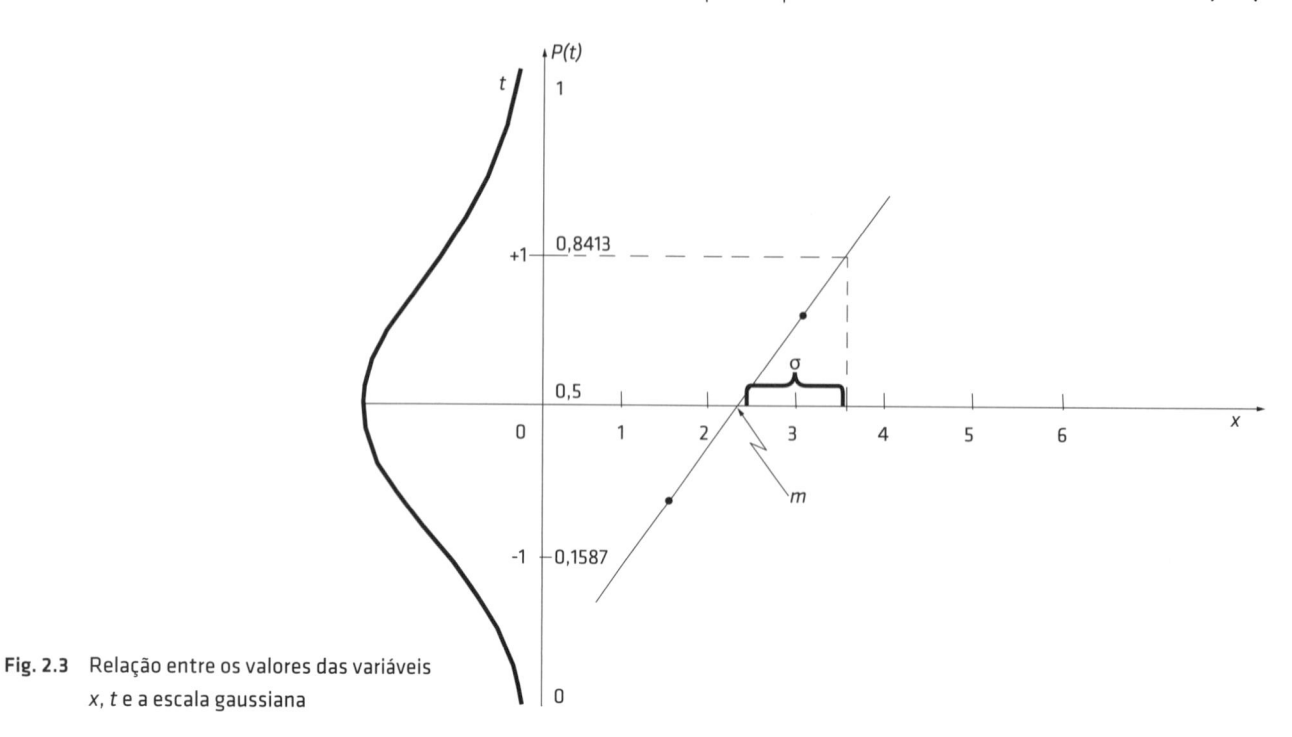

Considerando que t_i pode ser positivo ou negativo, deduz-se que o valor t_i também é um valor de abscissa semelhante a x_i. Se $m = 0$ e $\sigma = 1$, percebe-se que $x_i = t_i$, e ambas as variáveis definem, nesse caso, uma distribuição normal padrão. Assim, se há normalidade, a relação não será estabelecida unicamente entre as variáveis x e t, mas também entre x, t e as probabilidades acumuladas definidas para cada valor da abscissa. Essas probabilidades são medidas, no caso prático, pelas frequências relativas acumuladas e representadas em uma escala gaussiana (Fig. 2.3).

A correspondência entre os valores de t e as áreas correspondentes se encontra na chamada tabela da distribuição normal padrão.

Em essência, a tabela normal padrão (Tab. 2.4) estabelece uma relação direta entre determinados níveis de probabilidade $P(t)$ (por exemplo, entre 0,0 e 1,0), equivalentes a áreas parciais da curva normal (por exemplo, simétricas em relação a $m = 0$), e valores precisos do eixo da abscissa, t, que limitam essas áreas.

Nesse caso, a expressão

$$m \pm a_p \cdot \sigma \quad (2.31)$$

serve para associar determinados níveis de probabilidade, p, aos valores da abscissa a_p que definem intervalos muito específicos da variável em estudo. Assim, é possível afirmar que, para $a_p = 1$, haverá 68% de probabilidade de que a variável aleatória estudada ocorra no intervalo $m - \sigma$ e $m + \sigma$; para um valor $a_p = 2$, haverá 95% de probabilidade de que a variável ocorra no intervalo $m - 2\sigma$ e $m + 2\sigma$, e, evidentemente, para $a_p = 3$, a probabilidade de que a variável ocorra no intervalo $m - 3\sigma$ e $m + 3\sigma$ será de 99,7%. Para outros valores de a_p, as áreas serão definidas entre aquelas anteriormente mencionadas.

Com base nas relações existentes entre intervalos específicos da variável normal e suas áreas de probabilidade associadas, é possível estabelecer um critério com o intuito de determinar a competência do modelo normal para representar uma variável aleatória qualquer. Esse critério é baseado no fato de que, mediante a relação

$$a_p = \frac{x-m}{\sigma} \qquad (2.32)$$

uma variável normal qualquer pode ser transformada em uma variável normal padronizada. Assim, a variável original x pode ser representada por:

$$x = m + a_p \cdot \sigma \qquad (2.33)$$

sendo a_p positivo ou negativo. Ou seja, para que exista uma condição de normalidade para a variável em estudo, deverá existir uma relação linear entre os valores da variável aleatória x e os valores a_p.

Observação: a expressão gráfica de uma distribuição normal permite representar igualmente seu valor médio m e o desvio padrão σ (Fig. 2.3).

O valor m é determinado pela intersecção da reta $a_{pi} = ax_i + b$ com o eixo da abscissa x, o qual intercepta a escala gaussiana em $a_p = 0$ (50% da escala gaussiana). O desvio padrão é determinado pelo intervalo formado entre o valor médio m e a projeção sobre o eixo da abscissa x do ponto dado pela intersecção de $a_{pi} = ax_i + b$, e $a_p = 1$ para $p(t) = 0{,}84$.

O melhor ou pior alinhamento dos pontos experimentais encontrados será uma medida do ajuste feito na curva em estudo. O grau de linearidade encontrado entre os valores da variável (*teor mineral*) e as áreas de probabilidade (correspondentes a esses valores), bem como os valores m e σ, são parâmetros próprios do conjunto de valores que caracterizam um fenômeno único em estudo (a jazida). A afirmativa de que os valores correspondem a um fenômeno único faz presumir que o grau de linearidade representa relações intrínsecas a esse fenômeno único. O que aconteceria, então, se no interior de uma jazida (aparentemente um fenômeno único) fossem encontrados dois "tipos" de valores (realmente dois fenômenos) que quantitativamente podem ser similares, mas que intrinsecamente constituem dois fenômenos separados?

As relações que se devem encontrar serão de caráter diverso, e a análise poderá fornecer dois tipos de relações lineares, as quais deixarão transparecer justamente a existência dos dois fenômenos existentes. Esse é o caso, por exemplo, de curvas bimodais. Sem dúvida, na maioria dos casos, será possível "ajustar" um determinado conjunto de valores à forma da distribuição normal, mas, na diferenciação das inclinações das linhas, dois fenômenos diferentes se deixarão mostrar claramente (por exemplo, em uma jazida, os valores provenientes do enriquecimento secundário e da zona primária).

Tab. 2.4 Áreas da distribuição normal padrão entre $t = -3{,}50$ e $t = +3{,}59$

t	0,00	0,01	0,02	0,03	0,04	0,05	0,06	0,07	0,08	0,09
-3,5	0,0002	0,0002	0,0002	0,0002	0,0002	0,0002	0,0002	0,0002	0,0002	0,0002
-3,4	0,0003	0,0003	0,0003	0,0003	0,0003	0,0003	0,0003	0,0003	0,0003	0,0002
-3,3	0,0005	0,0005	0,0005	0,0004	0,0004	0,0004	0,0004	0,0004	0,0004	0,0003
-3,2	0,0007	0,0007	0,0006	0,0006	0,0006	0,0006	0,0006	0,0005	0,0005	0,0005
-3,1	0,0010	0,0009	0,0009	0,0009	0,0008	0,0008	0,0008	0,0008	0,0007	0,0007
-3,0	0,0013	0,0013	0,0013	0,0012	0,0012	0,0011	0,0011	0,0011	0,0010	0,0010

Tab. 2.4 Áreas da distribuição normal padrão entre $t = -3,50$ e $t = +3,59$ (cont.)

t	0,00	0,01	0,02	0,03	0,04	0,05	0,06	0,07	0,08	0,09
-2,9	0,0019	0,0018	0,0018	0,0017	0,0016	0,0016	0,0015	0,0015	0,0014	0,0014
-2,8	0,0026	0,0025	0,0024	0,0023	0,0023	0,0022	0,0021	0,0021	0,0020	0,0019
-2,7	0,0035	0,0034	0,0033	0,0032	0,0031	0,0030	0,0029	0,0028	0,0027	0,0026
-2,6	0,0047	0,0045	0,0044	0,0043	0,0041	0,0040	0,0039	0,0038	0,0037	0,0036
-2,5	0,0062	0,0060	0,0059	0,0057	0,0055	0,0054	0,0052	0,0051	0,0049	0,0048
-2,4	0,0082	0,0080	0,0078	0,0075	0,0073	0,0078	0,0069	0,0068	0,0066	0,0064
-2,3	0,0107	0,0104	0,0102	0,0099	0,0096	0,0094	0,0091	0,0089	0,0087	0,0084
-2,2	0,0139	0,0136	0,0132	0,0129	0,0125	0,0122	0,0119	0,0116	0,0113	0,0110
-2,1	0,0179	0,0174	0,0170	0,0166	0,0162	0,0158	0,0154	0,0150	0,0146	0,0143
-2,0	0,0228	0,0222	0,0217	0,0212	0,0207	0,0202	0,0197	0,0192	0,0188	0,0183
-1,9	0,0287	0,0281	0,0274	0,0268	0,0262	0,0256	0,0250	0,0244	0,0239	0,0233
-1,8	0,0359	0,0351	0,0344	0,0336	0,0329	0,0322	0,0314	0,0307	0,0301	0,0294
-1,7	0,0446	0,0436	0,0427	0,0418	0,0409	0,0401	0,0392	0,0384	0,0375	0,0367
-1,6	0,0548	0,0537	0,0526	0,0516	0,0505	0,0495	0,0485	0,0475	0,0465	0,0455
-1,5	0,0668	0,0655	0,0643	0,0630	0,0618	0,0606	0,0594	0,0582	0,0571	0,0559
-1,4	0,0808	0,0793	0,0778	0,0764	0,0719	0,0735	0,0721	0,0708	0,0694	0,0681
-1,3	0,0968	0,0951	0,0934	0,0918	0,0901	0,0885	0,0869	0,0853	0,0830	0,0823
-1,2	0,1151	0,1131	0,1112	0,1093	0,1075	0,1056	0,1038	0,1020	0,1003	0,0985
-1,1	0,1357	0,1335	0,1314	0,1292	0,1271	0,1251	0,1230	0,1210	0,1190	0,1170
-1,0	0,1587	0,1562	0,1539	0,1515	0,1492	0,1469	0,1446	0,1423	0,1401	0,1379
-0,9	0,1841	0,1814	0,1788	0,1762	0,1736	0,1711	0,1685	0,1660	0,1635	0,1611
-0,8	0,2119	0,2090	0,2061	0,2033	0,2005	0,1977	0,1949	0,1922	0,1894	0,1867
-0,7	0,2420	0,2389	0,2358	0,2327	0,2296	0,2266	0,2236	0,2206	0,2177	0,2148
-0,6	0,2743	0,2709	0,2676	0,2643	0,2611	0,2578	0,2546	0,2514	0,2483	0,2451
-0,5	0,3085	0,3050	0,3015	0,2981	0,2946	0,2912	0,2877	0,2843	0,2810	0,2776
-0,4	0,3446	0,3409	0,3372	0,3336	0,3300	0,3264	0,3228	0,3192	0,3156	0,3121
-0,3	0,3821	0,3783	0,3745	0,3707	0,3669	0,3632	0,3594	0,3557	0,3520	0,3483
-0,2	0,4207	0,4168	0,4129	0,4090	0,4052	0,4013	0,3974	0,3936	0,3897	0,3859
-0,1	0,4602	0,4562	0,4522	0,4483	0,4443	0,4404	0,4364	0,4325	0,4286	0,4247
-0,0	0,5000	0,4960	0,4920	0,4880	0,4840	0,4801	0,4761	0,4721	0,4681	0,4641
+0,0	0,5000	0,5040	0,5080	0,5120	0,5160	0,5199	0,5239	0,5279	0,5319	0,5359
+0,1	0,5398	0,5438	0,5478	0,5517	0,5557	0,5596	0,5636	0,5675	0,5714	0,5753
+0,2	0,5793	0,5832	0,5871	0,5910	0,5948	0,5987	0,6026	0,6064	0,6103	0,6141
+0,3	0,6179	0,6217	0,6255	0,6293	0,6331	0,6368	0,6406	0,6443	0,6480	0,6517
+0,4	0,6554	0,6591	0,6628	0,6664	0,6700	0,6736	0,6772	0,6808	0,6844	0,6879
+0,5	0,6915	0,6950	0,6985	0,7019	0,7054	0,7088	0,7123	0,7157	0,7190	0,7224
+0,6	0,7257	0,7291	0,7324	0,7357	0,7389	0,7422	0,7454	0,7486	0,7517	0,7549
+0,7	0,7580	0,7611	0,7642	0,7673	0,7704	0,7734	0,7764	0,7794	0,7823	0,7852
+0,8	0,7881	0,7910	0,7939	0,7967	0,7995	0,8023	0,8051	0,8078	0,8106	0,8133
+0,9	0,8159	0,8186	0,8212	0,8238	0,8264	0,8289	0,8315	0,8340	0,8365	0,8389
+1,0	0,8413	0,8438	0,8461	0,8485	0,8508	0,8531	0,8554	0,8577	0,8599	0,8621
+1,1	0,8643	0,8665	0,8686	0,8708	0,8729	0,8749	0,8770	0,8790	0,8810	0,8830
+1,2	0,8849	0,8869	0,8888	0,8907	0,8925	0,8944	0,8962	0,8980	0,8997	0,9015
+1,3	0,9032	0,9049	0,9066	0,9082	0,9099	0,9115	0,9131	0,9147	0,9162	0,9177
+1,4	0,9192	0,9207	0,9222	0,9236	0,9251	0,9265	0,9279	0,9292	0,9306	0,9319

Tab. 2.4 Áreas da distribuição normal padrão entre $t = -3{,}50$ e $t = +3{,}59$ (cont.)

t	0,00	0,01	0,02	0,03	0,04	0,05	0,06	0,07	0,08	0,09
+1,5	0,9332	0,9345	0,9357	0,9370	0,9382	0,9394	0,9406	0,9418	0,9429	0,9441
+1,6	0,9452	0,9463	0,9474	0,9484	0,9495	0,9505	0,9515	0,9525	0,9535	0,9545
+1,7	0,9554	0,9564	0,9573	0,9582	0,9591	0,9599	0,9608	0,9616	0,9625	0,9633
+1,8	0,9641	0,9649	0,9656	0,9664	0,9671	0,9678	0,9686	0,9693	0,9699	0,9706
+1,9	0,9713	0,9719	0,9726	0,9732	0,9738	0,9744	0,9750	0,9756	0,9761	0,9767
+2,0	0,9772	0,9778	0,9783	0,9788	0,9793	0,9798	0,9803	0,9808	0,9812	0,9817
+2,1	0,9821	0,9826	0,9830	0,9834	0,9838	0,9842	0,9846	0,9850	0,9854	0,9857
+2,2	0,9861	0,9864	0,9868	0,9871	0,9875	0,9878	0,9881	0,9884	0,9887	0,9890
+2,3	0,9893	0,9896	0,9898	0,9901	0,9904	0,9906	0,9909	0,9911	0,9913	0,9916
+2,4	0,9918	0,9920	0,9922	0,9925	0,9927	0,9929	0,9931	0,9932	0,9934	0,9936
+2,5	0,9938	0,9940	0,9941	0,9943	0,9945	0,9946	0,9948	0,9949	0,9951	0,9952
+2,6	0,9953	0,9955	0,9956	0,9957	0,9959	0,9960	0,9961	0,9962	0,9963	0,9973
+2,7	0,9965	0,9966	0,9967	0,9968	0,9969	0,9970	0,9971	0,9972	0,9973	0,9974
+2,8	0,9974	0,9975	0,9976	0,9977	0,9977	0,9978	0,9979	0,9979	0,9980	0,9981
+2,9	0,9981	0,9982	0,9982	0,9983	0,9984	0,9984	0,9985	0,9985	0,9986	0,9986
+3,0	0,9987	0,9987	0,9987	0,9988	0,9988	0,9989	0,9989	0,9989	0,9990	0,9990
+3,1	0,9990	0,9991	0,9991	0,9991	0,9992	0,9992	0,9992	0,9992	0,9993	0,9993
+3,2	0,9993	0,9993	0,9994	0,9994	0,9994	0,9994	0,9994	0,9995	0,9995	0,9995
+3,3	0,9995	0,9995	0,9995	0,9996	0,9996	0,9996	0,9996	0,9996	0,9996	0,9997
+3,4	0,9997	0,9997	0,9997	0,9997	0,9997	0,9997	0,9997	0,9997	0,9997	0,9998
+3,5	0,9998	0,9998	0,9998	0,9998	0,9998	0,9998	0,9998	0,9998	0,9998	0,9998

2.4 O MODELO LOGNORMAL

Pode-se afirmar que uma variável (teor mineral) segue uma distribuição lognormal se o logaritmo neperiano dessa variável segue uma distribuição normal. Os valores experimentais da variável (e não seus logaritmos) são distribuídos de acordo com a curva contínua e assimétrica da Fig. 2.4, cuja expressão matemática é dada por:

$$p(x) \cdot dx = \frac{1}{\sigma\sqrt{2\pi}} e^{\frac{-(\ln x - \ln \gamma)^2}{2\sigma^2}} \cdot d \cdot \ln x \qquad (2.34)$$

em que:

$\ln \gamma$ = valor médio da variável normal $\ln x$ (logaritmo neperiano);

σ^2 = variância da variável normal $\ln x$;

$p(x) \cdot dx$ = probabilidade de que a variável normal esteja compreendida entre $\ln x$ e $\ln x + d \cdot \ln x$;

$p(x)$ = função de frequência da distribuição lognormal.

$$p(x) \cdot dx = \frac{1}{\sigma\sqrt{2\pi}} e^{\frac{-(\log x - \log \gamma)^2}{2\sigma^2}} \frac{dx}{x} \qquad (2.35)$$

Há vários fenômenos caracterizados por variáveis cujos valores experimentais se concentram nas proximidades da origem: o teor de um mineral de baixo conteúdo, o rendimento por hectare agrícola e a distribuição da renda *per capita* de um país, entre outros.

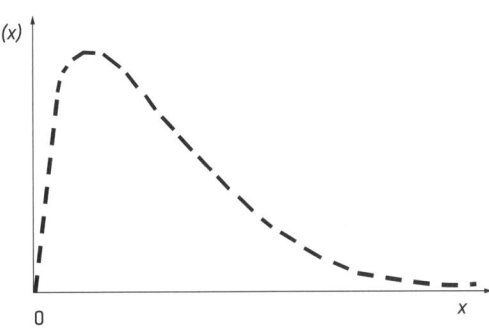

Fig. 2.4 Modelo lognormal

2.4.1 Momentos da variável lognormal x

De acordo com a Eq. 2.35,

$$p(x) \cdot dx = \frac{1}{\sigma\sqrt{2\pi}} e^{-\frac{(\ln x - \ln \gamma)^2}{2\sigma^2}} \frac{dx}{x} \qquad (2.36)$$

se

$$t = \frac{1}{\sigma} \ln \frac{x}{\gamma} \qquad (2.37)$$

e

$$x = \gamma \cdot e^{\sigma t} \qquad (2.38)$$

de onde

$$\ln x = \ln \gamma + \sigma t \qquad (2.39)$$

isto é,

$$\frac{dx}{x} = \sigma \, dt \qquad (2.40)$$

Substituindo em $p(x) \cdot dx$:

$$p(t) \cdot dt = \frac{1}{\sqrt{2\pi}} e^{-\frac{t^2}{2}} \cdot dt \qquad (2.41)$$

Ou seja, por meio da mudança da variável $t = \frac{1}{\sigma} \ln \frac{x}{\gamma}$, t se constitui como uma variável aleatória normal padronizada com média zero e variância 1 (0,1), cuja função de distribuição $P(t)$ (Tab. 2.4) fornece a probabilidade de encontrar a variável no intervalo $-\infty, t$ (Fig. 2.5).

$$p(t) = \frac{1}{\sqrt{2\pi}} \int_{-\infty}^{t} e^{-\frac{t^2}{2}} \cdot dt \qquad (2.42)$$

De acordo com a Eq. 2.38, $x = \gamma \cdot e^{\sigma t}$, é determinado o momento de ordem n da variável lognormal x.

$$M'_n = \int_{-\infty}^{+\infty} x_n \cdot f(x) \cdot dx \qquad (2.43)$$

$$M'_n = \int_{-\infty}^{+\infty} \gamma^n \cdot e^{\sigma t n} \frac{1}{\sqrt{2\pi}} e^{-\frac{t^2}{2}} \cdot dt \qquad (2.44)$$

$$M'_n = \gamma^n \cdot e^{\frac{n^2\sigma^2}{2}} \int_{-\infty}^{+\infty} \frac{1}{\sqrt{2\pi}} e^{\sigma t n} e^{-\frac{t^2}{2}} \cdot e^{-\frac{n^2\sigma^2}{2}} \cdot dt \qquad (2.45)$$

$$M'_n = \gamma^n \cdot e^{\frac{n^2\sigma^2}{2}} \int_{-\infty}^{+\infty} \frac{1}{\sqrt{2\pi}} e^{-\frac{1}{2}(t-n\sigma)^2} \qquad (2.46)$$

e

$$M'_n = \gamma^n \cdot e^{\frac{n^2\sigma^2}{2}} \qquad (2.47)$$

Portanto, o valor médio da variável lognormal x, momento de ordem 1, é:

$$M'_1 = m = \gamma \cdot e^{\frac{\sigma^2}{2}} \qquad (2.48)$$

Essa equação demonstra como o formalismo lognormal relaciona a média aritmética m à média geométrica γ por intermédio do coeficiente sem dimensão $e^{\frac{\sigma^2}{2}}$, que é sempre superior à unidade e apresenta um valor maior, desde que a variância logarítmica seja maior.

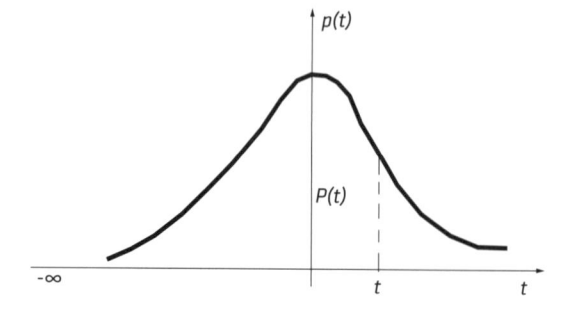

Fig. 2.5 Função de distribuição normal

Determina-se a variância aritmética Σ^2 por:

$$\sum\nolimits^2 = M'_2 - (M'_1)^2 \tag{2.49}$$

Logo, aplicando a Eq. 2.47:

$$\sum\nolimits^2 = \gamma^2 \cdot e^{2\sigma^2} - \gamma^2 \cdot e^{\sigma^2} = \gamma^2 \cdot e^{\sigma^2}(e^{\sigma^2} - 1) \tag{2.50}$$

$$\sum\nolimits^2 = m^2(e^{\sigma^2} - 1) \tag{2.51}$$

Estimativa lognormal do valor médio com base em n amostras independentes

O valor médio m^* dos valores lognormais x_i, correspondentes a n amostras coletadas ao acaso na jazida, é dado por:

$$m^* = \gamma^* \cdot e^{\frac{\sigma^{*2}}{2}} \tag{2.52}$$

em que

$$\ln \gamma^* = \frac{1}{n} \sum_1^n \ln x_i \tag{2.53}$$

e

$$\sigma^{*2} = \frac{1}{n} \sum_1^n (\ln x_i - \ln \gamma^*)^2 \tag{2.54}$$

É possível demonstrar que:

$$D^2(m^*) = m^{*2}\left(e^{\frac{\sigma^2}{n} + \frac{\sigma^4}{2n}} - 1\right) \to \frac{m^{*2}}{n}\left(\sigma^2 + \frac{\sigma^4}{2}\right) \tag{2.55}$$

e

$$D^2(\log m^*) = \frac{1}{n}\left(\sigma^2 + \frac{\sigma^4}{2}\right) \tag{2.56}$$

de modo que

$$D^2(\log m^*) = \frac{D^2(m^*)}{m^{*2}} \tag{2.57}$$

Em outras palavras, a variância dos logaritmos de valores médios $D^2(\ln m^*)$ iguala a razão entre a variância e o quadrado desses valores. As duas transformações – tanto a transformação logarítmica dos valores quanto a transformação da variabilidade relativa deles – produzem efeitos estabilizadores na variação dos valores originais.

Os efeitos estabilizadores na variabilidade de uma característica são aspectos importantes que devem ser levados em conta nos estudos geoestatísticos, já que introduzem certo grau de estabilidade nos dados de mineralização, que muitas vezes se apresentam de maneira errática na natureza (por exemplo, jazidas de ouro e de urânio).

2.4.2 Critério de comprovação

O primeiro passo para saber se uma distribuição segue uma distribuição lognormal é observar o aspecto assimétrico do histograma, que se apresenta concentrado desde o eixo da ordenada. Assim como no caso da distribuição normal, se conduzidas as frequências acumuladas sobre o gráfico gaussiano lognormal (ordenada: áreas; abscissa: valores logarítmicos) e alinhados os pontos determinados segundo uma reta, obtém-se uma lognormalidade aproximada (Fig. 2.6).

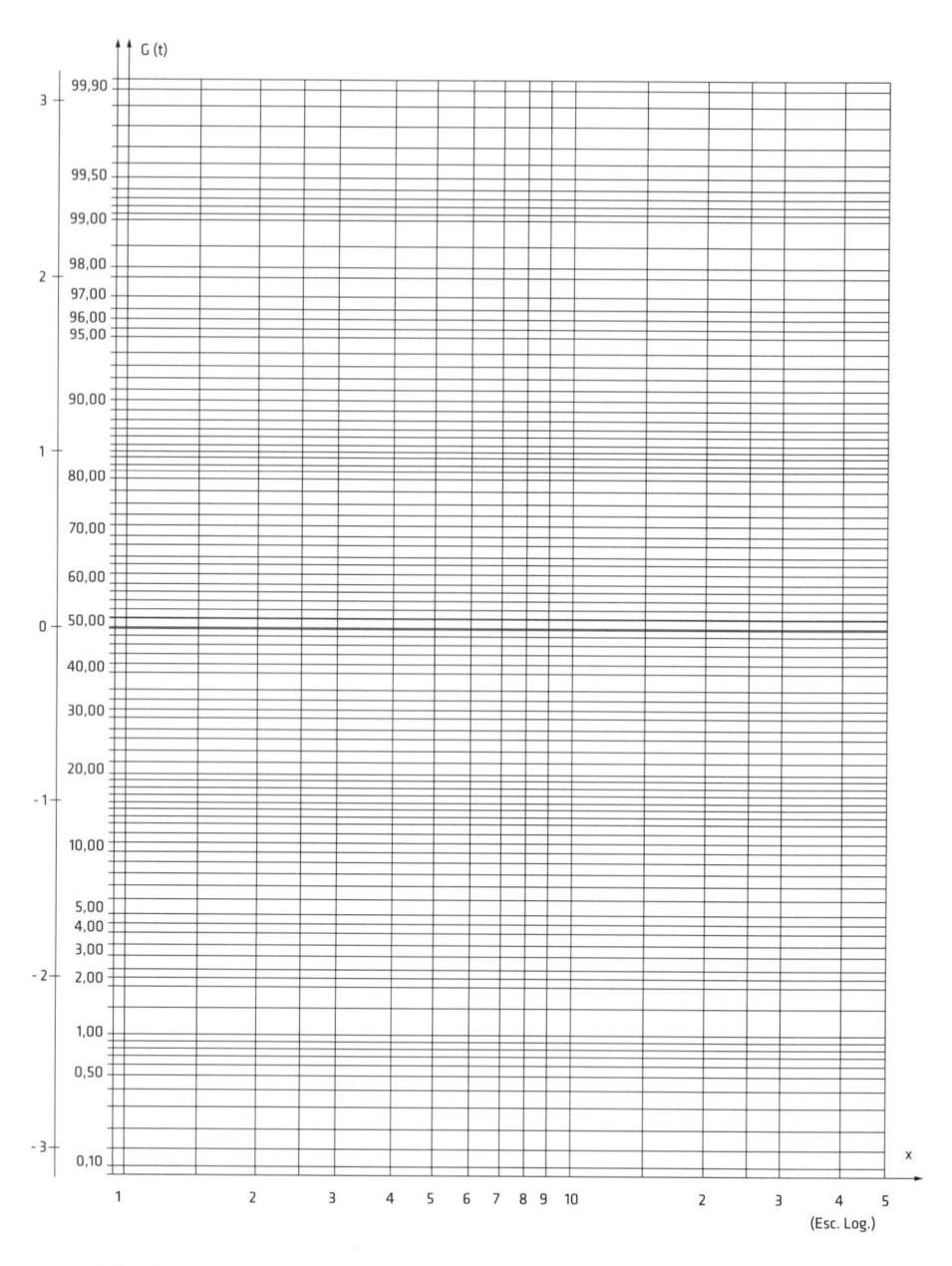

Fig. 2.6 Gráfico gaussiano lognormal

A rigor, o critério de comprovação consiste em verificar a possível relação linear existente entre os $\ln x_i$ e os t_i, de acordo com:

$$t_i = \frac{1}{\sigma} \ln \frac{x_i}{\gamma} \quad (2.58)$$

ou

$$t_i = \frac{1}{\sigma}(\ln x_i - \ln \gamma) \quad (2.59)$$

Em um gráfico gaussiano lognormal, os valores de t_i constituem valores de abscissas que encerram determinada área da curva de probabilidades totais. Na prática, utiliza-se o mesmo procedimento indicado no caso da distribuição normal, ou seja, em um gráfico gaussiano logarítmico consideram-se dados correspondentes às áreas as frequências acumuladas, e na abscissa logarítmica, os valores x_i correspondentes.

Se existe uma relação do tipo linear,

$$t_i = a \cdot \ln x_i + b \quad (2.60)$$

e como

$$t_i = \frac{1}{\sigma}(\ln x_i - \ln \gamma) \quad (2.61)$$

$$\ln \gamma = -\frac{b}{a} \quad (2.62)$$

e

$$\sigma = \frac{1}{a} \quad (2.63)$$

2.4.3 Intervalos de confiança

De acordo com o grau de imprecisão, o valor médio, m, de um estimador está relacionado a um determinado desvio σ (Fig. 2.7). Dependendo do nível de confiança associado à estimativa, será possível multiplicar o valor σ por um coeficiente t_α, sendo α o nível de confiança esperado.

Um alto coeficiente t_α fornecerá uma ampla margem de segurança e haverá um alto grau de confiança de que o valor desconhecido que se procura estimar encontra-se no interior desse intervalo.

O valor de α dependerá do grau de confiança requerido e de fato corresponde a uma medida do desvio aceito na determinação do estimador.

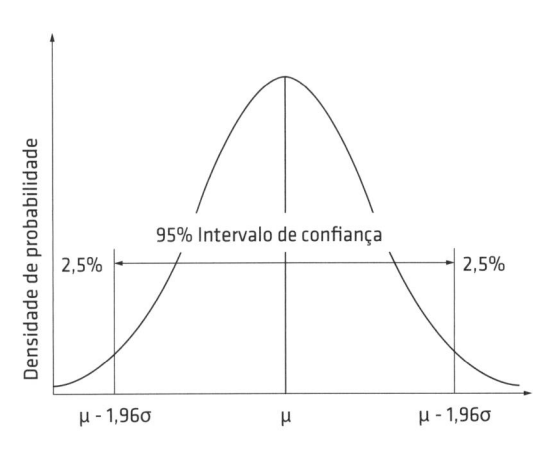

Fig. 2.7 Intervalo de confiança de uma estimativa

Vale dizer que, se 95% de confiança é o nível requerido em uma estimativa:

$$\alpha = 0,95$$

Com esse valor de α, é determinado o valor t_α correspondente, que, nesse caso, se encontra tabulado de acordo com os diferentes valores de α. Uma vez determinado t_α, ele é substituído na expressão:

$$m \pm t_\alpha \cdot \sigma_m \quad (2.64)$$

que representa o intervalo de confiança escolhido; ou, com maior exatidão, conforme exposto anteriormente, na expressão:

$$m \pm t_\alpha \frac{\sigma}{\sqrt{N}} \quad (2.65)$$

Então, para esse cálculo, utiliza-se a tabela da distribuição normal padrão (Tab. 2.4), já que essa porcentagem de confiança é função da área provável ou improvável na qual é possível encontrar o verdadeiro valor estimado m. Como essas áreas estão tabuladas em função das respectivas ordenadas, nesse caso, t_α, é possível determinar esse valor por meio da tabela mencionada.

Suponha-se que se deseja obter o intervalo em que o valor médio varia com 95% de confiança ($\alpha = 0,95$). Na Tab. 2.4, são buscados os valores $t(0,975)$ e $t(0,025)$.

Para esse valor,

$$t_{0,95} = 1,96$$

Para 90% de confiança,

$$t_{0,90} = 1,64$$

Para 99% de confiança,

$$t_{0,99} = 2,58$$

Tab. 2.5 Nível de confiança

α	t_α
90%	1,64
95%	1,96
99%	2,58

O resultado é apresentado na Tab. 2.5.

Assim, o resultado é dado pela fórmula $m \pm t(\alpha)\dfrac{\sigma}{\sqrt{N}}$, segundo o nível de confiança desejado. Na maioria dos casos, costuma-se considerar o valor que fornece um nível de confiança de 95%.

2.4.4 Procedimento de adequação ao modelo lognormal: método do terceiro parâmetro

O critério de linearidade serve para comprovar se a distribuição corresponde efetivamente a uma distribuição lognormal.

Nem sempre a distribuição é exatamente lognormal, pois a relação de tipo linear pode não resultar numa reta. Nesses casos, aproveitando a não proporcionalidade existente entre as quantidades numéricas e seus logaritmos, é possível adequar uma distribuição à distribuição lognormal. O método consiste em servir-se de um valor X_0 (terceiro parâmetro), tal que, se

$$z = \ln(x - X_0) \tag{2.66}$$

seja possível, nesse caso, obter uma relação linear para a nova variável z, sendo X_0 positivo ou negativo. Pode ser necessário testar vários valores de X_0 até que se obtenha a reta mais representativa. Os cálculos e procedimentos são exatamente os mesmos, mas todos os valores de x serão afetados pelo valor X_0, ou seja, por uma translação.

Nesse caso, o teor médio será dado por:

$$m = X_0 + \gamma \cdot e^{\frac{\sigma^2}{2}} \tag{2.67}$$

e

$$\sum{}^2 = (m - X_0)^2 (e^{\sigma^2} - 1) \tag{2.68}$$

2.4.5 Exemplo: aplicação à série histórica de preços do cobre

A Tab. 2.6 fornece a série histórica dos preços do cobre de 1908 a 1997, sendo a série produtiva mundial compreendida no período de 1912 a 1997. A Fig. 2.8 apresenta a distribuição do preço e a produção mundial de cobre e a Fig. 2.9, o comportamento lognormal dos preços.

Outra variável de interesse é a razão entre o preço do cobre para um determinado ano e esse preço para o ano seguinte, P_{N-1}/P_N. Essa variável, denominada *retorno relativo do preço do cobre*, também se distribui com um comportamento lognormal (Fig. 2.10) e, assim, a distribuição de seus logaritmos é feita de acordo com um modelo normal (Fig. 2.11).

Tab. 2.6 Preços e produção mundial de cobre

Anos N	Preço P_N (cUS$/lb Cu)	Produção mundial (milhões t Cu)	Anos N	Preço P_N (cUS$/lb Cu)	Produção mundial (milhões t Cu)
1908	13,8	–	1953	31,6	2,802
1909	13,5	–	1954	31,2	2,851
1910	13,3	–	1955	43,8	3,112
1911	13,0	–	1956	41,0	3,471
1912	16,9	1,019	1957	27,4	3,555
1913	16,0	1,006	1958	24,8	3,452
1914	14,2	0,932	1959	29,8	3,691

Tab. 2.6 Preços e produção mundial de cobre (cont.)

Anos N	Preço P_N (cUS$/lb Cu)	Produção mundial (milhões t Cu)	Anos N	Preço P_N (cUS$/lb Cu)	Produção mundial (milhões t Cu)
1915	17,8	1,057	1960	31,4	4,238
1916	29,4	1,377	1961	29,2	4,395
1917	29,0	1,429	1962	29,8	4,559
1918	27,3	1,428	1963	29,8	4,631
1919	19,9	0,994	1964	44,7	4,849
1920	18,1	0,960	1965	59,7	5,064
1921	12,9	0,545	1966	70,2	5,288
1922	13,7	0,857	1967	52,1	5,077
1923	14,8	1,234	1968	56,3	5,475
1924	13,5	1,343	1969	67,4	5,953
1925	14,5	1,407	1970	64,0	6,369
1926	14,3	1,472	1971	49,2	6,458
1927	13,5	1,525	1972	48,5	7,046
1928	15,1	1,724	1973	80,8	7,533
1929	18,5	1,937	1974	93,1	7,669
1930	13,5	1,540	1975	56,1	7,335
1931	8,6	1,339	1976	63,9	7,843
1932	5,7	0,860	1977	59,3	7,946
1933	6,9	0,980	1978	61,9	7,854
1934	7,5	1,230	1979	90,0	7,927
1935	7,8	1,440	1980	99,5	7,714
1936	9,5	1,663	1981	79,2	8,158
1937	13,3	2,280	1982	67,2	8,043
1938	10,0	1,980	1983	72,2	8,113
1939	9,6	2,110	1984	62,6	8,275
1940	10,6	2,360	1985	64,1	8,389
1941	11,2	2,380	1986	62,3	8,409
1942	11,2	2,662	1987	80,8	8,751
1943	11,2	2,692	1988	118,2	8,698
1944	11,2	2,532	1989	129,7	9,003
1945	11,2	2,132	1990	121,1	8,956
1946	13,9	1,832	1991	106,0	9,099
1947	23,5	2,192	1992	102,8	9,418
1948	24,1	2,293	1993	86,8	9,426
1949	21,9	2,060	1994	104,6	9,414
1950	22,4	2,524	1995	133,2	10,087
1951	27,5	2,662	1996	104,1	11,031
1952	32,3	2,766	1997	103,4	11,386

Observação: cUS$ = centavos de dólar.

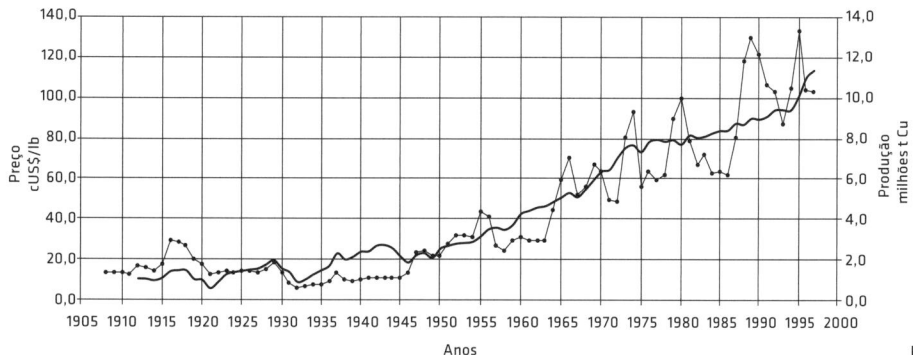

Fig. 2.8 Preço e produção mundial de cobre

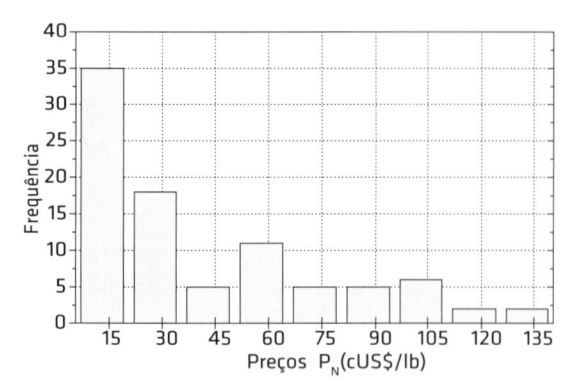

Fig. 2.9 Distribuição do preço do cobre (1908-1997)

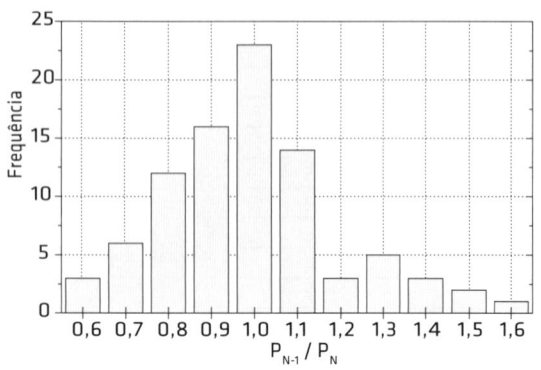

Fig. 2.10 Distribuição assimétrica: retornos relativos do preço do cobre (1908-1997)

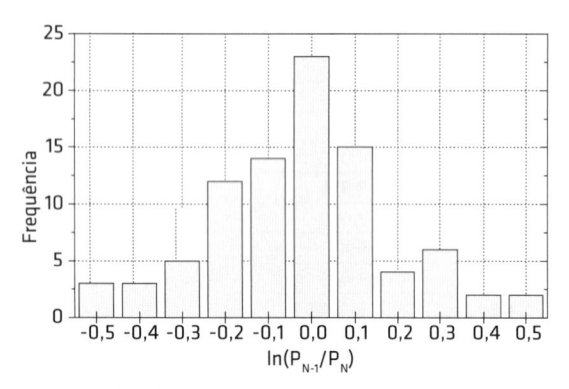

Fig. 2.11 Distribuição simétrica: logaritmo de retornos relativos dos preços do cobre (1908-1997)

2.5 Simulação de uma distribuição estatística

Até esse ponto, foi mostrado como uma série de dados associados a uma variável aleatória qualquer permite estabelecer um determinado modelo de ocorrência dessa variável. Com base nesse modelo, podem então ser estudadas características gerais da variável em observação. Muitas vezes, no entanto, um fenômeno ou situação comporta o problema inverso. Ou seja, as características gerais do fenômeno implicam a presença de um determinado modelo de ocorrência, mas a série de dados que permitiriam sua melhor definição simplesmente não existe. E, evidentemente, existe a necessidade de produzi-los e estudá-los. Este é um dos principais objetivos da simulação de modelos probabilísticos: gerar dados que definam a ocorrência de determinados fenômenos ou situações por meio da amostragem de distribuições de probabilidades conhecidas.

Na maioria das situações, a simulação de modelos probabilísticos deve recorrer primeiro à geração de números aleatórios. Estes, no entanto, não são produzidos facilmente na prática. Calculadoras, computadores e a maioria das tabelas em uso fornecem tão somente números pseudoaleatórios que precisam atender a algumas condições básicas antes de ser usados como números aleatórios. Entre esses testes se sobressaem o de uniformidade, que implica condicionar a geração de uma variável aleatória qualquer à geração de uma distribuição uniforme de números aleatórios, e o de independência.

2.5.1 Geração de uma distribuição aleatória uniforme

Para gerar uma distribuição uniforme, ou seja, uma distribuição na qual qualquer valor dentro de um determinado intervalo (por exemplo, entre a e b) pode ocorrer com a mesma probabilidade,

$$f(x) = \frac{1}{b-a} \tag{2.69}$$

utiliza-se a expressão

$$x = (\text{NUM ALEA})(b-a) + a \tag{2.70}$$

em que:

NUM ALEA = número aleatório entre 0,0 e 1,00.

A distribuição tem por função densidade:

$$F(x) = \int_a^x \frac{1}{b-a} dx = \frac{x-a}{b-a} \tag{2.71}$$

Essa distribuição tem por valor médio

$$m = (a+b)/2 \tag{2.72}$$

e por variância

$$\sigma^2 = (b-a)^2/12 \tag{2.73}$$

Tomando N valores de uma distribuição uniforme e somando-os, será possível aplicar o teorema do limite central, que, em sua versão mais simples, indica que a soma de N variáveis independentes é normalmente distribuída com um valor médio igual a, nesse caso,

$$m = N(a+b)/2 \tag{2.74}$$

e variância

$$\sigma^2 = N(b-a)^2/12 \tag{2.75}$$

2.5.2 Geração de uma distribuição normal

A expressão da variável normal (Eq. 2.33) permitiu conhecer a relação existente entre uma variável normal qualquer x e uma variável padronizada a_p:

$$x = a_p \cdot \sigma + m \tag{2.76}$$

Um dos métodos mais simples e rápidos para a geração de uma variável normal padronizada consiste em considerar a expressão de Naylor:

$$a_p = \frac{\sum_{i}^{k} R_i - (k/2)}{\sqrt{k/12}} \tag{2.77}$$

em que:

a_p = distribuição normal padrão, com $m_{a_p} = 0$ e $\sigma_{a_p} = 0,1$;
R_i = números aleatórios entre 0,0 e 1,0;
k = número de valores na sequência de números aleatórios.

Para fins práticos, costuma-se considerar $k = 12$, de modo que:

$$a_p = \sum_{i}^{12} R_i - 6,0 \tag{2.78}$$

De acordo com a Eq. 2.76, a regra seria: para gerar uma distribuição normal de valor médio m_{a_p} e variância σ_{a_p}, deve-se somar 12 números aleatórios uniformes e independentes no intervalo entre 0,0 e 1,0; logo, deve-se subtrair 6 dessa soma, multiplicar o resultado por σ_{a_p} e finalmente agregar m_{a_p} a ele.

Há também outro método baseado na integração numérica da função de densidade $p(x)$ de uma distribuição probabilística qualquer. Para isso, é necessário estabelecer primeiro a distribuição acumulada $F(x)$, que deve estar no intervalo entre 0,0 e 1,0. Para um determinado valor da variável de referência (1), determina-se a área $F(x)$ correspondente (2); essa área se iguala a uma da distribuição normal padrão (3), o que permite determinar o valor da variável normal associada (4) (Fig. 2.12). Um caso representativo desse método é constituído pela correspondência entre um modelo lognormal e um normal (anamorfose gaussiana).

O método exposto serve para gerar o processo inverso, ou seja, com base em um modelo normal derivar uma distribuição de probabilidade qualquer.

2.5.3 Geração de uma distribuição lognormal

Com base na Eq. 2.78, a equação a seguir permite a geração de valores que seguem um modelo lognormal:

$$x = e^{(m_{a_p} + \sigma_{a_p} \cdot (\sum_{i=1}^{12} R_i - 6{,}00))} \qquad (2.79)$$

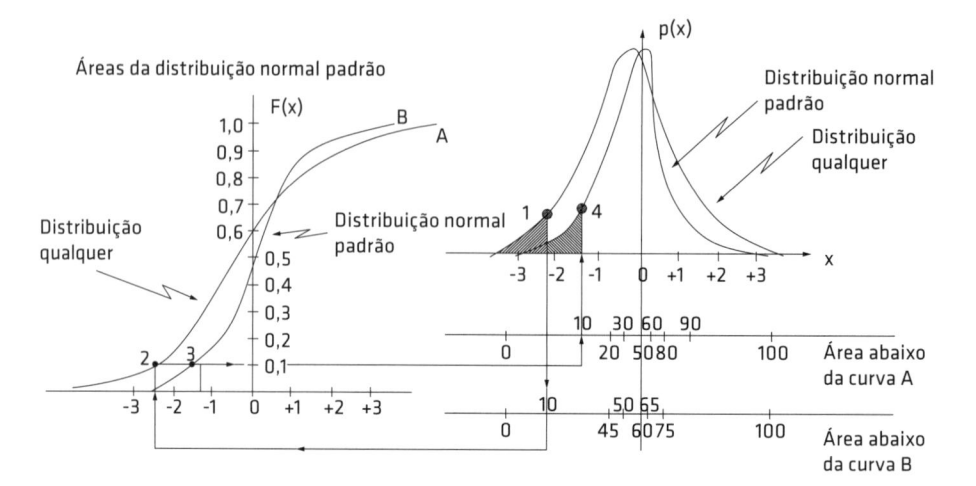

Fig. 2.12 Correspondência entre a distribuição normal e a distribuição de probabilidade

Então, para gerar um valor lognormal basta gerar primeiro 12 valores aleatórios que estejam situados no intervalo entre 0,0 e 1,0, somá-los e subtrair 6. Depois, deve-se transformar esse valor em um que corresponda a um modelo normal de valor médio m_{a_p} e desvio padrão σ_{a_p}, o que é feito multiplicando o valor obtido por σ_{a_p} e agregando m_{a_p} a ele. Finalmente, esse valor servirá de expoente ao qual se elevará a base de logaritmos naturais e.

3.1 Modelos de interdependência

3.1.1 Relações tonelagem-teor

Entre o teor de corte (por exemplo, um teor mínimo) aplicado a um depósito mineral e a tonelagem correspondente, há relações cujo estudo suscita interesse (Lasky, 1950).

Considere-se que o teor de metal x siga uma distribuição lognormal. A variável normal correspondente t pode ser estabelecida de acordo com:

$$t = \frac{1}{\sigma} \ln \frac{x}{\gamma} \tag{3.1}$$

mas como, nesse caso,

$$m = \gamma \cdot e^{\frac{\sigma^2}{2}} \tag{3.2}$$

$$t = \frac{1}{\sigma} \ln \frac{x}{m} + \frac{\sigma}{2} \tag{3.3}$$

assim,

$$x = m \left(e^{\sigma t - \frac{\sigma^2}{2}} \right) \tag{3.4}$$

Assuma-se a escolha de um teor de corte xc. A variável tc associada a xc será dada por:

$$tc = (1/\sigma) \cdot \ln(xc/m) + \sigma/2 \tag{3.5}$$

com

$$P(tc) = \frac{1}{\sqrt{2\pi}} \int_{tc}^{\infty} e^{-\frac{t^2}{2}} dt \tag{3.6}$$

igual à área do modelo normal reduzido com base em um teor de corte (tc).

Por sua vez, considerando o total da jazida como a unidade, a proporção de minério com teores superiores a xc será dada por:

$$P_T(tc) = P[(1/\sigma) \cdot \ln(xc/m) + \sigma/2] \tag{3.7}$$

O valor $P_T(tc)$ associado à Eq. 3.5 encontra-se na tabela da distribuição normal padrão. Assim, se T_0 representa a tonelagem total da jazida, a tonelagem de minério acima de um teor de corte xc é:

$$T(tc) = P_T(tc) \cdot T_0 \tag{3.8}$$

Para estabelecer uma relação da quantidade de metal $Q(xc)$, a expressão infinitesimal

$$d \cdot Q_x = x \cdot dT_x \tag{3.9}$$

conduz a

$$d(m_x \cdot T_x) = x \cdot dT_x \tag{3.10}$$

E, considerando as proporções associadas a Q_x e T_x, $d(m_x \cdot P_{Tx}) = x \cdot d \cdot P_{Tx}$, ou seja,

$$m(xc) \cdot P_T(xc) = \int_{xc}^{\infty} x \cdot d \cdot P_{Tx} \tag{3.11}$$

a relação entre proporções

$$\frac{m(xc)}{m}\frac{P_T(xc)}{1} = \frac{P_Q(xc)}{1} \quad (3.12)$$

finalmente leva a

$$m \cdot P_Q(xc) = \int_{xc}^{\infty} x \cdot d \cdot P_{Tx} \quad (3.13)$$

$$= \int_{tc}^{\infty} m\left(e^{\sigma t - \frac{\sigma^2}{2}}\right) \frac{e^{\frac{-t^2}{2}}}{\sqrt{2\pi}}$$

$$= \frac{m}{\sqrt{2\pi}} \int_{tc}^{\infty} e^{\frac{-(t-\sigma)^2}{2}} \cdot dt$$

$$= m \cdot P(tc - \sigma)$$

e, por fim,

$$P_Q(xc) = P(tc - \sigma) \quad (3.14)$$

isto é,

$$Q(xc) = P(tc - \sigma) \cdot Q_0 \quad (3.15)$$

em que:

$tc = (1/\sigma) \cdot \log(xc/m) + \sigma/2$;

Q_0 = conteúdo total de metal do depósito mineral.

A Eq. 3.14 representa a proporção de metal associada à proporção de tonelagem de minério $P_T(xc)$. Em outras palavras, se a tonelagem e a quantidade de metal em um depósito são consideradas unitárias, as proporções de tonelagem e de metal que estão acima de um teor de corte xc são dadas por (David, 1977):

$$P_T(xc) = P(1/\sigma) \cdot \ln(xc/m) + (\sigma/2) = P(tc) \quad (3.16)$$

$$P_Q(xc) = P(1/\sigma) \cdot \ln(xc/m) - (\sigma/2) = P(tc - \sigma) \quad (3.17)$$

E, com base na Eq. 3.12:

$$m(xc) = m \cdot P_Q(xc)/P_T(xc) \quad (3.18)$$

$$m(xc) = m \cdot P(tc - \sigma)/P(tc) \quad (3.19)$$

Se a tonelagem e a quantidade de metal que se deseja determinar são aquelas incluídas entre dois teores de corte, x_1 e x_2, a distribuição normal padrão permite estabelecer as associações entre as variáveis correspondentes.

Para o teor de corte x_1, a variável normal será:

$$t_1 = \left(\frac{1}{\sigma}\right) \ln\frac{x_1}{\gamma} \quad (3.20)$$

Já para o teor de corte x_2, a variável normal será:

$$t_2 = \left(\frac{1}{\sigma}\right) \ln\frac{x_2}{\gamma} \quad (3.21)$$

Assim, se a tonelagem total da jazida é T_0, a tonelagem acima de x_1 será dada por:

$$T(x_1) = T_0 \cdot P(t_1) \quad (3.22)$$

E a tonelagem acima de x_2, por:

$$T(x_2) = T_0 \cdot P(t_2) \quad (3.23)$$

em que:

T_0 = tonelagem total do depósito;

$P(t)$ = área da distribuição normal padrão acima do valor t.

A tonelagem contida entre x_1 e x_2 será, então:
$$Tx_1/x_2 = T_0[P(t_1) - P(t_2)] \quad (3.24)$$

E o teor médio associado a essa tonelagem:
$$m_{x_1/x_2} = \frac{\int_{x_1}^{x_2} xf(x)\,dx}{\int_{x_1}^{x_2} f(x)\,dx} = \frac{\int_{t_1}^{t_2} \gamma \cdot e^{\sigma t - \frac{t^2}{2}}\,dt}{\int_{t_1}^{t_2} e^{\frac{-t^2}{2}}\,dt} \quad (3.25)$$

isto é,
$$m_{x_1/x_2} = m\frac{P(t_1-\sigma)-P(t_2-\sigma)}{P(t_1)-P(t_2)} \quad (3.26)$$

3.1.2 Exemplo: relações tonelagem-teor e fatores de diluição

A Tab. 3.1 apresenta a distribuição de teores de cobre em um depósito que contém 769,5 milhões de toneladas de minério. Os teores de cobre pertencem a amostras de 1,5 m de comprimento (Fig. 3.1).

Pretende-se determinar a relação tonelagem-teor, a relação metal-teor e aquele teor de corte-teor médio (David, 1979).

Uma vez que, em uma distribuição lognormal, também ocorrem as relações gaussianas (Fig. 2.3):

$$\sigma = 0{,}5[\ln(x50/x15{,}87) + \ln(x84{,}13/x50)]$$

E já que, nessas circunstâncias, são obtidas as informações da Tab. 3.2:

$$m = 0{,}85\,e^{\frac{\sigma^2}{2}}$$

Assim,
$$\sigma = 0{,}5[\ln(0{,}85/0{,}30) + \ln(2{,}38/0{,}85)]$$
$$= 0{,}5[1{,}041 + 1{,}030]$$
$$\sigma = 1{,}0$$

e
$$m = 1{,}39\%\ Cu$$

Como
$$T = 769{,}5\ Mt$$
$$Q = T_0 \cdot m_0 = 769{,}5 \cdot 10^6 \cdot 1{,}39/100 = 10{,}7\ Mt$$

considera-se então que
$$T(x_c) = P\left(\frac{1}{\sigma}\ln\left(\frac{x_c}{m}\right) + \frac{\sigma}{2}\right)T$$
$$Q(x_c) = P\left(\frac{1}{\sigma}\ln\left(\frac{x_c}{m}\right) - \frac{\sigma}{2}\right)Q$$
$$m(x_c) = \frac{Q(x_c)}{T(x_c)}$$

A Fig. 3.2 ilustra essas relações, designando:
$$xt = \ln(x_c/m)/\sigma + \sigma/2$$

Tab. 3.1 Distribuição de teores na área em estudo

| Intervalo | Número de amostras | | Frequência |
% Cu	Parcial	Acumulado	acumulada (%)
0,00-0,25	13	13	9,4
0,25-0,50	30	43	30,9
0,50-1,00	39	82	59,0
1,00-2,00	28	110	79,1
2,00-3,00	14	124	89,2
3,00-4,00	5	129	92,8
4,00-5,00	5	134	96,4
5,00-6,00	1	135	97,1
6,00-7,00	2	137	98,5
7,00-10,00	1	138	99,2
10,00 >	1	139	100,00

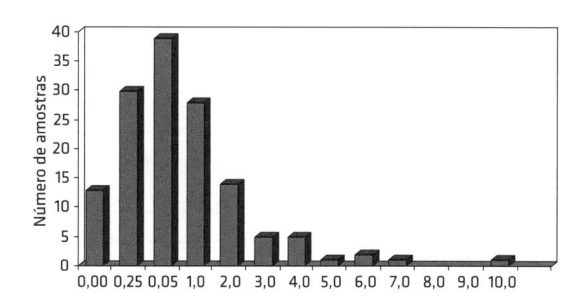

Fig. 3.1 Distribuição de teores de cobre

Tab. 3.2 Área *versus* teor

Área (%)	Teor (% Cu)
15,87	0,30
50,00	0,85
84,13	2,38
97,72	6,70

e
$$xg = \ln(x_c/m)/\sigma - \sigma/2$$
Os resultados estão reunidos na Tab. 3.3.

Tab. 3.3 Resumo estatístico

X_c	X_t	$P(x_t)$	$T(x_c) \cdot 10^6$	X_g	$P(x_g)$	$Q(x_c) \cdot 10^7$	$m(x_c)^*$
0,50	-0,522	0,699	538	-1,522	0,936	1.000	1,86
0,75	-0,117	0,546	420	-1,117	0,867	927	2,21
1,00	0,171	0,432	332	-0,829	0,796	851	2,56
1,25	0,394	0,347	267	-0,606	0,727	778	2,91
1,50	0,576	0,283	218	-0,424	0,664	710	3,26
1,75	0,730	0,233	179	-0,270	0,606	648	3,62
2,00	0,864	0,194	149	-0,136	0,554	593	3,97
2,25	0,982	0,163	125	-0,018	0,507	542	4,32
2,50	1,087	0,139	107	0,087	0,465	497	4,65

*Observação: $m(x_c) = \dfrac{P(x_g)}{P(x_t)} m$.

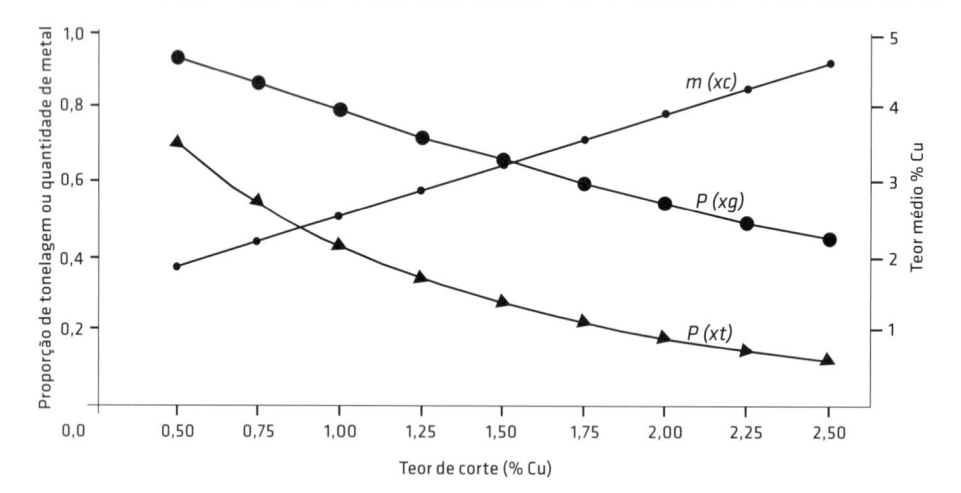

Fig. 3.2 Relação tonelagem-teor

Comentário

As relações obtidas estão baseadas no desvio padrão σ das amostras de 1,5 m. Como a extração é realizada em blocos maiores que as amostras de 1,5 m, as relações tonelagem--teor são alteradas e a proporção recuperável de mineral se modifica substancialmente.

Basicamente, a dispersão de amostras menores ultrapassa aquela que afeta as amostras maiores. Por exemplo, é mais fácil encontrar amostras de alto e baixo teor nas amostras menores do que nas maiores, as quais se encontram mais pronunciadamente em torno do valor médio da população.

Considere-se ter à disposição amostras ou blocos maiores que aqueles do exercício anterior e que sofram um desvio padrão σ = 0,5. Nessas circunstâncias, são obtidos os valores da Tab. 3.4.

Assim, para um teor de corte 0,5% Cu, diminuir a dispersão de valores de σ = 1,00 a σ = 0,50 implica diluições no teor e na tonelagem:

Tab. 3.4 Resumo estatístico

X_c	X_t	$P(x_t)$	X_g	$P(x_g)$	$m(x_c)$
0,5	-1,795	0,961	-2,295	0,989	1,43
1,0	-0,409	0,658	-0,909	0,818	1,69
2,0	0,978	0,164	0,478	0,317	2,69
2,5	1,424	0,077	0,924	0,178	3,21

Diluição no teor = (teor em amostras grandes − teor em amostras pequenas)/teor em amostras pequenas
= (1,43 − 1,86)/1,86
= (−)23%

Diluição na tonelagem = (% amostras grandes − % amostras pequenas)/% amostras pequenas
= (0,961 − 0,699)/0,699
= (+)38%

Conforme será exposto posteriormente, o parâmetro σ pode ser modificado com a mudança de tamanho dos blocos do depósito. Assim, é possível estimar fatores de diluição para diferentes tamanhos de blocos e teores de corte.

3.2 A INTERDEPENDÊNCIA DE DUAS VARIÁVEIS

Nas seções anteriores, foram analisadas quatro distribuições de probabilidade e definidas algumas de suas propriedades estatísticas. Cada uma dessas distribuições estatísticas $f(x)$ é empregada para descrever uma característica x com base na utilização de um conjunto N de dados que a representa (por exemplo, o teor do metal). Essas distribuições de probabilidade são representadas por um sistema de duas coordenadas, em que o eixo horizontal corresponde à característica em estudo (por exemplo, variável x) e o eixo vertical diz respeito à frequência de ocorrência da variável (por exemplo, $f(x)$), e estão associadas a:

- uma função de probabilidade $\int_{-\infty}^{+\infty} f(x) \cdot dx = 1$;
- um valor médio $m = \int_{-\infty}^{+\infty} x \cdot f(x) \cdot dx$;
- uma variância $v = \int_{-\infty}^{+\infty} (x-m)^2 \cdot f(x) \cdot dx$.

Considere-se uma experiência cujo resultado pode ser caracterizado por um par de números, x e y, suscetíveis a tomar diversos valores, e, de outro modo, por um par de variáveis aleatórias. Por exemplo, em uma mina, cada bloco é amostrado pelo conteúdo em Pb e Zn; em outra, pelo conteúdo em Cu de galerias e chaminés (Tab. 3.5).

Em ambos os casos, cada par (x, y) obedece a uma distribuição de probabilidade (Fig. 3.3). A tais distribuições, facilmente é possível extrapolar as noções expostas para o caso de distribuições a uma variável. Assim, podem ser definidos os seguintes conceitos:

- função de repartição de variáveis aleatórias descontínuas, caracterizadas por valores discretos;
- função de repartição de variáveis aleatórias contínuas, caracterizadas por uma densidade de probabilidade $f(x, y)$. A probabilidade de que o ponto M de coordenadas (x, y), que representa a ocorrência de um evento, esteja localizado em um domínio D do plano é:

$$\int_D f(x, y) \cdot dx \cdot dy \qquad (3.27)$$

e, em virtude do princípio das probabilidades totais, se P representa o conjunto de probabilidades no plano dos (x, y),

Tab. 3.5 Blocos amostrados pelo conteúdo em Pb e Zn e em Cu de galerias e chaminés

Bloco	% Pb	% Zn	Bloco	% Cu de galerias	% Cu de chaminés
1	5	20	A	3,5	5,4
2	10	15	B	0,8	2,4
3	8	10	C	4,8	5,0
4	13	16			

$$\int_P f(x,\ y)\cdot dx\cdot dy = 1 \qquad (3.28)$$

O momento *Mpq* de uma distribuição de probabilidade aplicada a duas variáveis representa a meia de $x^p \cdot y^q$:

$$Mpq = \int x^p \cdot y^q \cdot f(x,\ y)\cdot dx\cdot dy \qquad (3.29)$$

Em particular:

- os momentos de primeira ordem M_{10} e M_{01} são as coordenadas do ponto médio da distribuição:

$$M_{10} = mx = \int x\,f(x,\ y)\cdot dx\cdot dy = \text{valor médio de } x \qquad (3.30)$$
$$M_{01} = my = \int y\,f(x,\ y)\cdot dx\cdot dy = \text{valor médio de } y \qquad (3.31)$$

- também é possível definir os momentos relacionados com os valores médios:

$$\mu_{20} = \text{valor médio de } (x - mx)^2 = \text{variância de } x \qquad (3.32)$$
$$\mu_{02} = \text{valor médio de } (y - my)^2 = \text{variância de } y \qquad (3.33)$$
$$\mu_{11} = \text{valor médio de } (x - mx)(y - my) = \text{covariância entre } x \text{ e } y \qquad (3.34)$$

Considere-se, agora, uma distribuição para duas variáveis aleatórias e independentes $f(x, y) \cdot dx \cdot dy$. A probabilidade de que x esteja compreendido entre $(x, x + dx)$ e de que, simultaneamente, y esteja compreendido entre $(y, y + dy)$ é $h(x) \cdot dx \cdot g(y) \cdot dy = h(x) \cdot g(y) \cdot dx \cdot dy = f(x, y) \cdot dx \cdot dy$. O valor médio μ_{11} ou a esperança matemática de μ_{11} será, então:

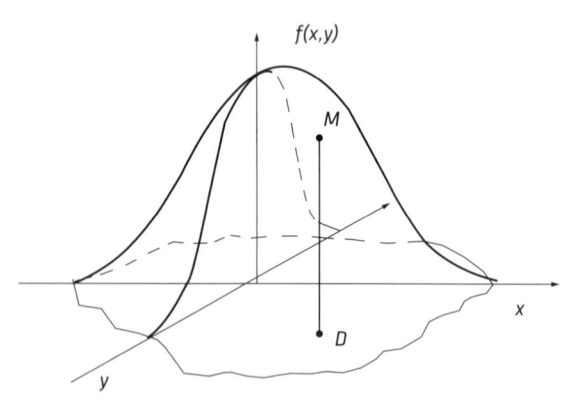

$$\begin{aligned}\mu_{11} &= \iint (x-mx)(y-my)\cdot h(x)\cdot g(y)\cdot dx\cdot dy \\ &= \iint (x-mx)\cdot h(x)\cdot dx\,(y-my)\cdot g(y)\cdot dy \\ &= [\int x\cdot h(x)\cdot dx - mx\int h(x)\cdot dx\,][\int y\cdot g(y)\cdot dy - my\int g(y)\cdot dy\,] \\ &= [mx - mx\cdot 1][my - my\cdot 1] \\ &= 0\end{aligned} \qquad (3.35)$$

Fig. 3.3 Distribuição de probabilidade de duas variáveis

De maneira correspondente, se $f(x, y)$ pertence à fórmula $f(x, y) = h(x) \cdot g(y)$, pode ser demonstrado do mesmo modo que as variáveis aleatórias x e y são independentes.

3.2.1 O conceito de correlação

Considera-se que duas variáveis aleatórias x e y apresentam uma correlação caso não sejam independentes (Fig. 3.4), ou seja, a distribuição de probabilidade de Y condicionada a X depende do valor x de X. Em particular, a média $m(Y)$ dessa distribuição condicional é função de x, ou seja, $m(Y) = f(x)$. Essa equação define a linha de regressão de Y em X. Da mesma forma, a distribuição de probabilidade de X condicionada a Y depende do valor y de Y, isto é, $m(X) = f(y)$.

As duas linhas de regressão – de Y em X e de X em Y – são, em geral, distintas. Essa situação apresenta consequências práticas importantes. Em uma mina explorada em blocos de determinado tamanho, há uma correlação entre o teor médio de um bloco obtido com base no processo de extração mineral *tp* e o teor médio estimado na mina *tm*.

Dessa forma, a linha de regressão pode eventualmente se apresentar como a linha *L2*. Essa linha possui uma inclinação *menor* em comparação com a linha de regressão *L1*, que se confunde com a bissetriz. Para os painéis ricos ($tm > tm_0$), o teor *tm* é menor que *tp* (subestimação). Para os painéis pobres ($tm < tm_0$), *tm* é maior que *tp* (superestimação) (Fig. 3.5).

3.2.2 Coeficiente de correlação

O momento de segunda ordem μ_{11}, definido como covariância, apresenta as seguintes propriedades:

a) μ_{11} é nulo se as V.A. *X* e *Y* são independentes, sem considerar que o recíproco seja válido;

b) μ_{11} é um valor absoluto, no máximo igual ao produto $\sigma_x \cdot \sigma_y = \sqrt{\mu_{20} \cdot \mu_{02}}$;

c) se há entre *X* e *Y* uma relação funcional linear perfeita,

$$\mu_{11} = \sigma_x \cdot \sigma_y \quad (3.36)$$

d) o coeficiente de correlação indica quantitativamente o grau de dependência existente entre duas variáveis e é representado por:

$$\rho = \frac{\mu_{11}}{\sigma_x \cdot \sigma_y} = \text{coeficiente de correlação entre } X \text{ e } Y \quad (3.37)$$

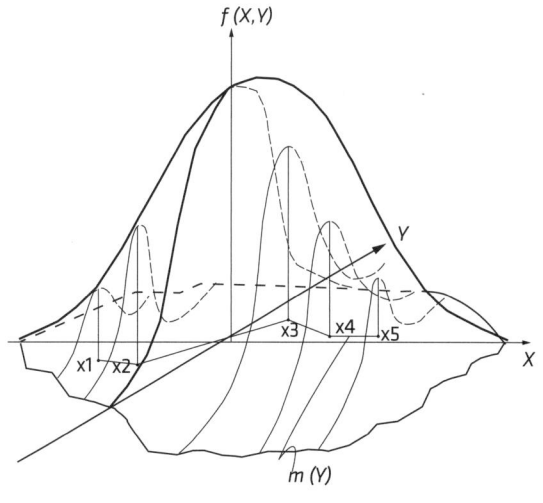

Fig. 3.4 Correlação entre as variáveis *X* e *Y*

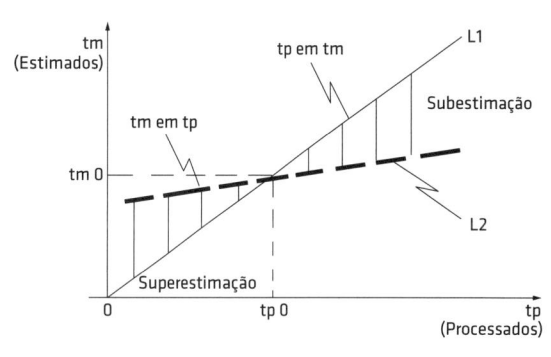

Fig. 3.5 Subestimação e superestimação

em que ρ, compreendido entre –1 e +1, será igual a ±1 se *X* e *Y* apresentam uma relação funcional linear (a recíproca é válida) ou igual a 0 se *X* e *Y* são independentes (a recíproca não é válida).

3.2.3 Distribuição normal para duas variáveis

a) A distribuição normal para uma variável $f(x)$ é definida por $f(x) \cdot dx = \dfrac{1}{\sigma\sqrt{2\pi}} e^{\frac{-(x-m)^2}{2\sigma^2}} \cdot dx$;

b) No caso de haver uma única distribuição para duas variáveis *X* e *Y* independentes, a expressão da distribuição normal será (Fig. 3.6):

$$f(x,y) = \frac{1}{2\pi \cdot \sigma x \cdot \sigma y} e^{\frac{-1}{2}\left[\frac{(x-m_x)^2}{\sigma x^2} + \frac{(y-m_y)^2}{\sigma y^2}\right]} \quad (3.38)$$

As curvas de igual densidade de probabilidade constituem elipses cujos eixos são paralelos aos das coordenadas.

c) O caso mais geral é deduzido do precedente;

$$f(x,y) = \frac{1}{2\pi \cdot \sigma x \cdot \sigma y \sqrt{1-\rho^2}} e^{-\frac{1}{2(1-\rho^2)}\left[\frac{(x-m_{gx})^2}{\sigma x^2} - \frac{2\rho(x-m_x)(y-m_y)}{\sigma_x \cdot \sigma_y} + \frac{(y-m_y)^2}{\sigma y^2}\right]} \quad (3.39)$$

As curvas de igual densidade de probabilidade são elipses definidas pela equação quadrática entre parênteses. Se o coeficiente ρ ≠ 0, as V.A. X e Y não são independentes; se ρ = 0, volta-se ao caso anterior, no qual X e Y são independentes.

d] A distribuição de probabilidade de Y condicionada a X tem por densidade de probabilidade:

$$\frac{1}{\sqrt{2\pi} \cdot \sigma y \sqrt{1-\rho^2}} e^{-\frac{1}{2(1-\rho^2)}\left[\frac{y-my}{\sigma y} - \frac{\rho(x-mx)}{\sigma x}\right]^2} \quad (3.40)$$

$$\frac{1}{\sqrt{2\pi} \cdot \sigma y \sqrt{1-\rho^2}} e^{-\frac{1}{2(1-\rho^2)}\frac{1}{\sigma y}\left[y-\left(my+\frac{\rho\sigma_y}{\sigma x}(x-mx)\right)\right]^2} \quad (3.41)$$

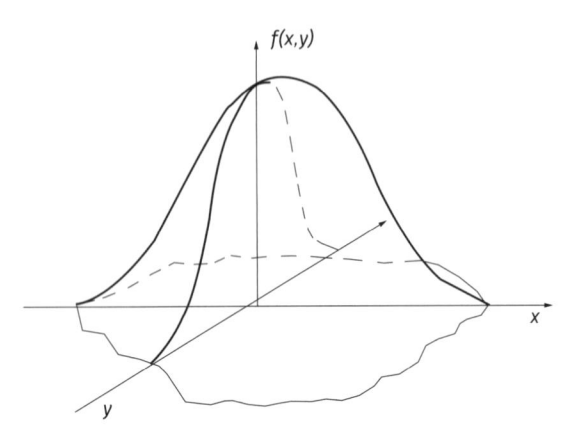

Fig. 3.6 Distribuição normal de duas variáveis

Portanto, por comparação à fórmula simples, a distribuição Y condicionada de X é:

d1] Uma distribuição normal de valor médio;

$$m(Y) = my + \beta yx(x - mx) \quad (3.42)$$

com

$$\beta yx = \rho \frac{\sigma y}{\sigma x} \quad (3.43)$$

Percebe-se que a linha de regressão de Y condicionada a X é uma reta representada pela equação:

$$y = my + \beta yx(x - mx) \quad (3.44)$$

Linha de regressão de Y condicionada a X:

$$\frac{y - my}{\sigma_y} = \rho \frac{x - mx}{\sigma_x} \quad (3.45)$$

Da mesma forma, a linha de regressão de X condicionada a Y tem por equação:

$$x = mx + \beta xy(y - my) \quad (3.46)$$

$$\beta xy = \rho \frac{\sigma x}{\sigma y} \quad (3.47)$$

$$\frac{x - mx}{\sigma x} = \rho \frac{y - my}{\sigma y} \quad (3.48)$$

Essas duas retas são *conjugadas* daquelas dos eixos de coordenadas com relação à elipse (Fig. 3.7).

d2] As quantidades βyx e βxy representam os chamados *coeficientes de regressão*;

d3] O desvio padrão da distribuição Y condicionada a X é:

$$\sigma yx = \sigma y \sqrt{1 - \rho^2} \quad (3.49)$$

e, assim,

$$\sigma xy = \sigma x \sqrt{1 - \rho^2} \quad (3.50)$$

3.2.4 Importância das retas de regressão

Para:

a] ρ = 0, encontra-se o caso particular em que X e Y são independentes. As retas de regressão são paralelas aos eixos das coordenadas;

b] $\rho = \pm 1$:

$$\frac{x-mx}{\sigma x} = \frac{y-my}{\sigma y} \text{ (relação funcional linear)} \quad (3.51)$$

c] $\rho \sim \pm 1$ (forte correlação entre X e Y):
- as linhas de regressão são vizinhas à reta anterior;
- as curvas de igual densidade de probabilidade são elipses muito achatadas.

3.2.5 Exemplo: regressão dos preços de cobre

A Fig. 3.8 ilustra a regressão que o preço de cobre sofreu em um determinado ano, P_{N-1}, em comparação ao preço do ano seguinte, P_N. O esquema de cálculo está exposto na Tab. 3.6. A regressão ocorrida entre P_N e P_{N-1} indica uma grande correlação entre essas duas variáveis, $\rho = 0{,}95$. A Fig. 3.9 mostra a regressão dos logaritmos, $\rho = 0{,}97$, e a Tab. 3.7 indica o cálculo associado à regressão.

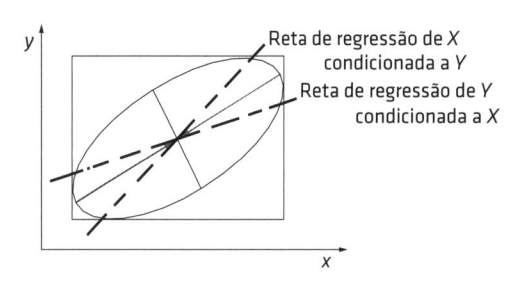

Fig. 3.7 Retas de regressão

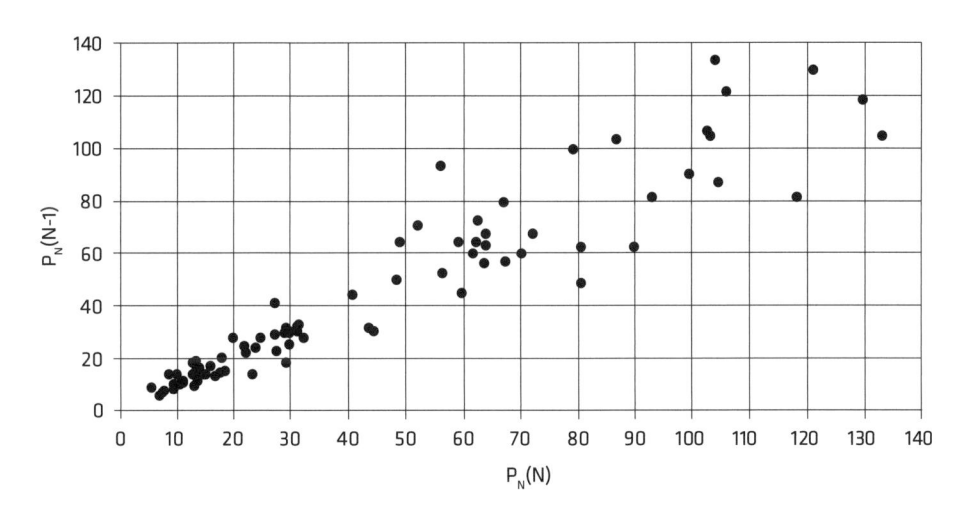

Fig. 3.8 Regressão dos preços de cobre

Tab. 3.6 Correlação do preço de cobre

	Preço Ano N	Preço Ano N - 1					
	X	Y	X - Xm	(X - Xm)²	(Y - Ym)	(Y - Ym)²	(X - Xm)(Y - Ym)
	13,5	13,8	-28,6	819,1	-27,31	746,0	781,7
	13,3	13,5	-28,8	830,5	-27,61	762,4	795,8
	13,0	13,3	-29,1	847,9	-27,81	773,5	809,9
	16,9	13,0	-25,2	636,0	-28,11	790,3	709,0
Soma	3.749	3.659		103.005		99.961	96.128
Média	42,1	41,1					
Número de dados	89						

Cov 1.092,37	
$\sigma^2 x$ 1.170,5	$\sigma^2 y$ 1.135,9
ρ 0,947338	

Considerem-se as duas últimas variáveis definidas, P_N e P_{N-1}. As duas séries de preços obtidas são função do ano N e também podem fornecer os retornos relativos correspon-

3 Análise multivariável

dentes $P_N(N-1)/P_N(N)$ e $P_{N-1}(N-1)/P_{N-1}(N)$ e seus logaritmos. A Fig. 3.10 demonstra a regressão existente entre os primeiros, enquanto a Fig. 3.11 ilustra a regressão correspondente aos segundos. Assim, é interessante provar que a correlação nos dois casos é praticamente nula, o que quer dizer que os retornos relativos do preço independem uns dos outros.

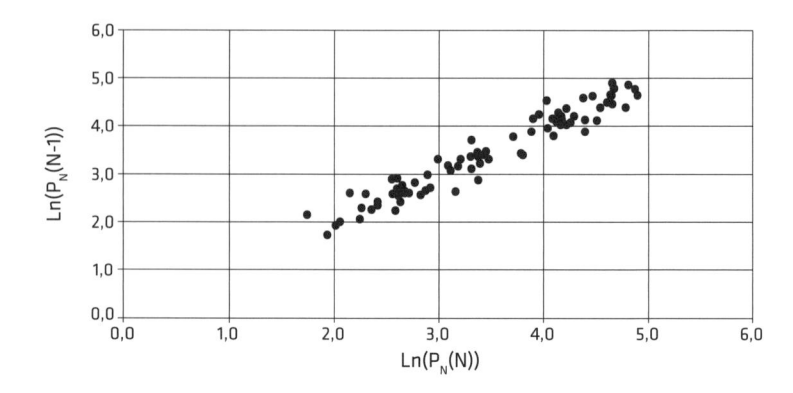

Fig. 3.9 Regressão logarítmica dos preços de cobre

Tab. 3.7 Correlação entre os logaritmos do preço de cobre

ln(preço/ano N)	ln(preço/ano N – 1)					
X	Y	X – Xm	(X – Xm)²	Y – Ym	(Y – Ym)²	(X – Xm)(Y – Ym)
2,603	2,625	–0,796	0,633	–0,751	0,564	0,598
2,588	2,603	–0,811	0,657	–0,773	0,598	0,627
2,565	2,588	–0,834	0,695	–0,788	0,621	0,657
2,827	2,565	–0,571	0,326	–0,811	0,658	0,463
Soma	302,469	300,455	64,030		63,046	61,602
Média	3,399	3,376				
Número de dados	89					

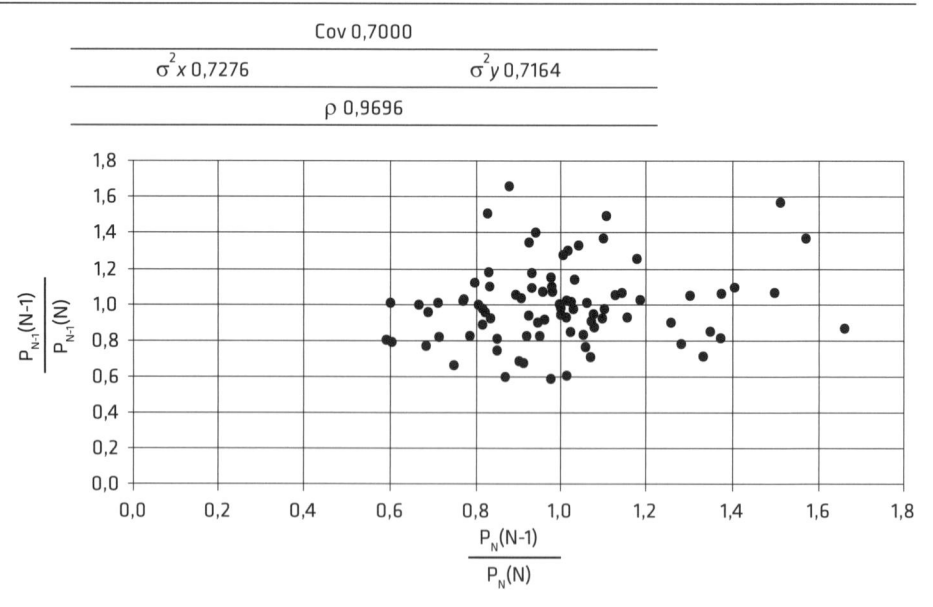

Cov 0,7000	
σ^2_x 0,7276	σ^2_y 0,7164
ρ 0,9696	

Fig. 3.10 Correlação entre os retornos relativos do preço de cobre

3.3 Análise multivariável

A exploração de depósitos minerais implica normalmente o exame de vários lugares e, em todos eles, o estudo de diversas variáveis ou características associadas a cada um deles.

Assim, os dados de exploração se multiplicam e suas interações conduzem geralmente a complexas inter-relações difíceis de isolar com o objetivo de serem estudadas separadamente (Cooley; Lohnes, 1980).

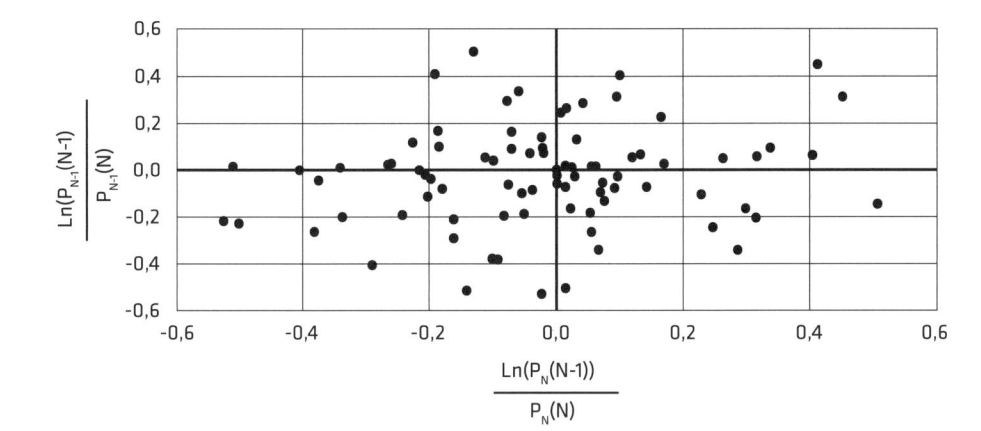

Fig. 3.11 Correlação logarítmica entre os retornos relativos dos preços de cobre

Pode-se citar, entre as inter-relações que despertam maior interesse de estudo em uma análise de exploração mineira:
- as inter-relações existentes entre variáveis ou características associadas à ocorrência de depósitos minerais (análise tipo R);
- as inter-relações existentes entre os lugares específicos associados a tais ocorrências minerais (análise tipo Q).

Em virtude da importância desse tipo de problema, um dos maiores esforços realizados na análise de dados de exploração concentra-se nos procedimentos de manipulação de dados que permitam reduzir uma grande quantidade de inter-relações àquelas que sejam realmente relevantes. Por meio desse processo de redução de dados, procura-se selecionar aquelas relações que de fato condicionam o sistema de interações. Entre esses procedimentos, merecem atenção especial as técnicas multivariáveis que atendem especificamente aos propósitos de redução e seleção definidos anteriormente. As técnicas mais importantes são a análise de componentes principais, a análise fatorial, a análise discriminante e a análise de classificação (Singer; Mosier, 1981), apresentadas resumidamente a seguir.

3.3.1 As técnicas de componentes principais e a análise fatorial

O objetivo da técnica de componentes principais é a redução de um conjunto de N variáveis – as quais podem apresentar determinado grau de correlação – a um novo conjunto de N variáveis não correlacionadas que constituem combinações lineares das primeiras. O aspecto relevante das novas variáveis é que elas fornecem uma série de variâncias decrescentes máximas: a soma de todas essas variâncias iguala a variância total do fenômeno em estudo. Assim como a série de variâncias decrescentes máximas permite concentrar em poucas delas a maior parte da variabilidade total do fenômeno ou evento, a série de novas variáveis também possibilita a concentração em apenas algumas das características principais do sistema de variáveis originais. Em outras palavras, se há N variáveis originais Xi,

$$X1, X2, \ldots \ldots \ldots XN$$

que podem estar correlacionadas, a técnica de componentes principais permite estabelecer N novas variáveis Yi que respondam a um sistema de combinações lineares de Xi e apresentem uma série de variâncias decrescentes.

$$Y1 = K11 \cdot X1 + K21 \cdot X2 + \ldots\ldots + KN1 \cdot XN$$
$$\vdots$$
$$YN = K1N \cdot X1 + K2N \cdot X2 + \ldots\ldots + KNN \cdot XN$$

(3.52)

Evidentemente, cada uma das N variáveis originais demonstra uma variabilidade própria dada pela variância individual de cada variável Xi, σ_t^2, além das $N - 1$ covariâncias associadas a cada uma das variáveis restantes. Ou seja, cada variável original fornece um sistema de N variâncias-covariâncias e o conjunto das N variáveis fornece um sistema de $N \cdot N$ variâncias-covariâncias. Esse conjunto de $N \cdot N$ variâncias-covariâncias é denominado *matriz de variância e covariância*.

$$M = \begin{vmatrix} \sigma_1^2 & \sigma_{12} & \sigma_{13} & \sigma_{1N} \\ \cdot & \cdot & \cdot & \cdot \\ \cdot & \cdot & \cdot & \cdot \\ \sigma_{N1} & \sigma_{N2} & \sigma_{N3} & \sigma_N^2 \end{vmatrix}$$

(3.53)

Considere-se uma variável original j. Para cada uma delas, há n amostras. Denomina-se i uma das amostras, e, além disso, dispõe-se de variáveis centradas. Assim,

$$X = [ij]$$

(3.54)

será uma matriz que fornece o valor de cada amostra i da variável j. A matriz de variância e covariância pode ser expressa, nessas circunstâncias, pela fórmula:

$$M = X' \cdot X / (N - 1)$$

(3.55)

em que:

X' = matriz transposta de X.

Uma vez definidas, a princípio, N equações lineares de Y:

$$Y1 = X1 \cdot K11 + X2 \cdot K21 + \ldots\ldots + XN \cdot KN1$$

(3.56)

É possível representar matricialmente $Y = X \cdot K$.

A variância das novas variáveis pode ser dada por:

$$\text{var}(Y) = K' \cdot X' \cdot X \cdot K / (N - 1)$$

(3.57)

ou seja,

$$\text{var}(Y) = K' \cdot M \cdot K$$

(3.58)

Como o objetivo é estabelecer novas variáveis que comportem o máximo de variabilidade do sistema, as condições que implicam uma $\text{var}(Y)$ máxima são determinadas por meio da inserção da condição $K' \cdot K = 1$ e pela aplicação do método multiplicador de Lagrange, que permite otimizar a função F:

$$F = K' \cdot M \cdot K + \lambda(1 - K' \cdot K)$$

(3.59)

$$\frac{\delta F}{\delta K} = 2M \cdot K - 2\lambda \cdot K = 0 \tag{3.60}$$

$$(M - \lambda \cdot I)K = 0 \tag{3.61}$$

Assim, para encontrar a série de variâncias máximas decrescentes, é preciso estabelecer os valores λ que anulam a matriz:

$$\begin{vmatrix} \sigma_{11}-\lambda & \sigma_{12} & \sigma_{13}\ldots\ldots & & \sigma_{1N} \\ \sigma_{21} & \sigma_{22}-\lambda & \sigma_{23} & \ldots\ldots\ldots\ldots & \sigma_{2N} \\ \sigma_{31} & \sigma_{32} & \sigma_{33}-\lambda & \ldots\ldots & \sigma_{3N} \\ \ldots & \ldots & \ldots & \ldots & \ldots \\ \sigma_{N1} & \sigma_{N2} & \sigma_{N3} & & \sigma_{NN}-\lambda \end{vmatrix} \tag{3.62}$$

É possível demonstrar a existência de N valores λ que satisfazem essa relação, que são os *autovalores* do sistema. Também se pode provar que o primeiro *autovalor*, λ_1, iguala a variância da primeira nova variável Y_1 e assim sucessivamente.

É interessante notar que, para cada valor λ que satisfaça a relação $|M - \lambda \cdot I| = 0$, há um vetor associado, que é denominado *autovetor* e permite estabelecer uma caracterização mais completa das relações de variabilidade existentes em um determinado sistema.

Agora será demonstrado como uma caracterização vetorial pode ilustrar a análise de um sistema de variabilidade. De modo geral, é possível afirmar que entre duas variáveis quaisquer Xi e Yj pode existir um determinado grau de correlação. Uma variável qualquer terá uma correlação total consigo mesma (por exemplo, dado por um coeficiente de correlação igual a 1); ao contrário, variáveis totalmente independentes fornecerão um coeficiente de correlação nulo. Com base nesse grau de correlação, a independência encontrada entre um par de variáveis pode ser representada pelo cosseno de 90° e a dependência de uma delas consigo mesma, pelo cosseno de 0°. A incorporação da função cosseno permite visualizar que uma matriz de variância e covariância pode ser objeto de uma representação espacial.

Por sua vez, será demonstrado agora como uma ilustração vetorial permite examinar mais de perto as inter-relações existentes entre variáveis.

A Fig. 3.12 apresenta o caso de duas variáveis: a variável 1 e a variável 2. A variabilidade da variável 1 é superior à da variável 2, e os pontos 1 e 2 que representam a variabilidade total de cada variável se encontram separados no espaço. A variabilidade das duas variáveis difere de modo substancial, e, eventualmente, uma delas – a maior – poderia concentrar a totalidade da variabilidade do sistema. A Fig. 3.13, por outro lado, fornece o caso de duas variáveis cujas variabilidades apresentam muitas semelhanças. Ambas influem na variabilidade do sistema de maneira semelhante. Esse conceito geométrico pode ser extrapolado para o caso em que existem as variáveis 1, 2 e 3, além das variâncias associadas σ_1^2, σ_2^2 e σ_3^2. As covariâncias serão σ_{12}, σ_{13} e σ_{23}.

A variância de uma variável particular pode ser medida ao longo de um dos três eixos de um sistema tridimensional ortogonal; as covariâncias entre essa variável particular e as duas variáveis restantes poderão ser representadas ao longo dos outros dois eixos. Considerando uma repre-

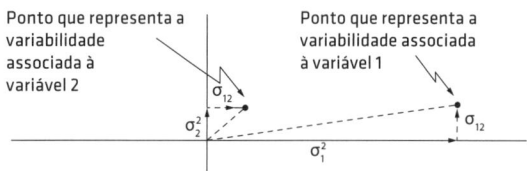

Fig. 3.12 Representação de variabilidades diferentes

3 Análise multivariável

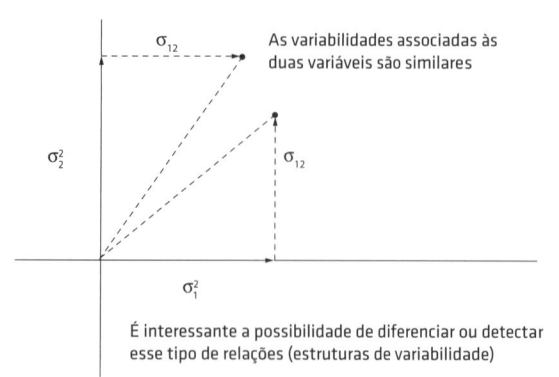

Fig. 3.13 Representação de variabilidades similares

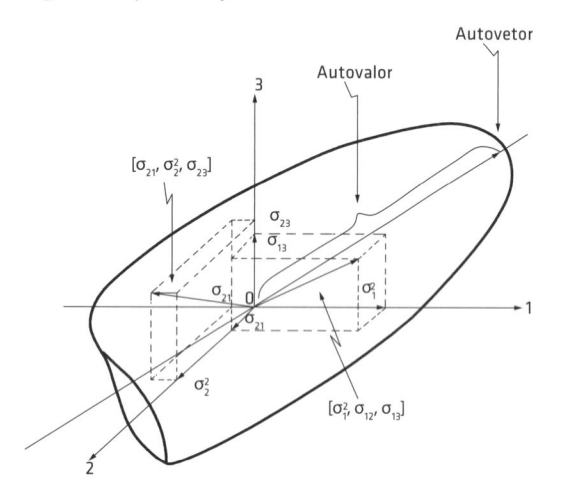

Fig. 3.14 Representação vetorial do sistema de variabilidade associado a três variáveis

sentação vetorial, o conjunto de uma variância e suas respectivas covariâncias determina uma série de vetores no espaço, cujas extremidades formam, imaginativamente, um elipsoide centrado na origem de coordenadas. Os eixos principais desse elipsoide são chamados autovetores e constituem o sistema de coordenadas de um novo conjunto de variáveis (Fig. 3.14). As dimensões desses eixos constituem os *autovalores*.

A característica mais interessante dos autovalores é que sua soma iguala o traço da matriz de variância e covariância das variáveis originais Xi, que, por sua vez, iguala a variabilidade total do sistema. Porém, cada autovalor representa a variabilidade associada a cada uma das novas variáveis Yi, e o conjunto de autovalores deve, então, igualar-se à variância total do sistema. Assim, a contribuição de cada autovalor representa em si mesma a contribuição da variabilidade de cada nova variável na variabilidade total do sistema.

3.3.2 Cálculo de autovalores e autovetores

Considerem-se três variáveis cuja matriz de variância e covariância seja:

$$\begin{vmatrix} 11 & -6 & 2 \\ -6 & 10 & -4 \\ 2 & -4 & 6 \end{vmatrix} \quad (3.63)$$

Para a pesquisa dos autovalores, a matriz anterior dá lugar ao seguinte formalismo:

$$\begin{vmatrix} (11-\lambda) & -6 & 2 \\ -6 & (10-\lambda) & -4 \\ 2 & -4 & (6-\lambda) \end{vmatrix} = 0 \quad (3.64)$$

A expressão anterior é resolvida de maneira que:

$$(11-\lambda)((10-\lambda)(6-\lambda)-16) + 6(-6(6-\lambda)+8) + 2((-6)(-4)-20+2\lambda) = 0 \quad (3.65)$$

$$\lambda^3 - 27\lambda^2 + 180\lambda - 324 = 0 \quad (3.66)$$

$$(\lambda-18)(\lambda-6)(\lambda-3) = 0 \quad (3.67)$$

Ou seja, os três autovalores serão $\lambda_1 = 18$, $\lambda_2 = 6$ e $\lambda_3 = 3$. Note-se que a soma de autovalores, 27, iguala o traço da matriz e, portanto, a variância total do sistema.

Para determinar os autovetores, a matriz de variância e covariância dá lugar ao seguinte formalismo:

$$\begin{vmatrix} 11 & -6 & 2 \\ -6 & 10 & -4 \\ 2 & -4 & 6 \end{vmatrix} \begin{vmatrix} x \\ y \\ z \end{vmatrix} = 18 \begin{vmatrix} x \\ y \\ z \end{vmatrix} \quad (3.68)$$

Assim,

$$11x - 6y + 2z = 18x \quad (3.69)$$

$$-6x + 10y - 4z = 18y \quad (3.70)$$

$$2x - 4y + 6z = 18z \quad (3.71)$$

Tomando as duas primeiras equações e isolando z, obtém-se:
$$16x - 2y = 36x + 18y \tag{3.72}$$

Tendo x como unidade, $y = -1,0$.

Tomando a primeira e a terceira equação e isolando y, obtém-se:
$$5,33x - 4,67z = 12x - 18z \tag{3.73}$$

Tendo x como unidade, $z = 0,5$.

Assim, o autovetor associado ao autovalor 18 é definido por três componentes elementares: $x = 1$, $y = -1$ e $z = 0,5$. Repetindo o exercício para o autovalor 6 e para o autovalor 3, obtém-se a seguinte matriz de componentes elementares:

$$\begin{vmatrix} 1,0 & 1,0 & 0,5 \\ -1,0 & 0,5 & 1,0 \\ 0,5 & -1,0 & 1,0 \end{vmatrix} \tag{3.74}$$

Para obter uma matriz normalizada desses componentes, elevam-se os termos de cada coluna (por exemplo, um autovetor) ao quadrado (por exemplo, $1^2 + 1^2 + 0,5^2 = 2,25$) e dividem-se os termos dessa coluna pela raiz quadrada da quantidade calculada. Todas as colunas são tratadas de forma semelhante.

No caso em questão, a matriz normalizada dos componentes calculados é:

$$\begin{vmatrix} 0,667 & 0,667 & 0,333 \\ -0,667 & 0,333 & 0,667 \\ 0,333 & -0,667 & 0,667 \end{vmatrix} \tag{3.75}$$

Pode-se afirmar que essa matriz é normalizada, já que, se os termos de cada coluna são elevados ao quadrado e somados, essas operações resultam em um.

Quando as variáveis originais se transformam de forma que cada uma delas possua um valor médio zero e variância um, a transformação de normalização recebe o nome de fatoração e cada componente principal surgido dessa análise de variáveis transformadas é denominado fator.

Dentro desse contexto, também é possível demonstrar que a matriz de variância e covariância de variáveis normalizadas corresponde, na verdade, à matriz de correlação existente entre elas. Assim, faz-se útil a seguinte derivação:

$$R_{ij} = \frac{M_{ij}}{\sqrt{M_{ii} \cdot M_{jj}}} \tag{3.76}$$

em que:

R_{ij} = termo da matriz de correlação para (ij);

M_{ij} = termo da matriz de variância e covariância para (ij);

M_{ii} = termo da matriz de variância e covariância para (ii);

M_{jj} = termo da matriz de variância e covariância para (jj).

No caso da matriz anterior, os termos da matriz de correlação serão:

$$\begin{vmatrix} 1,0 & -0,57 & 0,25 \\ -0,57 & 1,0 & 0,52 \\ 0,2 & 0,52 & 1,0 \end{vmatrix} \tag{3.77}$$

$$Y_i = K \cdot X_i \tag{3.78}$$

É útil trabalhar com variáveis normalizadas porque, quando as novas variáveis são expressas em função das originais, os coeficientes K passam a se constituir em *cargas fatoriais* que formam uma matriz de elementos que conduzem a duas matrizes de grande interesse. Uma é a matriz S, que fornece os coeficientes de correlação entre as variáveis originais e os componentes ou fatores:

$$S = K \cdot L^{1/2} \tag{3.79}$$

em que:

K = matriz de *cargas fatoriais*;

L = matriz diagonal das raízes quadradas dos autovalores.

A outra é a matriz B, que fornece os coeficientes que, multiplicados pelos valores normalizados das variáveis originais, apresentam os valores das novas variáveis:

$$B = K \cdot L^{-1/2} \tag{3.80}$$

É interessante notar que, numericamente, a diferença existente entre S e B é tão somente um fator de escala equivalente a L.

3.3.3 Exemplo: ilustração de um caso de três variáveis

São obtidas amostras de dez lugares. Cada uma delas é submetida à análise de três características. Os valores são dados a seguir:

7	4	3
4	1	8
6	3	5
8	6	1
8	5	7
7	2	9
5	3	3
9	5	8
7	4	5
8	2	2

A matriz de correlação fornece os seguintes elementos:

$$\begin{vmatrix} 1{,}00 & 0{,}67 & -0{,}10 \\ -0{,}67 & 1{,}00 & -0{,}29 \\ -0{,}10 & -0{,}29 & 1{,}00 \end{vmatrix}$$

Os autovalores calculados são:

$$\lambda_1 = 1{,}77$$
$$\lambda_2 = 0{,}93$$
$$\lambda_3 = 0{,}30$$
$$\lambda_1 + \lambda_2 + \lambda_3 = 3{,}00$$

Como $\lambda_1 + \lambda_2 = 2{,}7$, seria possível afirmar que dois fatores contribuem com 90% da variabilidade do sistema. O terceiro colabora com apenas 10%. Agora será demonstrado como as três variáveis originais se associam a esses dois fatores.

De acordo com a expressão

$$(M - I \cdot \lambda) \cdot K = 0$$

e considerando $\lambda_1 = 1{,}77$:

$$\begin{vmatrix} 1{,}00 - 1{,}77 & 0{,}67 & -0{,}10 \\ 0{,}67 & 1{,}00 - 1{,}77 & -0{,}29 \\ -0{,}10 & -0{,}29 & 1{,}00 - 1{,}77 \end{vmatrix} \begin{vmatrix} K11 \\ K21 \\ K31 \end{vmatrix} = \begin{vmatrix} 0 \\ 0 \\ 0 \end{vmatrix}$$

Repetindo o exercício para as variáveis dos autovalores 0,93 e 0,30, a matriz normalizada de K resultante será:

$$K = \begin{vmatrix} 0{,}64 & 0{,}38 & -0{,}66 \\ 0{,}69 & 0{,}10 & 0{,}72 \\ -0{,}34 & 0{,}91 & 0{,}20 \end{vmatrix}$$

Assim,

$$S = \begin{vmatrix} 0{,}64 & 0{,}38 & -0{,}66 \\ 0{,}69 & 0{,}10 & 0{,}72 \\ -0{,}34 & 0{,}91 & 0{,}20 \end{vmatrix} \begin{vmatrix} 1{,}33 & 0 & 0 \\ 0 & 0{,}96 & 0 \\ 0 & 0 & 0{,}55 \end{vmatrix}^{\frac{1}{2}}$$

$$= \begin{vmatrix} 0{,}85 & 0{,}37 & -0{,}37 \\ 0{,}91 & 0{,}09 & 0{,}40 \\ -0{,}45 & 0{,}88 & 0{,}11 \end{vmatrix}$$

e

$$B = \begin{vmatrix} 0{,}64 & 0{,}38 & -0{,}66 \\ 0{,}69 & 0{,}10 & 0{,}72 \\ -0{,}34 & 0{,}91 & 0{,}20 \end{vmatrix} \begin{vmatrix} 1{,}33 & 0 & 0 \\ 0 & 0{,}96 & 0 \\ 0 & 0 & 0{,}55 \end{vmatrix}^{-\frac{1}{2}}$$

$$= \begin{vmatrix} 0{,}48 & 0{,}40 & -1{,}20 \\ 0{,}52 & 0{,}10 & 1{,}31 \\ -0{,}26 & 0{,}95 & 0{,}37 \end{vmatrix}$$

Por exemplo, o termo 0,91 da matriz S revela que esse valor, 0,91, é a correlação existente entre o primeiro fator e a segunda variável original. A primeira variável também apresenta uma correlação apreciável com o primeiro fator, 0,85, o que não ocorre com a terceira variável, que, pelo contrário, possui uma melhor correlação com o segundo fator, 0,88. Nenhuma das três variáveis apresenta uma boa correlação com o terceiro fator. Então, evidentemente, apenas dois fatores caracterizam a série de interações originais com as variáveis originais 1 e 2 altamente correlacionadas ao fator 1 e com a variável original 3 altamente correlacionada ao fator 2.

Finalmente, retoma-se a matriz K:

$$\begin{vmatrix} 0{,}64 & 0{,}38 & -0{,}66 \\ 0{,}69 & 0{,}10 & 0{,}72 \\ -0{,}34 & 0{,}91 & 0{,}20 \end{vmatrix}$$

$$(0{,}64)^2 + (0{,}69)^2 + (0{,}34)^2 = 1{,}0$$
$$(0{,}38)^2 + (0{,}10)^2 + (0{,}91)^2 = 1{,}0$$
$$(0{,}66)^2 + (0{,}72)^2 + (0{,}20)^2 = 1{,}0$$
$$(0{,}64 \cdot \sqrt{1{,}77})^2 + (0{,}69 \cdot \sqrt{1{,}77})^2 + (0{,}34 \cdot \sqrt{1{,}77})^2 = 1{,}77$$
$$(0{,}38 \cdot \sqrt{0{,}93})^2 + (0{,}10 \cdot \sqrt{0{,}93})^2 + (0{,}91 \cdot \sqrt{0{,}93})^2 = 0{,}93$$
$$(0{,}66 \cdot \sqrt{0{,}30})^2 + (0{,}72 \cdot \sqrt{0{,}30})^2 + (0{,}20 \cdot \sqrt{0{,}30})^2 = 0{,}30$$

	Sistema original						Variância individual/variável
	$0{,}85^2$	+	$0{,}37^2$	+	$0{,}37^2$	=	1,0
Novo	$0{,}91^2$	+	$0{,}09^2$	+	$0{,}40^2$	=	1,0
sistema	$0{,}45^2$	+	$0{,}88^2$	+	$0{,}11^2$	=	1,0
	1,77	+	0,93	+	0,30	=	3,0

Variância individual/componente

Então, $(0{,}85)^2$ representa a contribuição da variável original ao primeiro componente. Esse componente contribui com 59% à variabilidade total do sistema, e as duas primeiras variáveis, com 88%. Ao mesmo tempo, as duas primeiras variáveis contribuem com 52% (por exemplo, 0,88 × 0,59) à variabilidade total do sistema. Não há dúvidas de que o cálculo manual apresenta limitações quando o número de lugares, a quantidade de variáveis ou ambos aumentam consideravelmente. No entanto, atualmente, há vários programas de computação disponíveis para realizar essas análises, permitindo a utilização dessas técnicas em vários campos de atuação.

3.3.4 Exemplo: ilustração de um caso de dez variáveis

Os dados para a ilustração desse exemplo foram retirados da mina de urânio Schwartzwalder, localizada no Estado do Colorado, nos Estados Unidos.

Trata-se de 30 amostras que foram coletadas em dois níveis da mina, um chamado Minnesota e o outro, Upper Level. Cada amostra foi analisada segundo dez aspectos: radioatividade, urânio, cobre, bióxido de manganês, óxido de vanádio, níquel, cobalto, molibdênio, zinco e chumbo. A Tab. 3.8 apresenta os dados originais e a Tab. 3.9 fornece a sua matriz de correlação. Uma transformação das variáveis de acordo com a distribuição normal padrão faz com que os dados da Tab. 3.8 se transformem nos dados da Tab. 3.10 e a matriz de correlação da Tab. 3.9 se transforme na matriz da Tab. 3.11.

Tab. 3.8 Dados originais

Variável	Radioatividade	U	Cu	MnO_2	V_2O_5	Ni	Co	Mo	Zn	Pb
Amostra 1	0,4600	0,6300	0,0300	0,1300	0,0240	0,0070	0,0030	0,0400	0,0130	0,0180
Amostra 2	0,4400	0,5800	0,1500	0,2300	0,0490	0,0100	0,0050	0,2200	0,0140	0,5000
Amostra 3	6,1800	0,2600	0,1400	0,1600	0,0500	0,0080	0,0030	0,0380	0,0120	0,2100
Amostra 4	0,0150	0,0170	0,1000	1,9100	0,0130	0,0070	0,0030	0,0180	0,0200	0,0900
Amostra 5	4,4000	5,5700	0,1500	0,5300	0,0770	0,0060	0,0180	0,6000	0,0860	0,6900
Amostra 6	0,2300	0,3300	0,0200	1,4200	0,0580	0,0020	0,0050	0,0600	0,0270	0,2700
Amostra 7	0,4100	0,5800	0,0900	0,5200	0,0750	0,0110	0,0050	0,1800	0,0300	0,2400
Amostra 8	0,5800	0,6600	0,0800	0,5900	0,0300	0,0080	0,0050	0,0720	0,0230	0,1000
Amostra 9	0,0520	0,0670	0,0300	4,7700	0,0280	0,0090	0,0030	0,0620	0,0190	0,1100
Amostra 10	0,0760	0,0840	0,0300	0,7500	0,0460	0,0080	0,0030	0,0600	0,0220	0,1400
Amostra 11	0,7000	0,7900	0,8700	0,0800	0,0350	0,0220	0,0170	0,5600	0,1900	1,0700
Amostra 12	1,8000	1,9500	0,1400	0,0600	0,0320	0,0110	0,0080	0,4300	0,0560	0,3500
Amostra 13	0,0340	0,0330	0,1100	0,0300	0,0170	0,0070	0,0030	0,0400	0,0620	0,1300
Amostra 14	0,6300	0,7200	0,1900	0,0700	0,0180	0,1600	0,0120	0,1400	0,1600	0,5200
Amostra 15	0,0120	0,0090	0,0300	0,1100	0,0200	0,0090	0,0030	0,0060	0,1100	0,0800
Amostra 16	1,3000	1,5900	0,2300	0,0800	0,0410	0,0390	0,0210	0,3100	0,0880	0,6100

Tab. 3.8 Dados originais (cont.)

Variável	Radioatividade	U	Cu	MnO$_2$	V$_2$O$_5$	Ni	Co	Mo	Zn	Pb
Amostra 17	3,7000	4,5900	0,0900	0,4500	0,0630	0,0220	0,0070	0,4200	0,0200	0,4100
Amostra 18	0,4100	0,5000	0,0900	2,0100	0,0330	0,0090	0,0030	0,0580	0,0460	0,1600
Amostra 19	3,3000	3,6100	1,0700	0,1800	0,0720	0,0350	0,0400	0,2200	0,1100	0,5300
Amostra 20	0,2600	0,2800	0,2200	0,0900	0,0320	0,0090	0,0030	0,0540	0,0440	0,0800
Amostra 21	0,4600	0,5800	0,9500	0,1100	0,0460	0,0180	0,0180	0,2100	0,0920	0,3200
Amostra 22	1,5000	1,1500	0,6200	0,0400	0,0420	0,0180	0,0160	0,1500	0,0820	0,4500
Amostra 23	0,1100	0,1100	0,4600	0,0200	0,0300	0,0140	0,0060	0,0700	0,0760	0,1200
Amostra 24	2,3000	2,7900	1,1600	0,0200	0,0340	0,0160	0,0160	0,2200	0,0890	0,6100
Amostra 25	3,0000	3,7000	0,8900	0,4800	0,0750	0,0530	0,0500	0,8400	0,1000	0,6100
Amostra 26	0,7500	1,1000	0,3200	0,1600	0,0480	0,0170	0,0120	0,1700	0,0450	0,1200
Amostra 27	0,2300	0,2900	0,1000	0,0900	0,0320	0,0090	0,0030	0,0920	0,0410	0,0700
Amostra 28	3,0000	2,49000	0,1600	0,4600	0,0570	0,0160	0,0130	0,1400	0,1600	0,2800
Amostra 29	1,3000	1,3700	0,4300	0,3100	0,0560	0,0190	0,0050	0,1700	0,1600	0,8400
Amostra 30	5,7000	6,3600	0,8500	0,0800	0,0710	0,0410	0,0180	0,9500	0,084	1,6300

Tab. 3.9 Matriz de correlação (dados originais)

Variável	Radioatividade	U	Cu	MnO$_2$	V$_2$O$_5$	Ni	Co	Mo	Zn	Pb
Radioatividade	1,0000	0,9889	0,4409	-0,2099	0,6707	0,5986	0,5841	0,7888	0,2964	0,6973
U	0,9889	1,0000	0,4262	-0,2013	0,6813	0,5901	0,5842	0,8132	0,2406	0,6882
Cu	0,4409	0,4262	1,0000	-0,3166	0,3067	0,6531	0,7249	0,5002	0,5083	0,5924
MnO$_2$	-0,2099	-0,2013	-0,3166	1,0000	-0,1376	-0,2385	-0,2201	-0,2119	-0,3308	-0,2496
V$_2$O$_5$	0,6707	0,6813	0,3067	-0,1375	1,0000	0,4726	0,5326	0,5880	0,0867	0,4771
Ni	0,5986	0,5901	0,6531	-0,2385	0,4726	1,0000	0,8412	0,7161	0,4248	0,6303
Co	0,5841	0,5842	0,7249	-0,2201	0,5326	0,8412	1,0000	0,6443	0,4505	0,4779
Mo	0,7888	0,8132	0,5002	-0,2119	0,5880	0,7161	0,6443	1,0000	0,3201	0,8107
Zn	0,2964	0,2406	0,5083	-0,3308	0,0867	0,4248	0,4505	0,3201	1,0000	0,5361
Pb	0,6973	0,6882	0,5924	-0,2490	0,4771	0,6303	0,4779	0,8107	0,5361	1,0000

Tab. 3.10 Dados alterados

Variável	Radioatividade	U	Cu	MnO$_2$	V$_2$O$_5$	Ni	Co	Mo	Zn	Pb
Amostra 1	-0,7550	-0,4463	-3,2189	-1,9661	-3,3814	-4,0745	-4,3428	-2,9957	-3,7723	-3,5755
Amostra 2	-0,7985	-0,5276	-1,8326	-1,4271	-2,8302	-3,9120	-4,1997	-1,4697	-3,7297	-0,6733
Amostra 3	-1,6607	-1,3093	-1,8971	-1,7720	-2,8134	-4,0174	-4,3428	-3,0365	-3,8167	-1,5141
Amostra 4	-3,6889	-3,6119	-2,2073	-0,6523	-3,7723	-4,0745	-4,3428	-3,5755	-3,5066	-2,3026
Amostra 5	1,4839	1,7192	-1,8326	-0,6162	-2,4418	-4,1352	-3,5755	-0,4943	-2,3434	-0,3567
Amostra 6	-1,4271	-1,0788	-3,5066	-0,3577	-2,6882	-4,4228	-4,1997	-2,6593	-3,2968	-1,2730
Amostra 7	-0,8675	-0,5276	-2,3026	-0,6349	-2,4651	-3,8632	-4,1997	-1,6607	-3,2189	-1,3863
Amostra 8	-0,5276	-0,4005	-2,4079	-0,5108	-3,2189	-4,0174	-4,1997	-2,5010	-3,4112	-2,2073
Amostra 9	-2,7806	-2,5639	-3,2189	1,5644	-3,2702	-3,9633	-4,3428	-2,6311	-3,5405	-2,1203
Amostra 10	-2,4534	-2,3645	-3,2189	-0,2744	-2,8824	-4,0174	-4,3428	-2,6593	-3,4420	-1,8971
Amostra 11	-0,3425	-0,2231	-0,1278	-2,4079	-3,1011	-3,4420	-3,6119	-0,5621	-1,6094	0,0770
Amostra 12	0,5933	0,6729	-1,8971	-2,6593	-3,1701	-3,8632	-4,0174	-0,8210	-2,7181	-1,0216
Amostra 13	-3,1236	-3,1465	-2,1203	-3,2189	-3,6119	-4,0745	-4,3428	-2,9957	-2,6211	-1,9661
Amostra 14	-0,4463	-0,3147	-1,6094	-2,5257	-3,5755	-3,6497	-3,8167	-1,8971	-1,7720	-0,6349

3 Análise multivariável

Tab. 3.10 Dados alterados (cont.)

Variável	Radioatividade	U	Cu	MnO$_2$	V$_2$O$_5$	Ni	Co	Mo	Zn	Pb
Amostra 15	-3,8167	-3,9633	-3,2189	-2,1203	-3,5066	-3,9633	-4,3428	-4,1352	-2,1203	-2,4079
Amostra 16	0,2700	0,4700	-1,4271	-2,4079	-2,9759	-3,0159	-3,4738	-1,1394	-2,3228	-0,4780
Amostra 17	1,3110	1,5261	-2,3026	-0,7765	-2,6173	-3,4420	-4,0745	-0,8440	-3,5066	-0,8675
Amostra 18	-0,8675	-0,6733	-2,3026	0,7031	-3,1465	-3,9633	-4,3428	-2,6882	-2,8424	-1,7720
Amostra 19	1,1969	1,2865	0,0770	-1,6607	-2,5010	-3,1011	-2,9957	-1,4697	-2,1203	-0,6162
Amostra 20	-1,3093	-1,2379	-1,4697	-2,3026	-3,1701	-3,9633	-4,3428	-2,7489	-2,9188	-2,4079
Amostra 21	-0,7550	-0,5276	-0,0408	-2,1203	-2,8824	-3,5755	-3,5755	-1,5141	-2,2828	-1,1087
Amostra 22	0,4121	0,1484	0,4620	-2,9957	-2,9565	-3,5755	-3,6497	-1,8326	-2,3860	-0,7765
Amostra 23	-2,1203	-2,1203	-0,7550	-3,5066	-3,2189	-3,7297	-4,1352	-2,5257	-2,4534	-2,0402
Amostra 24	0,8372	1,0296	0,1570	-3,5066	-3,1236	-3,6497	-3,6497	-1,4697	-2,3126	-0,4780
Amostra 25	1,1019	1,3110	-0,1054	-0,7133	-2,4651	-2,7646	-2,8134	-0,1625	-2,2073	-0,4780
Amostra 26	0,2744	0,1133	-1,1087	-1,7720	-2,8473	-3,6119	-3,8167	-1,7148	-2,9004	-2,0402
Amostra 27	-1,4271	-1,2040	-2,2073	-2,3026	-3,1701	-3,9633	-4,3428	-2,2828	-2,9759	-2,5257
Amostra 28	1,1019	0,9163	-1,7720	-0,7550	-2,7031	-3,6497	-3,7723	-1,8971	-1,7720	-1,2379
Amostra 29	0,2700	0,3221	-0,8210	-1,1394	-2,7181	-3,5405	-4,1997	-1,7148	-1,7720	-0,1625
Amostra 30	1,7422	1,8516	-0,1508	-2,4079	-2,5133	-2,9759	-3,5755	-0,0408	-2,3645	0,4947

Tab. 3.11 Matriz de correlação (dados alterados)

Variável	Radioatividade	U	Cu	MnO$_2$	V$_2$O$_5$	Ni	Co	Mo	Zn	Pb
Radioatividade	1,0000	0,9950	0,5648	-0,1756	0,6828	0,6130	0,7003	0,8505	0,3884	0,6833
U	0,9950	1,0000	0,5420	-0,1448	-0,7021	-0,5937	0,6867	0,8571	0,3332	0,6701
Cu	0,5648	0,5420	1,0000	-0,5258	0,3161	0,7354	0,7475	0,6186	0,6287	0,6415
MnO$_2$	-0,1756	-0,1448	-0,5248	1,0000	0,1663	-0,2826	-0,2261	-0,1768	-0,4277	-0,1678
V$_2$O$_5$	0,6828	0,7021	0,3161	0,1663	1,0000	0,4203	0,5100	0,6536	0,0998	0,5660
Ni	0,6130	0,5937	0,7354	-0,2826	0,4203	1,0000	0,8066	0,6837	0,5386	0,6249
Co	0,7003	0,6867	0,7475	-0,2261	0,5100	0,8066	1,0000	0,7338	0,6016	0,6657
Mo	0,8505	0,8571	0,6186	-0,1768	0,6536	0,6837	0,7338	1,0000	0,3990	0,8058
Zn	0,3884	0,3332	0,6287	-0,4277	0,0998	0,5386	0,6016	0,3990	1,0000	0,5608
Pb	0,6833	0,6701	0,6415	-0,1678	0,5660	0,6249	0,6657	0,8058	0,5608	1,0000

Nesse caso, a matriz de vetores normalizados *K* está apresentada na Tab. 3.12 e a matriz de coeficientes de correlação *S*, na Tab. 3.13. Como os quadrados dos termos de cada coluna fornecem os autovalores associados, esses termos ao quadrado constituem dimensões ao longo dos respectivos eixos de coordenadas. Assim, a Fig. 3.15 demonstra a localização espacial de cada variável de acordo com a sua posição em relação aos três primeiros fatores.

Para obter uma melhor disposição visual, opta-se frequentemente por girar a matriz com o intuito de enfatizar a posição das variáveis, aproximando-se ou afastando-se da origem do sistema de coordenadas. Esse procedimento é chamado de *matriz de rotação* e consiste em multiplicar a matriz original por uma matriz ortogonal em senos e cossenos. A Tab. 3.14 e a Fig. 3.16 apresentam a matriz *S* e a posição relativa das variáveis em estudo após a aplicação de uma matriz de rotação.

As inter-relações existentes entre os lugares da amostragem estão resumidas na Tab. 3.15 e na Fig. 3.17. Essa análise é denominada do tipo *Q*.

Tab. 3.12 Matriz de vetores normalizados (matriz K)

O	0,3599	0,2113	-0,3122	0,0975	-0,3881	0,0389	0,0749	-0,2123	0,1775	-0,6961
U	0,3544	0,2491	-0,3325	0,0641	-0,3554	0,0605	0,1011	-0,1652	0,1384	0,7149
Cu	0,3255	-0,3236	0,0165	-0,2381	0,2968	-0,0905	0,6995	-0,3398	-0,1770	-0,0075
MnO_2	0,1264	0,5838	0,6665	-0,0018	-0,1924	0,1587	0,2872	-0,2046	-0,1109	-0,0061
V_2O_5	0,2658	0,4633	-0,0103	0,0238	0,3688	-0,7276	-0,1987	-0,0144	-0,0941	-0,0080
Ni	0,3339	-0,1375	0,2664	-0,5570	-0,0076	0,1963	-0,5537	-0,3740	0,0549	0,0171
Co	0,3564	-0,0723	0,2781	-0,3155	-0,2331	-0,1275	0,1854	0,7153	0,2721	-0,0126
Mo	0,3668	0,1589	-0,1119	0,0755	0,1245	0,4109	-0,950	0,3229	-0,7230	-0,0409
Zn	0,2499	-0,4272	0,3810	0,5368	-0,3571	-0,3109	-0,1479	-0,1188	-0,2443	0,0436
Pb	0,3419	0,0346	0,2036	0,4748	0,5143	0,3343	-0,0312	0,0136	0,4872	0,0112

Tab. 3.13 Matriz de cargas fatoriais (matriz S). Análise fatorial – tipo R (variáveis)

		F 1	F 2	F 3	F 4	F 5	F 6	F 7		Comunalidades
1	Radioatividade	0,88915	0,27115	0,25472	-0,06686	-0,23117	0,02117	0,03366	1	0,98848
2	U	0,87563	0,31966	0,27131	-0,04399	-0,21166	0,03293	0,04552	2	0,00241
3	Cu	0,80403	-0,42534	0,01353	0,16318	0,17665	-0,04940	0,31528	3	0,97883
4	MnO_2	-0,31237	0,74943	-0,54370	0,00147	-0,11480	0,08656	0,12938	4	0,00224
5	V_2O_5	0,06568	0,59469	0,00831	0,16140	0,21989	-0,39685	-0,08963	5	0,99908
6	Ni	0,82495	-0,17640	-0,21714	0,38111	-0,00468	0,10703	-0,25009	6	0,97808
7	Co	0,88057	-0,09279	-0,22669	0,21574	-0,13895	-0,06963	0,08405	7	0,91316
8	Mo	0,90622	0,20392	0,09126	-0,05155	0,07411	0,22412	-0,04278	8	0,93135
9	Zn	0,61734	-0,54832	-0,31100	-0,36734	-0,21258	-0,16955	0,06682	9	0,99183
10	Pb	0,84483	0,04435	-0,16622	-0,32464	0,30643	0,18264	-0,01384	10	0,97617
	Σ^2	6,10459	1,64744	0,66558	0,46808	0,35488	0,29759	0,20348		9,74164
		6,10459	7,75203	8,41761	8,88589	9,24057	9,53816	9,74164		
	Variância experimental	61,04584	16,47441	6,65576	4,68076	3,54883	2,97592	2,03475		
	Variância cumulativa	61,04584	77,52025	84,17601	88,85677	92,49559	95,38152	97,41626		

Tab. 3.14 Matriz de cargas fatoriais rotacionadas (matriz S)

		F 1	F 2	F 3	F 4	F 5	F 6	F 7		Comunalidades
1	Radioatividade	0,09344	-0,16306	-0,08364	0,22604	0,16676	-0,21414	0,11801	1	0,98848
2	U	0,91357	-0,11069	0,06166	0,21822	0,16892	-0,22736	0,12132	2	0,99241
3	Cu	0,26901	-0,28338	0,37784	0,42275	0,26258	-0,08985	0,65378	3	0,97882
4	MnO_2	-0,05778	0,17313	-0,96935	-0,09802	-0,02729	-0,09290	-0,10639	4	0,99223
5	V_2O_5	0,49296	0,01120	-0,15047	0,16675	0,19641	-0,81368	0,07027	5	0,99907
6	Ni	0,31174	-0,21357	0,15168	0,85702	0,21569	-0,11945	0,13041	6	0,97807
7	Co	0,46085	0,68670	0,02288	0,61150	0,11716	-0,17597	0,37709	7	0,91315
8	Mo	0,70344	-0,37340	0,07607	0,36570	0,49164	-0,18063	0,12256	8	0,93134
9	Zn	0,13752	-0,89789	0,23494	0,24099	0,18771	0,01417	0,13410	9	0,99182
10	Pb	0,41166	-0,31880	0,04170	0,24434	0,75249	-0,21735	0,17357	10	0,97616
	Σ^2	2,96231	1,24194	1,19107	1,67477	1,06806	0,90153	0,69466		9,74155
		2,96231	4,21145	5,40252	7,07728	8,14534	9,04687	9,74153		
	Variância experimental	29,62311	12,49139	11,91071	16,74767	10,68056	9,01532	6,94661		
	Variância cumulativa	29,62311	42,11449	54,02519	70,77286	81,45341	90,46873	97,41534		

Tab. 3.15 Análise de fatores tipo Q, 30 variáveis (lugares)/4 fatores

	F1	F2	F3	F4		Comunalidades
1	0,95165	-0,27807	-0,08637	0,07493	1	0,99603
2	0,98472	-0,11491	0,10056	-0,1699	2	0,99327
3	0,98924	-0,10920	0,04516	-0,1914	3	0,99292
4	0,96710	-0,17703	-0,13904	-0,02738	4	0,98670
5	0,95798	-0,16748	0,21820	0,04957	5	0,99584
6	0,93190	-0,35114	0,07958	-0,07958	6	0,99821
7	0,97087	-0,23124	0,04455	0,02058	7	0,99846
8	0,97475	-0,21229	-0,03412	0,05883	8	0,99983
9	0,94176	-0,32814	-0,01043	0,00674	9	0,99474
10	0,94533	-0,32405	-0,00666	-0,01627	10	0,99896
11	0,69073	0,68075	0,12447	-0,18261	11	0,98936
12	0,92208	-0,12869	0,10779	0,01554	12	0,99289
13	0,97797	-0,14840	-0,10435	-0,09755	13	0,99884
14	0,98642	-0,07896	0,08003	-0,09416	14	0,99468
15	0,94273	-0,31168	-0,07768	-0,08547	15	0,99922
16	0,98542	-0,06967	0,13351	-0,03608	16	0,99504
17	0,95694	-0,23083	0,15639	0,07282	17	0,99877
18	0,97302	-0,21698	-0,01204	0,03267	18	0,99505
19	0,57187	0,80312	-0,07409	0,10640	19	0,98884
20	0,98148	0,00144	-0,18716	0,02565	20	0,99900
21	0,67922	0,69204	-0,23439	-0,01057	21	0,99531
22	0,88509	0,45471	-0,05074	-0,03352	22	0,99384
23	0,91238	0,26000	-0,30272	-0,06881	23	0,99641
24	0,51502	0,85141	-0,04369	-0,02363	24	0,99261
25	0,70549	0,66865	0,08016	0,18911	25	0,98700
26	0,97798	0,08440	-0,15264	0,10484	26	0,99785
27	0,97850	-0,17251	-0,09571	0,02378	27	0,99695
28	0,98201	-0,15716	0,05424	0,04692	28	0,99066
29	0,95701	0,20799	0,13373	-0,08023	29	0,98344
30	0,64579	0,66069	0,37436	-0,0414	30	0,99372
Σ^2	24,67990	4,41872	0,58049	0,15524		29,83435
Variância experimental	82,26633	14,72905	1,93496	0,51748		
Variância cumulativa	82,26633	96,99538	98,93033	99,44780		

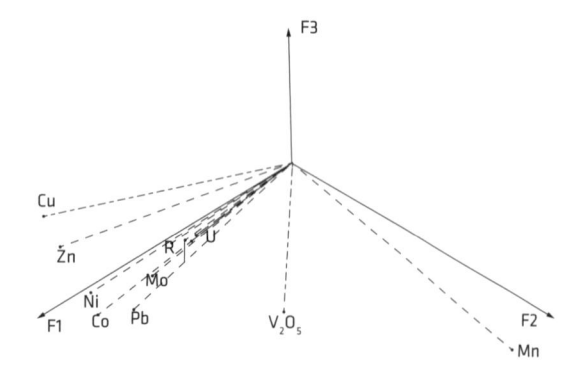

Fig. 3.15 Representação espacial das variáveis de acordo com três fatores

3.3.5 Análise discriminante

Outro tipo de reação linear de interesse é aquele que permite discriminar as amostras pertencentes a uma população multivariável entre grupos que quantitativamente manifestam características diferentes. Basicamente, cada relação linear é constituída por uma função de ponderação que estabelece discriminações entre dois grupos. O modelo discriminante pode ser interpretado como um tipo especial de análise fatorial no qual a quantificação de fatores coloca em evidência a separação entre grupos.

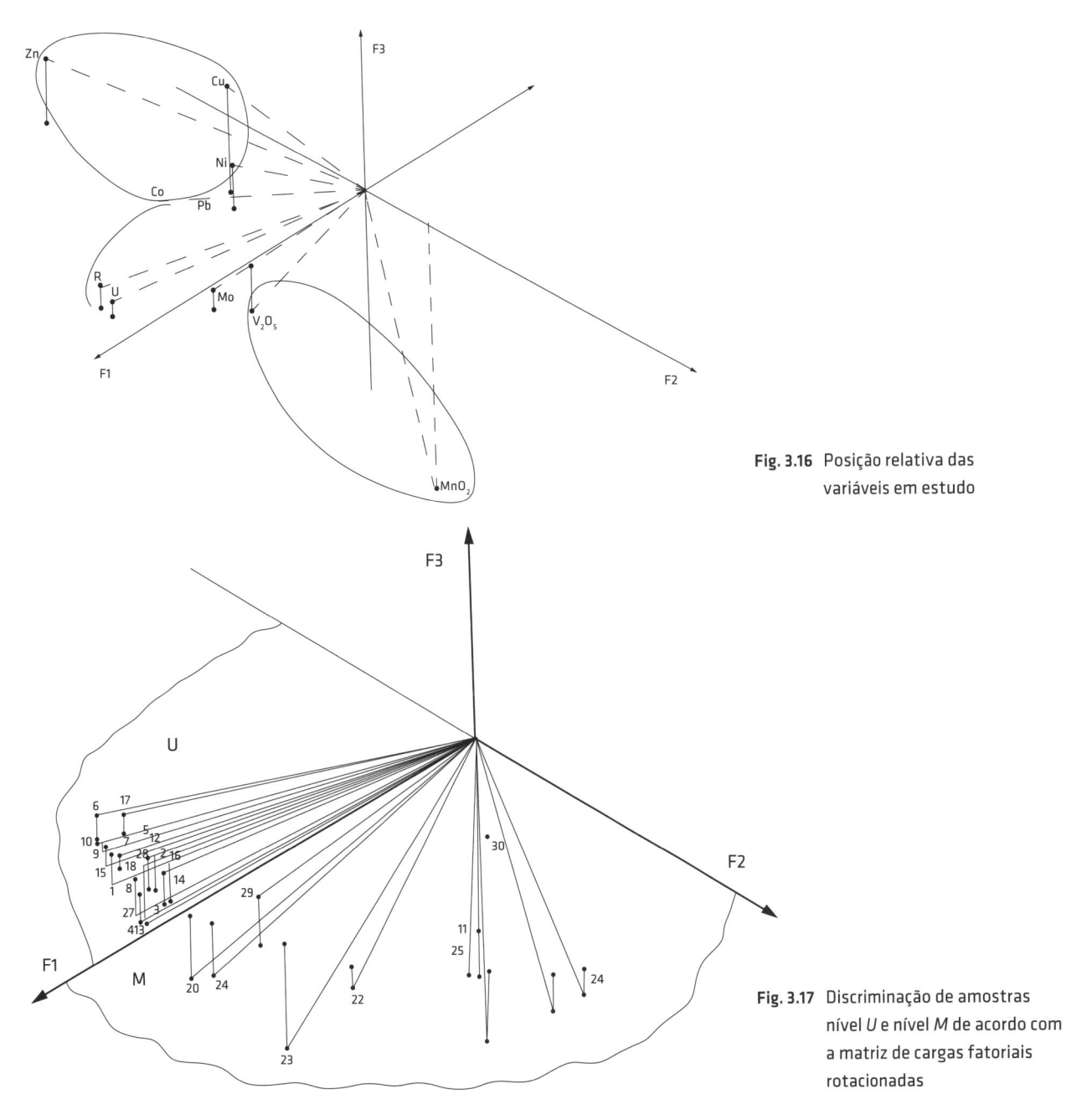

Fig. 3.16 Posição relativa das variáveis em estudo

Fig. 3.17 Discriminação de amostras nível *U* e nível *M* de acordo com a matriz de cargas fatoriais rotacionadas

A interpretação geométrica da análise discriminante pode ser vista, no caso de dois grupos e duas variáveis, como o conjunto de elipses concêntricas representadas por duas nuvens de pontos para os dois grupos. Cada elipse constitui a localização dos pontos de igual frequência para cada um dos grupos. No plano representado pelos eixos associados às duas variáveis, haverá um eixo em uma determinada direção que permitirá projetar as duas nuvens de pontos de maneira que a área comum das distribuições dos pontos projetados sobre esse eixo seja a mínima. A relação linear, medida ao longo do eixo selecionado e da função das duas variáveis, permite caracterizar cada amostra da população multivariável em termos de um novo valor, que fornece a cada uma das amostras uma localização específica ao longo desse eixo. Assim, configuram-se sub-regiões que indicam a localização esperada de uma amostra específica, seja a sub-região A, seja a sub-região B (Fig. 3.18).

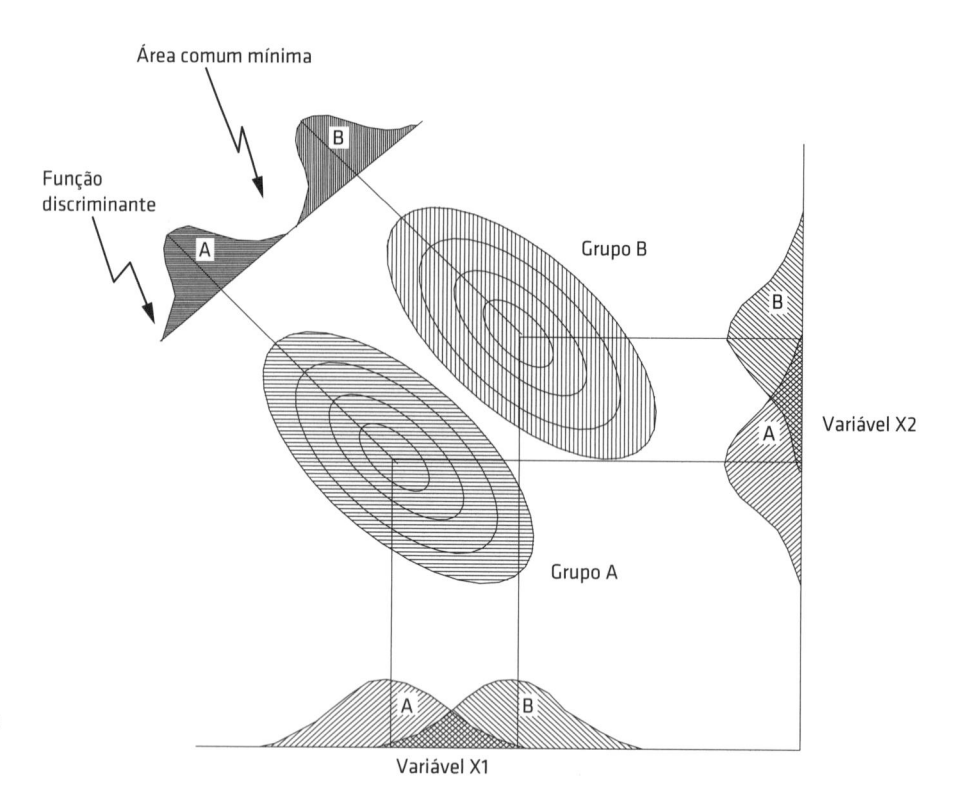

Fig. 3.18 Ilustração da análise discriminante

3.3.6 Análise de classificação

O termo *análise de classificação* abrange um conjunto de procedimentos muito utilizados no estudo de dados de exploração que surgem com base nas medições sobre certas características associadas a um determinado conjunto de amostras. Diferente dos outros procedimentos, a análise de classificação tem como objetivo principal a identificação da quantidade de grupos que podem ser estipulados. Os grupos estabelecidos, então, respondem a relações de similaridade/dissimilaridade que, quantitativamente, podem expressar-se em termos de medidas de distância entre os elementos que os conformam. Esse conceito permite selecionar o número mais adequado de grupos por meio de critérios de distâncias.

Basicamente, são dois os critérios principais:

a] o critério de Mahalanobis, D^2;
b] o valor logarítmico da razão entre as divergências existentes entre grupos supostamente diferentes e as divergências presentes no interior desses grupos.

As Figs. 3.19, 3.20 e 3.21 e a Tab. 3.16 ilustram a aplicação dessa técnica.

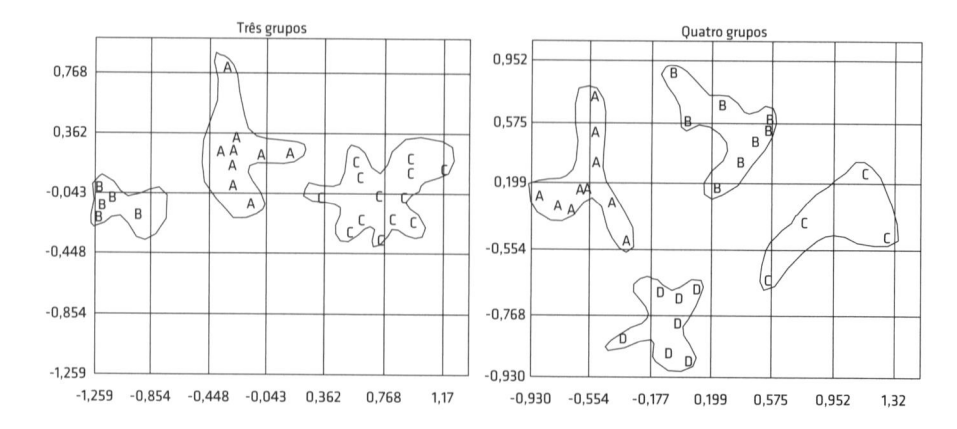

Fig. 3.19 Estabelecimento de grupos para a análise de classificação

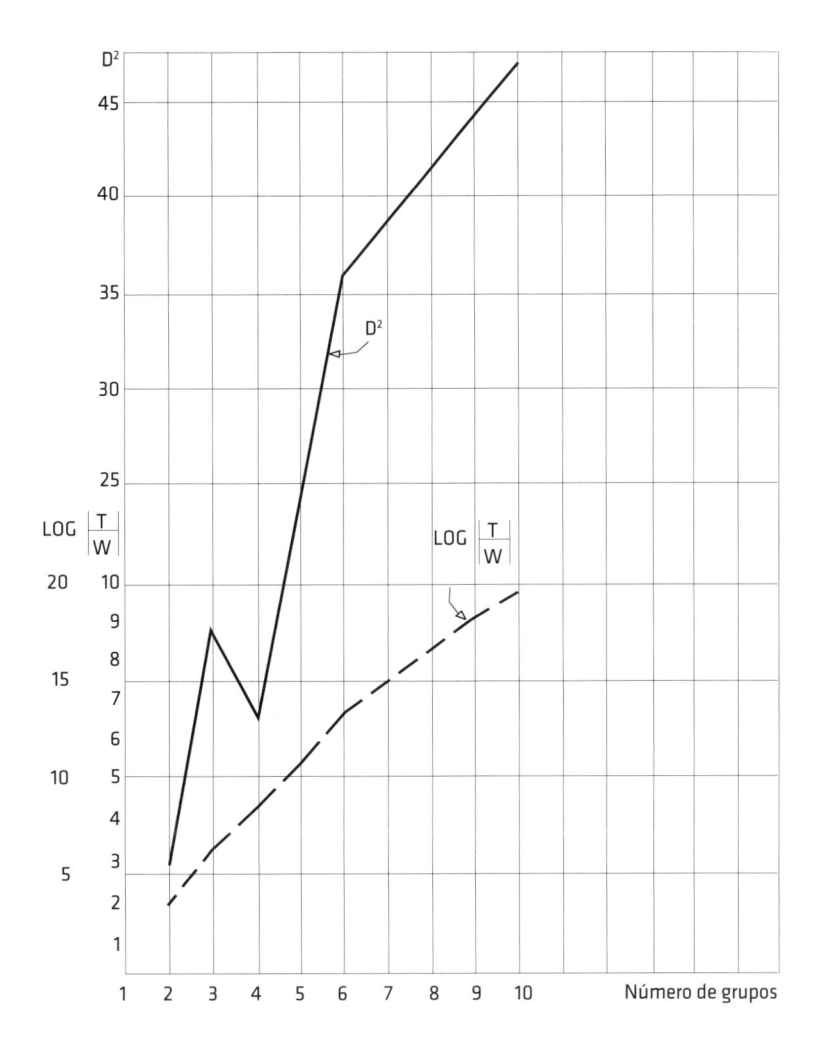

Fig. 3.20 Ilustração dos critérios para determinar o número ótimo de grupos

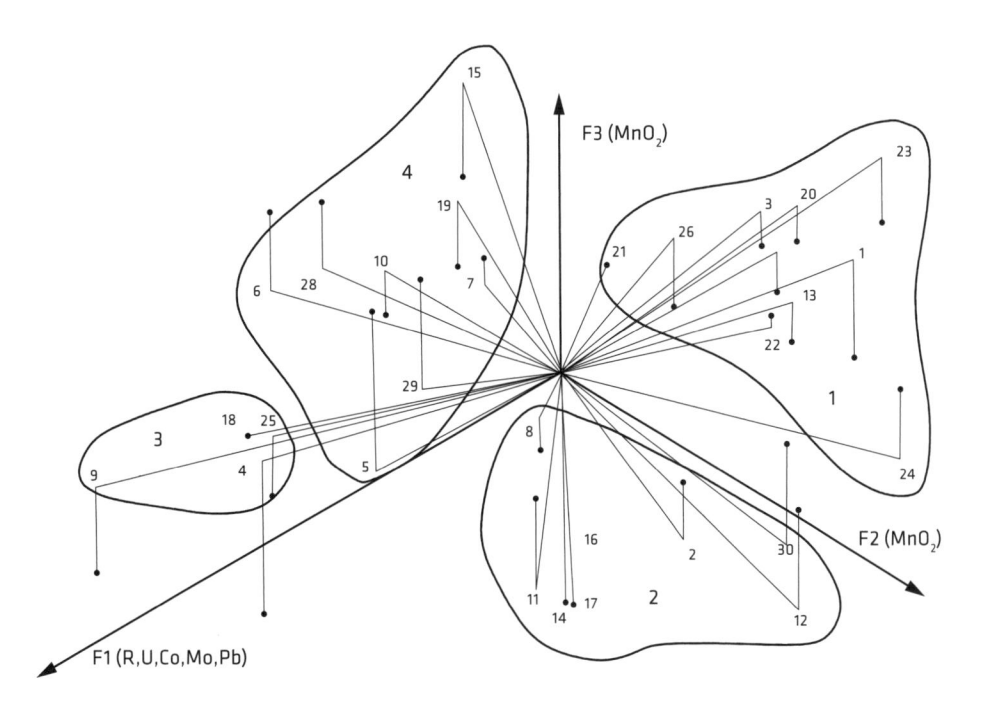

Fig. 3.21 Classificação das amostras em quatro grupos

Tab. 3.16 Dados para a localização das amostras de acordo com quatro grupos

Amostra 1	(GP 1)	−0,5218	0,4468	0,3101
Amostra 2	(GP 2)	0,0818	0,4817	−0,1609
Amostra 3	(GP 1)	−0,6735	−0,0277	0,1047
Amostra 4	(GP 3)	1,1516	0,1989	0,4321
Amostra 5	(GP 4)	−0,0238	−0,6113	−0,5594
Amostra 6	(GP 4)	0,0552	−0,8849	−0,2148
Amostra 7	(GP 4)	−0,2193	−0,4722	−0,0730
Amostra 8	(GP 2)	0,2455	0,1704	0,0918
Amostra 9	(GP 3)	1,3282	−0,1648	0,2522
Amostra 10	(GP 4)	0,1375	−0,4274	0,1275
Amostra 11	(GP 2)	0,3767	0,2915	−0,2573
Amostra 12	(GP 2)	−0,0404	0,7305	−0,3293
Amostra 13	(GP 1)	−0,4827	0,2871	0,1204
Amostra 14	(GP 2)	0,4333	0,4288	−0,1982
Amostra 15	(GP 4)	−0,3575	−0,6750	0,2889
Amostra 16	(GP 2)	0,4547	0,4630	0,0467
Amostra 17	(GP 2)	0,4470	0,4833	−0,1740
Amostra 18	(GP 3)	0,6667	−0,3340	−0,0007
Amostra 19	(GP 4)	−0,1094	−0,4325	0,1744
Amostra 20	(GP 1)	−0,7431	0,0321	0,1555
Amostra 21	(GP 1)	−0,2777	−0,1150	0,1048
Amostra 22	(GP 1)	−0,5189	0,1709	−0,0431
Amostra 23	(GP 1)	−0,9303	0,1151	0,2374
Amostra 24	(GP 1)	−0,5217	0,5829	−0,1867
Amostra 25	(GP 3)	0,8258	−0,1062	0,2357
Amostra 26	(GP 10)	−0,3634	0,0169	0,1963
Amostra 27	(GP 1)	−0,5786	0,1372	0,1120
Amostra 28	(GP 4)	−0,0697	−0,8386	−0,1762
Amostra 29	(GP 4)	0,0213	−0,4767	−0,3475
Amostra 30	(GP 2)	0,2065	0,5294	−0,2693

Parte II
ESTIMATIVA DE RECURSOS *IN SITU*

4.1 Continuidade espacial: variografia

A caracterização dos diferentes setores de um depósito de acordo com seus atributos geológicos e estatísticos mais relevantes, bem como a *discriminação de populações* de acordo com a *litologia*, a *mineralogia*, os *graus de alteração* e os *conteúdos minerais*, constitui a fase mais crucial na análise de jazidas.

A discriminação de populações geológico-estatísticas permite delinear zonas minerais com características próprias.

Zonas intrinsecamente homogêneas constituem, no geral, setores contínuos, extensos e coerentes intimamente associados a zoneamentos geológicos com identidade própria. Por sua vez, *zonas geoestatisticamente heterogêneas* configuram áreas de natureza fracionária, não consolidadas, que se distribuem erraticamente no espaço.

A discriminação populacional da informação-base tem o objetivo de facilitar o delineamento de zonas ou campos *estacionários* localizados no interior do depósito, nos quais alguns modelos e parâmetros estatísticos (conteúdos médios e variância) não sofrem mudanças significativas com uma alteração espacial. Seu propósito é limitar a *extensão espacial* de características locais associadas a setores de naturezas geoestatísticas diferentes. A discriminação de unidades geoestatísticas dentro de um contexto 3D possibilita a identificação de um dos atributos fundamentais da mineralização em estudo: sua variabilidade espacial.

É essencial comprovar a presença de camadas ou estratos de naturezas distintas no interior de um corpo mineralizado. Por exemplo, em um depósito de calcário, é importante detectar a presença de setores ricos em SiO_2 e diferenciá-los daqueles mais pobres. Se não há uma definição precisa das fronteiras dessas unidades, corre-se o risco de privilegiar artificialmente uma variabilidade conjunta no depósito, tendendo, portanto, a exagerar a homogeneidade da mineralização, o que leva à depreciação da arquitetura espacial de zonas de naturezas distintas.

4.1.1 Definições

As informações obtidas por meio de trabalhos de exploração possuem três características essenciais, sendo classificadas como *regionalizadas*, *multivariáveis* e *localmente definidas*.

Regionalizada é a informação impregnada de duas características complementares: sua arquitetura espacial e sua aleatoriedade. A *arquitetura espacial* pode responder a eventos geológicos determinísticos desenvolvidos por fenômenos físico-químicos específicos. A *aleatoreidade*, por sua vez, responde melhor a fenômenos de caráter probabilístico local. O caráter aleatório traduz os aspectos de variabilidade e dispersão, refletindo, assim, a *incerteza*; a arquitetura espacial traduz os traços de heterogeneidade, homogeneidade, descontinuidades e uniformidades suscetíveis à *estruturação*. Essas características se relacionam de maneira que ambas se complementem mutuamente. A Fig. 4.1 esquematiza esse conceito.

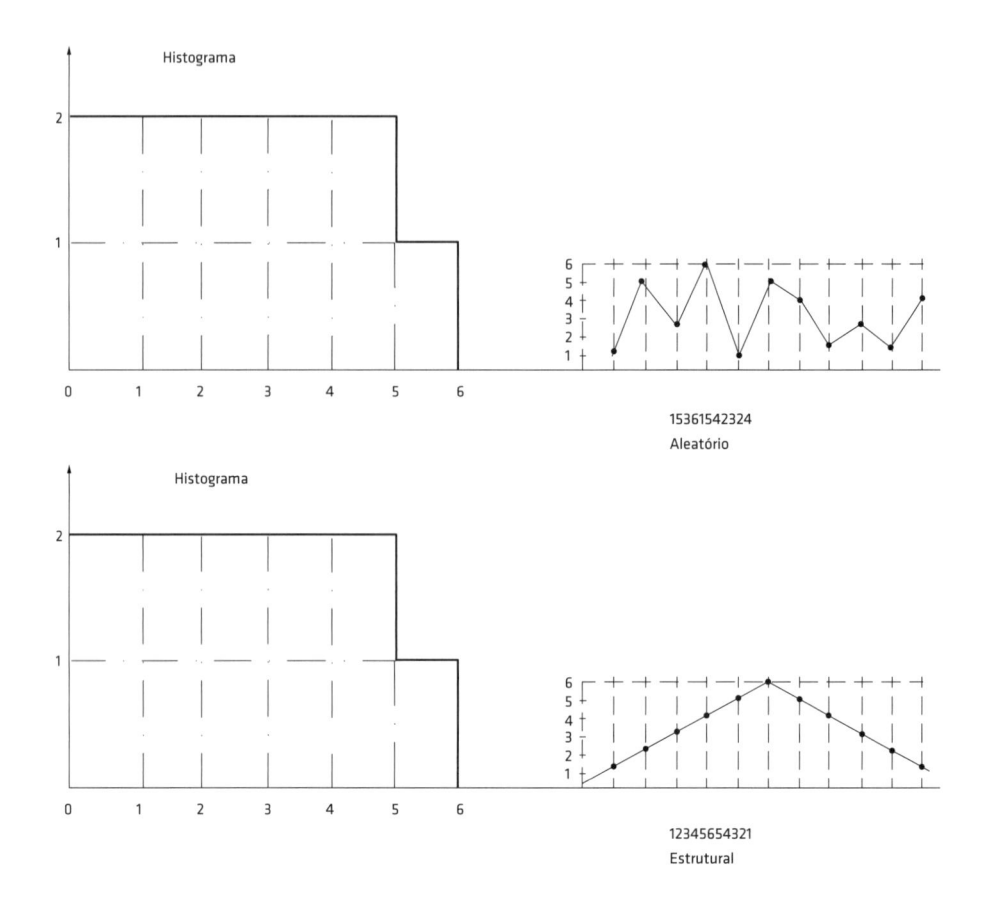

Fig. 4.1 Aspectos aleatórios e estruturais

Multivariável significa que a característica em estudo, por exemplo, o conteúdo de CaO em um ponto de coordenadas (x, y, z), pode estar associada *localmente* a outras características, tais como os conteúdos de SiO_2 ou Al_2O_3, ou também *espacialmente* aos conteúdos de mesma característica, nesse caso, o CaO, localizados em pontos de coordenadas diferentes. A Fig. 4.2 ilustra o caso de vários atributos mineralógicos discriminados em grupos de acordo com características semelhantes, ao passo que a Fig. 4.3 resume o conceito de correlação local e de correlação espacial.

Na informação *localmente definida*, o volume com base no qual se estuda ou se mede o atributo de interesse exerce um papel básico em sua caracterização. Esse caso está ilustrado na Fig. 4.4, em que se evidencia a influência que o suporte imprime no volume mineralizado quando é considerado um conteúdo mínimo de 10%.

Do ponto de vista operativo, supõe-se que as informações citadas devam ser capturadas e validadas.

Considerem-se três sondagens em um depósito mineral S (Fig. 4.5). Pode-se atribuir ao conteúdo de metal M (por exemplo, cobre) diversos valores numéricos ao longo das diferentes direções no espaço. Além disso, ao longo das três direções selecionadas, S_1, S_2 e S_3, é possível representar esse conteúdo por variáveis aleatórias, como M_1, M_2 e M_3, que podem ser completamente definidas para um valor m_i caso se consiga estabelecer, para cada uma delas, uma função de distribuição como $F(m_i) = P(M_i < m_i)$.

Discriminação espacial

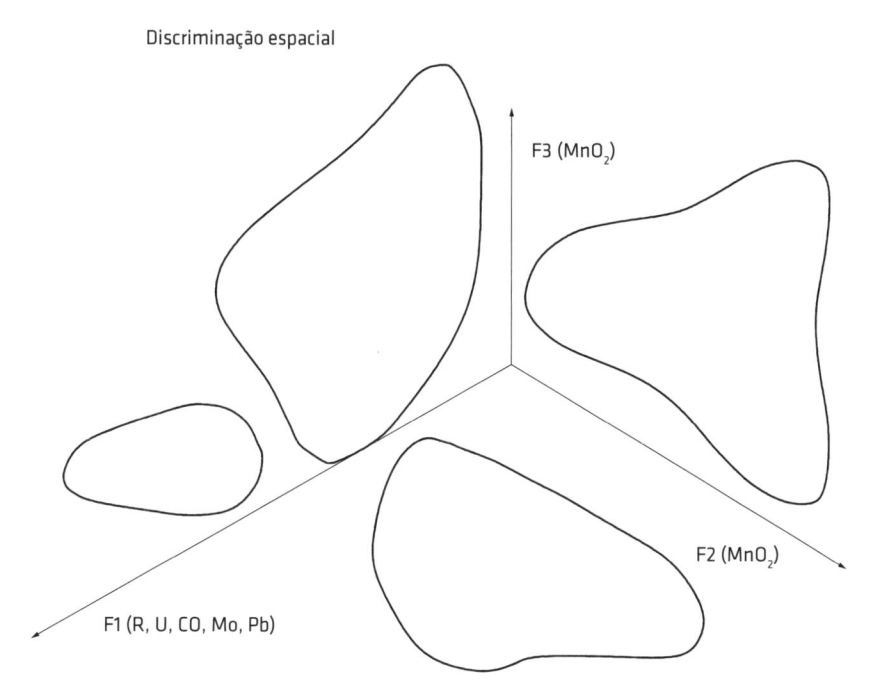

F3 (MnO$_2$)

F2 (MnO$_2$)

F1 (R, U, CO, Mo, Pb)

Fig. 4.2 Classificação de amostras em quatro grupos

Por definição, um conjunto de *N* variáveis aleatórias forma uma variável aleatória multidimensional. Se o conjunto implica um número infinito de variáveis aleatórias, a variável aleatória multidimensional se transforma em uma função aleatória. Assim, uma função aleatória é basicamente uma família de variáveis aleatórias infinitas que podem ou não ser independentes umas das outras.

Associação local entre variáveis diferentes.   Cu, Mo   Associação espacial entre as mesmas variáveis.

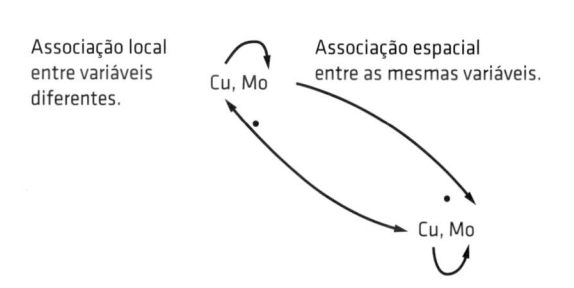

Cu, Mo

Fig. 4.3 Associação local e associação espacial

Admita-se um número infinito de variáveis aleatórias M_{S1}, M_{S2},.... no depósito S. A função aleatória que representa o conjunto infinito dessas variáveis será denominada M(S). Os valores observados (por exemplo, valores de amostragem) admitidos como M(S) ao longo da sondagem S_1, $M(S_1)$, representam realizações da função aleatória M(S) e constituem, em realidade, uma função amostral. Por meio de várias sondagens, é possível obter, em diferentes setores do depósito, diversas realizações da função aleatória M(S), razão pela qual uma família de realizações, independentes ou não, permite definir a função aleatória que as representa. Realizações realmente independentes umas das outras formarão uma família de variáveis aleatórias. Por outro lado, se demonstram algum grau de dependência, faz-se possível estabelecer algumas relações de caráter espacial. É nesse caso que a família de variáveis apresentará duas características um pouco distintas: aleatória e estrutural. Variáveis aleatórias que exibem relações estruturais no espaço são denominadas *variáveis regionalizadas* e representam o tema central desta seção. As bases e o subsequente desenvolvimento teórico para a aplicação das variáveis regionalizadas às Ciências da Terra foram estabelecidos no fim da década de 1950 pelo engenheiro de minas e matemático francês Georges Matheron (Matheron, 1965).

Fig. 4.4 Efeito do suporte e disposição de blocos na tonelagem extraível de um teor de corte = 10

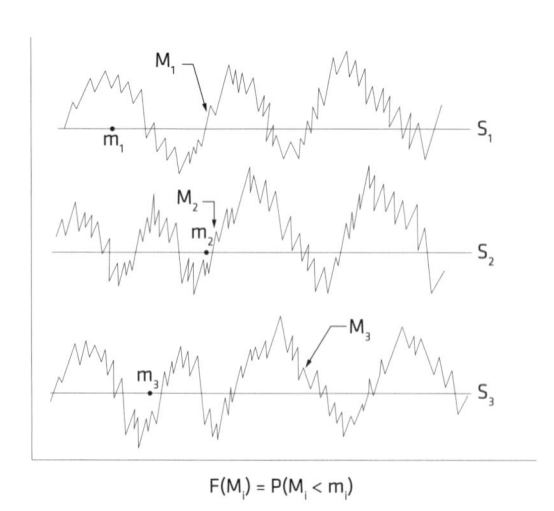

Fig. 4.5 Representação de variáveis aleatórias

$F(M_i) = P(M_i < m_i)$

4.1.2 Estacionariedade

Anteriormente, foi mencionado que uma variável aleatória M (por exemplo, teor de cobre) localizada no espaço Si pode ser especificada para um valor m_i com a condição de que se consiga estabelecer uma relação como:

$$F(m_i) = P_{Si}(M_i < m_i) \tag{4.1}$$

Extrapolando esse conceito, seria possível afirmar que uma função aleatória composta de infinitas variáveis aleatórias pode ser definida com a condição de que se consiga estabelecer uma relação espacial como:

$$F(m_1, m_2, \dots m_n) = P(M_1 < m_1, M_2 < m_2, \dots M_n < m_n) \tag{4.2}$$

$S_1, S_2 \dots S_n$

Se a função de distribuição F não se modifica com uma mudança no espaço, a função aleatória pode ser considerada estacionária.

$$F(m_1, m_2, \ldots m_n) = F(m_1, m_2, \ldots m_n) \quad (4.3)$$
$$S_1, S_2 \ldots S_n \qquad S_1+h, S_2+h, \ldots S_n+h$$

As informações expostas anteriormente implicam, de maneira específica, que, para o caso de uma função aleatória estacionária, todas as funções de distribuição individuais têm que ser idênticas. Em outras palavras, $F_{si}(m_i)$ não depende da região do espaço S_i. É importante enfatizar que o conceito de estacionariedade não impede a existência de valores altos e baixos de um setor a outro no espaço. Pelo contrário, esse conceito enfatiza a permanência das características principais e globais do fenômeno em estudo de setor a setor no espaço.

Os conceitos recém-delineados têm aplicabilidade direta no estudo de depósitos minerais (Journel; Huijbregts, 1978). Na verdade, dependendo da escala de trabalho, as distribuições de mineralização refletem o comportamento geral de uma função aleatória estacionária. Às vezes, essas distribuições variam drasticamente, a depender de sua localização, especificamente em pequena escala. Apesar disso, elas exibem um determinado grau de permanência no interior de fronteiras bem definidas no depósito. A Fig. 4.6 representa a variação espacial da mineralização de cobre no decorrer de duas sondagens realizadas em um depósito.

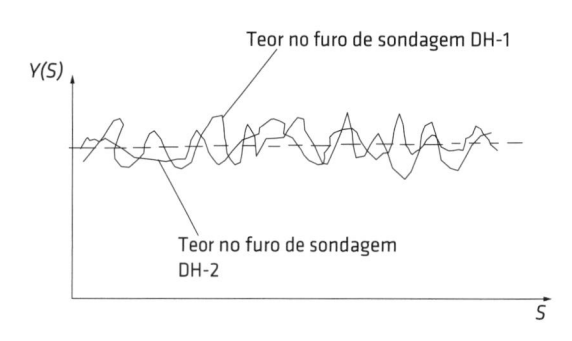

Fig. 4.6 Variação de uma característica com a distância S

Denominando $Y(S)$ o teor no furo de sondagem DH-1 e $Y(S + h)$ o teor no furo de sondagem DH-2, as propriedades das funções aleatórias estacionárias estabelecem que:

(1)
$$E[Y(S)] = E[Y(S + h)] = \text{constante} = m \quad (4.4)$$

Portanto, m, o valor esperado da função aleatória, é constante no espaço e não depende de h.

(2) Se
$$E[Y(S) - m]^2 = \sigma^2(S) \quad (4.5)$$
e
$$E[Y(S + h) - m]^2 = \sigma^2(S + h) \quad (4.6)$$
então
$$\sigma^2(S) = \sigma^2(S + h) = \text{constante} = \sigma^2 \quad (4.7)$$

Isto é, a variância da função é constante e não depende de uma mudança no espaço.

(3) A covariância da função associada a S_1 e S_2 é denotada por $\sigma(S_1, S_2)$:
$$\sigma(S_1, S_2) = E[Y(S) - m] \cdot E[Y(S + h) - m] \quad (4.8)$$
$$= E[Y(S) \cdot Y(S + h)] - m^2$$

Se $Y(S_1)$ e $Y(S_2)$ são independentes,
$$E[Y(S) \cdot Y(S + h)] = E[Y(S)] \cdot E[Y(S + h)] \quad (4.9)$$
e
$$\sigma(S_1, S_2) = 0 \quad (4.10)$$

$E[Y(S) \cdot Y(S + h)]$ é uma função que também pode ser representada por $K(S, S + h)$ ou simplesmente $K(h)$, sendo h a distância existente entre os elementos localizados em S e $S + h$.

(4) Caso se considerem as variáveis $Y(S_1)$ e $Y(S_2)$ centradas em seus valores médios, a covariância é tão somente função da expressão:

$$E[Y(S) \cdot Y(S + h)] \tag{4.11}$$

Por outro lado, se o elemento S coincide com o elemento $S + h$, a covariância se transforma em variância:

$$K(S, S) = K(0) = E[Y(S)]^2 \tag{4.12}$$

(5) Já que:

$$2K(h) = 2E[Y(S) \cdot Y(S + h)] \tag{4.13}$$

e

$$2K(0) = E[Y(S)]^2 + E[Y(S + h)]^2 \tag{4.14}$$

pode-se estabelecer a relação

$$E[Y(S) - Y(S + h)]^2 = 2[K(0) - K(h)] \tag{4.15}$$

que é uma expressão de dependência espacial e se chama *variograma*.

(6) Considerando que:

$$\text{variograma} = 2\gamma(h) = 2[K(0) - K(h)] \tag{4.16}$$

a hipótese de estacionariedade implica a existência de uma variância finita $K(0)$. É importante notar que existem fenômenos que não são caracterizados por uma variância finita. Nesses casos, a função covariância $K(h)$ não pode ser estabelecida.

(7) Considerando que:

$$\text{variograma} = 2\gamma(h) = E[Y(S) - Y(S + h)]^2 \tag{4.17}$$

as realizações das variáveis $Y(S)$ e $Y(S + h)$, dadas pelos valores das amostras associadas a essas mesmas variáveis, permitem o cálculo direto do variograma. Assim, ele pode sempre ser estabelecido. A hipótese estacionária, quando se aplica não às próprias variáveis, mas aos incrementos delas – $[Y(S) - Y(S + h)]$ –, é normalmente definida como a hipótese intrínseca em geoestatística. O termo *intrínseco* é utilizado aqui somente para fazer referência ao fato de que as discrepâncias dos valores considerados refletem as variações próprias do fenômeno em estudo.

4.1.3 O variograma

A variabilidade de uma característica (por exemplo, o CaO) depende da direção escolhida para o estudo do fenômeno e da continuidade (ou descontinuidade) apresentada por esse fenômeno em sua trajetória espacial.

A Fig. 4.7 ilustra um conceito de associação mineralógica existente entre um ponto A, de coordenadas $(x1, y1, z1)$, e um ponto B, de coordenadas $(x2, y2, z2)$, que se desloca horizontalmente se afastando de A. No ponto A, isto é, quando o *primeiro* e o *segundo* pontos coincidem em A, a associação de seus valores é máxima. À medida que o *segundo* ponto (B) se afasta do *primeiro* (A), a associação entre o par de valores correspondentes a esses pontos decresce até se resumir a zero, a uma distância a.

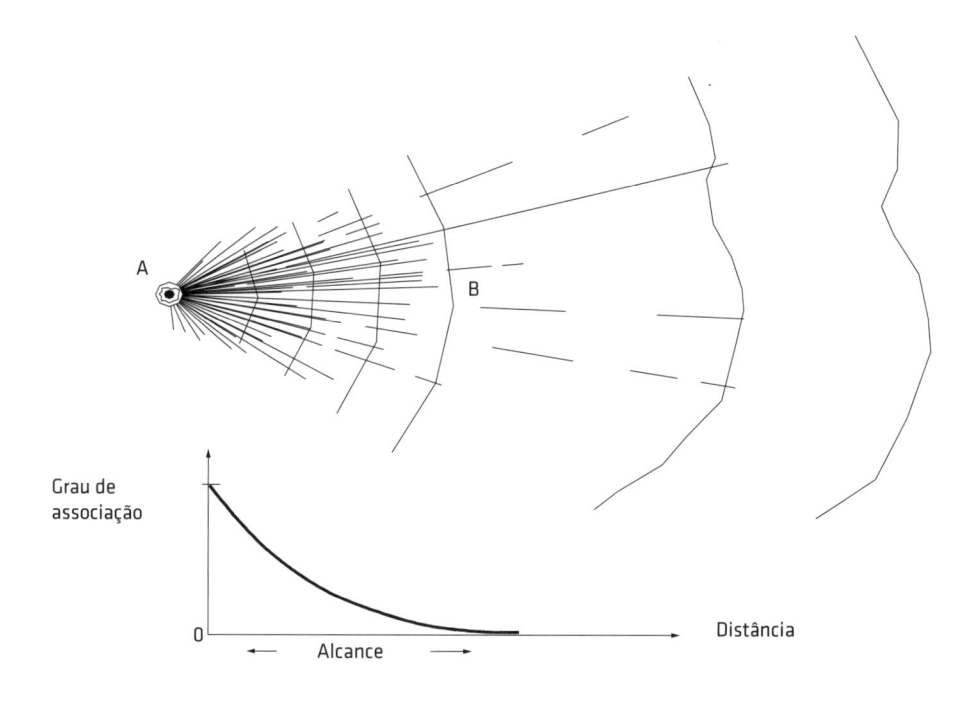

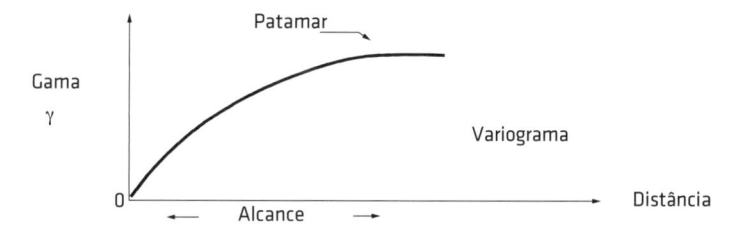

Fig. 4.7 Grau de associação e variograma

As Figs. 4.8, 4.9 e 4.10 explicam o conceito de variograma do ponto de vista da correlação espacial existente entre variáveis (Isaaks; Srivastava, 1989).

O conceito de variabilidade assemelha-se muito a essas figuras. Entendida como a discrepância em atributos qualitativos (geológicos) e quantitativos (estatísticos) existente *entre pares de pontos no espaço 3D*, a variabilidade espacial é mínima quando a distância entre *esses pares de pontos* tende a zero e alcança o seu máximo valor ou patamar em uma distância *a* compreendida entre esses pontos e que é denominada *alcance*. Especificamente, além do alcance *a*, a discrepância encontrada entre as características associadas aos pares de pontos separados por distâncias que estejam além de *a* é, em média, independente da distância compreendida entre eles.

O variograma, que é identificado pela expressão $2\gamma(h)$, pode ser definido como a função que fornece a média das discrepâncias quadráticas encontradas entre valores associados a um atributo pertencente a pares de pontos separados por uma distância qualquer *h*. No entanto, é o semivariograma $\gamma(h)$ aquele que, na prática, recebe normalmente o nome de variograma. A Fig. 4.11 demonstra como a variografia permite associar as variabilidades espaciais a populações geológico-estatísticas diferentes.

Um variograma é essencialmente caracterizado por sua forma e parâmetros de patamar, alcance e crescimento paulatino ou precipitado na origem, ou seja, nas proximidades de $h = 0$. Um crescimento precipitado nas proximidades da origem dá início aos fenômenos de *efeito pepita* que caracterizam fortes discrepâncias entre pares de valores posicionados a uma distância muito curta entre si (por exemplo, discrepâncias entre pepitas de ouro de alto conteúdo e amostras praticamente estéreis localizadas a uma distância muito curta em relação às primeiras).

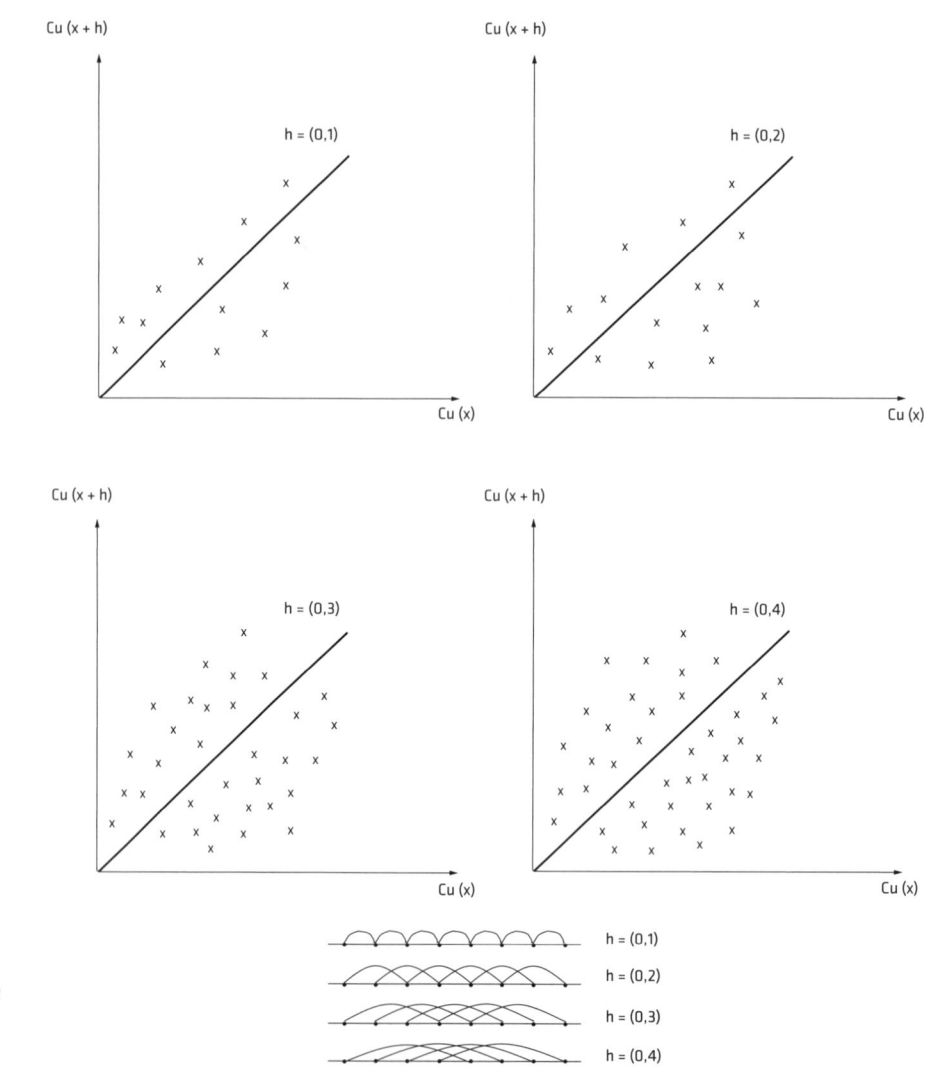

Fig. 4.8 Correlação entre variáveis no espaço e identificação de pares associados

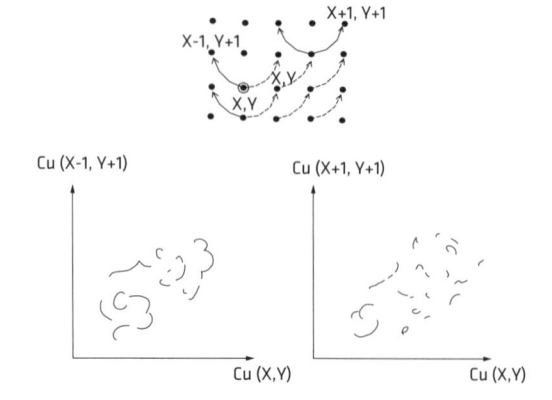

Fig. 4.9 Interdependências espaciais de variáveis regionalizadas

4.1.4 Propriedades do variograma

A função a seguir é definida como semivariograma:

$$\gamma(h) = 1/2E[Y(S+h) - Y(S)]^2 \quad (4.18)$$

No entanto, já que frequentemente os termos semivariograma e variograma se confundem, faz-se necessário muitas vezes determinar o valor de $\gamma(h)$. Como:

$$\gamma(h) = K(0) - K(h) \quad (4.19)$$

$$\gamma(h) \leq K(0) \quad (4.20)$$

e, naturalmente,

$$\gamma(0) = 0 \quad (4.21)$$

Avaliação de empreendimentos e recursos minerais

Como resultado da relação representada pela Eq. 4.19, o semivariograma de uma função aleatória está necessariamente delimitado (por exemplo, alcança um patamar). Porém, há variogramas que não exibem um patamar. Eles não fornecem o valor $K(0)$ e, assim, não respondem à hipótese estacionária.

Em termos práticos, no contexto dos recursos minerais, o variograma constitui a função de uma característica geológica (ou qualquer outra variável regionalizada) no espaço. Ele representa o grau de continuidade da variável em estudo (por exemplo, teor, espessura e porosidade) em um domínio espacial determinado.

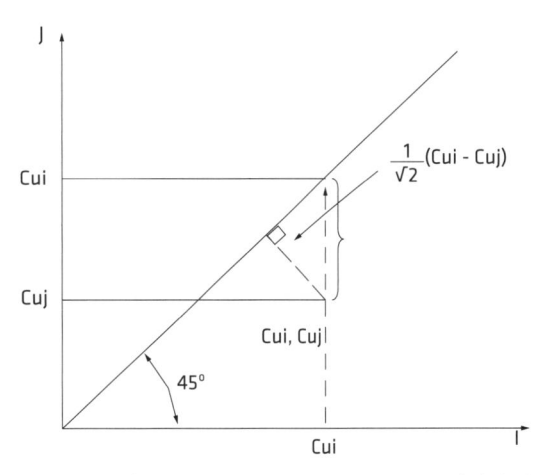

Fig. 4.10 Relação entre variograma e momento de inércia espacial

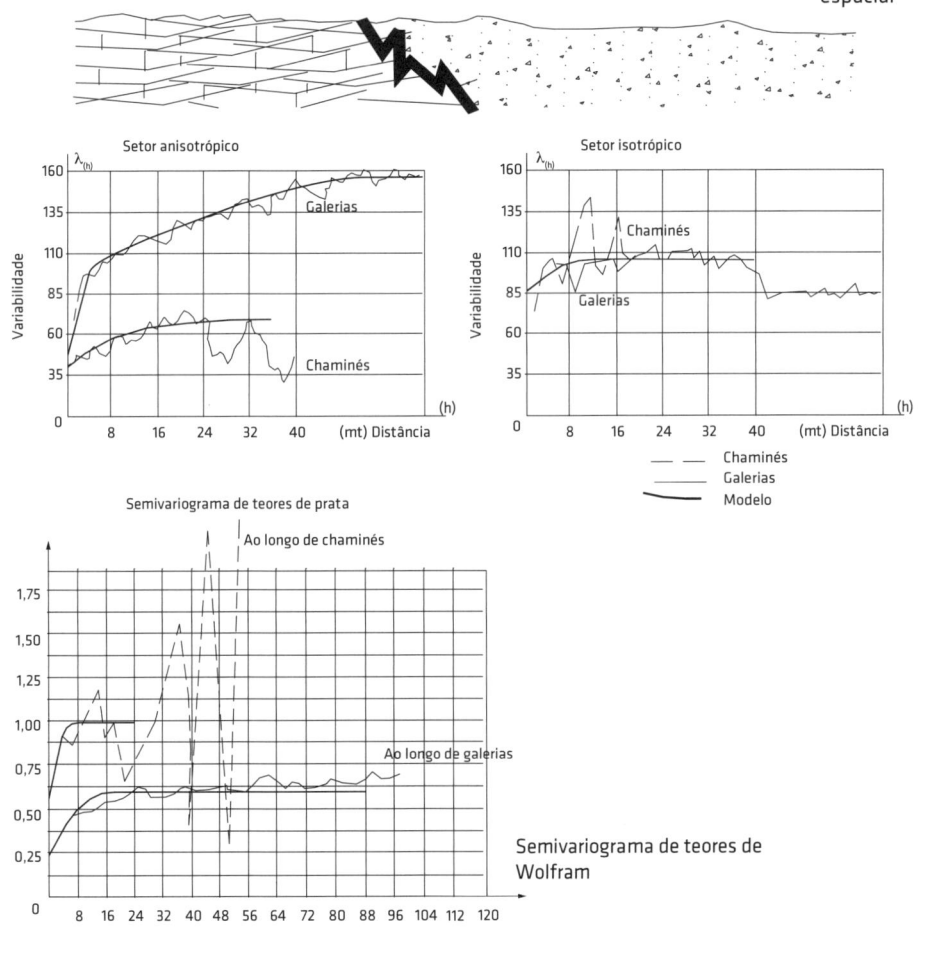

Fig. 4.11 Variogramas associados a setores isotrópicos e anisotrópicos

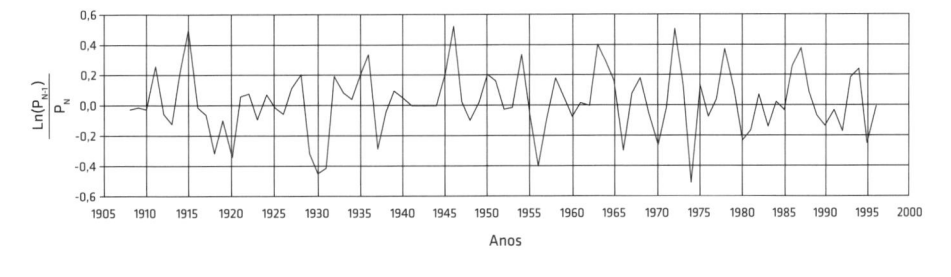

Fig. 4.12 Logaritmos dos retornos relativos do preço de cobre em função do tempo

4 Continuidade espacial

A regressão obtida para os logaritmos dos retornos relativos (Fig. 3.11) comprovou a independência entre os elementos associados à série dos anos N e aqueles pertencentes à série dos anos $N - 1$. A Fig. 4.12 demonstra o valor médio e a variância correspondentes a uma dessas séries e indica que, em períodos de 10-15 anos, o valor médio se aproxima de zero e a dispersão alcança um valor máximo muito estável. Com base nessas observações, é possível afirmar que a série logarítmica dos retornos relativos do preço de cobre, de período a período, apresenta um caráter estacionário, com *valor médio* nulo, *variância* σ^2 e *coeficiente de correlação* (praticamente) nulo.

4.1.5 Determinação de um variograma

Por definição, expressa-se o semivariograma como:

$$\gamma(h) = 1/2 E[Y(S + h) - Y(S)]^2 \quad (4.22)$$

Em outras palavras, é um valor esperado, uma média dos quadrados das discrepâncias existentes entre os valores associados aos pares de valores separados por um vetor h, ou seja, os valores $Y(S + h)$ e $Y(S)$. Assim, ao longo de uma série de n valores de amostras que podem estar distanciadas em intervalos d, haverá os valores $\gamma(h)$ apresentados na Fig. 4.13. O Quadro 4.1 mostra o número de pares de valores em função da distância h.

Fig. 4.13 Valores $\gamma(h)$ ao longo de uma série de n valores de amostras

Quadro 4.1 Número de pares de valores em função da distância h

Para uma distância h equivalente a...	os pares de valores que apresentam discrepâncias são...	isto é, o número de pares é...
$1d$	$(m_1, m_2)(m_2, m_3)(m_3, m_4)..$	$n-1$
$2d$	$(m_1, m_3)(m_2, m_4)(m_3, m_5)..$	$n-2$
$3d$	$(m_1, m_4)(m_2, m_5)(m_3, m_6)..$	$n-3$
$(n-1)d$	(m_1, m_n)	1

Para cada distância entre amostras $1d, 2d, 3d,... (n-1)d$, o valor do semivariograma será dado por:

$$\gamma(h) = \frac{1}{2}\left[\frac{\text{soma de todos os quadrados de discrepâncias entre os pares de valores associados à distância } h}{\text{número de pares de discrepâncias ao quadrado}}\right] \quad (4.23)$$

Em geral, cada termo do semivariograma pode ser escrito como:

$$\gamma(h = Kd) = \frac{1}{2} \frac{1}{n-K} \sum_{i=1}^{n-K}(m_{i+K} - m_i)^2 \quad (4.24)$$

em que:

K = múltiplo da distância d que fornece a separação entre os valores das amostras consecutivas consideradas.

Para cada distância $h = Kd$, haverá um valor $\gamma(h = Kd)$, que pode ser ilustrado conforme a Fig. 4.14.

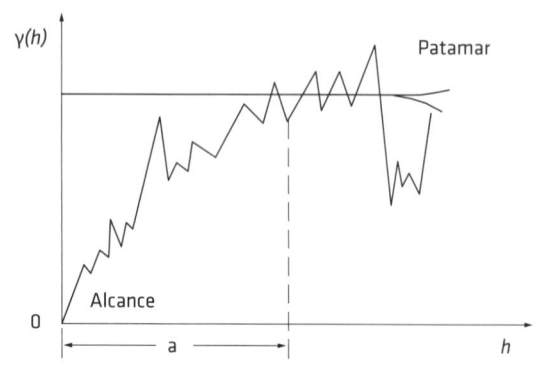

Fig. 4.14 Variograma experimental

4.1.6 Representação do variograma

O variograma é uma função crescente de *h*, uma vez que os valores de dois pontos distintos apresentam, em média, maiores divergências à medida que se afastam um do outro. Assim, o variograma fornece um conteúdo preciso à noção tradicional de zona de influência de uma amostra: o crescimento mais ou menos rápido dele representa, de fato, a velocidade de deterioração da influência de uma amostra localizada nas zonas mais distantes do depósito. Será avaliado, mais precisamente, em que medida a função $\gamma(h)$ é capaz de representar os caracteres estruturais específicos de uma variável regionalizada.

Nos casos que demonstram um determinado caráter de estacionariedade (a maioria dos depósitos minerais), os variogramas experimentais obtidos se apresentam aproximadamente conforme a Fig. 4.14. O modelo associado está representado na Fig. 4.15.

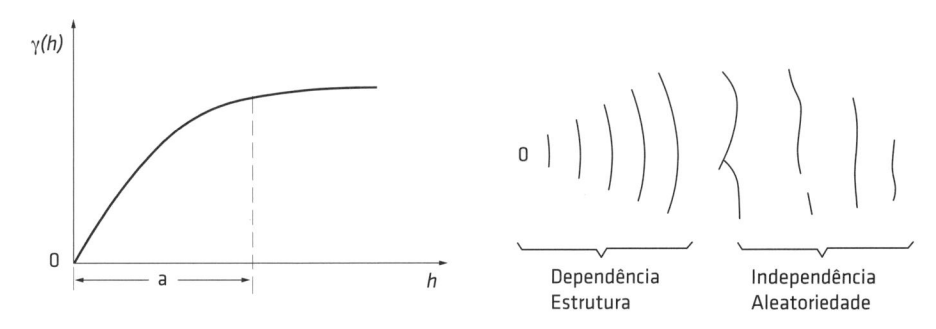

Fig. 4.15 Variograma teórico

A função $\gamma(h)$ aumenta à medida que *h* cresce e alcança um valor máximo denominado *patamar*. A distância na qual este é produzido é chamada *alcance* e fornece uma medida aproximada da zona de influência da mineralização em estudo (Fig. 4.15). Se a função $\gamma(h)$ revela dois ou três alcances, a quantidade de estruturas de variabilidade será proporcional ao número de alcances (Fig. 4.16).

Por outro lado, em algumas ocasiões, a função $\gamma(h)$ não possui um patamar e cresce indefinidamente. Nesse caso, há uma tendência de variação sistemática em grande escala e o fenômeno não apresenta estacionariedade. As mudanças bruscas de mineralização em pequeníssima escala ($h \to 0$) são refletidas por um salto inesperado de $\gamma(h)$ nas vizinhanças da origem, dando lugar aos fenômenos denominados *efeitos pepita* (Co), que assinalam a existência de uma subestrutura de variabilidade que *ultrapassou* a escala de trabalho (Fig. 4.16).

4.1.7 Variograma isotrópico

Os valores do semivariograma dependem, em princípio, do setor que cobre os dados de amostragem utilizados. Se calculados em um setor vizinho, esses valores podem sofrer algumas mudanças, e é possível que os gráficos do variograma associados a setores adjacentes se apresentem de uma maneira diferente.

É importante assinalar que a análise geológica é crucial em qualquer estudo geoestatístico. Assim, se dois setores são geologicamente similares e não há características lito-

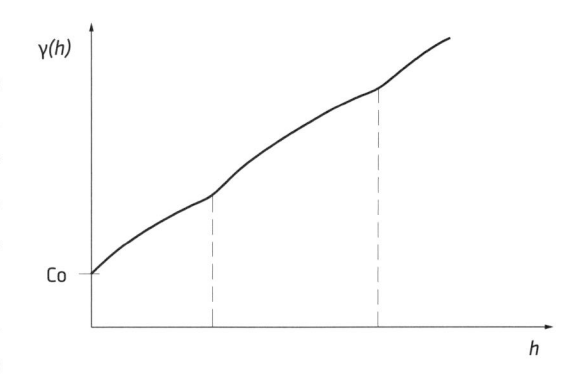

Fig. 4.16 Efeito pepita e superposição de estruturas

lógicas que os tornem diferentes, a continuidade da variável em estudo (por exemplo, conteúdo de metal, *rock quality designation* – RQD – e espessura) deve refletir, por meio do variograma, essa homogeneidade geológica no espaço. Como consequência, se os variogramas não diferem drasticamente um do outro, é possível considerar tão somente um deles – um variograma composto – como o mais representativo.

Ao contrário, se as características geológicas tornam diferentes os dois setores, haverá razões mais que justificadas para definir variogramas individuais para cada um dos setores. Esses procedimentos normalmente poderão melhorar a qualidade dos valores do semivariograma para cada setor, enfatizando, por outro lado, suas diferenças mais evidentes.

A determinação de um variograma não resulta, geralmente, em uma curva suave, mas em uma curva bastante irregular. As irregularidades algumas vezes atingem níveis importantes e as flutuações tendem a aumentar com a distância h, quando decresce o número de pares a considerar para o variograma. Os primeiros pontos de um variograma, por estarem baseados no número máximo de pares de valores, serão os mais representativos. Como resultado final, apenas esses primeiros pontos possuem importância fundamental; os últimos não apresentam significado relevante.

4.1.8 Variograma anisotrópico

O variograma deve ser construído segundo várias direções no espaço. Por meio do estudo de como se deforma a função $\gamma(h)$, quando se modifica a direção de estudo α, pode-se colocar em evidência e caracterizar as eventuais anisotropias. No entanto, é possível que $\gamma(h)$ independa da orientação α, ou seja, que o cálculo executado em diferentes direções forneça a mesma curva em função de h. Na prática, ainda que tal isotropia não seja senão aproximada, será postulada a isotropia teórica, e a regionalização será denominada isotrópica.

É evidente que cada variograma responde a um domínio específico de variação, a cada *campo geométrico* de estudo; a definição dos diferentes campos de uma variável permite diferenciar claramente no espaço sua estrutura de variabilidade e, portanto, as características mais relevantes da mineralização em cada um deles (Fig. 4.17).

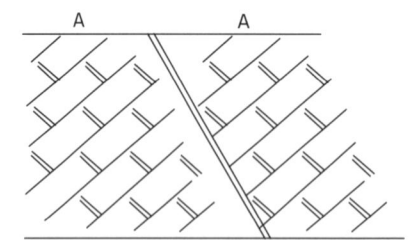

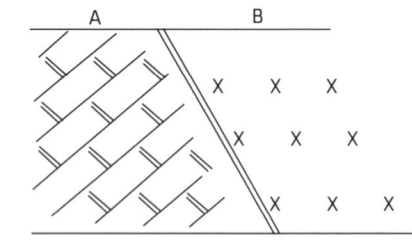

Fig. 4.17 Campos isotrópicos e anisotrópicos

Por exemplo, se na formação A da Fig. 4.17 fossem determinados os variogramas representativos, estes apresentariam uma configuração semelhante à ilustrada na Fig. 4.18. Por sua vez, se nas formações A e B fossem obtidos os variogramas representativos, seguramente haveria como resultado os variogramas apresentados na Fig. 4.19.

Já com base no estudo de um veio de prata encontrado na mina Uchucchacua, no Peru, foram obtidos os variogramas listados na Fig. 4.20, que serviram de base para a definição dos campos de estudo.

É possível observar diferentes tipos de anisotropias ligadas à existência de direções privilegiadas ou de zonalidades que podem, em geral, ser interpretadas segundo critérios geológicos. Distinguem-se a anisotropia geométrica (os variogramas diferem apenas em relação ao alcance, mantendo patamares iguais) e a anisotropia zonal (patamares diferentes). Neste último caso, a continuidade apresenta variações importantes em uma determinada direção. A geoestatística, então, fornece ao geólogo uma ferramenta analítica que serve de apoio para alguns estudos relacionados às características estruturais da mineralização.

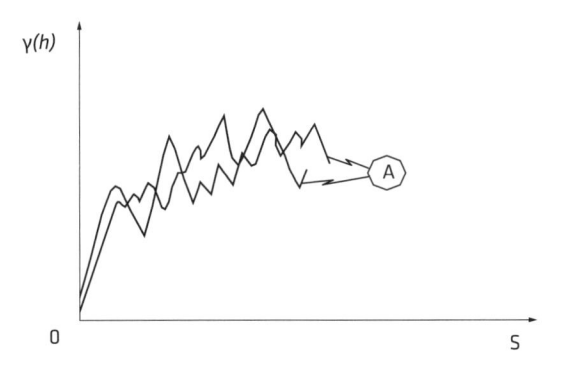

Fig. 4.18 Variogramas isotrópicos

4.1.9 Fenômenos de transição

A transição de certo tipo de valores (estéril ou mineralização tipo *A*) para outros (mineral ou mineralização tipo *B*) também se manifesta no variograma.

Considere-se uma camada de mineral (Fig. 4.21). O variograma na direção horizontal (mineral contínuo) fornecerá, hipoteticamente, uma função γ_1. Por outro lado, na direção vertical (descontinuidade mineral/estéril), apresentará a função semivariograma γ_2.

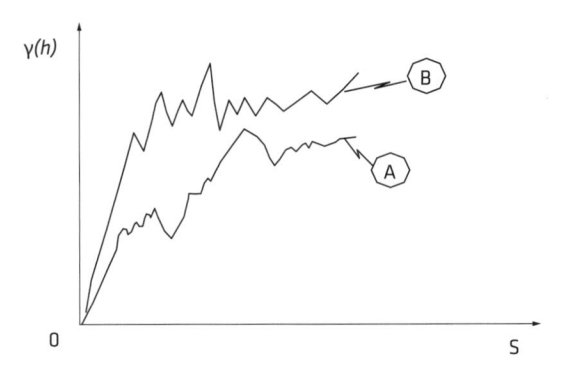

Fig. 4.19 Variogramas anisotrópicos

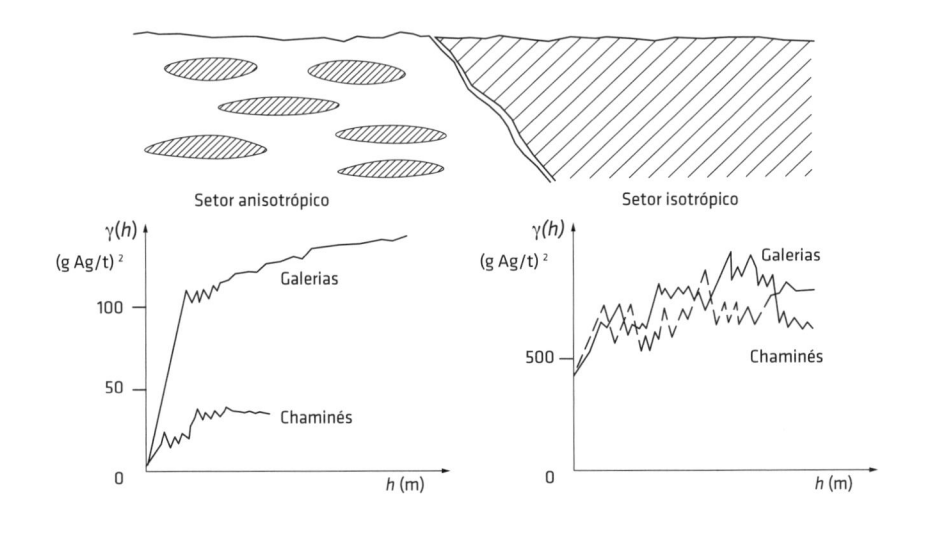

Fig. 4.20 Variogramas da mina Uchucchacua, no Peru

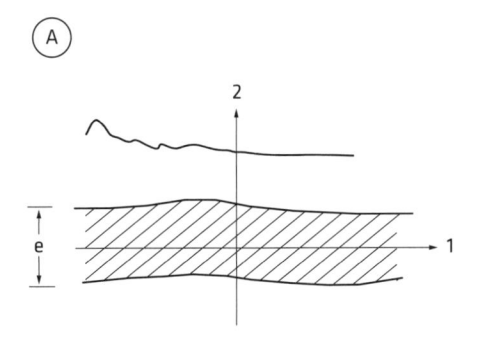

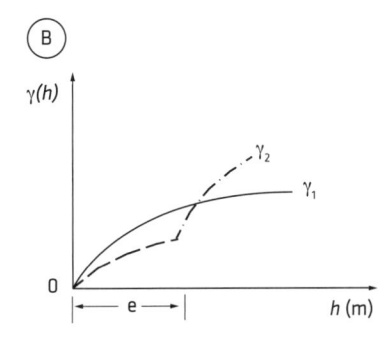

Fig. 4.21 Ilustração de variação de valores calculados em diferentes direções (variograma)

4 Continuidade espacial

Nesse caso, a espessura média da camada pode ser medida com base na descontinuidade produzida quando ocorre uma transferência de uma regionalização a outra. No caso de corpos irregulares (Fig. 4.22), as sondagens dispostas em diversas direções poderão dar uma ideia mais ou menos aproximada das dimensões da estrutura de mineralização em cada uma dessas direções.

Anteriormente foi observado que o variograma traduz adequadamente as características estruturais de um fenômeno regionalizado. Desse modo, quando ocorre uma transição de valores próprios de uma determinada regionalização a outros pertencentes a uma segunda regionalização, essa trajetória deve estar representada no variograma que se pretende elaborar.

Também foi visto que, ao atravessar uma camada mineralizada, seria obtido um variograma como o indicado na Fig. 4.23, que fornece a medida da espessura da camada.

Há também outro caso em que as discrepâncias, em vez de aumentar, diminuem o valor, conforme mostrado na Fig. 4.24, representando, assim, um "buraco" na sequência de valores do variograma. Após um determinado intervalo, as discrepâncias continuam aumentando.

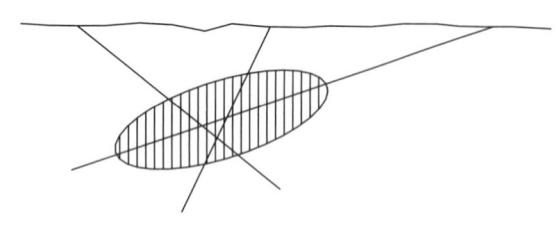

Fig. 4.22 Corpo irregular

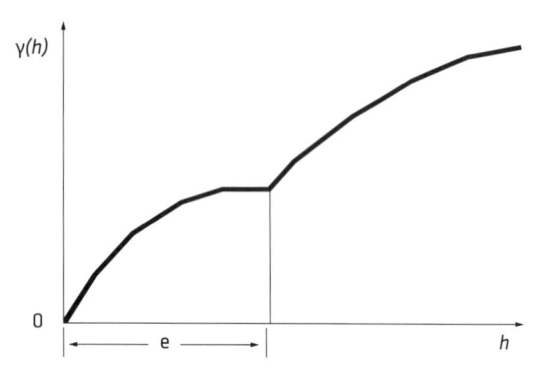

Fig. 4.23 Variograma da espessura da camada da mineralização

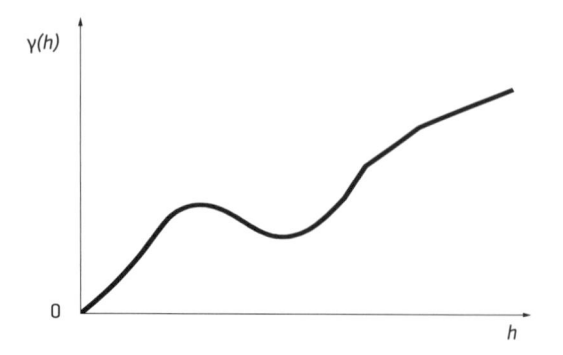

Fig. 4.24 Variograma com fenômeno de transição

É conveniente ressaltar que todas as descontinuidades que podem ser apresentadas por um variograma refletem a transição de determinados valores a outros e são denominadas, em geral, *fenômenos de transição*.

Também é importante refletir que, essencialmente, a presença desses fenômenos caracteriza, na maioria das vezes, uma superposição de estruturas. Por exemplo, se no caso da camada mineralizada fosse realizada apenas uma amostragem em cima e abaixo dela, construindo o variograma dessa regionalização, o mais seguro é afirmar que seria obtido um $\gamma(h)$ contínuo. Nesse caso, a regionalização representada pela camada teria sido *ultrapassada* e não estaria traduzida no variograma. Se a sequência de valores não apresentasse intervalos, faixas ou zonalidades de valores mais ou menos similares (que configurem em si mesmos uma determinada estrutura), tampouco se obteria esse *efeito buraco* e o resultado seria, seguramente, um $\gamma(h)$ contínuo. Assim, a introdução de uma estrutura de valores em outra estrutura originará esses fenômenos de transição e, dessa maneira, gerará um variograma com descontinuidades.

4.1.10 O efeito pepita

Quando uma descontinuidade se apresenta nas vizinhanças da origem, produzindo essa transferência de um determinado tipo de valores a outros a uma distância muito pequena (como é o caso de uma pepita de alto teor inserida em uma regionalização estéril), há justamente a presença de um *efeito pepita*.

Em um corpo massivo, a presença de veios ou microfraturas ricos em minerais pode ocasionar o surgimento de um efeito dessa natureza. Em uma jazida de ouro, os teores de mineral de duas amostras vizinhas podem diferir notavelmente se uma delas fornece, por acaso, um alto conteúdo. O efeito é mais evidente na presença de amostras menores, já que bastaria uma mudança muito pequena de suporte para que uma amostra contivesse ou não uma grande pepita capaz de modificar seu teor de mineral. O fato de que uma pepita marginal seja ou não incluída em uma amostra é um fenômeno completamente aleatório. No entanto, o comportamento do teor de mineral não pode ser considerado aleatório, a não ser localmente.

Assim, muitas vezes faz-se referência, em virtude de seu valor elevado, a um teor de mineral *exceção* ou *anormal*, que faz alusão a uma anomalia hipotética no comportamento da mineralização. Do ponto de vista estatístico, essas *anomalias* não são hipóteses, mas existem realmente e aparecem com determinada frequência, sendo regidas pelas leis do acaso. Do ponto de vista geoestatístico, o fato surpreendente não reside na presença de valores anormais elevados, mas no comportamento localmente aleatório desses valores, ou seja, no fato de que eles não apresentam uma zona restrita de influência. Assim, o surgimento desses valores anormais dá origem a um fenômeno que pode ser considerado aleatório apenas localmente.

Considere-se o estudo de um fenômeno de transição como o indicado na Fig. 4.25. Se, em vez de estudar a regionalização de acordo com a escala métrica (•), utiliza-se a escala centimétrica (□), percebe-se que com essa escala não haverá descontinuidade da função $\gamma(h)$, a qual cresceria rapidamente até atingir um patamar a um alcance de $a = a_1$ cm. Essa mesma microestrutura apresenta, em uma escala maior (métrica), uma descontinuidade em sua nova origem. Portanto, em uma escala métrica, o $\gamma(h)$ obtido corresponde a uma superposição de ambas as estruturas, que se podem supor independentes nessa escala de trabalho (Fig. 4.26).

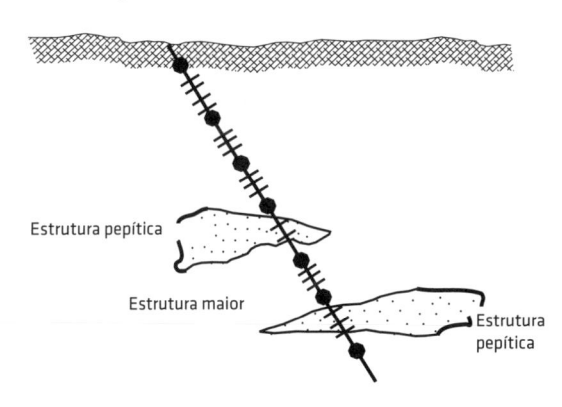

Fig. 4.25 Duas estruturas, uma submergida na outra

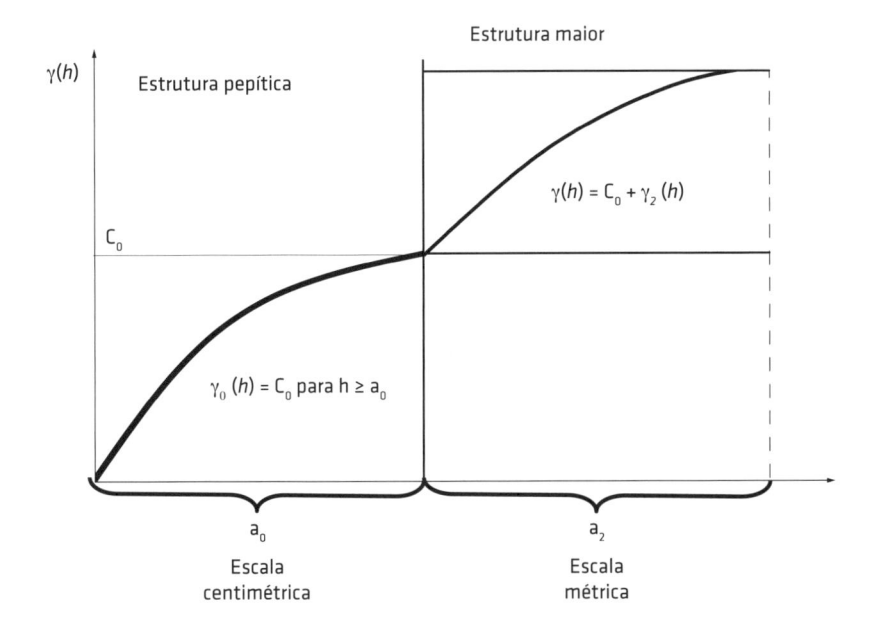

Fig. 4.26 Duas estruturas: efeito pepita inserido em uma regionalização maior

Assim, com base nessa escala de trabalho, o semivariograma total será a soma de um semivariograma a nível centimétrico $\gamma_0(h)$ a outro a nível métrico $\gamma_2(h)$:

$$\gamma(h) = \gamma_0(h) + \gamma_2(h) \qquad (4.25)$$

E, com base na escala métrica:

$$\gamma(h) = C_0 + \gamma_2(h) \qquad (4.26)$$

A relação $\frac{C_0}{C} = \varepsilon =$ constante pepítica.

Em resumo, caso fosse possível isolar o fenômeno correspondente à escala métrica, seria obtido um semivariograma como o indicado pela linha pontilhada da Fig. 4.27. No entanto, a regionalização contendo tanto a microestrutura como a macroestrutura fornece um semivariograma como o apresentado pela linha inteira dessa mesma figura.

É interessante precisar que, quanto menor o tamanho das amostras, maior se apresenta o valor alcançado pelo efeito pepita, e vice-versa. Ou seja, se as amostras apresentam tamanhos v e v', os respectivos Cov e Cov' se relacionam de maneira que:

$$Cov/Cov' = v'/v \qquad (4.27)$$

4.1.11 Modelamento de um variograma
Por que modelar um variograma?

Com base na análise variográfica, obtém-se uma interpretação dos variogramas experimentais e de suas características (anisotropia, alcances, patamares, efeitos pepita).

Por que não trabalhar diretamente com o variograma experimental, fazendo coincidir, por exemplo, um polinômio de grau suficientemente elevado com a curva experimental? A resposta tem origem em duas considerações estatísticas (Hohn, 1980):

- O variograma $\gamma(h)$, que intervirá nos cálculos posteriores, não é uma função qualquer, mas deve apresentar propriedades particulares. Assim, por exemplo, as variâncias calculadas com $\gamma(h)$ deverão ser sempre positivas, mas não há garantia de que o polinômio, passando por todos os pontos do variograma experimental, cumpra essa condição.
- Por outro lado, sabe-se que, com base no mesmo conjunto de dados, é impossível conseguir uma estimativa ou precisão associada, impedindo que o variograma experimental seja utilizado para o cálculo das variâncias.

Essas duas razões, então, tornam obrigatória a escolha de um modelo de variograma e o seu ajuste ao variograma experimental. A seguir, serão descritos os modelos mais utilizados na prática.

Os modelos de variograma
Esquemas com patamar
Esquema esférico (três dimensões)

Esse variograma é representado por:

$$\gamma(h) \begin{cases} C\left[\dfrac{3}{2}\dfrac{h}{a} - \dfrac{1}{2}\dfrac{h^3}{a^3}\right] & \text{se } h < a \\ C & \text{se } h \geq a \end{cases} \qquad (4.28)$$

em que:

a = alcance;

C = patamar;

$\dfrac{3}{2}\dfrac{C}{a}$ = inclinação na origem.

Esquema exponencial (três dimensões)

$$\gamma(h) = C(1 - e^{\frac{-h}{a}}) \qquad (4.29)$$

Sua inclinação na origem é menor que aquela presente no esquema esférico (Fig. 4.28).

Esquemas sem patamar
Esquema linear

$$\gamma(h) = p \cdot h, \text{ com } 0 < p < 2 \qquad (4.30)$$

Esquema de Wijs

$$\gamma(h) = 3\alpha \log h \qquad (4.31)$$

Esse esquema pode ser utilizado somente para variáveis definidas com base em suportes não pontuais.

Evidentemente, vários esquemas podem ser sobrepostos a fim de representar estruturas que se apresentem "encaixadas".

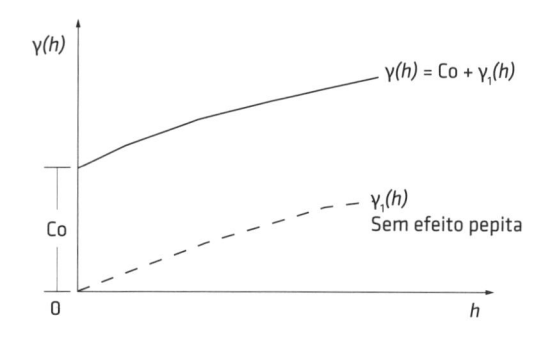

Fig. 4.27 Variograma com e sem efeito pepita

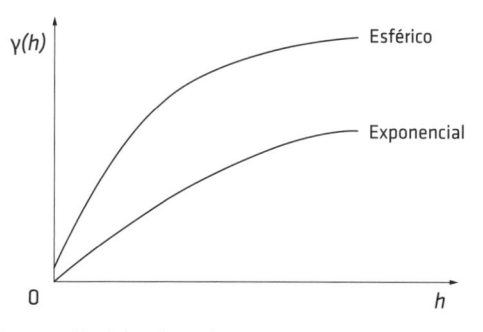

Fig. 4.28 Modelos de variograma

Como ajustar um variograma?

- O ajuste deve se dar da melhor maneira possível para os primeiros pontos mais conhecidos do variograma. Os pontos subsequentes geralmente flutuam bastante.
- Nem sempre é necessário ajustar todo o variograma, mas uma porção que esteja sobre uma distância que será justamente a distância de trabalho. Isso permite eliminar tendências em grande escala que poderiam se manifestar.
- É difícil determinar a qualidade do ajuste, já que, para tanto, seria necessário utilizar funções da função aleatória (F.A.) impossíveis de estimar na prática. O mérito do ajuste é geralmente avaliado por meio dos trabalhos de reconciliação entre o que é estimado e a realidade.
- O efeito pepita é ajustado por meio do prolongamento dos primeiros pontos do variograma experimental.
- O alcance pode ser estimado preliminarmente por meio de observação visual. Um estimador do patamar C (se ele existe) é a variância experimental das amostras. Logo, são realizadas aproximações sucessivas com base na validação das estimativas.
- Não existe uma única solução para o problema do ajuste, e para os problemas de estimativa esse fato não é relevante: as variâncias calculadas com base em vários modelos não diferem muito entre si.

4.2 Desvios: erros e flutuações

No caso da *estimativa* de um atributo no interior de um domínio espacial, seja um ponto, um comprimento, uma superfície ou um volume, a extensão de um valor ou conjunto de valores conhecidos (amostrados) desse domínio envolve um determinado erro ou desvio. Esse erro é de natureza aleatória e, portanto, pode ser representado por um valor esperado, ou valor médio, e uma determinada dispersão, ou *variância de estimativa de erros*.

No caso da *dispersão* de um atributo no interior de um domínio, o problema não diz respeito a uma estimativa, mas à *flutuação do atributo no interior desse domínio*. Por exemplo, a flutuação do conteúdo de CaO em desmontes de rochas diários (valores) no decorrer de um período de três dias (domínio) ou a flutuação diária do mesmo conteúdo de CaO na amostragem automática ou manual realizada a cada vinte minutos em um transportador de correia. Ambas representam a *variância de dispersão dos valores*.

A geoestatística fornece os formalismos associados a esses tipos de variância, e ambos, por meio da representação do domínio conhecido (por uma malha de pontos imaginários), do domínio a ser estimado (por outra malha de pontos imaginários) e da consideração de um variograma que permita a incorporação de distâncias entre pares consecutivos de pontos assumidos nos domínios, alcances, patamares e efeitos pepita, permitem antecipar o valor esperado, seja de variâncias de estimativas para diferentes configurações de amostragem e exploração, seja de variâncias de dispersão vinculadas a diferentes domínios no interior de outros que apresentem maior magnitude. Essas variâncias apresentam, segundo o formalismo utilizado, 1) a medida do erro cometido na estimativa ao considerar uma configuração *estimado-estimador* determinada ou 2) a medida da dispersão de uma característica ou atributo associado a domínios parciais no interior de um domínio mais amplo, como mostra a Fig. 4.29.

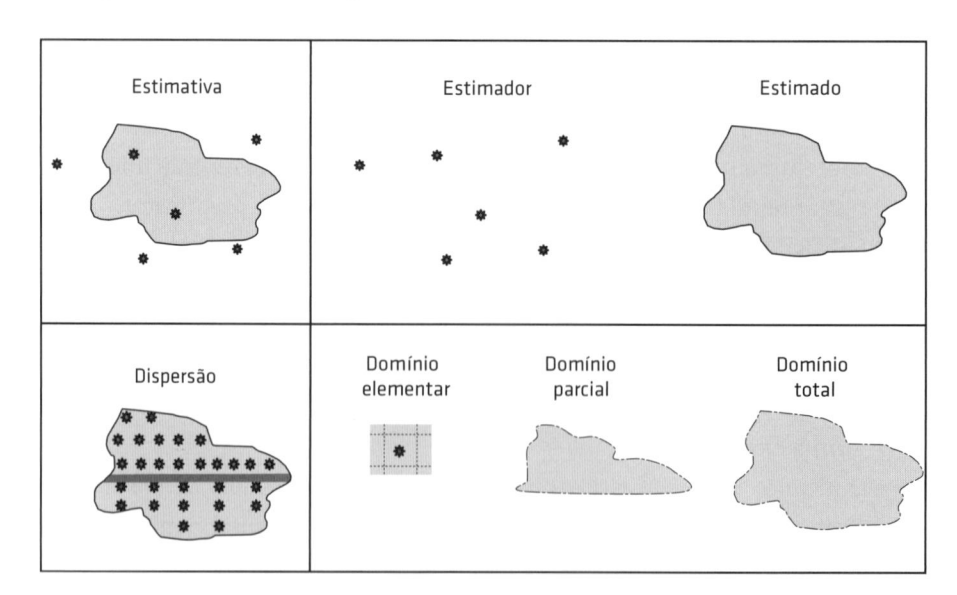

Fig. 4.29 Erros e flutuações nos processos de estimativa

Na seção 4.1.2 foram definidas três expressões:
- a média de uma função aleatória estacionária

$$E[Y(S)] = m \quad (4.32)$$

- a função covariância

$$E[Y(S) \cdot Y(S+h)] = \sigma(S, S+h) = K(h) \quad (4.33)$$

- a variância

$$E[Y(S)]^2 = \sigma(S, S) = K(0) \quad (4.34)$$

Conforme as duas últimas expressões, tanto a covariância quanto a variância implicam a consideração de dois elementos espaciais (por exemplo, pontos, linhas, superfícies ou volumes), um representado por S e outro por $S + h$. Se $h = 0$, $S + h = S$, e naturalmente a covariância se transforma em variância.

Essas expressões podem ser utilizadas no caso de duas superfícies, B_1 e B_2, demonstrando estacionariedade com relação à análise de uma variável específica (por exemplo, conteúdo de metal).

Com base nas condições de estacionariedade, o valor médio da função Y em B_1 e B_2 é dado por:

$$E\left[Y_{B_1}\right] = E\left[Y_{B_2}\right] = m \quad (4.35)$$

No caso da covariância e da variância da função Y, a expressão geral $s(S, S + h)$ também é baseada na consideração de dois elementos, S e $S + h$. Para a covariância, o elemento S será representado por B_1 e denominado S_1 e o ponto $S + h$ será representado por B_2 e denominado S_2. Assim:

$$E\left[Y_{B_1} \cdot Y_{B_2}\right] = \sigma_{B_1 \cdot B_2}(S_1, S_2) = \overline{K}_{B_1 \cdot B_2}(S_1, S_2) \quad (4.36)$$

Então, $\overline{K}_{B_1 \cdot B_2}(S_1, S_2)$ representa a covariância da função Y associada a duas superfícies (Fig. 4.30), cada qual representada por determinados conjuntos de pontos, sendo cada ponto do conjunto em B_1 representado por S_1 e cada ponto do conjunto em B_2 representado por S_2.

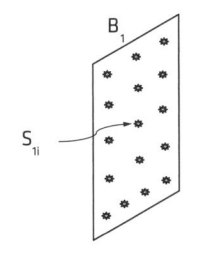

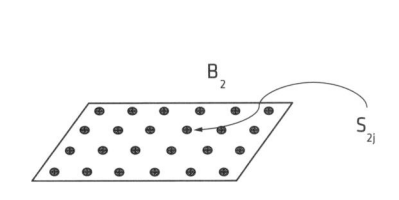

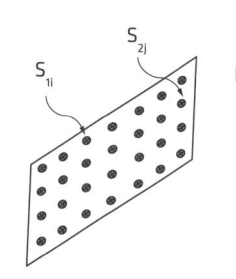

Fig. 4.30 Covariância da função Y associada a duas superfícies

$$E\left[Y_{B_1}\right]^2 = E\left[Y_{B_2}\right]^2 = \sigma(S, S+h) = \overline{K}(S, S+h) \quad (4.37)$$

$$\sigma_{B_1 \cdot B_1}(S_1, S_1) = \overline{K}_{B_1 \cdot B_1} \quad (4.38)$$

$$\sigma_{B_2 \cdot B_2}(S_1, S_2) = \overline{K}_{B_2 \cdot B_2} \quad (4.39)$$

Considerando $K(S, S + h)$ a função covariância da função Y entre dois pontos x e y, a variância e a covariância podem ser representadas por:

$$\text{variância} = \sigma^2(B_1) = \frac{\int_{B_1}\int_{B_1} K(x, y)}{B_1 \cdot B_1} \quad (4.40)$$

$$\text{covariância} = \sigma(B_1, B_2) = \frac{\int_{B_1}\int_{B_2} K(x, y)}{B_1 \cdot B_2} \quad (4.41)$$

Se cada superfície B_1 e B_2 é representada por um determinado número de pontos, por exemplo, N_1 e N_2, respectivamente, as expressões de variância e covariância se transformam em:

$$\text{variância} = \sigma^2(B_1) = \frac{\sum_{}^{N_1}\sum_{}^{N_1} K(x, y)}{N_1 \cdot N_1} = E\left[Y_{B_1}\right]^2 \quad (4.42)$$

$$\text{covariância} = \sigma^2(B_1, B_2) = \frac{\sum_{}^{N_1}\sum_{}^{N_2} K(x, y)}{N_1 \cdot N_2} = E\left[Y_{B_1}, Y_{B_2}\right] \quad (4.43)$$

Aplicando os conceitos anteriores no caso das superfícies, é possível associar as duas situações a seguir. Para o caso da variância, os pares de valores a considerar se referem a pontos selecionados em uma superfície – por exemplo, B_1. No caso da covariância, os pares de valores a considerar se referem a pontos selecionados em duas superfícies – um, por exemplo, selecionado na superfície B_1 e o outro, na superfície B_2.

4.2.1 A variância da estimativa

Considere-se uma amostra de tamanho v localizada em um grande bloco de tamanho V. Sendo desconhecido o valor médio de uma variável (por exemplo, o teor de metal), seria possível atribuir a V uma média do teor associado à amostra v.

Levando em conta que o termo $Z(V)$ representa o teor real do volume V e $Z(v)$, o teor estimado de v, o erro de estimativa será (Fig. 4.31):

$$[Z(V) - Z(v)] \quad (4.44)$$

E a variância do erro de estimativa será:

$$\sigma^2(v, V) = E[Z(V) - Z(v)]^2 \quad (4.45)$$

em que:

$\sigma^2(v, V)$ = variância do erro de estimativa de Z no interior de V com base na amostra v.
Desenvolvendo $\sigma^2(v, V)$, obtém-se:

$$\sigma^2(v, V) = E[Z(V)]^2 + E[Z(v)]^2 - 2E[Z(V) \cdot Z(v)] \quad (4.46)$$

$$\sigma^2(v, V) = \sigma^2_V(S_1, S_2) + \sigma^2_V(S_1, S_2) - 2\sigma_{VV}(S_1, S_2) \quad (4.47)$$

ou seja,

$$\sigma^2(v, V) = \overline{K}_{VV}(S_1, S_2) + \overline{K}_{vv}(S_1, S_2) - 2\overline{K}_{Vv}(S_1, S_2) \quad (4.48)$$

e, finalmente,

$$\sigma^2(v, V) = 2\overline{\gamma}_{Vv}(S_1, S_2) - \overline{\gamma}_{VV}(S_1, S_2) - \overline{\gamma}_{vv}(S_1, S_2) \quad (4.49)$$

Como resultado desse desenvolvimento, a variância do erro de estimativa pode ser calculada com o uso do variograma da variável em estudo.

$\overline{\gamma}_{Vv}(S_1, S_2)$ denota um valor de variograma obtido como a média das discrepâncias ao quadrado dos valores da variável de interesse associados a dois conjuntos de pontos, S_1 e S_2, estando o conjunto de pontos S_1 no volume V e o conjunto de pontos S_2 no volume v.

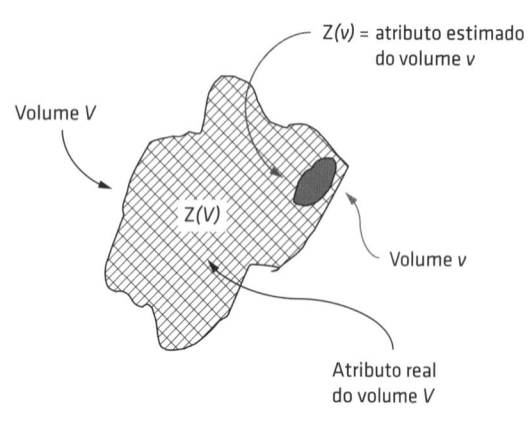

Fig. 4.31 Variância da estimativa

$\bar{\gamma}_{VV}(S_1, S_2)$ denota um valor de variograma obtido como a média das discrepâncias ao quadrado dos valores da variável de interesse associados a dois conjuntos de pontos, S_1 e S_2, estando o conjunto de pontos S_1 no volume V e o conjunto de pontos S_2 também no volume V.

$\bar{\gamma}_{vv}(S_1, S_2)$ denota um valor de variograma obtido como a média das discrepâncias ao quadrado dos valores da variável de interesse associados a dois conjuntos de pontos, S_1 e S_2, estando o conjunto de pontos S_1 no volume v e o conjunto de pontos S_2 também no volume v.

O formalismo apresentado anteriormente pode ser aplicado de maneira geral, uma vez que considera quatro elementos-chave:

1] A *geometria do elemento V a ser estimada*: usando uma malha de pontos em V, qualquer linha, superfície ou volume pode ser completamente representado. Uma série de pares de pontos com dados no mesmo elemento V dá origem a $\bar{\gamma}_{VV}$.

2] As *relações geométricas entre as amostras e o volume a ser estimado*: os pontos que representam ambos os elementos dão origem aos pares de valores que fornecem o termo $\bar{\gamma}_{Vv}$. Em cada caso, um ponto do par estará localizado em V e o outro, em v.

3] A *geometria da amostra v usada como estimador*: usando uma malha de pontos em v, o termo $\bar{\gamma}_{vv}$ pode ser determinado.

4] *O elemento mais importante*: a variabilidade da mineralização, dada pelo semivariograma $\gamma(h)$. Com base em $\gamma(h)$, todos os termos anteriores podem ser completamente calculados.

É interessante observar que, como resultado da Eq. 4.49, se um determinado ponto pi é considerado como o estimador v de um elemento V, a variância de estimativa $\sigma^2(pi, V)$ será:

$$\sigma^2(pi, V) = 2\bar{\gamma} \cdot pi \cdot V(S_1, S_2) - \bar{\gamma}_{VV}(S_1, S_2) - \bar{\gamma} \cdot pi \cdot pi(S_1, S_2) \quad (4.50)$$

Nesse caso, $\bar{\gamma} \cdot pi \cdot pi(S_1, S_2) = 0$ e, logo:

$$\sigma^2(pi, V) = 2\bar{\gamma} \cdot pi \cdot V(S_1, S_2) - \bar{\gamma}_{VV}(S_1, S_2) \quad (4.51)$$

Por sua vez, sendo consideradas N amostras pontuais pi e determinada uma variância de estimativa média com base nessas N amostras pontuais, a variância de estimativa obtida corresponderá àquela que resulta da estimativa de um elemento V com base em um ponto aleatório pi localizado no interior de V.

$$\sigma^2(pi, V) = 2\frac{\sum_{}^{N} pi \cdot V(S_1, S_2)}{N} - \bar{\gamma}_{VV}(S_1, S_2) \quad (4.52)$$

Já que o valor γ médio de dois conjuntos de valores – um correspondente a N pontos localizados em V e o outro correspondente a outro conjunto de pontos também localizados em V – equivale a $\bar{\gamma}_{VV}(S_1, S_2)$, a expressão anterior pode se transformar em:

$$\sigma^2(pi, V) = 2\bar{\gamma}_{VV}(S_1, S_2) - \bar{\gamma}_{VV}(S_1, S_2) = \bar{\gamma}_{VV}(S_1, S_2) \quad (4.53)$$

Assim, $\sigma^2(pi, V)$ representa a variância de estimativa obtida quando o elemento V é estimado com base em uma amostra pontual aleatória média localizada no interior do elemento V.

4.2.2 A variância de dispersão

Quando o problema não é definido pela medida de um erro de estimativa, mas pela medida da flutuação ou dispersão dos valores amostrais de tamanho v ao redor do valor médio de uma variável associada a um volume V, o procedimento de identificação da variância resulta muito similar ao anterior.

Nesse caso, são as discrepâncias $Z(v_i) - Z(V)$ (Fig. 4.32) cujo estudo suscita interesse.

Assumindo a existência de N amostras de tamanho v que representam adequadamente o depósito em estudo (por exemplo, $N \cdot v = V$), a variância de dispersão será dada por:

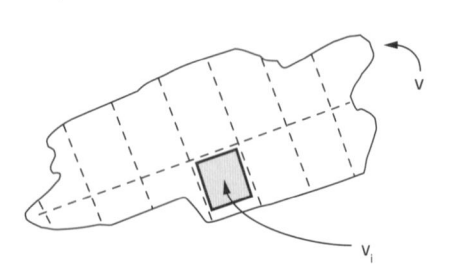

$$\sigma^2(v/V) = \frac{1}{N}\sum_{}^{N} E\left[Z(v_i) - Z(V)\right]^2 \quad (4.54)$$

Fig. 4.32 Variância de dispersão (discrepâncias)

Desenvolvendo essa expressão, obtém-se uma relação semelhante à Eq. 4.49:

$$\sigma^2(v/V) = \sigma^2_{vv}(S_1, S_2) + \sigma^2_{VV}(S_1, S_2) - \frac{2}{N}\sum^{N} E\left[Z(v_i) - Z(V)\right]^2 \quad (4.55)$$

No entanto, é possível demonstrar que, sob a condição de que $N \cdot v_i = V$, a seguinte expressão pode ser estabelecida:

$$\frac{2}{N}\sum E\left[Z(v_i) - Z(V)\right]^2 = 2\sigma^2_{VV}(S_1, S_2) \quad (4.56)$$

Dessa maneira,

$$\sigma^2(v/V) = \sigma^2_{vv}(S_1, S_2) - \sigma^2_{VV}(S_1, S_2) \quad (4.57)$$

isto é,

$$\sigma^2(v/V) = \overline{K}_{vv}(S_1, S_2) - \overline{K}_{VV}(S_1, S_2) \quad (4.58)$$

usando a expressão

$$\gamma(h) = K(0) - K(h) \quad (4.59)$$

ou seja,

$$\gamma(S_1, S_2) = K(0) - K(S_1, S_2) \quad (4.60)$$

de modo que

$$\sigma^2(v/V) = \overline{\gamma}_{VV}(S_1, S_2) - \overline{\gamma}_{vv}(S_1, S_2) \quad (4.61)$$

Com base nessa equação, depreende-se que, se v é uma amostra pontual, $v = p$ e:

$$\sigma^2(p/V) = \overline{\gamma}_{VV}(S_1, S_2) \quad (4.62)$$

Em outras palavras, $\overline{\gamma}_{VV}(S_1, S_2)$ fornece a média de flutuações dos valores associados a dois pontos, S_1 e S_2, que se movem independentemente do volume V. É possível observar que:

$$\sigma^2(pi, V) = \sigma^2(p/V) \quad (4.63)$$

Assim, a variância de dispersão de um valor p em V é igual à variância de estimativa de um ponto aleatório pi localizado no interior do volume V.

Considere-se a existência de um bloco grande G, em cujo interior foi definida uma série de blocos V. Além disso, suponha-se que esses blocos V foram, por sua vez, subdivididos em pequenos blocos de tamanho v. De acordo com as relações anteriores, podem ser estabelecidas as que se seguem:

$$\sigma^2(v/V) = \overline{\gamma}_{VV}(S_1, S_2) - \overline{\gamma}_{vv}(S_1, S_2) \tag{4.64}$$

$$\sigma^2(v/G) = \overline{\gamma}_{GG}(S_1, S_2) - \overline{\gamma}_{vv}(S_1, S_2) \tag{4.65}$$

e

$$\sigma^2(V/G) = \overline{\gamma}_{GG}(S_1, S_2) - \overline{\gamma}_{VV}(S_1, S_2) \tag{4.66}$$

Com base nessas relações, é fácil demonstrar que se faz possível estabelecer:

$$\sigma^2(v/G) = \sigma^2(v/V) + \sigma^2(V/G) \tag{4.67}$$

> Essa expressão recebe o nome de *relação de Krige* e indica que a dispersão das amostras v em um grande bloco G iguala a soma de duas dispersões, a de valores amostrais de tamanho v no interior dos blocos V e a de valores associados a esses blocos V no interior do grande bloco G.

4.2.3 Interesse prático das variâncias

- É necessário lembrar a diferença existente entre os tipos de variância recém-definidos: *a variância de estimativa* intervém toda vez que se procura caracterizar a precisão na estimativa, enquanto *a variância de dispersão* intervém sempre que se deseja medir a flutuação de determinadas variáveis (por exemplo, a variação diária do teor na entrada da usina).
- O interesse prático dessas duas variâncias provém do fato de que elas dependem apenas do variograma, e não dos valores reais de amostragem. Assim, é possível prever o efeito de uma nova campanha de reconhecimento, comparar alternativas de reconhecimento e otimizá-las. Portanto, o uso dessas variâncias permite gerenciar um pressuposto de reconhecimento de maneira mais eficiente.

Com base no estudo das variâncias de estimativa, pode-se obter a análise comparativa de alternativas de reconhecimento e estimativa (Fig. 4.33).

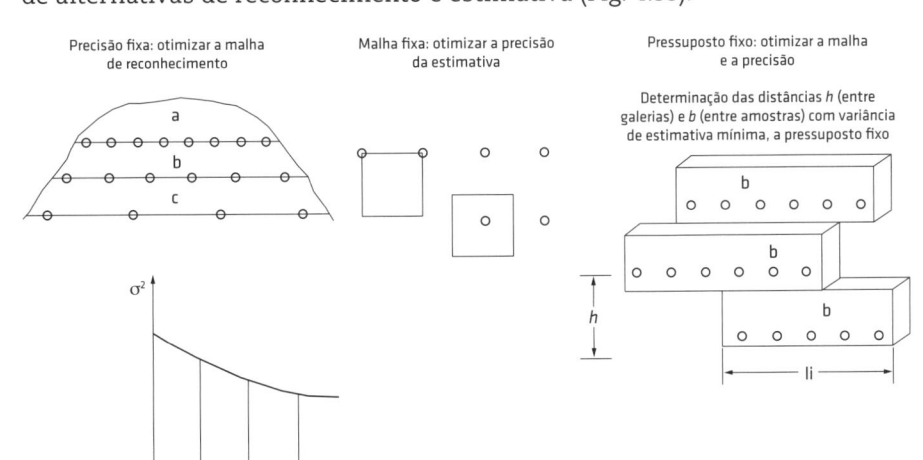

Fig. 4.33 Análise de alternativas de reconhecimento e estimativa

A variância de dispersão que mede a flutuação dos teores pontuais ou médios v_i em um volume V permite determinar a flutuação dos teores médios dos blocos de um determinado tamanho e construir a curva de recursos *tonelagem-teor* para blocos de tamanhos diferentes, além de apoiar os estudos de rentabilidade da jazida e a seleção de blocos.

4.2.4 Variâncias de estimativa em malhas aleatórias

Se várias amostras de tamanho v são consideradas aleatoriamente no interior do depósito D, a variância de estimativa de D em função das amostras v constitui simplesmente a média de variâncias de estimativa individuais. Isto é, para uma *amostragem aleatória pura* (Fig. 4.34A).

$$\sigma_R^2(Nv, D) = \frac{1}{N}\sigma^2(v, D) \tag{4.68}$$

Considerando o tamanho de cada amostra v como um ponto:

$$\sigma_R^2(Nv, D) = \frac{1}{N}\sigma^2(p, D) \tag{4.69}$$

Se, pelo contrário, o depósito D é dividido em N blocos V e uma amostra aleatória é obtida no interior de cada um desses blocos, a variância de estimativa composta também constituirá a média das diversas variâncias de estimativa individuais. Isto é, para uma *amostragem aleatória estratificada* (Fig. 4.34B).

$$\sigma_S^2(Nv, D) = \frac{1}{N}\sigma^2(v, V) \tag{4.70}$$

Novamente, se os volumes v são considerados elementos pontuais:

$$\sigma_S^2(Nv, D) = \frac{1}{N}\sigma^2(p, V) \tag{4.71}$$

No entanto, considerando a Eq. 4.63:

$$\sigma^2(p, D) = \sigma^2(p/D) \tag{4.72}$$

e

$$\sigma^2(p, V) = \sigma^2(p/V) \tag{4.73}$$

então,

$$\sigma_R^2(Nv, D) = \sigma_R^2 = \frac{1}{N}\sigma^2(p/D) \tag{4.74}$$

e

$$\sigma_S^2(Nv, D) = \sigma_S^2 = \frac{1}{N}\sigma^2(p/V) \tag{4.75}$$

Uma vez que D > V:

$$\sigma^2(p/D) > \sigma^2(p/V) \tag{4.76}$$

e, então,

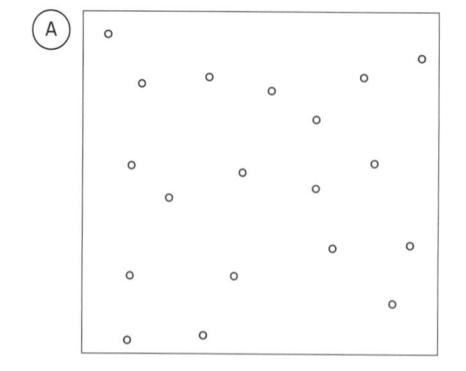

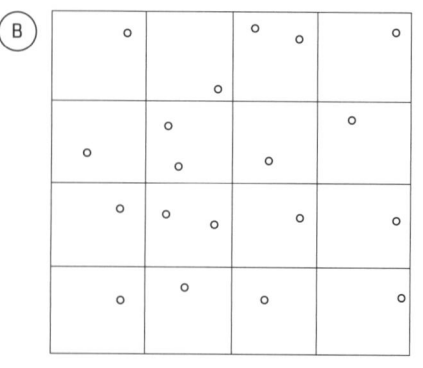

$$\sigma_R^2 > \sigma_S^2 \tag{4.77}$$

Fig. 4.34 Amostragens (A) aleatória pura e (B) aleatória estratificada

Uma amostragem aleatória pura conduz a uma variância de estimativa maior que aquela fornecida por uma amostragem aleatória estratificada.

4.2.5 O cálculo de variâncias

Conforme demonstram as relações representadas pelas Eqs. 4.19 e 4.23, as variâncias de estimativa e dispersão são baseadas na determinação de funções γ médias. Para calcular essas funções médias, é necessário recordar que a função γ implica sempre a consideração de dois pontos que se movem independentemente em dois elementos do espaço, S_1 e S_2. Esses pontos podem se mover no interior da mesma porção do espaço (por exemplo, um bloco unitário, uma galeria ou outro elemento) ou no interior de porções separadas do espaço (por exemplo, uma sondagem e um bloco unitário, dois blocos unitários, entre outros).

No caso de algumas configurações simples de amostragem, alguns gráficos têm sido construídos a fim de fornecer a média das funções γ associadas a tais configurações. Essas funções γ se dão em função do patamar e do alcance do variograma criado, além da disposição e do tamanho dos elementos a serem estimados e seus estimadores. Esses gráficos respondem a configurações simples de amostragem e são utilizados preferencialmente quando as facilidades computacionais necessárias estão indisponíveis (Figs. 4.35 e 4.36).

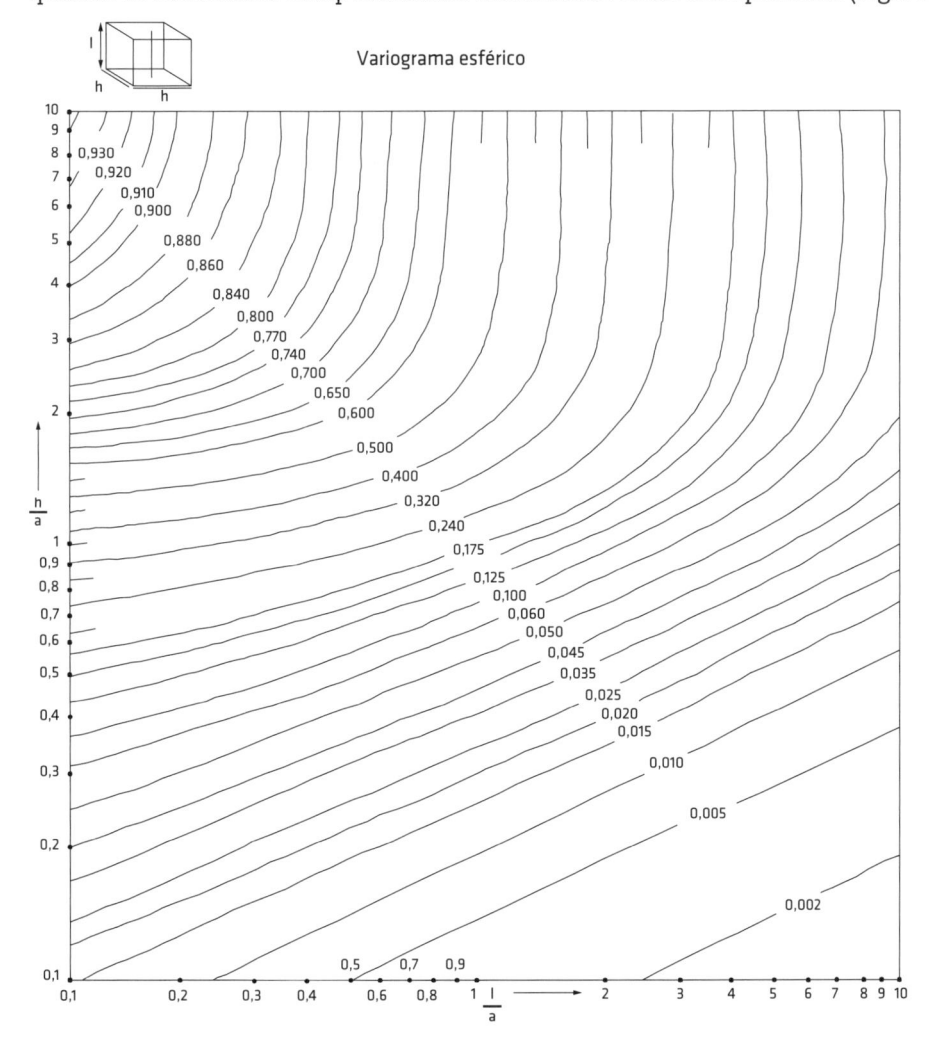

Fig. 4.35 Variância de estimativa de uma sondagem central realizada em um bloco $h \cdot h \cdot l$; $1/C\,F(h/a, h/a, l/a)$

As aplicações geoestatísticas, no entanto, são normalmente executadas quando se dispõe de facilidades computacionais, de maneira que o seguinte procedimento pode ser utilizado: são representados por uma malha de pontos tanto os elementos que compõem um corpo a ser estimado (por exemplo, V) quanto aqueles que constituem os corpos conhecidos ou amostrados (por exemplo, v); de acordo com as funções γ que se deseja calcular (por exemplo, $\bar{\gamma}_{VV}, \bar{\gamma}_{vv}$ ou $\bar{\gamma}_{vV}$), para estabelecer uma rotina computacional é preciso considerar dois pontos – ambos localizados em V, ambos em v ou um em V e o outro em v –, com o intuito de determinar, primeiro, a distância existente entre eles e depois, de acordo com essa distância, os valores γ associados; a soma de todos os valores γ calculados deve ser, finalmente, dividida pelo número de pares considerados.

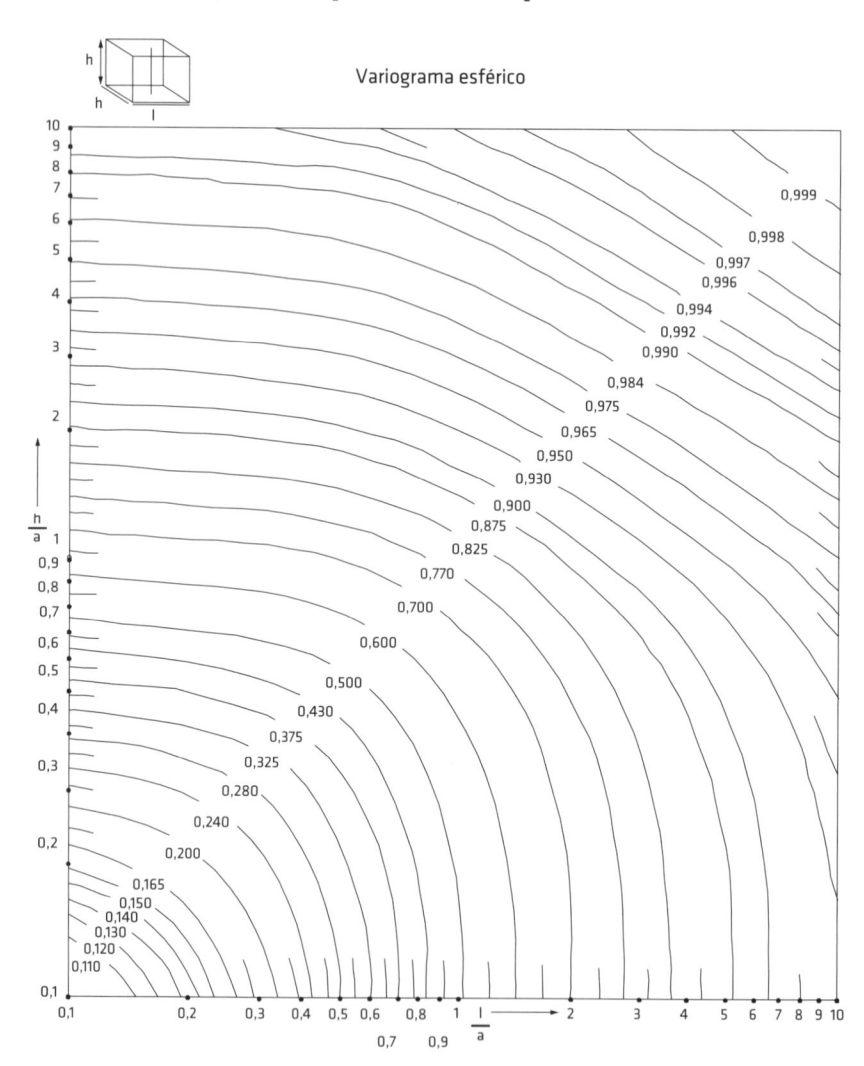

Fig. 4.36 Variância de um ponto localizado em um bloco $l \cdot h \cdot h$; $1/C\ F(l/a,\ h/a,\ h/a)$

Evidentemente, quanto maior o número de pontos utilizados para a representação de um volume, maior a precisão nos cálculos da função γ média. No entanto, o esforço computacional cresce notoriamente com o aumento do número de pontos. Esse número deverá fornecer um valor para a função γ média que esteja próximo daquele que se poderia obter com um número maior de pontos.

Para o caso em que os elementos do espaço a ser considerado se apresentam de maneira mais típica (por exemplo, quadrados, retângulos e cubos), existem gráficos que fornecem diretamente as variâncias de estimativa, de dispersão ou alguns dos termos necessários para o cálculo destas, denominados geralmente *operadores auxiliares*. Uma vez que o uso desses gráficos pode, em determinadas circunstâncias, ser de grande ajuda nos processos de cálculo, a seguir serão definidos os significados físicos de alguns operadores.

Avaliação de empreendimentos e recursos minerais

A fórmula geral utilizada para determinar a variância de estimativa de um volume v para um volume V,

$$\sigma^2 \text{ estimativa} = 2\overline{\gamma}_{(Vv)} - \overline{\gamma}_{(VV)} - \overline{\gamma}_{(vv)} \tag{4.78}$$

requer o cálculo dos termos:
- $\overline{\gamma}_{(Vv)}$ = valor médio das discrepâncias ao quadrado entre valores associados a dois pontos, um localizado em V e outro em v;
- $\overline{\gamma}_{(VV)}$ = valor médio das discrepâncias ao quadrado entre valores associados a dois pontos, ambos localizados em V;
- $\overline{\gamma}_{(vv)}$ = valor médio das discrepâncias ao quadrado entre valores associados a dois pontos, ambos localizados em v.

Como exercício, pode-se determinar a variância de estimativa de um ponto em um segmento L, estando o ponto localizado no centro de L, e a variância de estimativa de dois pontos em L, considerando que os pontos estão localizados nas extremidades de L (Fig. 4.37).

Fig. 4.37 Duas configurações de amostragem de uma linha

4.2.6 Controle de programas de exploração e produção

As variâncias são ferramentas muito úteis na análise de amostragens e nos programas de exploração e produção mineral. Um princípio geral relacionado à composição das variâncias cumpre um papel relevante nesse tipo de análise. Esse princípio dá origem a três aproximações, apresentadas a seguir.

Princípio de composição de um término de linha e de um término de fatia

Considerando n linhas de sondagens e p sondagens por linha (com a = malha de reconhecimento de uma linha e b = distância entre as linhas) para o reconhecimento de uma jazida, o erro total cometido será estimado com base em dois termos que podem ser considerados independentes (Fig. 4.38).

Erro total = T_1 + T_2
= erro ao estimar as n linhas   erro ao estimar as n fatias da jazida
com base nas $n \cdot p$ amostras + com base nas n linhas totalmente supostas conhecidas

Portanto:

$$\sigma_E^2 = \frac{\sigma^2(a)}{n \cdot p} + \frac{\sigma^2(b,L)}{n} \tag{4.79}$$

T_1 é denominado término de linha e T_2, término de fatia; $\sigma^2(a)$ representa a variância de extensão de uma sondagem central de distância a. Por sua vez, $\sigma^2(b, L)$ é a variância de extensão entre uma linha central e o retângulo ($b \cdot L$).

Princípio de composição das variâncias de extensão elementares

Nesse caso, são consideradas as variâncias de extensão de cada sondagem a seu retângulo de influência, assumindo

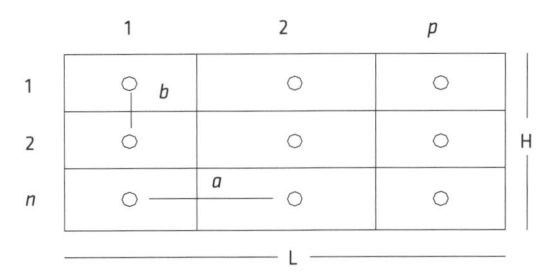

Fig. 4.38 Composição de término de linha e de término de fatia

independência entre os erros individuais associados às estimativas desses retângulos (Fig. 4.39), de maneira que a variância total possa ser representada pela relação:

$$\sigma_E^2 = \frac{1}{N}\sigma^2(a,b) \quad (4.80)$$

em que:

$\sigma^2(a, b)$ = variância de extensão de uma sondagem S ao retângulo de malha $a \cdot b$;

N = número de sondagens.

No caso de duas ou três dimensões, esse princípio é utilizado prioritariamente para malhas quadradas ($a = b$). Em uma situação contrária, prevalece o princípio de composição de um término de linha e de um término de fatia.

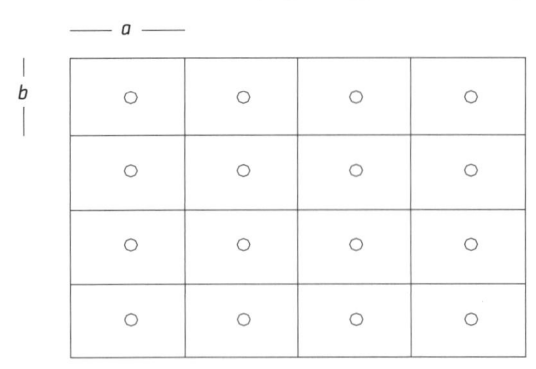

Fig. 4.39 Composição de termos de variâncias elementares

Variância de um produto ou de uma razão entre duas variáveis X e Y

Considere-se o caso de um produto obtido entre duas variáveis, como X = teor de ouro e Y = valor comercial do ouro. A variância de estimativa do produto é:

$$\sigma^2(X \cdot Y) = \overline{X \cdot Y}^2 \left[\frac{\sigma^2(X)}{\overline{X}^2} + \frac{\sigma^2(Y)}{\overline{Y}^2} + 2\rho_{X,Y} \frac{\sigma(X)}{\overline{X}} \frac{\sigma(Y)}{\overline{Y}} \right] \quad (4.81)$$

No caso de uma razão entre variáveis, por exemplo, entre X = espessura · teor e Y = espessura, a variância de estimativa do teor é dada por:

$$\sigma^2(X/Y) = \overline{X/Y}^2 \left[\frac{\sigma^2(X)}{\overline{X}^2} + \frac{\sigma^2(Y)}{\overline{Y}^2} - 2\rho_{X,Y} \frac{\sigma(X)}{\overline{X}} \frac{\sigma(Y)}{\overline{Y}} \right] \quad (4.82)$$

em que:

$\overline{X \cdot Y}$ = média da variável $X \cdot Y$;

$\overline{X/Y}$ = média da variável X/Y;

$\frac{\sigma^2(X)}{\overline{X}^2}$ = variância relativa da variável X;

$\rho X,Y$ = coeficiente de correlação entre as variáveis X e Y.

Obtém-se $\frac{\sigma^2(X)}{\overline{X}^2}$ por meio do estabelecimento de uma nova variável, resultante da divisão de cada valor da variável por seu valor médio. É possível obter $\frac{\sigma^2(X)}{\overline{X}^2}$ considerando o princípio de composição aplicado às novas variáveis.

Controle das flutuações de teores de produção

A aplicação da relação de Krige (Eq. 4.67) ao caso das flutuações de teores no decorrer do tempo pode ser representada, por exemplo, pela expressão:

$$D^2(v/G) = D^2(v/V) + D^2(V/G) \quad (4.83)$$

em que:

$D^2(v/G)$ = flutuação de teores diários em um mês;

$D^2(v/V)$ = flutuação de teores diários em uma semana;

$D^2(V/G)$ = flutuação de teores semanais em um mês.

O cálculo dos termos D^2 pode ser facilitado por meio da associação de um período de tempo ao volume de mineral correspondente.

A Fig. 4.40 apresenta uma disposição de amostras, blocos e depósito.

4.2.7 Exemplo: categorização da incerteza de estimativa em função da malha de sondagens de reconhecimento

Uma camada mineralizada de área equivalente a 2.000 × 300 m² foi amostrada com base em onze furos de sonda dispostos em uma malha regular de 500 m × 100 m. Esses furos caracterizam a camada mineralizada em profundidade, que depende do teor de corte selecionado. Para um teor de corte de 0,75% Cu, a espessura média atinge aproximadamente 18 m. Os recursos foram definidos de maneira genérica na categoria de recursos inferidos.

Este exercício tem o objetivo de determinar o número de furos adicionais localizados na camada que são necessários para converter os recursos inferidos (incerteza alta) em recursos indicados (incerteza média).

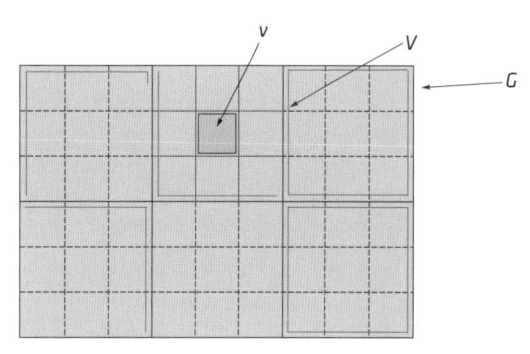

Fig. 4.40 Disposição de amostras (v), blocos (V) e depósito (G)

O estudo envolveu o estabelecimento de um critério adaptado com o fim de associar a quantidade de furos à categorização de recursos e à implementação prática desse critério. Essa implementação poderia ser resumida em a) *um estudo variográfico do cobre total* e b) *a determinação dos erros relativos de estimativa em função de malhas de estimativa associadas a blocos de tamanhos diferentes*. A seguir, esses temas são apresentados brevemente.

Critério para a categorização de recursos

A depender da variabilidade total da mineralização – ou seja, de sua variância em pequena escala (geralmente derivada de estruturas de mineralização profundas e representadas basicamente, por exemplo, pelo efeito pepita) e de sua variância em grande escala (derivada de estruturas de mineralização na escala do reconhecimento) – e da configuração da amostragem, o estimador $m°$ de uma jazida ou de uma porção dela está relacionado a um desvio potencial, ε, de seu valor real m.

Com o objetivo de atribuir um sentido prático a tal conceito, o próprio desvio aqui referido será representado em termos do teor real m, considerando, por exemplo, que esse desvio ε equivale a Δm. Assim, à medida que Δ se apresente maior ou menor, o desvio esperado ε poderá aproximar-se ou afastar-se do valor real e desconhecido de m. Especificamente, quanto menor o valor de Δ, mais se aproxima do conceito de *recurso medido*, e quanto maior o valor de Δ, mais se aproxima do conceito de *recurso inferido*; já um valor médio de Δ reflete o conceito de *recurso indicado*. Assim, pode-se formalizar essas informações da seguinte maneira:

$$m - m° = \text{desvio potencial do teor estimado } m° = \varepsilon$$

e também

$$m - m° = \Delta m$$

Considere-se, além disso, que a distribuição dos valores $m - m°$ é uma distribuição normal e que o desvio ε de valores $m°$ pode ser representado em função de um determinado nível de confiabilidade. Desse modo, seria possível afirmar que, para 95% de confiabilidade, o desvio se transforma em $1,96\sigma$; para 90% de confiabilidade, em $1,64\sigma$; e, para

85% de confiabilidade, em 1,44σ. Assim, para um nível de confiabilidade f, o desvio se transforma em $\alpha_f \sigma$, sendo α função do nível de confiabilidade f selecionado. Então, finalmente, para um nível de confiabilidade f:

$$\Delta m = \alpha_f \sigma$$

e

$$\Delta = \alpha_f \sigma / m$$

Por outro lado, é possível estabelecer uma função de categorização K com três estados, ou seja, para $K_{(M)}$ = medido, $K_{(ID)}$ = indicado e $K_{(IF)}$ = inferido. Deve existir uma correspondência entre essa função e o desvio relativo σ/m, associado a essas três categorias. Considerando que esse desvio está relacionado a três valores determinados, $\frac{\sigma}{m}$(M), $\frac{\sigma}{m}$(ID) e $\frac{\sigma}{m}$(IF),

$$K(M,ID,IF) \Rightarrow \frac{\sigma}{m}(M,ID,IF)$$

Seria possível afirmar, por exemplo, que, de acordo com exigências produtivas e condições operativas,

para $K_{(M)}$ foi estabelecido um nível de desvio $\frac{\sigma}{m}$(M) menor que 15%;

para $K_{(ID)}$ foi estabelecido um nível de desvio $\frac{\sigma}{m}$(ID) entre 15% e 30%;

para $K_{(IF)}$ foi estabelecido um nível de desvio $\frac{\sigma}{m}$(IF) maior que 30%.

Em outras palavras,

- para $K_{(M)}$, $0,00 < \sigma/m < 0,15$;
- para $K_{(ID)}$, $0,15 < \sigma/m < 0,30$;
- para $K_{(IF)}$, $0,30 < \sigma/m < 1,00$.

É evidente que se pode incorporar, nesse erro relativo σ/m, o nível de confiabilidade f (por exemplo, 85%, 90%, 95%) por meio de seu coeficiente correspondente α_f (por exemplo, 1,44, 1,64, 1,96), com o objetivo de atribuir uma *precisão desejada* a um determinado *nível de confiabilidade*, Δ. No entanto, o valor σ representa o σ correspondente ao volume estimado, ou seja, ao conjunto N de blocos que o compõem. E, considerando os erros encontrados em blocos adjacentes independentes, esse desvio do depósito σ se transforma no desvio de cada bloco individual σ_b dividido pela raiz quadrada do número N de blocos individuais. Isto é,

$$\sigma = \sigma_b / \sqrt{N}$$

O desvio que afeta cada bloco individual, σ_b, ou seu quadrado, a variância de estimativa σ^2_b, é um termo que pode ser calculado pela geoestatística. Associando a malha de sondagens à área de um bloco b, a variância de estimativa σ^2_b apresenta-se equivalente a uma medida do desvio que afeta o estimador de um bloco ao atribuí-lo ao valor de um furo de sonda localizado em seu centro. Essa variância pode ser representada matematicamente por:

$$\sigma^2_b = 2\bar{\gamma}(\text{bloco, furo}) - \bar{\gamma}(\text{furo central}^2) - \bar{\gamma}(\text{bloco}^2)$$

em que:

$\bar{\sigma}^2_b$ = variância de estimativa de um bloco b;

$\bar{\gamma}(\text{bloco, furo})$ = variograma médio entre um furo central e o bloco;

$\bar{\gamma}(\text{furo central}^2)$ = variograma médio ao longo do furo;

$\bar{\gamma}(\text{bloco}^2)$ = variograma médio no interior do bloco b.

Com base nesse esquema, então, a rotina de trabalho pode ser estabelecida da seguinte maneira:
- variografia da mineralização;
- cálculo da variância de estimativa σ^2_b para diferentes malhas de furos;
- cálculo da variância de estimativa σ^2 do volume a estimar;
- cálculo do erro relativo σ/m para diferentes malhas de furos;
- calculo do erro relativo σ/m com as diferentes categorias de reservas.

Variografia

Para a variografia da camada mineralizada, foi utilizado o teor de cobre total (% Cu) como variável de trabalho. Essa variável está representada pelas informações correspondentes a 11 furos de sonda, que contêm, no total, 585 compósitos de 1,5 m. A Tab. 4.1 resume os parâmetros estatísticos referentes a tais informações, enquanto a Fig. 4.41 ilustra o histograma de frequências para a variável % Cu.

Tab. 4.1 Parâmetros estatísticos compositados (regularizados)

	% Cu	% CuS
Teor mínimo	0,02	0,00
Teor máximo	5,90	5,42
Teor médio	0,58	0,40
Variância	0,73 (% Cu)^2	0,51 (% CuS)^2
Coeficiente de variação	1,47	1,79

Para estabelecer a variografia, são determinados variogramas absolutos nas direções vertical e horizontal. Cabe observar que, em virtude do menor grau de informação encontrado na direção horizontal, foi gerado um variograma omnidirecional no plano.

Os variogramas experimentais foram adaptados a modelos esféricos, cujos parâmetros são apresentados na Tab. 4.2.

Com base nessa tabela, depreende-se que aparentemente a mineralização é caracterizada por uma anisotropia geométrica, com um alcance no plano horizontal muito superior àquele encontrado na direção vertical. Os variogramas experimentais e seus modelos correspondentes estão ilustrados nas Figs. 4.42 e 4.43.

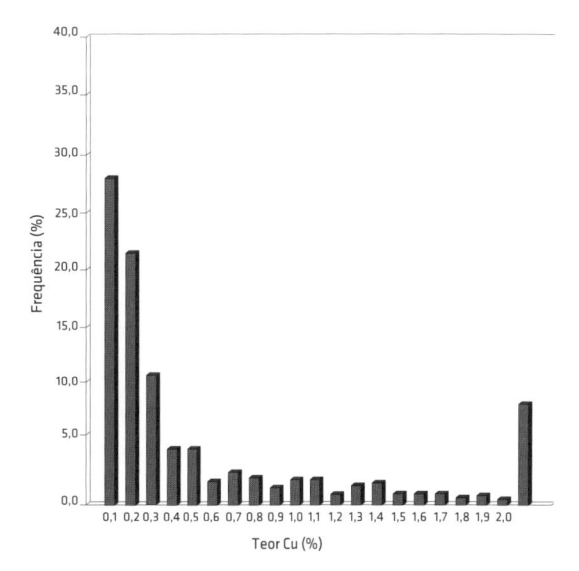

Fig. 4.41 Histograma de frequências

Tab. 4.2 Parâmetros de variografia

		Vertical	Horizontal
Efeito pepita	C0	0,10 (% Cu)^2	0,10 (% Cu)^2
Patamar	C1	0,63 (% Cu)^2	0,63 (% Cu)^2
Alcance	a	18 m	130 m
Modelo		esférico	esférico

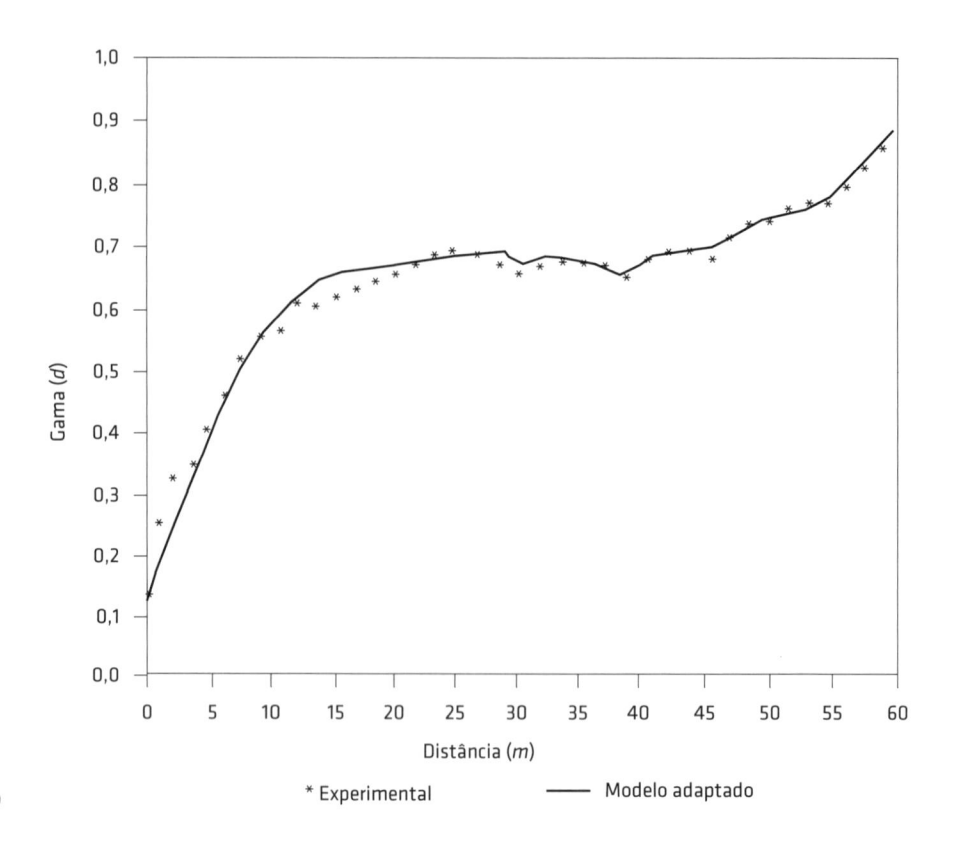

Fig. 4.42 Variograma vertical absoluto   * Experimental   —— Modelo adaptado

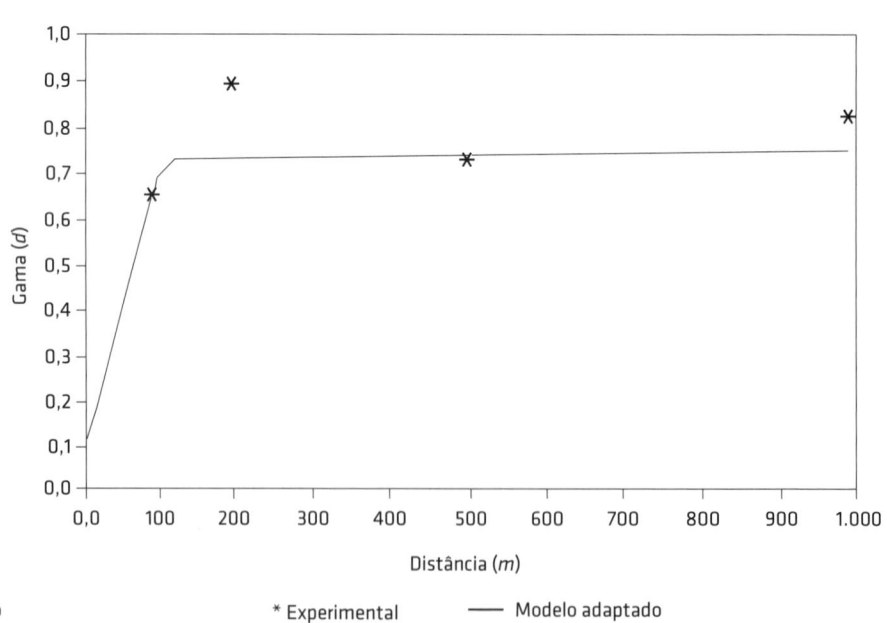

Fig. 4.43 Variograma horizontal absoluto   * Experimental   —— Modelo adaptado

Cálculo da variância de estimativa

A variância de estimativa de um bloco associado a uma malha de furos selecionada, σ^2_b, foi calculada por meio de uma rotina computacional que determinou os valores dos variogramas médios (por exemplo, entre o furo e o bloco, ao longo do furo, no interior do bloco). Para tanto, a coluna mineralizada média foi estimada em 15 m. A mesma rotina divide o valor σ^2_b pelo número de furos contidos na área total com o objetivo de calcular a variância de estimativa do depósito, σ^2. Finalmente, a rotina estabelece o erro relativo dividindo a raiz quadrada do último valor calculado pelo teor médio, σ/m. Deve-se multiplicar o erro relativo por 1,44, 1,64 ou 1,96 se a confiabilidade desejada no cálculo desse erro atingir 85%, 90% ou 95%.

A Fig. 4.44 ilustra os erros relativos em função da malha de sondagens da camada mineralizada. Também é possível notar a correspondência entre os erros relativos e as diversas categorias de reservas.

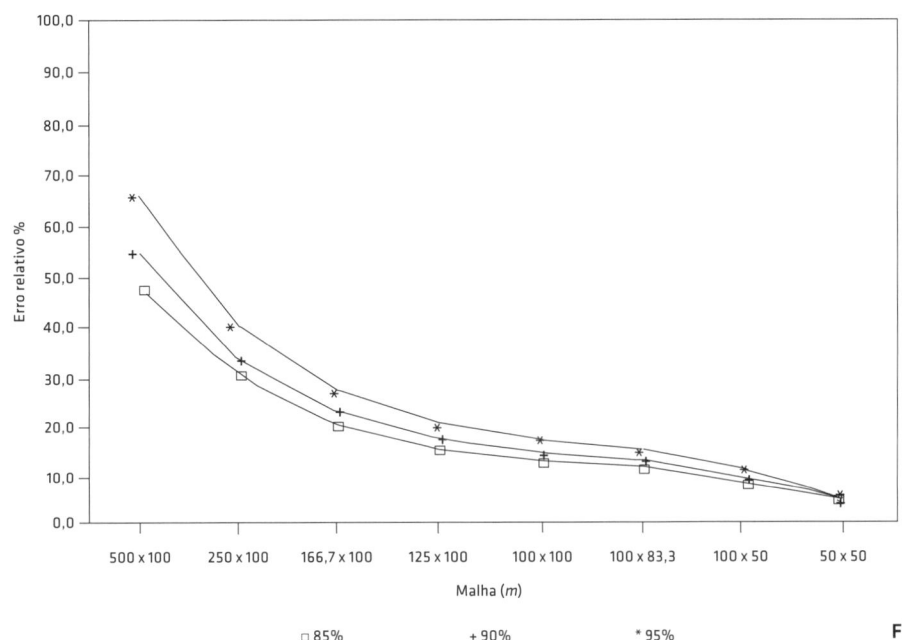

Fig. 4.44 Malha *versus* erro relativo

Conclusões

De acordo com a Fig. 4.44, é possível estimar a categoria de recursos associados às diferentes malhas de furos. Assim, por exemplo, a malha atual, que corresponde a uma de 500 m × 100 m, aproximadamente, é associada à categoria de recurso inferido, com um total de 11 ou 12 furos de sonda. A malha de 170 m × 100 m associa-se à categoria de recursos indicados, com um total aproximado de 31 furos. Desse modo, a mudança de categoria de recursos inferidos para recursos indicados estaria sujeita a 19 ou 20 sondagens adicionais. Por outro lado, a mudança de inferidos para medidos demandaria um total de 50 furos de sonda adicionais. A Tab. 4.3 resume os diferentes cenários.

Tab. 4.3 Demandas de furos de sonda em função da categorização

	Total	Malha/tamanho do bloco
Recursos medidos	60 furos	100 m × 100 m
Recursos indicados	30-32 furos	170 m × 100 m
Recursos inferidos	10-12 furos	500 m × 100 m

Nota sobre a categorização de recursos

1] Em outro caso, o objetivo principal da estimativa é precisar o estimador a *nível de desmonte*, que inclui 17 blocos internos.

2] Denominam-se:
- *ME* = teor estimado do desmonte;
- *MR* = teor real do desmonte.

Assim, o desvio entre o teor estimado e o real é dado por:

$$\pm(ME - MR) = \text{desvio do teor do desmonte}$$

Esse desvio será denominado σ_d.

3] Dependendo da confiabilidade que se deseja possuir na determinação dessa precisão, o termo $\pm(ME - MR)$ poderá ser multiplicado por um coeficiente. Assumindo uma distribuição normal de desvios, α apresenta um valor aproximado de 1 para um nível de confiabilidade de 68%, um valor próximo a 2 para um nível de 95% e um valor 3 para um nível de 99,7%. A tabela da distribuição normal padrão fornece o valor de α para qualquer nível de confiabilidade requerido. Dessa maneira,

$$\pm(ME - MR) = \pm\alpha\sigma_d = \text{desvio do teor do desmonte}$$
$$\text{com um nível de confiabilidade } \alpha$$
$$= D\alpha$$

Assim, a *precisão* foi incorporada por meio do coeficiente σ_d e o *nível de confiabilidade*, por meio do coeficiente α no desvio do *estimador de desmonte*. Para definir os seguintes conceitos, pode-se assumir alguns valores:

recurso medido: aquele em que $\sigma_b/ME \leq 0{,}08\sqrt{17/2} \leq 0{,}16$;

recurso indicado: aquele em que $\sigma_b/ME \leq 0{,}16\sqrt{17/2} \leq 0{,}33$;

recurso inferido: aquele em que $\sigma_b/ME \leq 0{,}32\sqrt{17/2} \leq 0{,}66$.

Ou seja, uma vez que cada bloco unitário dispõe de um estimador de krigagem (*ME*) e de uma variância de krigagem (σ_b^2), a relação σ_b/ME fornecerá a categoria do desmonte com um nível de confiabilidade de 95%, desde que seu valor σ_b/ME seja menor que 0,16 (medida) ou esteja entre 0,16 e 0,33 (indicada) ou entre 0,33 e 0,66 (inferida).

Observações

- Nesse exercício, supôs-se que um desmonte cobre normalmente 17 blocos, em média. Esse número poderia ser outro.
- Da mesma forma, supôs-se um desvio relativo a *nível de desmonte* de 8% para categorizar o recurso medido, de 16% para o recurso indicado e de 32% para o recurso inferido. A depender das condições operativas, tais números também poderiam ser outros.
- É sempre interessante explorar o impacto dos valores assumidos a fim de verificar as porcentagens alcançadas de recursos medidos, indicados e inferidos. Se a junção do volume de recursos medidos e indicados (demonstrados) diz respeito à realidade

percebida, então seriam mantidos os valores que pareçam mais adequados. Caso contrário, será necessário avaliar alguns números para analisar sua reconciliação a essa percepção (validação/reconciliação).

5.1 Estimativa: recursos *in situ*

Diversos critérios podem fornecer uma medida ou estimador de determinada característica em estudo com o objetivo de estabelecer estimativas. No entanto, a *exatidão* e a *precisão* dessas estimativas são dois aspectos que, de fato, diferenciam os critérios utilizados. Entende-se *exatidão* como a aproximação existente entre o valor das estimativas e o valor real desconhecido que se espera encontrar. Por *precisão*, compreendem-se as flutuações das estimativas com relação a seu valor esperado. Assim, um estimador pode ser exato e estar relacionado a uma grande imprecisão ou ser inexato e estar relacionado a uma grande precisão.

Na estimativa de reservas, por exemplo, há diversos critérios frequentemente utilizados na prática da mineração. Por um lado, o *método de seções* considera vários cortes consecutivos de um depósito, que são estimados ponderando, primeiro, as médias de amostras existentes nessa seção a partir da porção correspondente e, depois, estudando essas seções segundo os volumes aos quais se associam. Por outro lado, o *método da poligonal* consiste na superposição de um sistema de polígonos adjacentes sobre a superfície do depósito, de maneira que cada polígono esteja associado a um dos elementos de amostragem (por exemplo, uma sondagem).

O *método de inverso da distância* também é frequentemente utilizado e consiste na consideração de diversas amostras com o objetivo de estimar um bloco mineral. Nesse caso, cada amostra é estudada com base no inverso da distância ao centro do bloco, sendo essa distância geralmente elevada a uma determinada potência. A Eq. 5.1 representa a estimativa de um bloco com base em três amostras (Fig. 5.1), utilizando a potência 1,8.

$$Z^* = \frac{\frac{1}{d_1^{1,8}} Z_1 + \frac{1}{d_2^{1,8}} Z_2 + \frac{1}{d_3^{1,8}} Z_3}{\frac{1}{d_1^{1,8}} + \frac{1}{d_2^{1,8}} + \frac{1}{d_3^{1,8}}} \tag{5.1}$$

Observa-se que, por meio da aplicação do critério do inverso da distância, as amostras localizadas no centro do bloco não podem ser consideradas, porque, nesse caso, a Eq. 5.1 seria indeterminada, já que a distância a partir do centro resulta em zero.

Assim, seria possível afirmar que os estimadores fornecidos por qualquer um dos métodos citados anteriormente podem ser estabelecidos por meio de ponderações específicas que interfiram nas amostras utilizadas na estimativa, conforme ilustra a seguinte expressão:

$$Z^* = \lambda_1 \cdot \text{amostra 1} + \lambda_2 \cdot \text{amostra 2} + \ldots + \lambda_N \cdot \text{amostra } N \tag{5.2}$$

em que:

Z^* = estimador;

λ_i = ponderador associado à amostra i;

Preciso, exato   Preciso, inexato

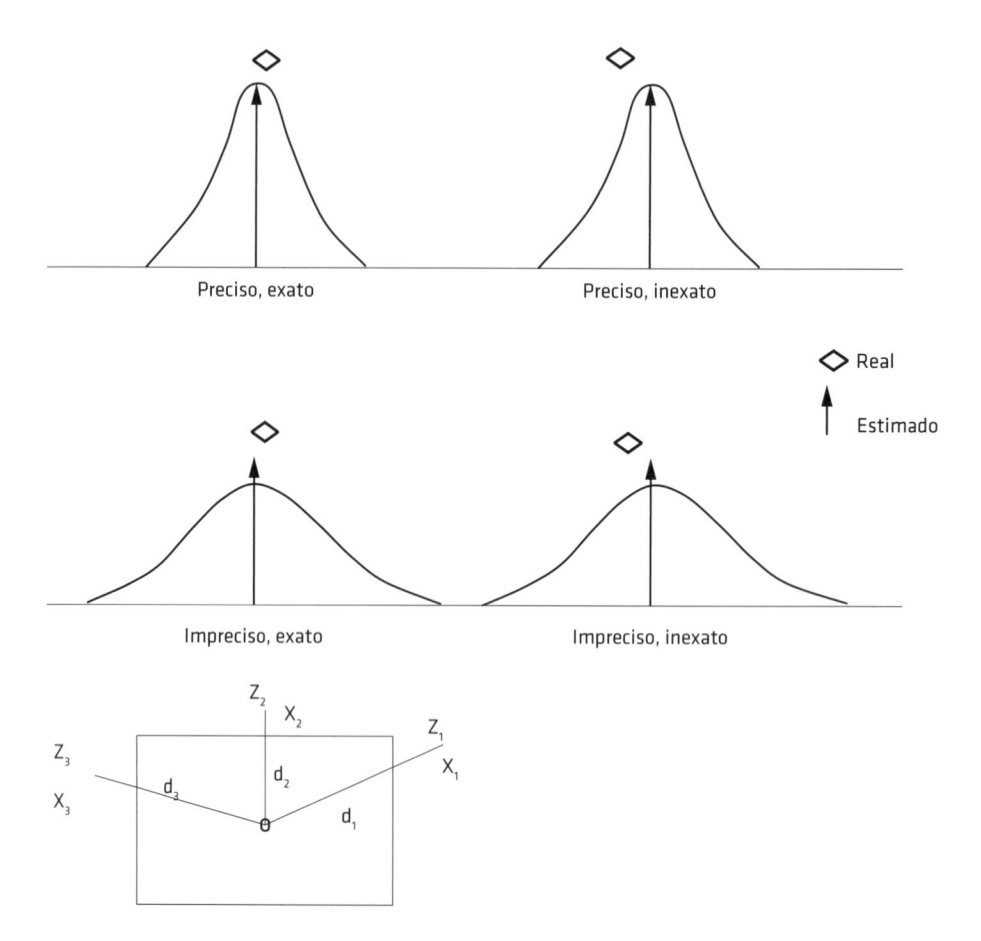

◇ Real
↑ Estimado

Impreciso, exato   Impreciso, inexato

Fig. 5.1 Estimativa de um bloco com base em três amostras

amostra i = valor da característica associado à amostra i.

As ponderações referidas podem incluir volumes, extensões de área, tonelagens ou simplesmente a quantidade de amostras. Assim, a influência de cada amostra é medida principalmente por suas características quantitativas (por exemplo, tamanhos), mas também de acordo com características qualitativas (por exemplo, estruturas de mineralização).

Considere-se o emprego de um método convencional de estimativa (Fig. 5.2). O bloco pode ser estimado por meio de uma média aritmética simples:

$$Z^* = \frac{120 \cdot \overline{LG} + 60 \cdot \overline{LC}}{180} \quad (5.3)$$

$$Z^* = 0{,}67 \cdot \overline{LG} + 0{,}33 \cdot \overline{LC} \quad (5.4)$$

Nota-se que, no caso convencional:

$$Z^* = \lambda_1 \cdot \overline{LG} + \lambda_2 \cdot \overline{LC} \quad (5.5)$$

com

λ_1	=	0,67
λ_2	=	0,33
$\lambda_1 + \lambda_2$	=	1,00 $\lambda_1 > \lambda_2$

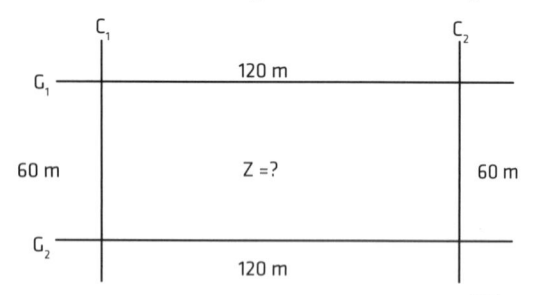

Fig. 5.2 Critério de estimativa convencional, com $\overline{LG}$ = teor médio das galerias 1,2, $\overline{LC}$ = teor médio das chaminés 1,2, comprimento das galerias = 120 m e comprimento das chaminés = 60 m

Utilizando um método convencional, os trabalhos com maior número de amostras possuem maior importância.

$$\lambda \text{ galerias} > \lambda \text{ chaminés} \quad (5.6)$$

No caso apresentado, o papel fundamental é representado pela quantidade de amostras das galerias de trabalho.

No entanto, analisando as Figs. 5.3 e 5.4, tem-se, para a primeira figura,

$$\lambda\ cha > \lambda\ gal \tag{5.7}$$

e, para a segunda,

$$\lambda\ cha > 1;\ \lambda\ gal < 0;\ \lambda\ cha > \lambda\ gal \tag{5.8}$$

Percebe-se, pela observação dessas situações, que os valores ponderados $\left.\begin{array}{l}\lambda_1 = 0{,}67 \\ \lambda_2 = 0{,}33\end{array}\right\}$ não são válidos para qualquer estimativa nesse tipo de bloco.

Partindo desse pressuposto, depreende-se que a influência ou peso dos trabalhos não depende apenas da quantidade de amostras, mas principalmente de uma realidade que não pode ser ignorada: *a estrutura espacial do fenômeno em estudo* (Fig. 5.5).

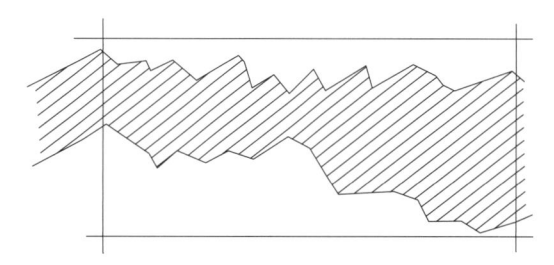

Fig. 5.3 Estrutura horizontal de duas populações

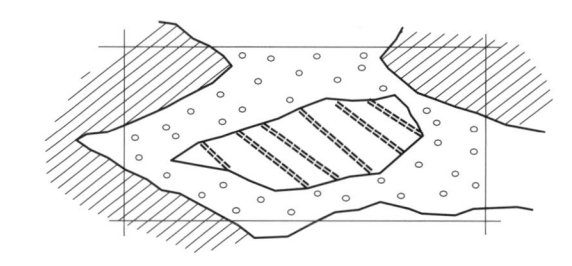

Fig. 5.4 Estrutura com diferentes populações

5.1.1 Krigagem

Em termos de estimativa, a krigagem consiste em encontrar *o melhor estimador linear* de uma variável em uma região do espaço, considerando as informações disponíveis, ou seja, o valor de amostras localizadas no interior ou no exterior da região que se deseja estimar. Nesse método, realiza-se uma ponderação, ou seja, atribui-se *um peso* ao valor associado a cada amostra. Esses pesos serão calculados de maneira que a *variância de estimativa* apresente-se *mínima*, levando em conta as características geométricas dos elementos envolvidos (forma e dimensões do bloco e implantação relativa das amostras em relação ao bloco) e a continuidade espacial da variável em estudo.

Por exemplo, considere-se um bloco P. São conhecidos seis dados: $Z_1, Z_2, ... Z_6$ (Fig. 5.6). Será utilizado um estimador para o bloco P da forma Z_p^*:

$$Z_p^* = \lambda_1 \cdot Z_1 + \lambda_2 \cdot Z_2 + \lambda_3 \cdot Z_3 + \lambda_4 \cdot Z_4 + \lambda_5 \cdot Z_5 + \lambda_6 \cdot Z_6 \tag{5.9}$$

Os pesos $\lambda_1, \lambda_2, ... \lambda_6$ serão calculados de forma que resulte mínima a variância de estimativa, além de fornecer um estimador imparcial.

Fig. 5.5 Dependência espacial

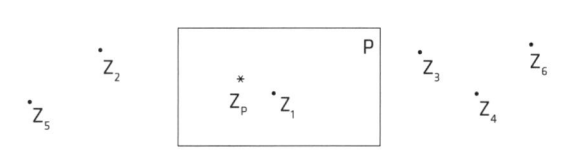

Fig. 5.6 Bloco P e seis amostras

Naturalmente, a krigagem atribuirá pesos menores às amostras mais distantes e pesos maiores às amostras próximas. Assim, no exemplo apresentado:

$$\lambda_1 > \lambda_2 > \lambda_3 > \lambda_4 > \lambda_5 > \lambda_6 \tag{5.10}$$

5.1.2 O interesse da krigagem

O interesse da krigagem aparece em sua própria definição: minimizando a variância de estimativa, aproveita-se ao máximo a informação disponível, ou seja, obtém-se a estimativa mais precisa do bloco em estudo.

Mas o interesse prático mais importante consiste em que, a nível global, o método ajuda a *evitar um erro sistemático*, isto é, evita um desvio de superestimativa ou subestimativa.

Krige (1966), na África do Sul, demonstrou empiricamente que uma seleção de blocos realizada apenas com o uso de dados coletados no interior do bloco produz uma superestimativa. Os trabalhos realizados por Matheron (1965), na França, permitiram encontrar uma formulação teórica que concorda perfeitamente com as experiências empíricas de Krige.

Além disso, a krigagem permite resolver a difícil tarefa de seleção dos blocos para explotação, isto é, o problema encontrado na *definição das reservas*, que será estudado a seguir. Por fim, o fato de que a krigagem depende tão somente do variograma, e não dos valores reais das amostras, torna possível prever os efeitos de uma nova campanha de reconhecimento, bem como fazer o planejamento (dia, mês, ano, segundo as dimensões do bloco estudado) da produção mineral.

5.1.3 As equações da krigagem
Variância conhecida

Deseja-se estimar o teor médio do bloco p, Z_p, com base em dados de teores Z_i (Fig. 5.7), por meio de uma combinação linear Z_p^* da fórmula:

$$Z_p^* = \sum_{i=1}^{n} \lambda_i \cdot Z_i = \lambda_1 \cdot Z_1 + \lambda_2 \cdot Z_2 + \ldots + \lambda_n \cdot Z_n \quad (5.11)$$

Nesse caso, o erro é:

$$\varepsilon = \sum_{i=1}^{n} \lambda_i \cdot Z_i - Z_p \quad (5.12)$$

Fig. 5.7 Bloco p e amostras Z_i

Aos ponderadores λ_i são impostas duas condições:

1] Em média, não deve existir erro sistemático. Essa condição é representada matematicamente por:

$$E(\varepsilon) = 0 \quad (5.13)$$

ou seja,

$$E\left(\sum_i \lambda_i Z_i - Z_p\right) = 0 \quad (5.14)$$

Mas $E(Z_i)=m, E(Z_p)=m$, e, assim, escreve-se a condição da seguinte maneira:

$$\sum_i \lambda_i E(Z_i - Z_p) = 0 \quad (5.15)$$

$$\sum_i \lambda_i \cdot m - m = 0 \quad (5.16)$$

$$\sum_i \lambda_i = 1 \quad (5.17)$$

Essa condição é denominada *condição de universalidade*.

2] A variância de estimativa ou o valor esperado do quadrado do erro deve ser mínimo.

$$E(\varepsilon^2) = \text{mínimo} \quad (5.18)$$

Para minimizar essa equação, considerando a condição de universalidade (Eq. 5.17), $\sum_i \lambda_i = 1$, é utilizado o formalismo de Lagrange, que permite estabelecer o sistema de equações a seguir para um bloco p:

$$\sum_i \lambda_j \cdot \sigma_{ij} = \sigma_{ip} + \mu \qquad i = 1, 2, \ldots, n \tag{5.19}$$

$$\sum_i \lambda_i = 1$$

que é um sistema de $n + 1$ equações com $n + 1$ incógnitas: $\lambda_1, \lambda_2, \ldots$ e μ.

Demonstra-se que esse sistema sempre apresenta uma solução e que ela é única.

Variograma conhecido

Para escrever o sistema representado pela Eq. 5.19 no caso em que é conhecida a função variograma $\gamma(h)$, utiliza-se a relação existente entre γ e K:

$$\gamma(h) = K(0) - K(h) = \sigma(0) - \sigma(h) \tag{5.20}$$

Logo,

$$\sigma(h) = \sigma(0) - \gamma(h) \tag{5.21}$$

e têm-se

$$\sigma_{ij} = \sigma(0) - \gamma_{ij} \tag{5.22}$$

$$\sigma_{ip} = \sigma(0) - \gamma_{ip} \tag{5.23}$$

Assim, o sistema representado pela Eq. 5.19 pode ser representado por:

$$\sum_j \lambda_j \cdot \left[\sigma(0) - \gamma_{ij}\right] = \sigma(0) - \gamma_{ip} + \mu \qquad i = 1..n \tag{5.24}$$

$$\sum_i \lambda_i = 1$$

Na primeira equação:

$$\sigma(0)\sum_j \lambda_j - \sum_j \lambda_j \cdot \gamma_{ij} = \sigma(0) - \gamma_{ip} + \mu \tag{5.25}$$

Utilizando a segunda equação e multiplicando por (–1), obtém-se o sistema:

$$\sum_j \lambda_j \cdot \gamma_{ij} = \gamma_{ip} - \mu \qquad i = 1, 2, \ldots, n \tag{5.26}$$

$$\sum_i \lambda_i = 1$$

em que:

γ_{ij} = variograma entre o ponto i e o ponto j;

γ_{ip} = variograma entre o ponto i e o bloco p;

μ = parâmetro de Lagrange.

Demonstra-se que esse sistema de equações permanece válido, mesmo no caso em que não há covariância.

Variância de krigagem

Estabelece-se a expressão da variância de estimativa.

Para o caso em que:

$$\varepsilon^2 = (\sum_i \lambda_i \cdot Z_i)^2 - 2\sum_i \lambda_i \cdot Z_i \cdot Z_p + Z_p^2 \tag{5.27}$$

$$E(\varepsilon^2) = \sum_i \sum_j \lambda_i \cdot \lambda_j \cdot \sigma_{ij} - 2\sum_i \lambda_i \cdot \sigma_{ip} + \sigma_p^2 \tag{5.28}$$

e, de acordo com as equações de krigagem,

$$\sum_{i=1} \lambda_j \cdot \sigma_{ij} = \sigma_{ip} + \mu \tag{5.29}$$

Multiplicando essa equação por λ_i e somando em i, obtém-se:

$$\sum_i \sum_j \lambda_i \cdot \lambda_j \cdot \sigma_{ij} - \sum_i \lambda_i \cdot \sigma_{ip} + \mu \qquad (5.30)$$

Assim,

$$\sigma K^2 = \sum_i \lambda_i \cdot \sigma_{ip} + \mu - 2\sum_i \lambda_i \cdot \sigma_{ip} + \sigma_p^2 \qquad (5.31)$$

$$\sigma K^2 = \sigma_p^2 - \sum_i \lambda_i \cdot \sigma_{ip} + \mu \qquad (5.32)$$

Esse é o valor da variância de krigagem quando se conhece a covariância $\sigma(h)$.

Agora será demonstrado de que maneira pode ser representada a Eq. 5.32 quando é conhecido apenas o variograma $\gamma(h)$. Usando:

$$\sigma_p^2 = \sigma_{p,p} = \sigma(0) - \overline{\gamma}_{p,p} \qquad (5.33)$$

$$\sigma_{ip} = \sigma(0) - \overline{\gamma}_{ip} \qquad (5.34)$$

$$\sigma K^2 = \sum_i \lambda_i \cdot \overline{\gamma}_{ip} - \overline{\gamma}_{p,p} + \mu \qquad (5.35)$$

Esse é o valor da variância de krigagem quando é conhecido apenas o variograma $\gamma(h)$.

5.1.4 Krigagem pontual

Frequentemente é necessário estimar não apenas o teor de um bloco P, mas também o teor de um ponto x_0 desconhecido (Fig. 5.8).

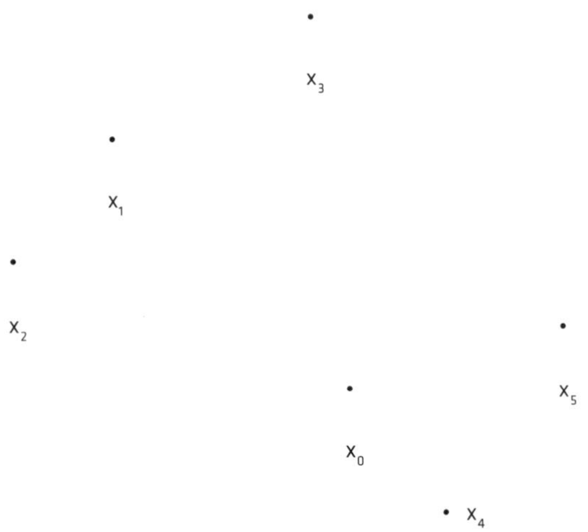

Como de costume, utiliza-se o estimador:

$$Z_{x_0}^* = \sum_i \lambda_i \cdot Z_i \qquad (5.36)$$

Ao minimizar a variância de estimativa, obtém-se o sistema a seguir:

$$\sum_j \lambda_j \gamma_{ij} = \gamma_{ix_0} - \mu \quad i = 1\ldots\ldots n$$

$$\sum_j \lambda_j = 1 \qquad (5.37)$$

$$\sigma K^2 = \sum_i \lambda_i \, \gamma_{ix_0} + \mu$$

Por exemplo, considerem-se três dados, Z_1, Z_2, Z_3, localizados nos pontos x_1, x_2, x_3 de uma galeria (Fig. 5.9).

Fig. 5.8 Krigagem pontual

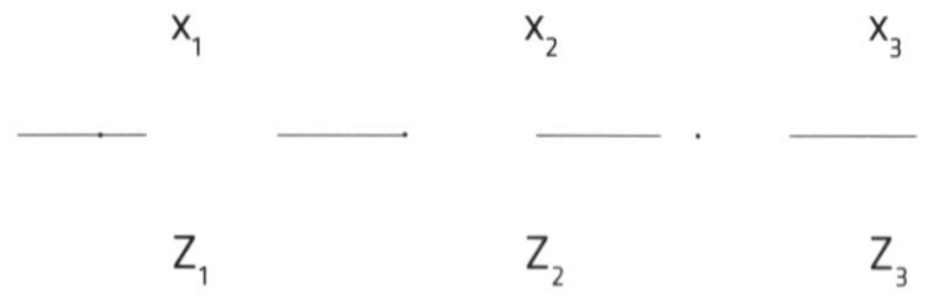

Procura-se estimar o valor em x_2 (que, na verdade, é conhecido) ignorando o valor Z_2. Escrevendo no sistema anterior $x_0 = x_2$,

$$\lambda_1 \cdot 0 + \lambda_2 \cdot \gamma(a) + \lambda_3 \cdot \gamma(2a) = \gamma(a) - \mu \qquad (5.38)$$
$$\lambda_1 \cdot \gamma(a) + \lambda_2 \cdot 0 + \lambda_3 \cdot \gamma(a) = 0 - \mu \qquad (5.39)$$
$$\lambda_1 \cdot \gamma(2a) + \lambda_2 \cdot \gamma(a) + \lambda_3 \cdot 0 = \gamma(a) - \mu \qquad (5.40)$$
$$\lambda_1 + \lambda_2 + \lambda_3 = 1 \qquad (5.41)$$

Fig. 5.9 Amostras em uma galeria

A primeira equação é igual à terceira, o que implica $\lambda_1 = \lambda_3$. Usando a primeira e a segunda equações, obtém-se:

$$\lambda_2 \cdot \gamma(a) + \lambda_1 \cdot \gamma(2a) = \gamma(a) - \mu \qquad (5.42)$$
$$\lambda_1 \cdot \gamma(a) + \lambda_1 \cdot \gamma(a) = -\mu \qquad (5.43)$$

$$\lambda_2 \cdot \gamma(a) + \lambda_1 \cdot [\gamma(2a) - 2\gamma(a)] = \gamma(a) \qquad (5.44)$$

Utilizando a terceira, $2\lambda_1 + \lambda_2 = 1$, tem-se que $\lambda_1 = \lambda_3 = 0$, $\lambda_2 = 1$ e $\sigma K^2 = 0$. Logo, o estimador de krigagem para o ponto x_2 será:

$$Z^*_{x2} = \lambda_1 \cdot z_1 + \lambda_2 \cdot z_2 + \lambda_3 \cdot z_3 = z_2 \qquad (5.45)$$

com variância $\sigma K^2 = 0$.

Ou seja, a krigagem fornece como estimativa precisamente o valor do ponto conhecido. A propriedade apresentada até aqui é geral e pode-se confirmar que a krigagem pontual é um *interpolador exato*; em outras palavras, o interpolador de krigagem coincide com os valores experimentais (Fig. 5.10).

É importante ressaltar que essa propriedade não é apresentada por outros interpoladores, como o interpolador de mínimos quadrados (Fig. 5.11).

5.1.5 Krigagem de blocos

Para realizar uma estimativa de blocos por krigagem, é indispensável organizar as informações a fim de ordenar e fazer um inventário das amostras que serão utilizadas, bem como dos blocos que se deseja estimar. Assim, devem ser criados modelos geométricos e geológicos da jazida.

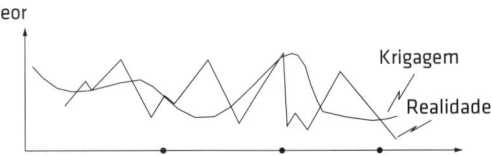

Fig. 5.10 Interpolação com krigagem

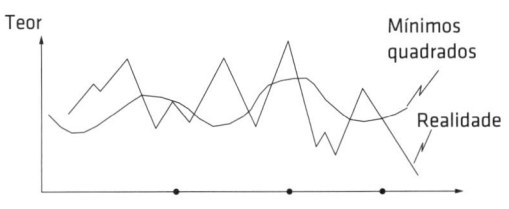

Fig. 5.11 Interpolação por mínimos quadrados

O modelo geométrico

A importância do suporte considerado com o propósito de estabelecer uma estimativa faz necessária a criação de um modelo geométrico do depósito que permita organizar, apresentar e resumir as informações da jazida de acordo com volumes específicos, que podem variar de tamanho segundo critérios de seleção, condições operacionais da exploração e informações disponíveis. As técnicas de modelagem respondem basicamente a uma representação da realidade. Assim, as condições de contorno e limites das diferentes mineralizações presentes na jazida devem ser incluídas detalhadamente. A Fig. 5.12 permite visualizar alguns aspectos desse tipo de modelagem.

O modelo geométrico envolve a construção de uma malha tridimensional na qual cada célula representa um bloco a ser estimado no depósito e cuja configuração espacial incorpora as condições de contorno da jazida. As Figs. 5.13 e 5.14 ilustram esse conceito.

Com base nessa malha tridimensional, é possível organizar as informações das sondagens e amostras de maneira eficiente.

As Tabs. 5.1, 5.2 e 5.3 e o Quadro 5.1 apresentam as principais relações que podem ser estabelecidas entre a malha de blocos, as sondagens e as amostras antes da aplicação do método de krigagem.

A modelagem geológica

Considerando a geologia do depósito, faz-se necessário identificar cada bloco a ser estimado de acordo com as características geológicas correspondentes (Fig. 5.14). Assim, a variografia das zonas *A*, *B* e *C* deve ser estabelecida detalhadamente, com a finalidade de aplicar a krigagem separadamente nas três zonas.

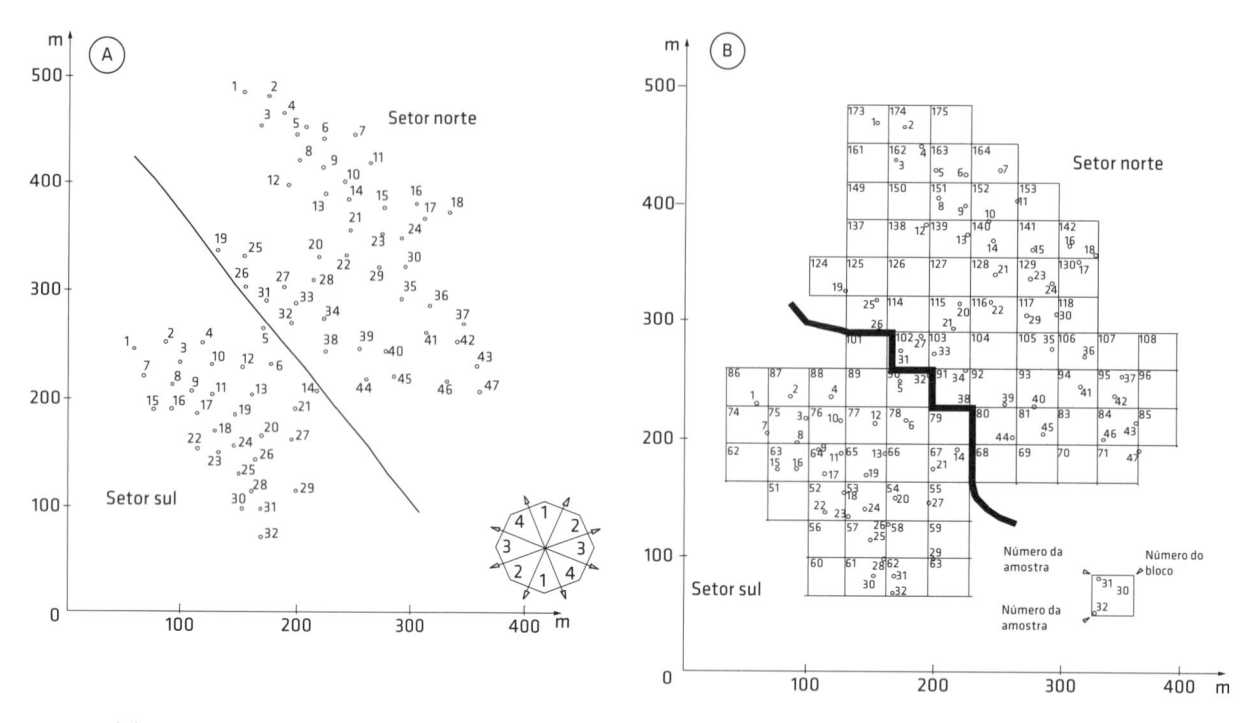

Fig. 5.12 (A) Localização das sondagens de exploração e (B) modelo geométrico de acordo com uma malha quadrada

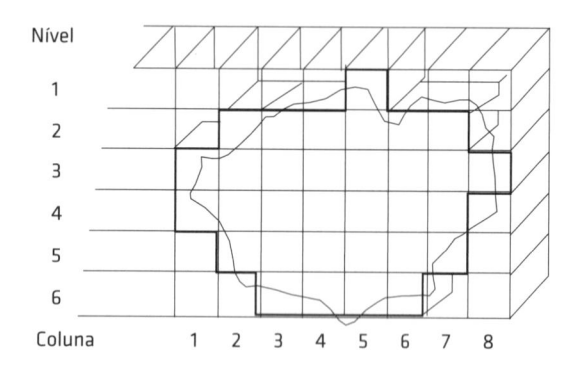

Fig. 5.13 Modelagem geométrica seção: Fila 21

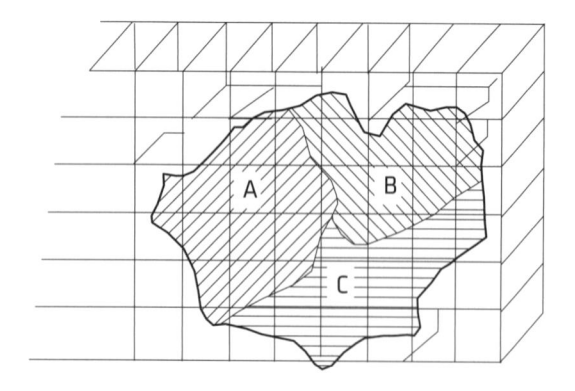

Fig. 5.14 Três zonas geológicas

A Fig. 5.15 apresenta um diagrama de relações das principais atividades associadas à análise de recursos.

As variâncias de krigagem provenientes da estimativa de um conjunto de blocos podem ser utilizadas para determinar a influência do número de amostras na estimativa de um bloco, bem como a influência da distância média existente entre essas amostras e o centro do bloco na estimativa deste último. A Fig. 5.16 ilustra esse tipo de relações.

Por sua vez, o traçado das isovariâncias permite conhecer os setores mais ou menos confiáveis de um depósito em termos de seus teores de produção (Fig. 5.17).

5.1.6 Exemplo: estimativa de blocos de grande altura

O formalismo geoestatístico fornece a estimativa de teores e de variâncias associadas a essa estimativa.

A aplicação a seguir foi realizada em um depósito de cobre lavrado por meio do método de abatimento de blocos de grande altura, reconhecido por sondagens e canaletas.

A Fig. 5.18 mostra a disposição dos blocos de acordo com uma malha de amostragem irregular. A Fig. 5.19 ilustra os variogramas obtidos em um setor primário do depósito e a Fig. 5.20, o conjunto de variogramas obtidos em um setor secundário. Essas figuras assinalam que os valores dos variogramas, incluindo os efeitos pepita e patamares, aumentam ou diminuem de acordo com os teores médios das amostras consideradas para o cálculo desses variogramas. Esse fenômeno é conhecido como *efeito proporcional* e não constitui nem inclui, necessariamente, um caso de anisotropia zonal.

Tab. 5.1 Identificação de sondagens, amostras e blocos

Registro	N1	N2	Número de amostras por bloco	Teor	Bloco
1	1	1	1	0,0	1412
2	2	2	1	3,10	2212
3	3	3	1	0,0	3011
4	4	4	1	1,30	3811
5	5	5	1	3,60	5011
6	6	6	1	12,60	5811
7	7	7	1	31,00	6610
8	8	8	1	28,90	7410
9	9	9	1	16,20	8210
10	10	10	1	12,40	9410
11	11	11	1	8,40	10209
12	1	1	1	0,0	2132
13	2	2	1	0,0	2931
14	3	3	1	2,80	3731
15	4	4	1	0,10	4531
16	5	5	1	15,80	5330
17	6	6	1	18,80	6130
18	7	7	1	21,20	6930
19	8	8	1	22,90	7730
20	9	9	1	16,20	8529
21	10	10	1	0,0	9329
22	1	1	1	0,0	1011
23	2	2	1	11,60	1810
24	3	3	1	15,30	2610
25	4	4	1	29,80	3410
26	5	5	1	23,80	4210
27	6	6	1	0,80	5009
28	7	7	1	0,0	6209
29	1	1	1	27,20	1090 (1)
30	2	2	1	0,80	1890
31	3	3	1	21,40	2289
32	4	4	1	0,80	3089
33	1	1	1	5,30	1491
34	2	2	1	10,10	1891
35	3	3	1	0,0	2691
36	4	4	1	0,0	3491
37	5	5	1	0,0	4290
38	6	6	1	14,00	5090
39	7	7	1	20,50	5890
40	8	8	1	0,60	6689
41	1	1	1	13,00	931
42	2	2	1	10,20	1330 (2)
43	3	3	1	17,30	2130

Observações:
(1) no registro 29, identificou-se a sondagem 4, cuja primeira amostra apresenta um teor de 27,20 e está contida no bloco 1090 do modelo tridimensional 20 m × 20 m × 28 m.
(2) no registro 42, identificou-se a sondagem 6, cuja segunda amostra apresenta um teor de 10,20 e está contida no bloco 1330 do modelo tridimensional 20 m × 20 m × 28 m.

Tab. 5.2 Associação cruzada: blocos/amostras/teores

Registro	Bloco	Número de amostras por bloco	Teor	X	Y	Z	Inclinação	Azimute	Drill-hole	N1	N2
1	570	1	0,0	4.999,91	428,09	187,15	300,80	-49,80	14	1	1
				4.999,91	429,09	187,15					
				4.999,91	428,09	187,15					
2	931	1	13,00	5.005,28	324,68	184,05	295,90	-40,60	6	1	1
				5.005,28	324,68	184,05					
				5.005,28	324,68	184,05					
3	950	1	16,60	4.997,19	382,98	185,53	299,80	-44,00	22	1	1
				4.997,19	382,98	185,53					
				4.997,19	382,98	185,53					
4	1011	1	0,0	5.003,62	523,91	185,49	299,10	-55,10	3	3	11
				5.003,62	523,91	185,49					
				5.003,62	523,91	185,49					
5	1030	1	12,50	4.991,95	586,85	185,71	298,70	-49,30	21	1	1
				4.991,95	586,85	185,71					
				4.991,95	586,85	185,71					
6	1051	1	6,10	5.033,87	600,16	185,00	301,70	-58,00	35	1	1
				5.033,87	600,16	185,00					
				5.033,87	600,16	185,00					
7	1070	1	7,30	4.979,09	650,33	182,77	301,20	-50,50	13	1	1
				4.979,09	650,33	182,77					
				4.979,09	650,33	182,77					
8	1090	1	27,20	4.976,63	720,43	180,14	297,20	-36,80	4	1	1 (1)
				4.976,63	720,43	180,14					
				4.976,63	720,43	180,14					
9	1269	1	9,90	4.948,15	187,78	172,97	97,70	-44,50	25	1	1
				4.948,15	187,78	172,97					
				4.948,15	187,78	172,97					
10	1330	1	10,20	4.989,25	323,65	172,14	295,90	-40,60	6	2	2 (2)
				4.989,25	323,65	172,14					
				4.989,25	323,65	172,14					

Observações:
(1) a primeira amostra da sondagem 4, que se identifica com uma inclinação de 297,20 e um azimute de 36,80, está contida no bloco 1090. Essa amostra apresenta um teor de 27,20 e suas coordenadas estão associadas a X, Y, Z.
(2) a segunda amostra da sondagem 6, que se identifica com uma inclinação de 295,90 e um azimute de 40,60, está contida no bloco 1330. Essa amostra apresenta um teor de 10,20 e suas coordenadas estão associadas a X, Y, Z.

Tab. 5.3 Estimativa por krigagem

Bloco a estimar	Banco = 2	Fila = 10	Coluna = 8	N = 475,0	E = 4.875,0 189,5	Elev =		Bloco = 588	
Bloco vizinho	Banco = 2	Fila = 9	Coluna = 10	Bloco = 570		Número de amostras = 1			
		Número	Registro	X	Y	Z		Teor de distribuição	
		1	1	4.999,91	428,09	187,15		0,0	133,4
Bloco vizinho	Banco = 3	Fila = 8	Coluna = 10	Bloco = 950		Número de amostras = 1			
		Número	Registro	X	Y	Z		Teor de distribuição	
		2	3	4.997,19	382,98	185,53		16,60	153,0

Tab. 5.3 Estimativa por krigagem (cont.)

	Banco = 3	Fila = 12	Coluna = 10	Bloco = 1030		Número de amostras = 1		
Bloco vizinho		Número	Registro	X	Y	Z		Teor de distribuição
		3	5	4.991,95	586,85	185,71	12,50	161,9
	Banco = 4	Fila = 8	Coluna = 10	Bloco = 1350		Número de amostras = 1		
Bloco vizinho		Número	Registro	X	Y	Z		Teor de distribuição
		4	11	4.981,78	382,93	172,78	19,70	142,0
	Banco = 4	Fila = 9	Coluna = 10	Bloco = 1370		Número de amostras = 1		
Bloco vizinho		Número	Registro	X	Y	Z		Teor de distribuição
		5	13	4.985,72	4.985,72	428,27	17,40	121,3
Teor = 0,0	Ponderador = 0,104							
Teor = 16,600	Ponderador = 0,106							
Teor = 12,500	Ponderador = 0,405							
Teor = 19,700	Ponderador = 0,145							
Teor = 17,400	Ponderador = 0,240							

*** bloco a estimar *** = 13,586 *** variância de estimativa *** = 67,5823

Quadro 5.1 Inventário de amostras por bloco

bloco = 570	nível = 2	fila = 9	coluna = 10	contém 1	amostra	com base no registro	1	adiante
bloco = 931	nível = 3	fila = 7	coluna = 11	contém 1	amostra	com base no registro	2	adiante
bloco = 950	nível = 3	fila = 8	coluna = 10	contém 1	amostra	com base no registro	3	adiante
bloco = 1011	nível = 3	fila = 11	coluna = 11	contém 1	amostra	com base no registro	4	adiante
bloco = 1030	nível = 3	fila = 12	coluna = 10	contém 1	amostra	com base no registro	5	adiante
bloco = 1051	nível = 3	fila = 13	coluna = 11	contém 1	amostra	com base no registro	6	adiante
bloco = 1070	nível = 3	fila = 14	coluna = 10	contém 1	amostra	com base no registro	7	adiante
bloco = 1090	nível = 3	fila = 15	coluna = 10	contém 1	amostra	com base no registro	8	adiante
bloco = 1269	nível = 4	fila = 4	coluna = 9	contém 1	amostra	com base no registro	9	adiante
bloco = 1330	nível = 4	fila = 7	coluna = 10	contém 1	amostra	com base no registro	10	adiante
bloco = 1350	nível = 4	fila = 8	coluna = 10	contém 1	amostra	com base no registro	11	adiante
bloco = 1352	nível = 4	fila = 8	coluna = 12	contém 1	amostra	com base no registro	12	adiante
bloco = 1370	nível = 4	fila = 9	coluna = 10	contém 1	amostra	com base no registro	13	adiante
bloco = 1372	nível = 4	fila = 9	coluna = 12	contém 1	amostra	com base no registro	14	adiante
bloco = 1412	nível = 4	fila = 11	coluna = 12	contém 1	amostra	com base no registro	15	adiante
bloco = 1491	nível = 4	fila = 15	coluna = 11	contém 1	amostra	com base no registro	16	adiante
bloco = 1530	nível = 4	fila = 17	coluna = 10	contém 1	amostra	com base no registro	17	adiante
bloco = 1532	nível = 4	fila = 17	coluna = 12	contém 1	amostra	com base no registro	18	adiante
bloco = 1550	nível = 4	fila = 18	coluna = 10	contém 1	amostra	com base no registro	19	adiante
bloco = 1710	nível = 5	fila = 6	coluna = 10	contém 1	amostra	com base no registro	20	adiante
bloco = 1810	nível = 5	fila = 11	coluna = 10	contém 1	amostra	com base no registro	21	adiante
bloco = 1830	nível = 5	fila = 12	coluna = 10	contém 1	amostra	com base no registro	22	adiante
bloco = 1851	nível = 5	fila = 13	coluna = 11	contém 1	amostra	com base no registro	23	adiante
bloco = 1870	nível = 5	fila = 14	coluna = 10	contém 1	amostra	com base no registro	24	adiante
bloco = 1890	nível = 5	fila = 15	coluna = 10	contém 1	amostra	com base no registro	25	adiante
bloco = 1891	nível = 5	fila = 15	coluna = 11	contém 1	amostra	com base no registro	26	adiante
bloco = 1929	nível = 5	fila = 17	coluna = 9	contém 1	amostra	com base no registro	27	adiante
bloco = 1971	nível = 5	fila = 19	coluna = 11	contém 1	amostra	com base no registro	28	adiante
bloco = 2070	nível = 6	fila = 4	coluna = 10	contém 1	amostra	com base no registro	29	adiante
bloco = 2110	nível = 6	fila = 6	coluna = 10	contém 1	amostra	com base no registro	30	adiante
bloco = 2130	nível = 6	fila = 7	coluna = 10	contém 1	amostra	com base no registro	31	adiante

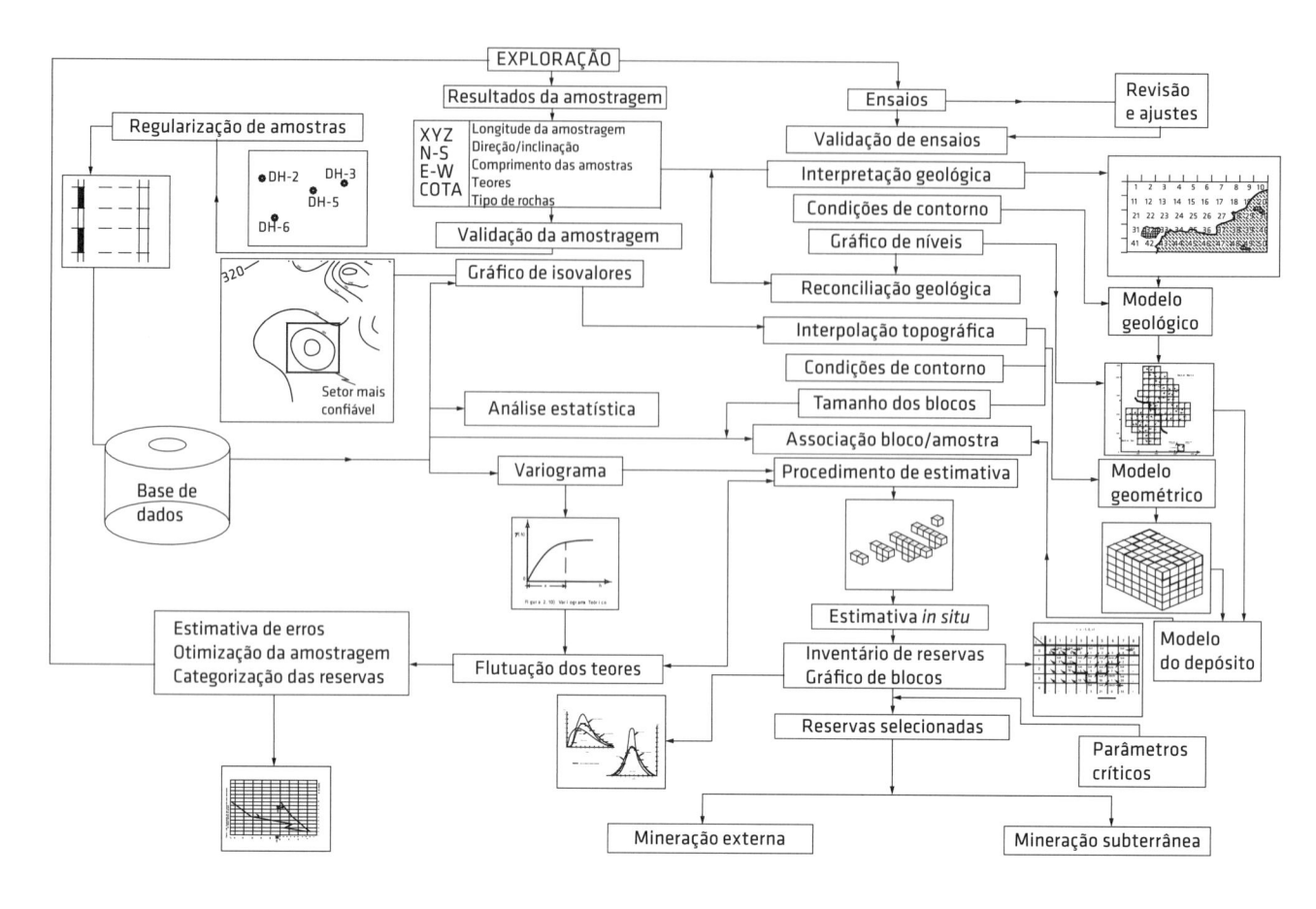

Fig. 5.15 Relação entre dados, modelos, validações de recursos/reservas para atingir propósitos do planejamento de lavra

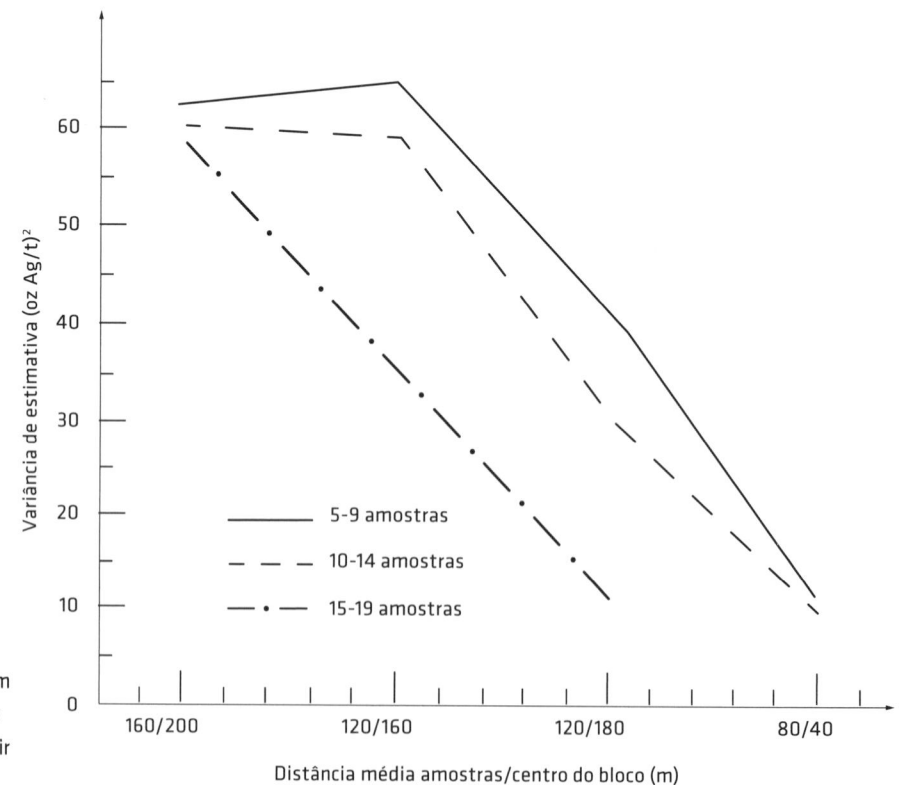

Fig. 5.16 Variância de estimativa (σ_E^2) em função do número de amostras e da sua distância média a partir do bloco

128 Avaliação de empreendimentos e recursos minerais

Efetivamente, a Fig. 5.21 ilustra a relação existente entre o efeito pepita e o valor médio das amostras. Revelada em cada um dos setores considerados, essa relação torna possível conceber, para os dois setores e para cada direção principal de análise, um variograma elaborado com base em um modelo que alcance os valores de efeito pepita e patamar de acordo com o teor médio do setor associado.

Os variogramas representativos de cada setor, ao longo de cada direção principal, são apresentados na Fig. 5.22. Ao considerar apenas a direção N-S como preferencial e a direção E-W como isotrópica em todo o depósito e eliminar o efeito pepita associado a cada variograma, a Fig. 5.23 revela a natureza intrínseca de ambos os setores. Apresentando comportamentos muito semelhantes, é possível observar claramente uma anisotropia zonal na direção N-S. A diferença encontrada entre os valores do variograma ao longo da direção N-S e aqueles apresentados pelo variograma isotrópico no depósito permite modelar, finalmente, a componente anisotrópica zonal de acordo com um modelo esférico (Fig. 5.24).

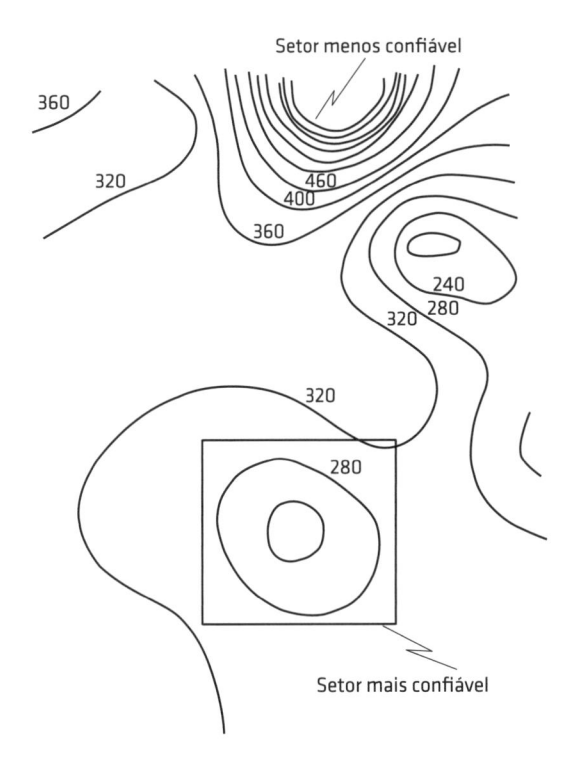

Fig. 5.17 Traçado de isovariâncias

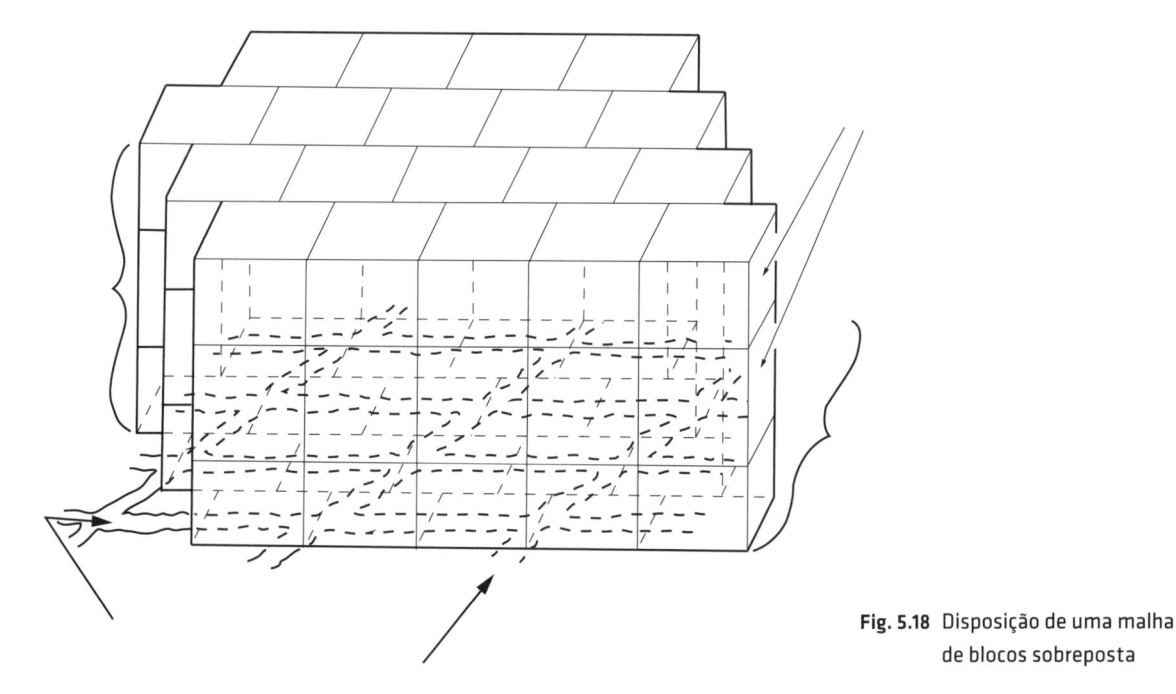

Fig. 5.18 Disposição de uma malha de blocos sobreposta

Recapitulando o procedimento utilizado, é possível afirmar que o modelo de variograma para cada setor em estudo é formado por um modelo básico (por exemplo, aquele obtido para a direção E-W), por um efeito pepita (por exemplo, obtido por meio da relação estabelecida com a média dos teores do setor considerado) e por uma componente anisotrópica zonal (por exemplo, se o valor do variograma se apresenta ao longo da direção N-S).

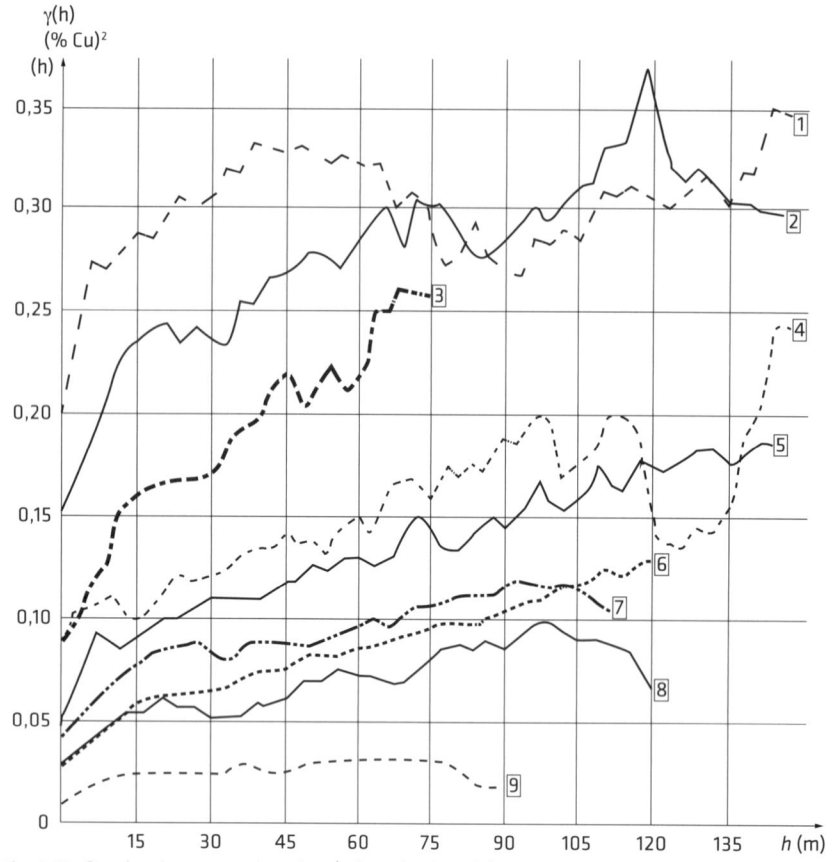

Fig. 5.19 Semivariogramas de cobre (mineral primário)

← Canaletas, E-W, 83 (1976), 1,37% Cu
↑ Canaletas, N-S, 117 (2363), 1,42% Cu
→ Sondagens, E-W, 45° (+45°), 20 (522), 1,28% Cu
↓ Canaletas, 45°, 41 (1142), 0,84% Cu
° Canaletas, 315°, 73 (1725), 0,87% Cu
± Sondagens, E-W, 39 (3068), 0,92% Cu
″ Sondagens, 45° (−45°), 11 (480), 0,97% Cu
≥ Sondagens, vertical, 11 (368), 1,083% Cu
× Sondagens, N-S, 7 (355), 0,644% Cu

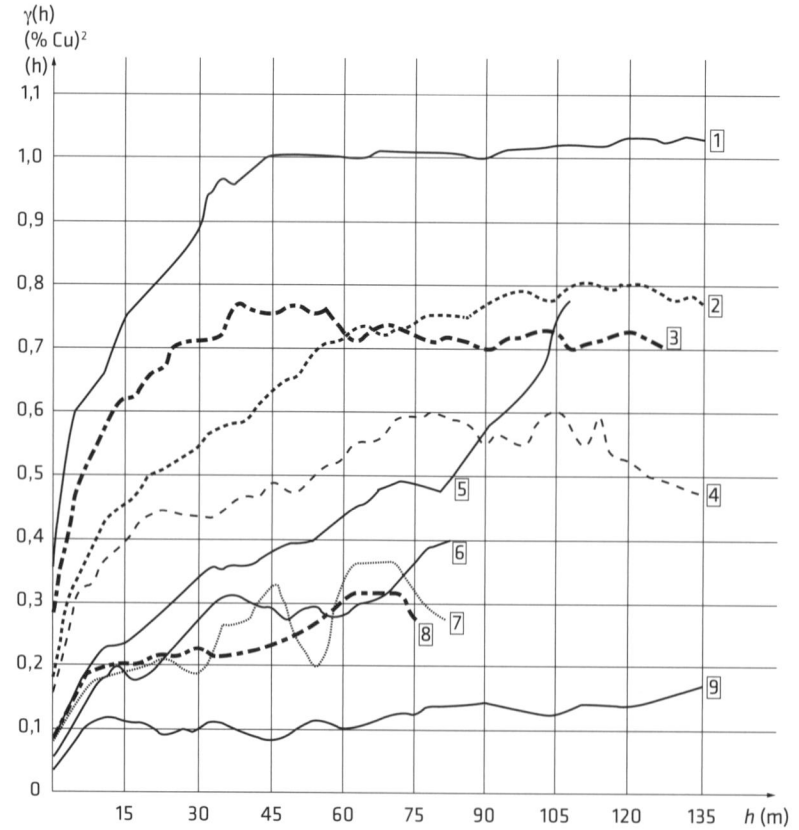

Fig. 5.20 Semivariogramas de cobre (mineral secundário)

← Canaletas, E-W, 95 (3171), 2,47% Cu
↑ Canaletas, 45°, 67 (3674), 1,63% Cu
→ Canaletas, N-S, 230 (8424), 2,12% Cu
↓ Canaletas, 315°, 117 (3410), 1,78% Cu
° Sondagens, E-W, 7 (294), 1,54% Cu
± Sondagens, 45° (−45°), 5 (122), 1,53% Cu
″ Sondagens, vertical, 10 (134), 1,29% Cu
≥ Sondagens, 45° (+45°), 35 (685), 1,52% Cu
× Sondagens, N-S, 8 (310), 1,59% Cu

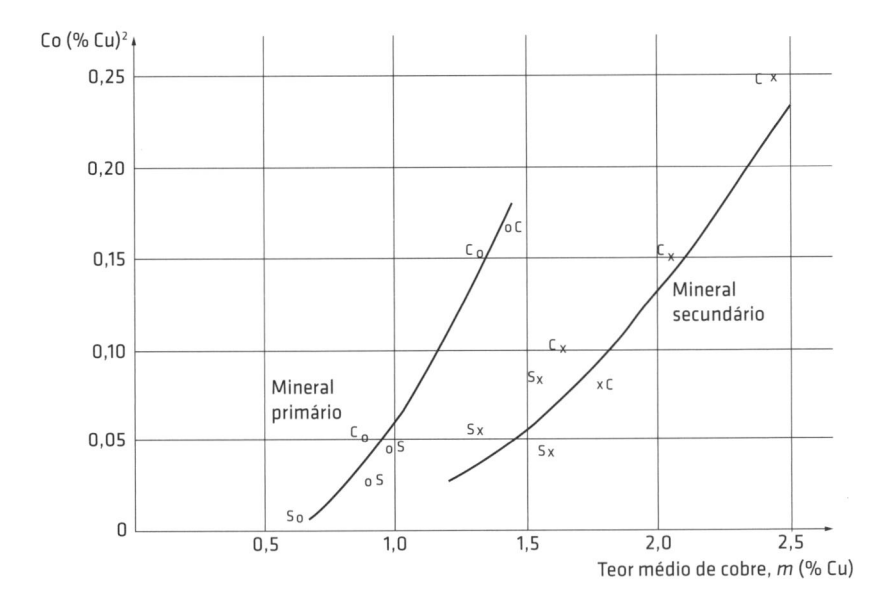

Fig. 5.21 Efeito pepita C_0 em função do teor médio de cobre (C = canaletas e S = sondagens)

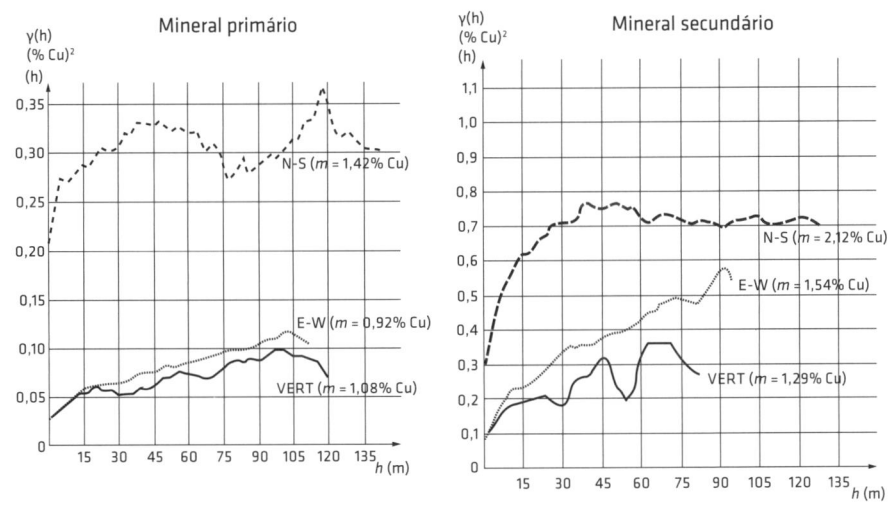

Fig. 5.22 Semivariograma típico de cobre, depósito de cobre (m = teor médio)

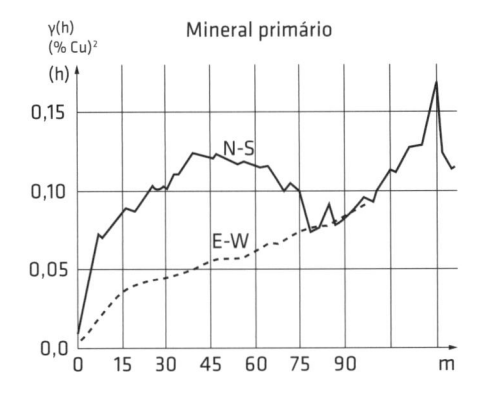

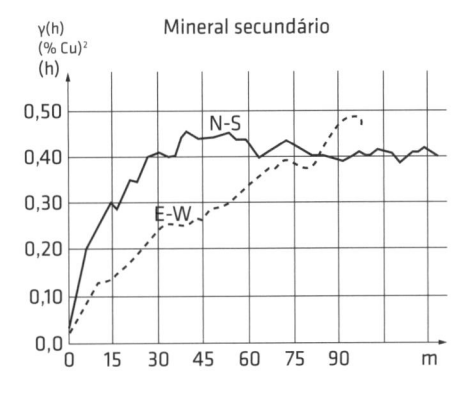

Fig. 5.23 Semivariograma de cobre sem efeito pepita. O variograma localizado ao longo da direção E-W é considerado isotrópico dentro dos setores em estudo, exceto ao longo da direção N-S

Há também outros tipos de variograma que permitem tratar adequadamente uma variável de efeito proporcional: o relativo e o logarítmico. Para criar o primeiro, eleva-se ao quadrado a discrepância existente entre um par de valores separados por uma distância h e divide-se o resultado pela média do par desses valores ao quadrado. A soma dos termos associados a uma distância h é, então, dividida por duas vezes o número de amostras consideradas.

Fig. 5.24 Diferença dos valores apresentados pelos semivariogramas localizados ao longo das direções N-S e E-W (sem efeito pepita até uma distância de 45 m)

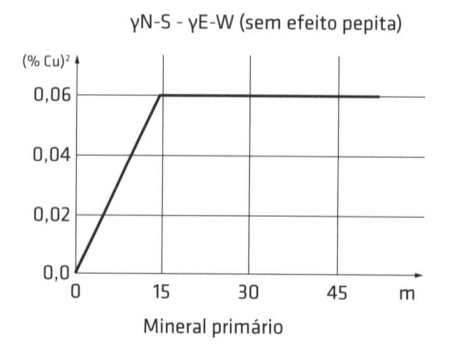

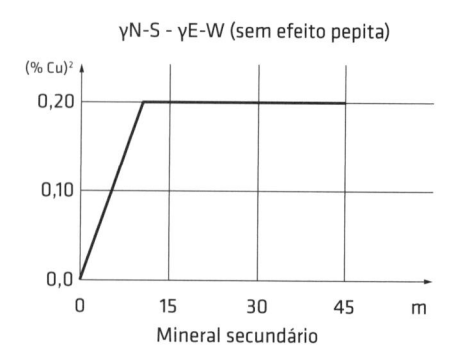

Encontra-se uma variação dessa definição no variograma relativo geral. Nesse caso, divide-se o variograma $\gamma(h)$ para uma distância h pelo quadrado da média dos valores utilizados para obter o valor $\gamma(h)$. Esse valor representa o variograma relativo geral para a distância h. Geralmente, a função de um variograma relativo é suavizar as variações apresentadas por um variograma quando seus valores são afetados pelo valor médio das amostras utilizadas. Outro procedimento empregado para amenizar as variações é simplesmente gerar variogramas com base nos logaritmos dos valores em estudo.

A Fig. 5.25 demonstra a correlação existente entre valores de teores krigados e teores correspondentes a amostras praticadas nos pontos de passo de minério (ore-pass), sem levar em conta a altura do mineral extraído dos blocos. Por sua vez, a Fig. 5.26 ilustra a razão entre teores krigados e teores correspondentes a amostras de ore-pass em função da altura do nível lavrado.

Finalmente, a Fig. 5.27 apresenta o formalismo utilizado para o cálculo da variância de estimativa, que, nessas circunstâncias, resulta da consideração dos tipos de erro encontrados.

$$\sigma_S^2 = D^2(C/B)/N + \sigma_B^2/N$$

em que:

σ_S^2 = variância de estimativa baseada em N ore-pass;

$D^2(C/B)$ = variância de dispersão do volume parcial C no interior do volume B do bloco;

σ_B^2 = variância de estimativa (variância de krigagem) dos blocos individuais B (assume-se que os erros de estimativa associados aos blocos individuais são independentes).

Fig. 5.25 Correlação entre valores krigados e valores amostrados (estimadores de krigagem a um nível de confiabilidade de 95%, cobre 72% dos valores de amostras de ore-pass). Os estimadores de krigagem dizem respeito à tonelagem estimada dos blocos, enquanto os valores de amostra de ore-pass se referem às tonelagens extraídas desses blocos. Em alguns casos, tonelagens estimadas e tonelagens extraídas apresentam valores divergentes

5.2 AMOSTRAGEM DE MATERIAL PARTICULADO

São três as fases mais importantes nas quais a informação principal demanda medidas rigorosas e validação: estimativa de recursos (teores *in situ*), seleção do mineral a ser lavrado (mineral/estéril/mineral marginal) e caracterização do mineral circulante (produtos em processo).

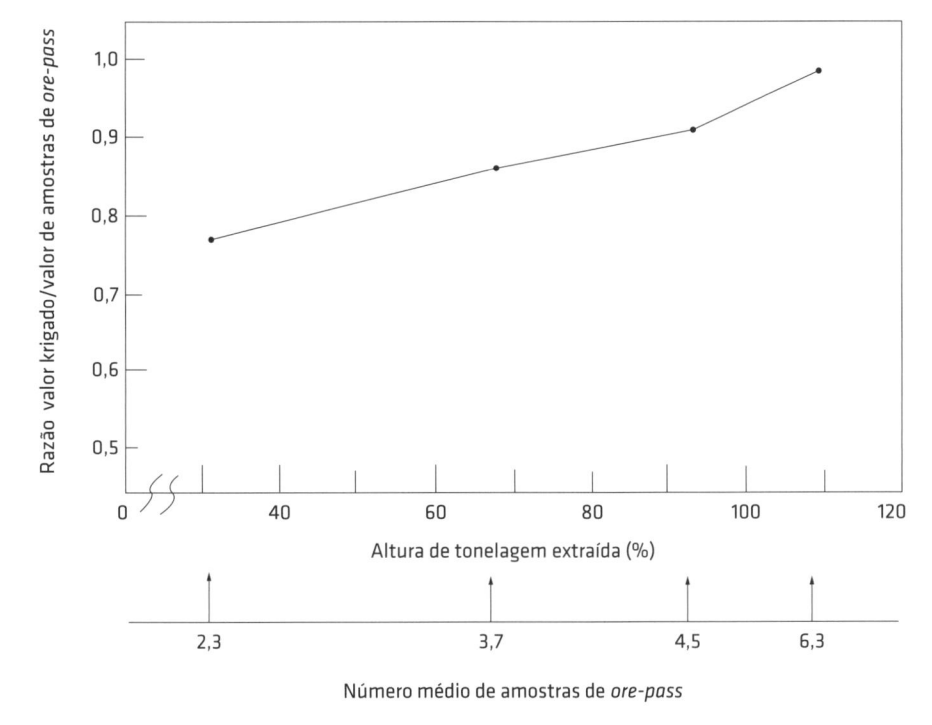

Fig. 5.26 Razão entre valores krigados e valores de amostras de *ore-pass* em função da porcentagem de extração mineral

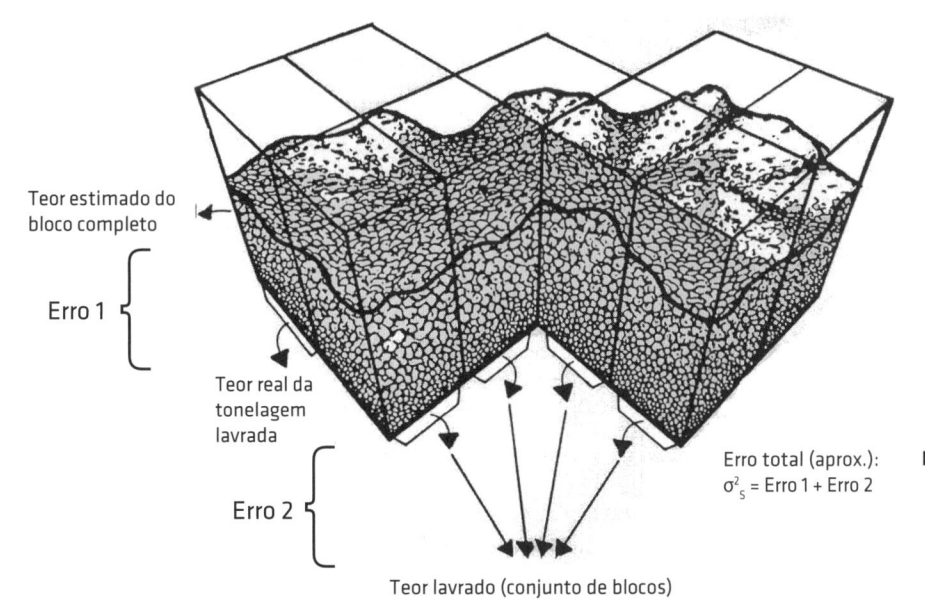

Fig. 5.27 Composição de erros encontrados para determinar a variância de estimativa (σ_S^2) do teor extraído de um conjunto selecionado de blocos

Erro total (aprox.): σ_S^2 = Erro 1 + Erro 2

Essas três atividades – estimativa, seleção e operação – estão subordinadas a um processo de controle com o intuito de reconciliar as informações utilizadas durante o planejamento da mina (base: amostragem de sondagens), as geradas durante a lavra (base: amostragem de furos de perfuratriz/amostras de *ore-pass*) e as encontradas no decorrer do processo metalúrgico (base: amostragem de fluxo de mineral).

A *amostragem de sondagens* envolve aspectos tão importantes como a influência de aquíferos, a consistência das paredes, a recuperação, a contaminação subterrânea, a quantidade de amostras, a granulometria, a influência do teor, o tipo de terreno (competência da rocha), as fases contidas no protocolo de preparação da amostra, a análise, entre outros.

Por exemplo, em determinados ambientes auríferos com elevada presença de aquíferos, detectou-se que a perda de 100% de material fino (–10 malhas) produzido por sondagens diamantadas traduzia-se, em rocha mole, em 13% de perda de teor, em rocha de dureza intermediária, em 18%, e em rocha dura, em 12% – em média, uma perda de teor de 14%.

A *amostragem de furos de perfuratriz/amostras de ore-pass* é uma referência importante para avaliar as estimativas utilizadas na fase de planejamento de lavra de longo prazo (planejamento estratégico) e curto prazo (controle de teor e recuperação de tonelagens acima de teores mínimos específicos). Algumas aplicações demonstram que desvios de determinado teor seguem, no geral, tendências cuja detecção e avaliação se fazem necessárias. Muitas vezes, essas tendências se relacionam não apenas com a disponibilidade de amostras, mas também com certo tipo de rochas e unidades geológicas.

A *amostragem do fluxo de mineral processável* é realizada preferencialmente segundo as recomendações de Gy (1982).

A fim de analisar mais detalhadamente os aspectos relevantes da amostragem mineral, será apresentada a revisão de uma das propriedades mais significativas de qualquer material particulado: sua segregação.

5.2.1 Amostragem e segregação de material particulado

A eficiência dos processos de exploração e amostragem depende em grande parte do *grau de segregação* ao qual uma amostra é submetida tanto na fase de captação (por exemplo, fase de exploração) como na de preparação e análise química (por exemplo, fase de amostragem e ensaio). Os esforços empregados na obtenção dessas segregações implicam naturalmente um custo e, assim, nesses processos é indispensável balancear e combinar adequadamente essas segregações em função dos custos associados.

A *segregação* certamente influi no erro cometido em cada uma das fases dos processos citados. Uma vez que esse erro é medido por meio de sua variância, um programa de exploração e amostragem poderá ser estabelecido de maneira eficiente mediante a confrontação entre variâncias e custos correspondentes.

Com base nas informações mencionadas, depreende-se que o esforço para obter uma segregação exagerada na captação de amostras (por exemplo, amostras relativamente pequenas durante a exploração) pode não ser compensado em relação à eficiência geral que se pretende de um processo com uma segregação pobre na preparação e análise (por exemplo, granulometria inadequada).

Da mesma forma, entende-se que empreender um esforço moderado na segregação de uma amostra durante a fase de exploração (por exemplo, amostras relativamente maiores) pode não ser uma iniciativa adequadamente compensada com uma boa avaliação da infraestrutura de amostragem na fase de preparação e análise (por exemplo, exigindo uma granulometria fina nos processos de britagem e pulverização). É justamente nesse aspecto que os parâmetros de custos desempenham um importante papel, permitindo que finalmente seja elaborado um programa de exploração e amostragem adequado do ponto de vista técnico e econômico.

Diferentemente do que ocorre em uma jazida, em que as unidades de estimativa são representadas por volumes métricos, em um processo de exploração e amostragem essas unidades são representadas por fragmentos e partículas. Assim, os métodos de análise e estudo são diferentes nos dois casos. No caso dos materiais particulados, os critérios e procedimentos aplicados encontram um ponto de apoio nas relações e nos formalismos estabelecidos por Gy (1982), e serão essas relações o centro de estudo a partir de agora.

5.2.2 A variância relativa

Em um contexto geral, a amostragem consiste em uma sequência de etapas de preparação da amostra (britagem, moagem, pulverização, secagem, homogeneização etc.) e de etapas de amostragem propriamente dita (extração de uma subamostra a partir da amostra primária), ambas suscetíveis de alterar o conteúdo crítico das amostras.

Os erros de amostragem são múltiplos, já que cada operação acessória pode gerar erros. Dessa maneira, entre a amostra primária e a de ensaio, surge uma considerável série de erros de origens diversas e que definitivamente afetam a *exatidão* e/ou a *representatividade* da amostra.

Do ponto de vista estatístico, cada erro aparece como uma variável aleatória, comumente definida por meio de seus momentos sucessivos, em particular os dois primeiros.

O primeiro momento, ou *média*, representa a tendência central da distribuição do erro. Quando essa média não é nula, o erro apresenta um caráter sistemático e denomina-se *erro sistemático* ou *desvio*. O segundo momento, ou *variância*, representa a dispersão do erro relacionado a uma média e caracteriza a parte unicamente aleatória do erro, que é designado *aleatório*.

Em um processo de amostragem, tanto a manipulação de amostras quanto a análise química são fontes de erros. Assim, o erro de estimativa total é igual à soma de dois erros:
- erro de amostragem;
- erro de análise.

Mais precisamente, segundo Gy (1982), o erro de estimativa total é constituído pela soma de nove erros:

i) O erro fundamental, que está associado à constituição do material amostrado e que sempre existirá.

ii) O erro de agrupamento e segregação, associado à distribuição (homogeneidade/heterogeneidade) dos materiais.

iii) O erro de flutuações de longo alcance, associado às descontinuidades de grande escala que se apresentam no fluxo amostrado.

iv) O erro de flutuações periódicas, associado a variações cíclicas do material a ser amostrado.

v) O erro de velocidade do fluxo, associado à velocidade do fluxo do material a ser amostrado.

vi) O erro de delimitação incremental, associado às características deficientes dos equipamentos de amostragem.

vii) O erro de extração incremental, associado à utilização deficiente dos equipamentos de amostragem.

viii) O erro de preparação, associado à transferência, secagem, moagem e outras atividades relacionadas à amostragem operacional.

ix) O erro de análise, associado ao ensaio químico das amostras.

Os erros I, II, III, IV e V são os principais. Os erros VI e VII, na prática, são considerados irrelevantes, tanto pela fabricação dos equipamentos de amostragem quanto pela utilização eficiente ou razoavelmente eficiente desses equipamentos. O erro VIII é produzido principalmente por incapacitação ou desqualificação dos profissionais envolvidos, desonestidade ou simplesmente descuido, e, do ponto de vista de erros, é possível vinculá-lo mais a um problema qualitativo do que quantitativo. O erro IX é mais um erro de natureza química do que de amostragem e, portanto, não será considerado.

Assim, os erros que necessariamente devem ser quantificados em uma unidade de amostragem são cinco: I, II, III, IV e V. Entre eles, o mais crítico é o erro fundamental, porque é o único que não pode ser nulo, ainda que a amostragem seja realizada em condições ideais. Os erros II, III, IV e V são, em geral, bem menores que o fundamental, o que levou Gy (1982) a igualar a soma desses quatro erros ao erro fundamental total.

O termo *total* é utilizado aqui para designar que um processo de amostragem constituído por *N* fases está relacionado a um erro fundamental, que é a soma de todos os erros fundamentais produzidos nas amostragens parciais. Em outras palavras, no caso de três etapas de amostragem, o erro (*E.*) de amostragem total será dado por:

$$E. \text{ amostragem total} = E. \text{ amostragem 1} + \ldots + E. \text{ amostragem 3} \qquad (5.46)$$

Como cada erro de amostragem é composto por dois *elementos*, um erro fundamental (*EF*) e a soma dos erros II a V, o erro total será igual à soma dos respectivos erros fundamentais encontrados da fase 1 até a 3 mais a soma dos erros II a V para todo o processo:

$$E. \text{ amostragem total} = EF\,1 + EF\,2 + EF\,3 + [\text{erros II/V}] \qquad (5.47)$$

Denominando *VAR* (*o*) o erro total em um processo de amostragem, Gy (1982) propõe atribuir o valor *VAR* (*o*)/2 aos [erros II/V] e distribuir a outra porção *VAR* (*o*)/2 entre os erros *EF* 1 a *EF N*. Certamente essa distribuição deve ser proporcionalmente estabelecida, atribuindo-se porções de erros mais elevadas às primeiras etapas de amostragem e porções menores às últimas.

A determinação do erro total poderá, então, ser calculada da maneira descrita a seguir. Primeiro, determinam-se os erros fundamentais correspondentes às fases 1 a *N* do processo de amostragem. O erro total, que inclui os erros I a V, resultará igual ao dobro desse valor.

O erro fundamental é função:
- dos tamanhos das partículas associadas a cada fase de amostragem;
- dos pesos das amostras em questão;
- das características intrínsecas do material mineralizado (por exemplo, mineral de interesse) e do estéril (por exemplo, ganga).

Essas relações incorporam características físicas, mineralógicas e granulométricas fundamentais da mineralização em estudo e da amostragem implementada. A *variância relativa* do erro fundamental é representada pela relação:

$$\sigma^2(ET) = 2\,\sigma^2(EF) = 2(1/Ms - 1/ML) \cdot c \cdot l \cdot f \cdot g \cdot d^3 \qquad (5.48)$$

em que:

$\sigma^2(ET)$ = variância relativa do erro total de amostragem;
$\sigma^2(EF)$ = variância relativa do erro fundamental;
Ms = peso da amostra (g);
ML = peso do lote *L* (g).

c é o fator de constituição mineralógica (g/cm³), representado pela relação:

$$c = (1 - aL)/aL \cdot ((1 - aL) \cdot \delta + aL \cdot g) \quad (5.49)$$

em que:

aL = conteúdo do mineral de interesse no lote L (decimal);
δ = peso específico do mineral de interesse (g/cm³);
g = peso específico do material estéril (ganga) (g/cm³).

l é o fator de liberação do mineral de interesse, compreendido no intervalo $0 \leq l \leq 1$. Para todos os propósitos práticos, devem ser considerados os seguintes valores, levando em conta que d é o tamanho máximo das partículas do material amostrado e dl é a extensão da liberação do mineral de interesse:

- se $d \leq dl$, $l = 1$;
- se $d > dl$, $l = (dl/d)^{1/2}$.

O fator l também pode ser calculado diretamente por meio de:

$$<l> = (1/M) \cdot \Sigma(mi \cdot li) \quad (5.50)$$

em que:

M = massa total da amostra submetida à análise granulométrica (g);
mi = massa retida no intervalo de tamanho i-ésimo (g);
li = grau de liberação do mineral de interesse (por exemplo, calcopirita) no intervalo de tamanho i-ésimo.

Essa expressão, utilizada para determinar o fator de liberação, l, será aplicada posteriormente em um exemplo.

f é o fator de forma das partículas (adimensional) e corresponde à razão entre o volume da partícula e o cubo do diâmetro. Matematicamente, $f = V/d^3$. Na prática, f pode ser considerado uma constante igual a 0,5.

g é o fator de distribuição de tamanho (adimensional), compreendido no intervalo $0 \leq g \leq 1$. Considerando que d é a abertura da malha que retém 5% das partículas do lote L (cm) e d' é a malha que retém 95% das partículas do lote L (cm):

- se $d > 4d'$, $g = 0,25$;
- se $4d > d > 2d'$, $g = 0,50$;
- se $2d' > d > d'$, $g = 0,75$;
- se $d = d'$, $g = 1,00$.

O valor de g pode ser determinado mais precisamente por meio de:

$$<g> = [1/(M \cdot do)] \cdot \Sigma(mi \cdot <di>) \quad (5.51)$$

em que:

M = massa total da amostra submetida à análise granulométrica (g);
do = diâmetro máximo das partículas da amostra submetida à análise granulométrica (μm);
mi = massa mineral retida no intervalo de tamanho i-ésimo (g);
$<di>$ = diâmetro médio das partículas retidas no intervalo de tamanho i-ésimo (μm).

Posteriormente, o fator g será determinado por meio desta última expressão em um exemplo.

C é a constante de amostragem, característica do material amostrado (g/cm³), e pode ser representado por:

$$C = c \cdot l \cdot f \cdot g \quad (5.52)$$

Por outro lado, se a razão de amostragem α = Ms/ML < 0,1, a fórmula simplificada a seguir representará o peso Ms da amostra em cada fase da amostragem como uma função do erro cometido:

$$Ms = C \cdot d^3 / \sigma^2(EF) \tag{5.53}$$

Obtém-se dessa expressão a fórmula reduzida de Gy:

$$\sigma^2(EF) = C \cdot d^3 / Ms \tag{5.54}$$

Dessa equação deduz-se que o erro fundamental pode ser diminuído por meio de:
- aumento do peso da amostra;
- segregação (por exemplo, britagem ou moagem) do material até ser obtido o menor tamanho possível.

A Eq. 5.54 é útil para estimar o erro provável de amostragem mediante intervalos de confiança. Por exemplo, para um intervalo de 95% de confiança, o erro relativo provável é dado por $2\sigma(EF)$ (por exemplo, duas vezes o desvio padrão). Isso supõe uma *distribuição normal* do erro fundamental.

Considerando a_m como o teor médio do minério, o seu intervalo de variação com relação ao erro fundamental é dado por:

$$a_m \cdot [1 \pm 2\sigma(EF)] = a_m \pm 2\sigma(EF) \cdot a_m \tag{5.55}$$

em que:

$2\sigma(EF) \cdot a_m$ = erro absoluto cometido na amostragem.

A expressão do erro fundamental é frequentemente utilizada para estimar o tamanho adequado de uma amostra para uma determinada variância de erro fundamental.

> Considerando o erro fundamental relativo $\sigma^2(EF)$, o erro total relativo de amostragem $\sigma^2(ET)$ será equivalente a duas vezes o erro fundamental. Essa equivalência envolve outros erros que existem em qualquer processo de amostragem, mas que são difíceis de quantificar. Assim, a expressão reduzida será:
> $$\sigma^2(ET) = 2\sigma^2(EF) = 2C \cdot d^3 / Ms \tag{5.56}$$

É importante considerar que a Eq. 5.56 serve melhor como uma expressão de caráter comparativo entre diferentes processos de amostragem do que como uma expressão a ser utilizada com o intuito de fornecer uma medida absoluta dos erros associados a cada um deles. Com base nessa relação, Gy (1982) concebeu um diagrama que ilustra os desvios maiores ou menores que podem figurar em um esquema de amostragem considerado seguro. Em poucas palavras, o denominado *diagrama de cominuição e redução de amostras* é representado por um gráfico log-log no qual consta a relação peso da amostra *versus* tamanho médio da amostra.

Nesse diagrama, a combinação peso/tamanho, associada a uma das fases de amostragem, é representada por um ponto (Fig. 5.28); a fase de redução de tamanho a peso constante, por uma linha horizontal; e a redução de peso mantendo-se um tamanho constante, por uma linha vertical. Assim, o esquema de cominuição e redução é representado por uma linha quebrada que vai desde um ponto associado à amostra original até outro, associado à amostra que será enviada para análise laboratorial.

A correção no esquema de redução de amostragem, por outro lado, é dada pela linha denominada *de segurança*. Enquanto a linha quebrada que representa a amostragem em análise não atravessar a linha de segurança, a amostragem se encontra em uma zona segura; porém, se o ponto associado a uma das fases de amostragem atravessar a linha de segurança, a relação peso/tamanho dessa fase entra em questionamento e se faz necessária uma correção no esquema de amostragem.

Tanto os diagramas de cominuição-redução de amostras quanto as expressões utilizadas para quantificar os erros cometidos serão aplicados mais adiante em um exemplo específico.

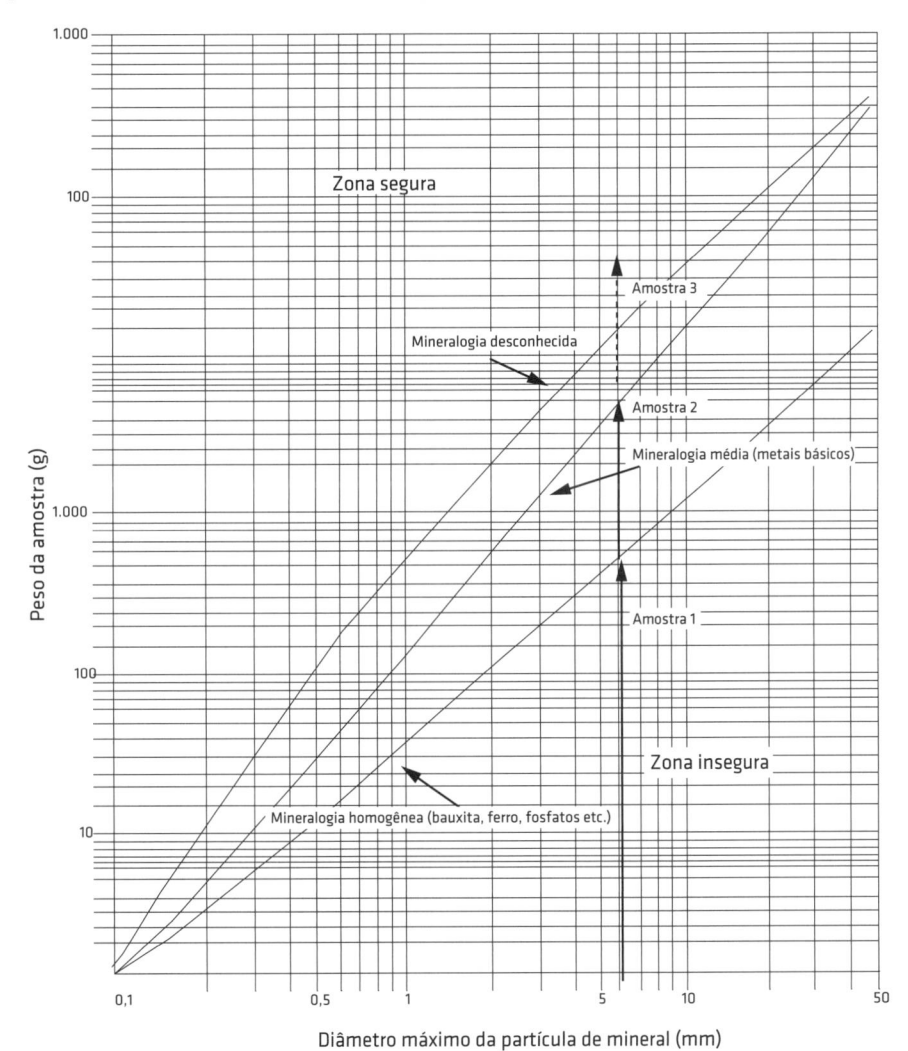

Fig. 5.28 Diagrama de cominuição-redução da massa

5.2.3 Exemplo

Considere-se uma mina de cobre com as seguintes características:

i] Teor médio de cobre (Cu) igual a 1,1% Cu.

A Tab. 5.4 fornece a relação entre o teor do minério e os conteúdos críticos, aL, correspondentes aos principais sulfuretos de cobre (por exemplo, calcopirita, covelita, calcocita e bornita). A Fig. 5.29 ilustra a dependência existente entre a constante mineralógica c e o teor de Cu do minério.

ii] O mineral de interesse a ser considerado nesse caso é a calcopirita.

iii] Densidade do mineral de interesse (calcopirita) igual a 4,25 g/cm^3.
iv] Densidade da ganga igual a 2,65 g/cm^3.
v] O fator de forma (f) foi estabelecido em 0,5, por ser esse o valor que representa o tipo de mineral em estudo.
vi] O fator de grau de liberação (l) foi determinado com base na Eq. 5.50. A Tab. 5.4 mostra a aplicação da expressão indicada para determinar o fator l.
vii] O fator de distribuição de tamanho (g) foi determinado por meio da Eq. 5.51. A Tab. 5.5 fornece o valor desse parâmetro.

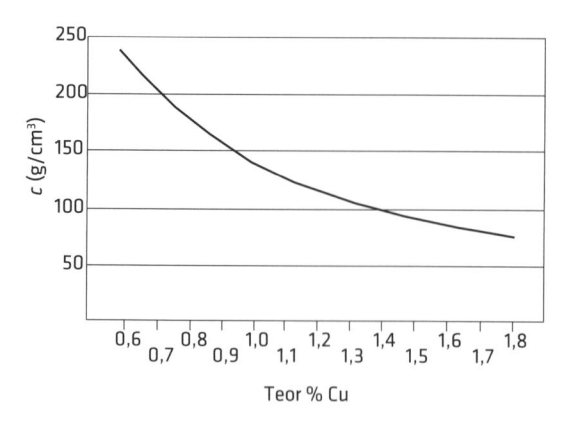

Fig. 5.29 Constante mineralógica, c, *versus* teor de Cu

Tab. 5.4 Conteúdo crítico (proporção em peso do mineral de interesse, expressa por valor decimal) de diversos minerais de cobre (aL)

Teor % Cu	CuFeS$_2$	CuS	Cu$_2$S	Cu$_5$FeS$_4$
0,6	0,01725	0,00900	0,00750	0,00945
0,7	0,02012	0,01050	0,00875	0,01102
0,8	0,02300	0,01200	0,01000	0,01260
0,9	0,02588	0,01350	0,01125	0,01418
1,0	0,02875	0,01500	0,01250	0,01575
1,1	0,03163	0,01650	0,01375	0,01733
1,2	0,03450	0,01800	0,01500	0,01890
1,3	0,03738	0,01950	0,01625	0,02048
1,4	0,04025	0,02100	0,01750	0,02205
1,5	0,04312	0,02250	0,01875	0,02363
1,6	0,04600	0,02400	0,02000	0,02520
1,7	0,04888	0,02550	0,02125	0,02678
1,8	0,05175	0,02700	0,02250	0,02835

5.2.4 Exemplo: determinação da variância do erro de amostragem

Procura-se determinar a variância do erro de amostragem, sendo consideradas três amostras de 500 g, 5.000 g e 50.000 g de minério (calcopirita, com 1,1% Cu), as quais são trituradas até atingir, no máximo, 0,6 cm.

Nesse caso e de acordo com a Tab. 5.5:

$c = 127,08$;

$l = 0,211$;

$f = 0,5$;

$g = 0,253$;

$C = 3,64$.

As variâncias relativas, nesse caso, serão dadas por:

$$\sigma^2_1 = 3,64 \cdot (0,6)^3 / 500 = 15,7 \cdot 10^{-4} \text{ (\% Cu)}^2$$

$$\sigma_1 = 3,96 \cdot 10^{-2} \text{ (\% Cu)}$$

$$\sigma_{1(0,95)} = 7,92 \cdot 10^{-2} \text{ (\% Cu)}$$

$$\sigma_{1(0,95)ABS} = 8,72 \cdot 10^{-2} \text{ (\% Cu)}$$

Tab. 5.5 Análise granulométrica (I etapa), amostra n. 1, DDH n. 572

Intervalo	<di> (μm)	li (g)	Mi (g)	Mi · li (g · μm)	Mi · <di>
+1/2"	12.700	0,052	0,00	0,000	0
−1/2"+3/8"	10.999	0,056	5,70	0,322	62.694
−3/8"+1/4"	7.777	0,067	103,30	6,930	803.364
−1/4"+4#	5.462	0,080	156,90	12,560	856.988
−4#+6#	3.954	0,094	132,10	12,428	522.323
−6#+8#	2.803	0,112	86,10	9,621	241.338
−8#+10#	1.975	0,133	40,10	5,338	79.198
−10#+14#	1.389	0,159	82,80	13,144	115.009
−14#+20#	986	0,188	44,80	8,441	44.173
−20#+28#	700	0,224	31,50	7,044	22.050
−28#+35#	496	0,266	27,10	7,199	13.442
−35#+48#	351	0,316	24,90	7,863	8.740
−48#+65#	248	0,376	19,50	7,326	4.836
−65#+100#	175	0,447	17,00	7,603	2.975
−100#+150#	124	0,531	17,70	9,404	2.195
−150#+200#	88	0,631	17,00	10,721	1.496
−200#+270#	63	0,745	9,70	7,230	611
−270#+400#	45	0,882	11,70	10,318	527
−400#	38	1,000	39,10	39,100	1.486
Totais		867,00	182,590	2.783.444	
Fator de forma (f): 0,500					
Fator de liberação (l): 0,211					
Fator de intervalo de tamanho (g): 0,253					

Nessas circunstâncias, o teor seria dado por:

1,1   ±0,0872% Cu, o que significa 8% de erro

$$\sigma_2^2 = 3{,}64 \cdot (0{,}6)^3 / 5.000 = 1{,}57 \cdot 10^{-4}\ (\%\ Cu)^2$$
$$\sigma_2 = 1{,}25 \cdot 10^{-2}\ (\%\ Cu)$$
$$\sigma_{2(0{,}95)} = 2{,}50 \cdot 10^{-2}\ (\%\ Cu)$$
$$\sigma_{2(0{,}95)ABS} = 2{,}75 \cdot 10^{-2}\ (\%\ Cu)$$

Nessas circunstâncias, o teor seria dado por:

1,1   ±0,0275% Cu, o que significa 2,5% de erro

$$\sigma_3^2 = 3{,}64 \cdot (0{,}6)^3 / 50.000 = 0{,}157 \cdot 10^{-4}\ (\%\ Cu)^2$$
$$\sigma_3 = 0{,}40 \cdot 10^{-2}\ (\%\ Cu)$$
$$\sigma_{3(0{,}95)} = 0{,}80 \cdot 10^{-2}\ (\%\ Cu)$$
$$\sigma_{3(0{,}95)ABS} = 0{,}88 \cdot 10^{-2}\ (\%\ Cu)$$

Nessas circunstâncias, o teor seria dado por:

1,1   ±0,0088% Cu, o que significa 0,8% de erro

Aplicações do formalismo de Gy (1982) permitem orientar, comparar e otimizar estratégias de amostragem.

5.2.5 Análise de diagramas de cominuição e redução

A Fig. 5.28 representa um diagrama de cominuição e redução contendo os dados do exemplo anterior. Esses diagramas permitem visualizar as relações de massa da amostra/tamanho máximo de partículas das diferentes metodologias em comparação com a denominada *linha de segurança*, possibilitando o aprimoramento de uma determinada metodologia de amostragem.

6.1 Distribuições locais: recursos recuperáveis

A necessidade de estabelecer uma reconciliação entre os recursos estimados (*in situ*) e os recursos processáveis (recuperáveis) é basicamente econômica. Conforme indicam as relações a seguir, todo desvio entre teores ou conteúdos produz um considerável prejuízo econômico.

Bloco mineral rico
- subestimativa: prejuízo causado pela extração postergada de bloco mineral mais rico.
- superestimativa: prejuízo causado pela antecipação da extração de mineral menos rico de diferentes características e relação custo/ganhos divergente.

Bloco mineral pobre
- subestimativa: prejuízo causado por um possível envio do bloco de minério para estéril.
- superestimativa: prejuízo causado pela antecipação da extração de mineral mais pobre.

Todos os prejuízos apontados podem ser calculados e avaliados em termos econômicos. Entre os fatores que influenciam a magnitude desses prejuízos, encontram-se o grau de informação (na exploração, na estimativa, no nível de seleção, na dianteira da exploração) e o grau de seleção mineral (tamanho do bloco e teor de corte).

A estimativa dos recursos de um depósito é normalmente realizada com base em algum critério convencional não geoestatístico (poligonal, inverso da distância, método de seções, entre outros) ou krigagem. Qualquer um desses critérios, incluindo a krigagem, fornece uma *estimativa de longo prazo* que, ainda que produza uma distribuição imparcial de estimadores, esconde a verdadeira variabilidade *in situ*, produzindo, assim, uma *suavização artificial* da realidade, com desvios positivos e negativos. Além de considerar critérios geoestatísticos que tendem a diminuir esse efeito de suavização (discriminação populacional, indicadores, simulação, entre outros), a *última informação* obtida antes das operações de lavra do mineral, como nos furos de perfuratriz (operações a céu aberto) ou na amostragem de passagens de minério (ou *ore pass*, operações subterrâneas), fornece os dados cruciais para a *estimativa de curto prazo*.

Para estabelecer essa estimativa, é necessário determinar 1) o tamanho *ideal* do bloco de minério (unidade básica de extração, UBE) que melhor responda à distribuição tonelagem-teor mais apropriada do empreendimento e 2) a configuração dos furos de perfuratriz (distribuição espacial, malha e extensão comprometida na estimativa de um bloco) que será aplicada (por exemplo, por meio do processo de krigagem) à estimativa dos blocos reais do depósito. A Fig. 6.1 apresenta o caso da reconciliação de conteúdos em uma mina a céu aberto.

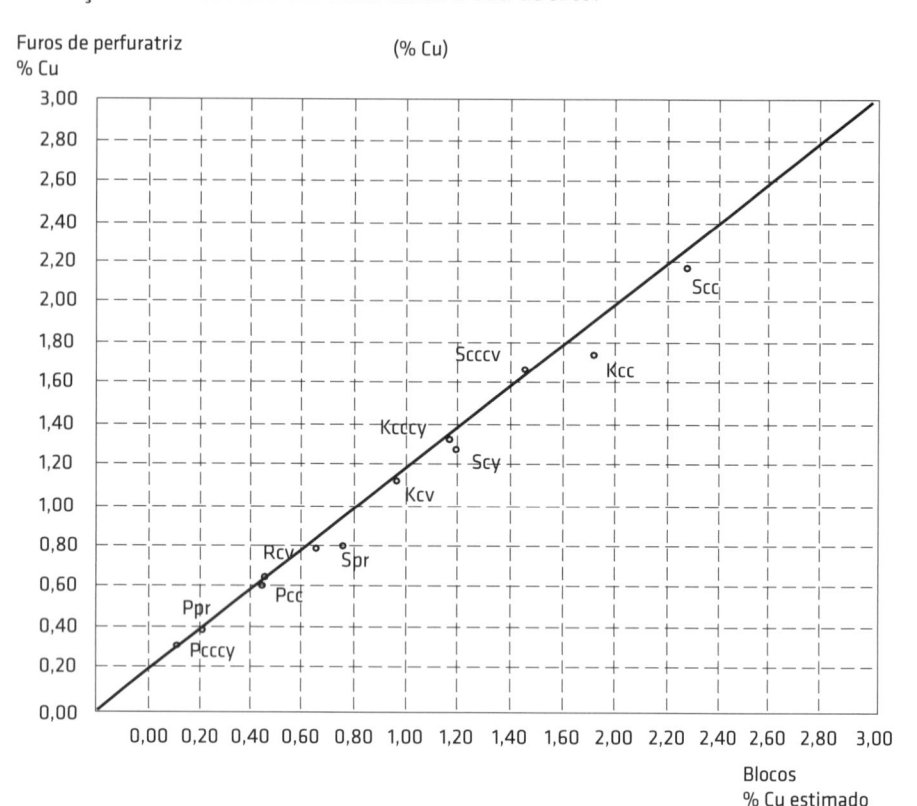

Fig. 6.1 Médias de teores estimados *versus* teores provenientes de furos de perfuratriz

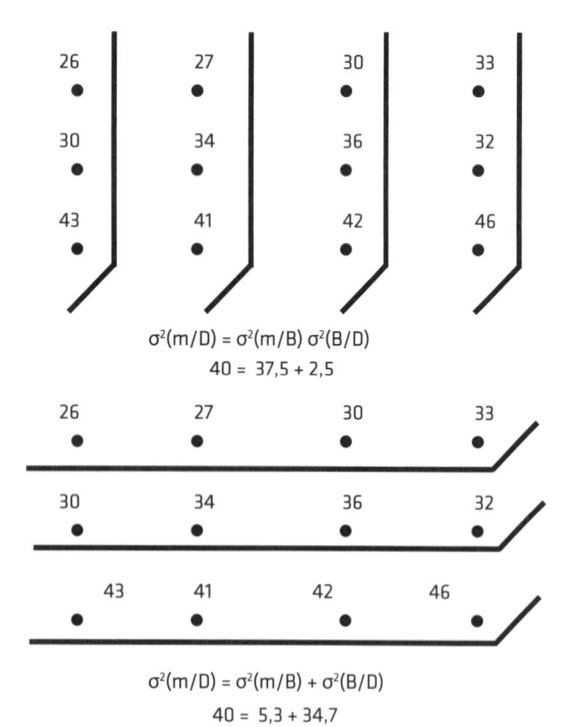

Fig. 6.2 Relações de aditividade para duas sequências diferentes

$\sigma^2(m/D) = \sigma^2(m/B) \cdot \sigma^2(B/D)$
$40 = 37,5 + 2,5$

$\sigma^2(m/D) = \sigma^2(m/B) + \sigma^2(B/D)$
$40 = 5,3 + 34,7$

É possível expressar os desvios calculados em função da malha de exploração utilizada. No entanto, não basta apenas estabelecer uma boa estimativa. A operação de lavra do mineral, por meio de desmontes de volumes específicos, é fundamental para os resultados de variabilidade obtidos. O *tipo, o tamanho e a orientação da operação de lavra* determinam a variabilidade do minério processado. A Fig. 6.2 demonstra como o tipo de lavra pode impactar a variabilidade das áreas sondadas. As relações de variabilidade podem ser completamente estabelecidas por meio do formalismo geoestatístico representado na Eq. 4.63.

É necessário associar os teores estimados dos blocos aos seus teores *in situ*, seus intervalos prováveis de variação, bem como às distribuições internas dos respectivos teores parciais. As Figs. 6.3 e 6.4 ilustram esses exercícios em uma mina de cobre. A primeira associação é útil para o planejamento de longo prazo (planejamento estratégico), enquanto a segunda é necessária para o planejamento de curto prazo (controle de metas de produção incluindo efeitos de diluição e recuperação de tonelagem).

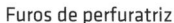

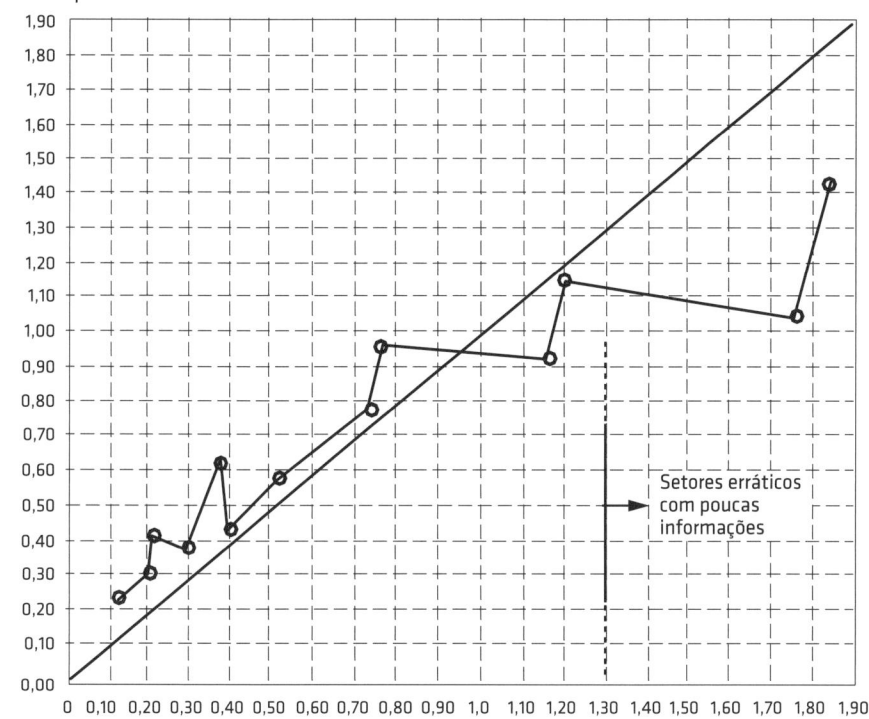

Fig. 6.3 Teores estimados *versus* teores provenientes de furos de perfuratriz

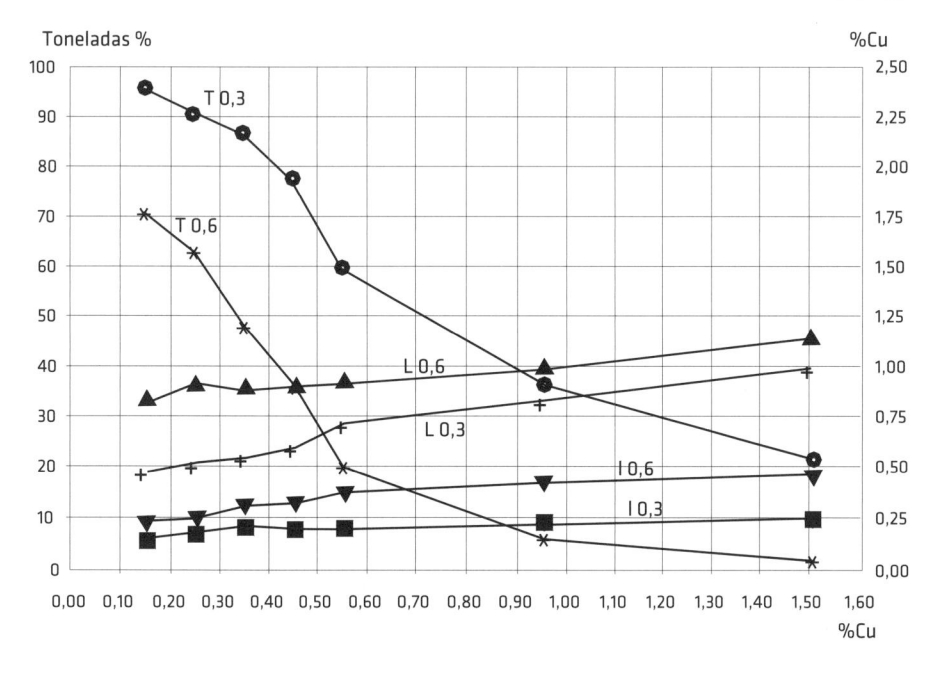

Fig. 6.4 Porcentagem de tonelagens para teores de corte de 0,3% Cu e 0,6% Cu. Teores médios das tonelagens com teores superiores (*L*) e inferiores (*l*) aos teores de corte de 0,3% Cu e 0,6% Cu

6.1.1 Distribuições locais: modelos numéricos

A estimativa de um domínio espacial constituído por uma malha de blocos 3D fornece um estimador para cada bloco unitário. Cada estimador está sujeito a uma superestimativa ou subestimativa. Além desses desvios positivos e negativos dos estimadores, uma característica importante de sua distribuição estatística é que ela demonstra uma dispersão muito pequena, bem menor que aquela apresentada pelos conteúdos ou teores reais desses blocos, o que ocorre como produto do processo de krigagem mencionado anteriormente e que, utilizando um termo geoestatístico, é denominado efeito de *suavização* da krigagem (Fig. 6.5). De fato, qualquer estimador linear pode ser afetado (inverso da distância, poligonal, médias em geral).

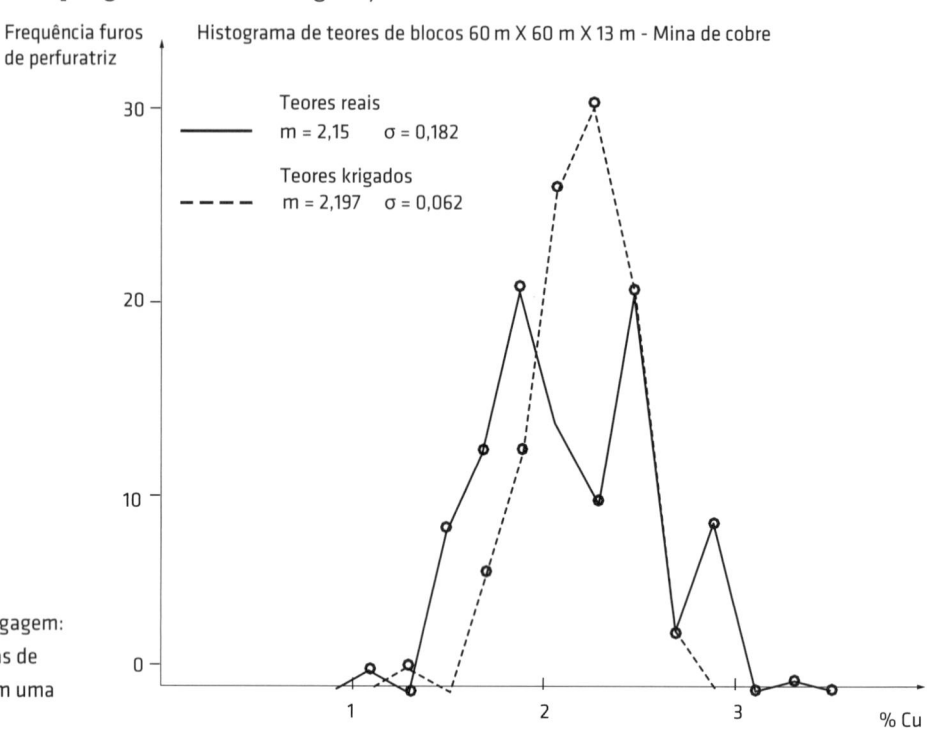

Fig. 6.5 Efeito de suavização da krigagem: comparação de histogramas de teores reais e estimados em uma mina de cobre

Assim, o processo de krigagem (estimadores propriamente ditos e sua distribuição) não é suficiente para classificar de maneira adequada os diferentes tipos minerais do depósito, em virtude das subestimativas ou superestimativas, tampouco as potenciais distribuições percentuais de conteúdos ou teores no interior desses blocos unitários, em razão do efeito de suavização.

A seguir, serão descritos brevemente quatro procedimentos que atendem aos propósitos já mencionados: 1) construção de uma curva de probabilidade total assumindo a relação de efeito de suavização; 2) construção de uma curva de probabilidade total assumindo a forma de distribuição estatística; 3) construção de uma curva de probabilidade total por meio da criação de áreas parciais de probabilidade associadas a uma série de indicadores; e 4) simulação condicional de teores.

Construção de uma curva de probabilidade assumindo o efeito de suavização

O teor médio

O teor médio do depósito é único. Assim, para o estabelecimento de qualquer modelo de distribuição, o teor médio do depósito pode ser assumido como constante e igual, em uma primeira aproximação, ao teor médio das amostras.

A variância

Além do variograma utilizado, a variância também depende do tamanho dos blocos empregados na estimativa dos recursos.

Na ausência de krigagem

Quando não se dispõe dos valores krigados, a variância dos estimadores dos blocos da jazida pode ser determinada por meio da relação de Krige:

$$VD \text{ (amostras/depósito)} = VD \text{ (amostras/bloco)} + VD \text{ (bloco/depósito)} \quad (6.1)$$

em que:

VD = variância de dispersão.

A VD (amostras/depósito) pode ser obtida com base no variograma das amostras ou na análise estatística delas, ao passo que se pode conseguir VD (amostras/bloco) considerando a configuração amostras/bloco e aplicando VD (amostras/bloco) = $\overline{\gamma}$(bloco) - $\overline{\gamma}$ (amostras). Por sua vez, a VD (bloco/depósito) é obtida pela diferença das duas variâncias anteriores.

Na presença de estimadores krigados associados a blocos de tamanho específico

Nesse caso, é preciso corrigir a *suavização* da distribuição de estimadores krigados. E a razão é simples: todo estimador linear, incluido a krigagem, sofre uma distribuição que tende a concentrar pronunciadamente a maioria dos valores estimados. Ou seja, a distribuição aparece muito próxima de seu valor médio. A realidade é diferente, e uma expressão que melhor pode aproximá-la é a denominada relação de *suavização* ou *alisamento*.

$$\sigma^2 = \overline{\sigma}_K^2 + D_K^2 \quad (6.2)$$

em que:

σ^2 = variância dos teores de blocos recuperados;

$\overline{\sigma}_K^2$ = média das variâncias de krigagem de blocos individuais *in situ*;

D_K^2 = variância de dispersão dos valores krigados dos blocos individuais *in situ*.

As Tabs. 6.1 e 6.2 e as Figs. 6.6 e 6.7 ilustram o processo de cálculo e geração da distribuição de recursos recuperados.

Tab. 6.1 Relações de suavização para a estimativa de recursos recuperados

Setor norte e sul – depósito de urânio			
		Setor norte	Setor sul
Média krigada estimada	(% U_3O_8)	0,461	0,567
Dispersão de estimadores krigados	(% U_3O_8)^2	0,0445	0,008
Média da variância de krigagem	(% U_3O_8)^2	0,022	0,019
A variância de dispersão dos teores dos blocos recuperados seria:			
Setor norte: σ^2 = 0,0445 + 0,022 = 0,066			
Setor sul: σ^2 = 0,008 + 0,019 = 0,027			

Construção de uma curva de probabilidade assumindo a forma da distribuição estatística

A forma da distribuição

Uma vez estabelecidos o valor médio e a nova variância, não existem meios para comprovar o modelo da distribuição dos valores reais dos blocos. A única alternativa viável é estabelecer uma aproximação a tal modelo. Uma aproximação frequentemente empregada, comumente conhecida como *permanência de distribuições*, consiste em assumir que a forma da distribuição dos blocos assemelha-se à distribuição das amostras utilizadas na estimativa.

Tab. 6.2 Distribuição estatística de recursos *in situ*/recursos recuperados

% U_3O_8	Distribuição de tonelagens (%) Setor sul					
	Amostras		Teores blocos *in situ*		Teores blocos recuperados	
	Total	Parcial	Total	Parcial	Total	Parcial
0,0	100		100		100	
		0		0		0
0,1	100		100		100	
		6,25		0		1,1
0,2	93,75		100		98,9	
		6,25		0,2		3,9
0,3	87,50		99,8		95	
		12,5		3,5		10
0,4	75		96,6		85	
		22		21,6		19
0,5	53		77		66	
		6,25		42		24
0,6	46,75		35		42	
		22		28		21,1
0,7	24,75		7		20,8	
		9,40		6,55		13,3
0,8	15,35		0,45		7,5	

É importante observar que uma distribuição pode ser ajustada de maneira que abarque todas as irregularidades que eventualmente possam afetá-la. Para tanto, a distribuição irregular deve, primeiro, ser transformada em regular. Depois, ajusta-se a distribuição regular, especificamente, a um modelo de distribuição estatístico de parâmetros selecionados – por exemplo, normal ou lognormal. Finalmente, a última distribuição regular é modificada, intervalo por intervalo, com o objetivo de incorporar as irregularidades da distribuição original e obter os fatores de correção que serão aplicados a cada intervalo da distribuição *in situ*.

A mudança de suporte

A *relação de aditividade* associa *numericamente* as variâncias de dispersão de valores correspondentes a volumes diferentes (Figs. 6.8 e 6.9). Com base nessa relação, a variância dos furos para desmontes de rochas (p) no interior de volumes (v) mais aqueles dos volumes (v) no interior de um volume maior V resulta igual à variância dos furos (p) no interior de V. Assumindo a forma de um modelo estatístico determinado (normal, lognormal ou outro) e conhecendo o valor médio do depósito, que é único, a nova distribuição, Z_n, é dada em função da distribuição prévia, Z_p, de acordo com a relação:

$$Z_n = \frac{\sigma_n}{\sigma_p}(Z_p - m_p) + m_n \tag{6.3}$$

em que:

Z_n = nova distribuição;

$\frac{\sigma_n}{\sigma_p}$ = fator de afinidade (> 0,7);

Z_p = distribuição prévia;
m_p = média da distribuição prévia;
m_n = média da nova distribuição;
$m_p = m_n$.

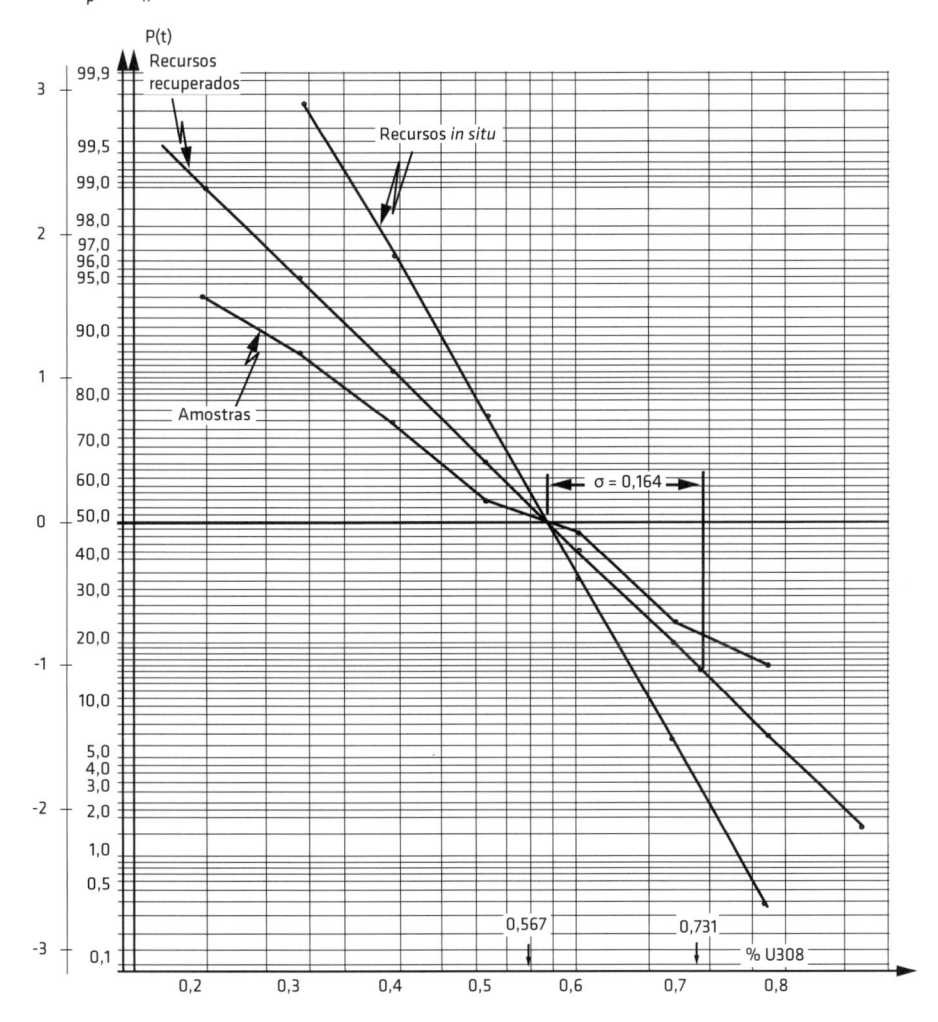

Fig. 6.6 Geração de distribuições de amostras de recursos *in situ* e recursos recuperados (setor sul)

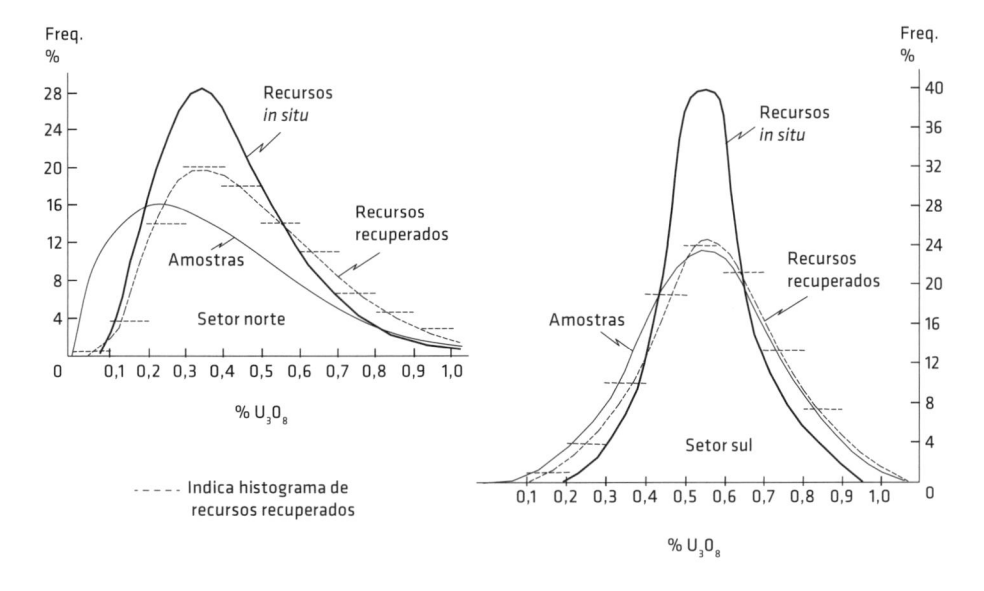

Fig. 6.7 Curvas de distribuição de amostras, recursos *in situ* e recursos recuperados

6 Distribuição e seleção mineral

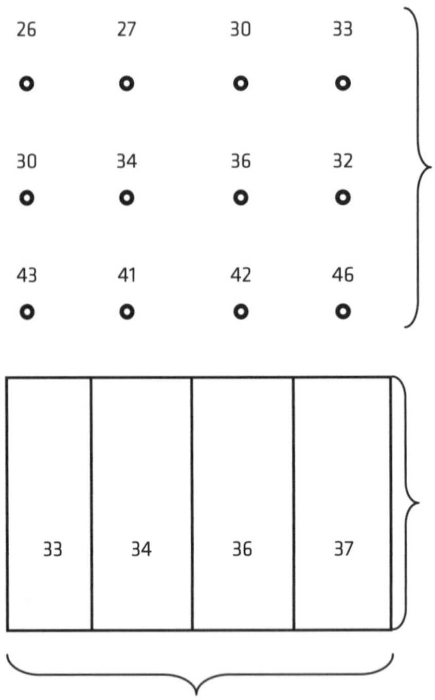

```
   26      27      30      33      12
                                    ──
   ●       ●       ●       ●       12

                                        [(26 - 35)² + (30 - 35)² + (43 - 35)² +
                                         (27 - 35)² + (34 - 35)² + (41 - 35)² +
   30      34      36      32        (30 - 35)² + (36 - 35)² + (42 - 35)² +
                                         (33 - 35)² + (32 - 35)² + (46 - 35)²]
   ●       ●       ●       ●

   43      41      42      46
   ●       ●       ●       ●       = 40 ppm
```

| 33 | 34 | 36 | 37 |

$\dfrac{4}{1}$ [(33 - 35)² + (34 - 35)² + (36 - 35)² + (37 - 35)²]

= 2,5 ppm

$\dfrac{12}{1}$ [(26 - 33)² + (30 - 33)² + (43 - 33)² + (27 - 34)² + (34 - 34)² + (41 - 34)² + (30 - 36)² + (36 - 36)² + (42 - 36)² + (33 - 37)² + (32 - 37)² + (46 - 37)²]

= 37,5 ppm

Variância total $\sigma^2(m/D) = \sigma^2(m/B) + \sigma^2(B/D)$
                    $40 = 37,5 + 2,5$

Fator = $\dfrac{\sigma^2(B/D)}{\sigma^2(m/D)} = \dfrac{\sigma^2(m/D) - \sigma^2(m/B)}{\sigma^2(m/D)}$

Fig. 6.8 Mudança de suporte e fator de afinidade – extração N-S

$= 1 - \dfrac{\sigma^2(m/B)}{\sigma^2(m/D)} = 1 - \dfrac{37,5}{40,0} = 0,0625$

A correção lognormal indireta

Nesse caso, assume-se que todas as distribuições das reservas recuperadas são lognormais e que a transformação de uma distribuição prévia, Z_p, em uma nova, Z_n, é dada por uma relação do tipo:

$$Z_n = A \cdot Z_p{}^B \tag{6.4}$$

$$A = \dfrac{m_p}{\sqrt{f \cdot CV^2 + 1}} \left[\dfrac{\sqrt{CV^2 + 1}}{m_p} \right]^B \tag{6.5}$$

$$B = \sqrt{\dfrac{\ln(f \cdot CV^2 + 1)}{\ln(CV^2 + 1)}} \tag{6.6}$$

$$CV = \sigma_p / m_p \tag{6.7}$$

$$f = \dfrac{\sigma_p^2}{\sigma_n^2} \tag{6.8}$$

Avaliação de empreendimentos e recursos minerais

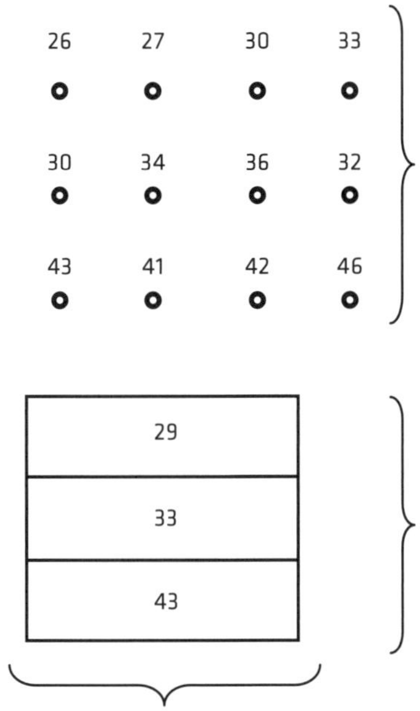

```
26  27  30  33  ⎫  12
 o   o   o   o  ⎪  ──   [(26 - 35)² + (30 - 35)² + (43 - 35)² +
                 ⎪   1    (27 - 35)² + (34 - 35)² + (41 - 35)² +
30  34  36  32  ⎬        (30 - 35)² + (36 - 35)² + (42 - 35)² +
 o   o   o   o  ⎪        (33 - 35)² + (32 - 35)² + (46 - 35)²]
                 ⎪
43  41  42  46  ⎪
 o   o   o   o  ⎭       = 40 ppm
```

```
┌─────────┐ ⎫
│   29    │ ⎪
├─────────┤ ⎪   1
│   33    │ ⎬  ──   [(29 - 35)² + (33 - 35)² + (43 - 35)²]
├─────────┤ ⎪   3
│   43    │ ⎪
└─────────┘ ⎭       = 34,7 ppm
```

$\dfrac{12}{Fi-}$ [(26 - 29)² + (27 - 29)² + (30 - 29)² + (33 - 29)² + (30 - 33)² + (34 - 33)² + (36 - 33)² + (32 - 33)² + (43 - 43)² + (41 - 43)² + (42 - 43)² + (46 - 43)²]

= 5,3 ppm

Variância total
$$\sigma^2(m/D) = \sigma^2(m/B) + \sigma^2(B/D)$$
$$40 = 5{,}3 + 34{,}7$$

Fator =
$$\dfrac{\sigma^2(B/D)}{\sigma^2(m/D)} = \dfrac{\sigma^2(m/D) - \sigma^2(m/B)}{\sigma^2(m/D)}$$

=
$$1 - \dfrac{\sigma^2(m/B)}{\sigma^2(m/D)} = 1 - \dfrac{5{,}3}{40{,}0} = 0{,}8675$$

Fig. 6.9 Mudança de suporte e fator de afinidade – extração E-W

Na prática, é possível aplicar os seguintes procedimentos:
- ajustar uma distribuição lognormal (1) à distribuição original;
- efetuar a correção da variância com o objetivo de estabelecer outra distribuição lognormal (2) com a variância exigida;
- determinar, para diferentes teores de corte, a relação entre recuperações: área de distribuição (2)/área de distribuição (1);
- aplicar a relação anterior à recuperação da distribuição original.

Exemplo: dimensionamento da unidade básica de extração

Para uma mina de cobre, foi solicitada uma análise com o objetivo de estabelecer vantagens comparativas – em relação ao teor médio, tonelagem extraível e quantidade de metal fino recuperado – que ofereçam diversas opções de dimensionamento da unidade básica de extração na mina.

A metodologia utilizada tem como base relações geoestatísticas que associam um determinado tamanho de bloco à distribuição de teores minerais correspondentes a esses blocos. Essas relações, geradas basicamente com base na chamada *relação de variâncias de dispersão* e complementadas com expressões específicas pertencentes ao tipo obtido de distribuição de teores, permitem avaliar, para diferentes teores de corte selecionados, uma série de parâmetros técnico-econômicos característicos de cada tamanho de bloco unitário considerado. Entre esses parâmetros estão o teor médio, a tonelagem de minério recuperado, a quantidade de metal extraído e o retorno incremental esperado.

A base de dados usada foi elaborada a partir das informações fornecidas por 77 sondagens diamantadas praticadas no depósito.

Resumo e conclusões

Essa análise foi iniciada com a construção de histogramas de compósitos de 10 m, 15 m e 20 m, sendo gerada a variografia correspondente a todo o material identificado como minério. O material qualificado como estéril não foi incluído na análise. Por meio de um programa de computador e de relações geoestatísticas, foram determinadas as variâncias de dispersão de blocos de 10 m × 10 m × 10 m, 15 m × 15 m × 15 m, 20 m × 20 m × 20 m e 20 m × 20 m × 15 m no depósito.

Considerando uma permanência da lognormalidade observada no âmbito dos compósitos, aplicou-se o formalismo lognormal para relacionar teor de corte, teor médio, proporção de tonelagens de minério, proporção de tonelagem de metal fino e retorno incremental. Também foram criadas curvas que ilustram o comportamento desses parâmetros para diferentes teores de corte.

Para concluir essa análise, é possível afirmar que, em geral, um teor de corte baixo (por exemplo, cerca de 0,5% Cu):

- favorece uma altura de 10 m, se o objetivo é obter um teor médio maior (por exemplo, 1,30% Cu) em comparação com uma altura de bancada de 15 m/20 m, a qual fornece um teor médio menor (por exemplo, 1,24% Cu);
- favorece uma altura de 15 m/20 m, se o objetivo é obter uma recuperação maior de tonelagem (por exemplo, 98%) em comparação com uma altura de bancada de 10 m, a qual conduz a uma recuperação menor (por exemplo, 95%);
- fornece recuperações iguais de cobre fino, independentemente da altura da bancada.

No caso de um teor de corte alto, superior a 1% Cu e, portanto, altamente seletivo, a análise permite concluir que blocos de 10 m de altura favorecem o teor médio e as recuperações tanto de minérios quanto de metal fino.

Caracterização das informações disponíveis

O volume considerado para análise apresenta as seguintes dimensões:

N	3.000 m
E	2.000 m
Elev	860 m

Nesse volume, estão compreendidas as 77 sondagens com informações sobre coordenadas, orientações e inclinações, desvios, longitude de compósitos, tipo de rocha e teores de cobre. No depósito, podem ser encontrados os tipos de rocha apresentados no Quadro 6.1.

Os tipos que aparecem grifados em negrito foram definidos como minerais, enquanto os demais não foram considerados minerais nessa etapa e são genericamente denominados *estéril*.

No total, são 18.095 amostras de 1,5 m de comprimento. As amostras (1,5 m), de acordo com o tipo mineral, somam 9.314 amostras. Em compósitos de 10 m, essas amostras minerais se reduzem a 1.392; em compósitos de 15 m, a 937; em compósitos de 20 m, têm-se somente 687 amostras. A Tab. 6.3 fornece uma caracterização estatística dessas amostras.

As Figs. 6.10 a 6.13 ilustram os histogramas das quatro populações, ou seja, amostras originais de 1,5 m e compósitos de 10 m, 15 m e 20 m.

A relação de aditividade de variâncias

Uma distribuição estatística é caracterizada essencialmente por sua forma, valor médio e variância. Assim, os histogramas fornecidos pelas Figs. 6.10 a 6.13 permitem caracterizar a distribuição de teores correspondentes a compósitos de 1,5 m, 10 m, 15 m e 20 m. No entanto, apesar de uma possível correspondência entre o comprimento dos compósitos e uma das dimensões dos blocos unitários de extração, a distribuição de compósitos não representa a distribuição dos blocos unitários correspondentes. Os blocos constituem agregações de material mineralizado conformadas por diferentes intervalos de teores de mineral, e, assim, esses valores médios dão origem a distribuições que necessariamente divergem daquelas geradas com base nos compósitos considerados individualmente.

Quadro 6.1 Unidades geológicas e descrição

Unidade geológica			Descrição
1			**Cascalho estéril**
2			**Cascalho mineralizado**
3			**Lixiviado**
4			Vulcânico
5			Óxidos
6			**Mistos**
7	17	27	**Veio enriquecido**
8	18	28	**Veio primário**
9			Cloritizado
10	20	30	Sericítico estéril
11	21	31	**Sericítico enriquecido**
12			**Serítico primário**
13	23	33	**Primário enriquecido**
14	24	34	**Primário**
15			Falha
16			Metamórfico

Tab. 6.3 Estatísticas de amostras do depósito

Unidade geológica (UG)	Tipo	Amostras	Média % Cu	Variância	Mín. % Cu	Máx. % Cu
1	Cascalho	303	0,022	0,003	0,001	0,633
2	Cascalho	5	0,693	0,035	0,547	0,993
3	Estéril	1.432	0,061	0,024	0,001	3,420
4	Estéril	1.206	0,034	0,009	0,001	2,256
5	Estéril	229	0,864	1,232	0,013	7.380
6	**Minério**	551	1,808	5,068	0,019	25,90
7-17-27	**Minério**	2.020	2,267	5,703	0,030	28,90
8-18-28	**Minério**	761	1,914	4,390	0,060	22,200
9	Estéril	1.337	0,030	0,014	0,001	2,648
10-20-30	Estéril	4.197	0,122	0,029	0,001	2,640
11-21-31	**Minério**	1.468	0,5955	0,381	0,031	8,32
12	**Minério**	573	0,470	0,116	0,032	3,38
13-23-33	**Minério**	138	1,582	2,611	0,073	13,280
14-24-34	**Minério**	3.803	0,9645	0,6283	0,008	12,700
15	Estéril	72	0,1534	0,219	0,001	3,760
16	Estéril	-	-	-	-	-
Total	1,5 m	18.095	0,716	1,766	0,001	28,9
Minério	**1,5 m**	**9.314**	**1,295**	**2,673**	**0,008**	**28,9**
	10,0 m	1.392	1,255	1,171	0,081	9,24
	15,0 m	937	1,233	0,935	0,067	8,067
	20,0 m	687	1,228	0,107	0,107	6,074

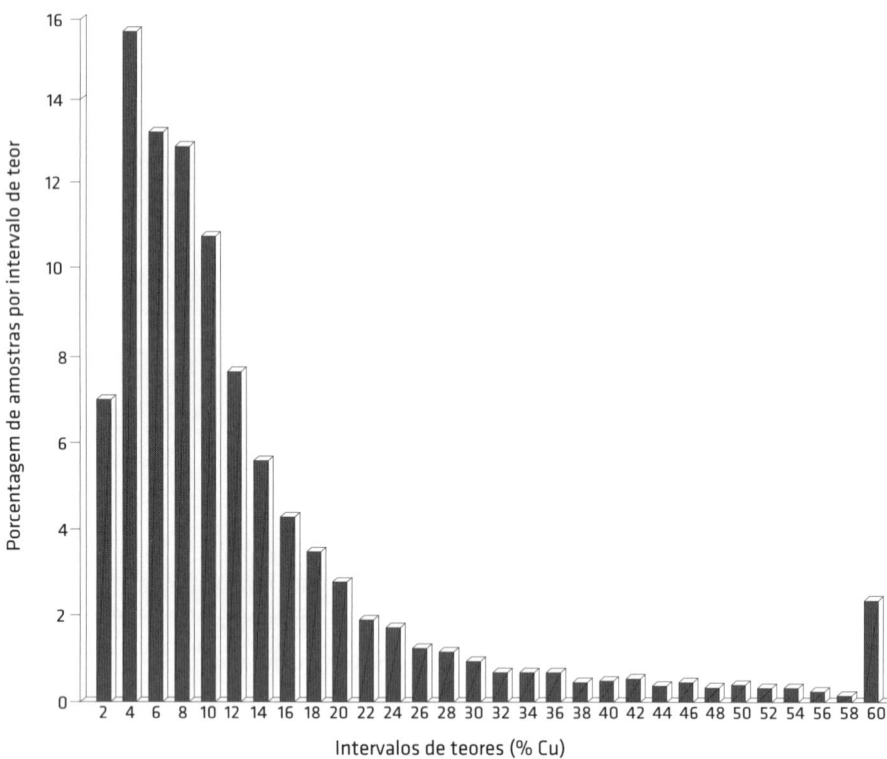

Fig. 6.10 Histograma de amostras de compósitos de 1,5 m para UG mineralizada

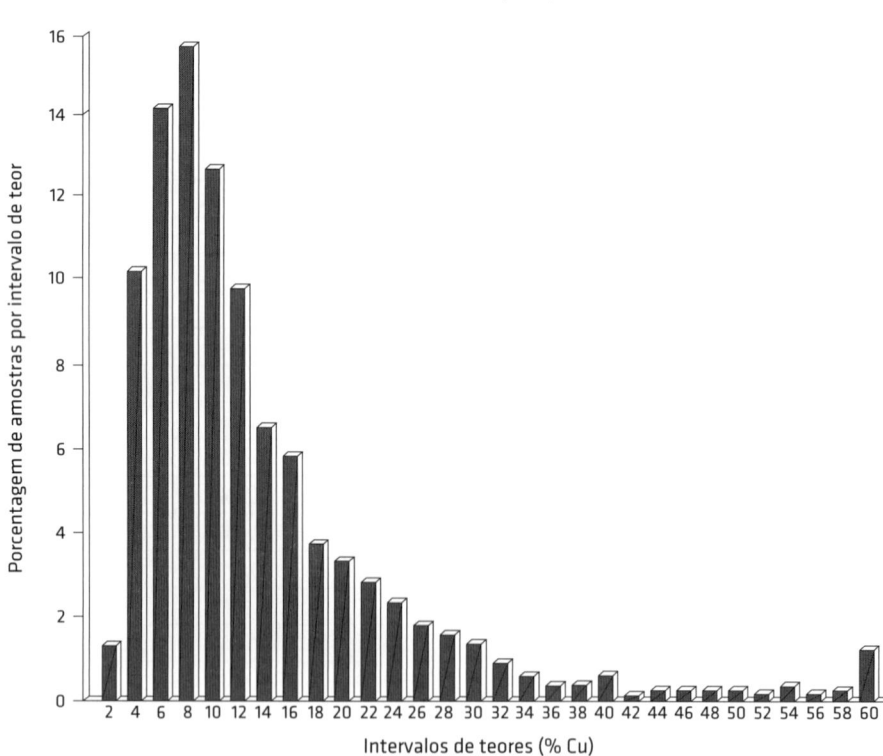

Fig. 6.11 Histograma de amostras de compósitos de 10 m para UG mineralizada

Em comparação à distribuição dos compósitos, a série de valores médios dos blocos unitários se apresenta muito mais suavizada, sem muitas flutuações, e, assim, tal homogeneidade afeta principalmente a variância da distribuição destes. Da mesma forma como em qualquer outra distribuição, as distribuições dos teores correspondentes aos blocos unitários de extração também dependem de uma forma, de um teor médio e de uma variância. E é exatamente este o objetivo dessa análise: estabelecer os parâmetros essenciais dessas distribuições com o intuito de caracterizar o depósito por meio de uma série de opções de extração diferentes.

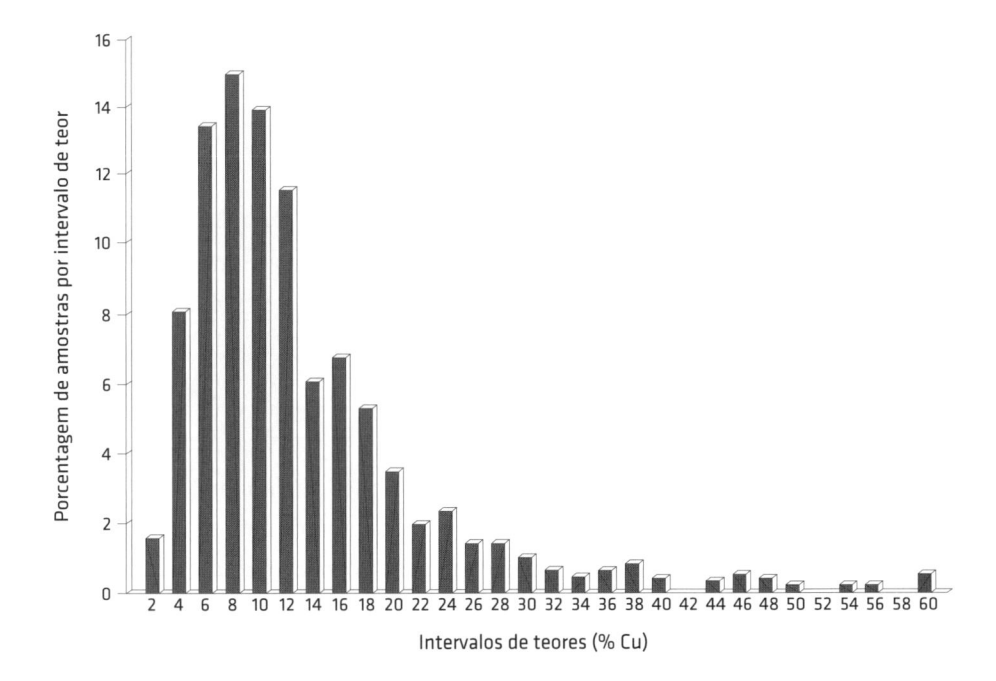

Fig. 6.12 Histograma de amostras de compósitos de 15 m para UG mineralizada

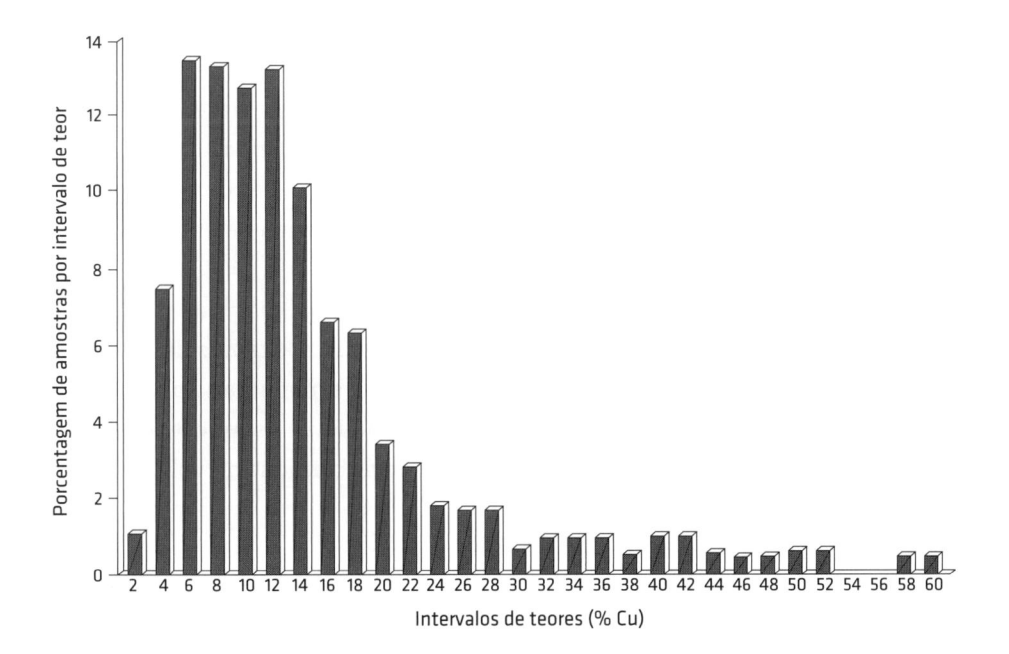

Fig. 6.13 Histograma de amostras de compósitos de 20 m para UG mineralizada

Caso alguma das dimensões dos blocos unitários corresponda ao comprimento de algum tipo de compósito, algumas características da distribuição deste podem ser incorporadas à distribuição dos primeiros. Assim, por exemplo, a forma da distribuição dos blocos unitários pode ser considerada do mesmo tipo daquela correspondente aos compósitos respectivos (por exemplo, permanência do modelo normal ou lognormal). O teor médio da jazida acima de um teor de corte 0,0% Cu é único, e, assim, o teor médio da

6 Distribuição e seleção mineral

distribuição de blocos pode resultar igual ao da distribuição dos compósitos correspondentes. O que muda é a variância, ou seja, a dispersão dos teores ao redor de seu teor médio, em virtude da suavização dos teores de blocos anteriormente mencionados, que contrasta com a flutuação um tanto errática de um compósito a outro. Assim, ela merece especial atenção e pode ser analisada por meio da relação de aditividade, a qual permite associar as discrepâncias dos compósitos do depósito com aquelas apresentadas pelos seus blocos unitários. A relação de aditividade de variâncias, que tem sido deduzida teori-

> A variância de dispersão de amostras no interior de um setor de um depósito, VAR (m/s), é igual à variância de dispersão dessas amostras no interior de blocos de tamanho selecionado, VAR (m/b), mais a variância de dispersão desses blocos no interior do setor considerado no depósito, VAR (b/s). Ou seja,
>
> VAR (m/s) = VAR (m/b) + VAR (b/s)

camente e comprovada empiricamente há décadas, basicamente afirma que:

A variância das amostras no setor, VAR (m/s), corresponde à variância estatística das amostras do setor, parâmetro que coincide, em geral, com o patamar do variograma das amostras encontradas nesse setor, GAMA (m/s). A variância das amostras no interior do bloco, VAR (m/b), pode ser estimada por meio de aplicações geoestatísticas assumindo uma amostra por bloco e calculando o variograma médio dessa amostra no interior do bloco, GAMA (m/b). A função GAMA, mais conhecida como *variograma*, é simplesmente uma função de discrepâncias de teores com a distância que as separa. Aritmeticamente, o variograma representa a média das diferenças ao quadrado entre os valores associados a dois pontos amostrais aleatórios, separados por uma distância específica. Para estimar GAMA (m/b), podem ser utilizados ábacos específicos ou um programa de computador adequado. Dessa forma, a equação apresentada anteriormente transforma-se em:

VAR (b/s) = GAMA (m/s) - GAMA (m/b)

Assim, finalmente, estabelece-se que a variância de dispersão dos teores de blocos de tamanho selecionado ao redor de seu teor médio no setor pode ser estimada por meio da diferença entre dois valores da função GAMA: GAMA correspondente às amostras encontradas dentro do volume s e GAMA correspondente às amostras contidas no volume b.

Determinação de variâncias de dispersão de blocos

Foram determinados variogramas para três comprimentos de amostras: 10 m, 15 m e 20 m. As Figs. 6.14, 6.15 e 6.16 apresentam os gráficos correspondentes. A Tab. 6.4 resume os parâmetros de variografia.

Os parâmetros de variografia permitiram determinar as variâncias de dispersão para quatro dimensionamentos alternativos: blocos de 10 m × 10 m × 10 m, de 15 m × 15 m × 15 m, de 20 m × 20 m × 20 m e de 20 m × 20 m × 15 m. Essas variâncias incorporam-se ao formalismo estatístico que será exposto no próximo item com o intuito de relacionar teor médio, tonelagem de minério, metal fino e retorno incremental.

Fig. 6.14 Variograma omnidirecional – compósitos de 10 m para UGs mineralizadas

Parâmetros do modelo
$C_o = 0{,}5$
$C_1 = 0{,}6$
$a = 60$ m

N° de amostras = 1.392
Média = 1,25
Variância = 1,17

Fig. 6.15 Variograma omnidirecional – compósitos de 15 m para UGs mineralizadas

Parâmetros do modelo
$C_o = 0{,}45$
$C_1 = 0{,}40$
$a = 60$ m

N° de amostras = 937
Média = 1,23
Variância = 0,94

Fig. 6.16 Variograma omnidirecional – compósitos de 20 m para UGs mineralizadas

Parâmetros do modelo
$C_o = 0{,}33$
$C_1 = 0{,}37$
$a = 60$ m

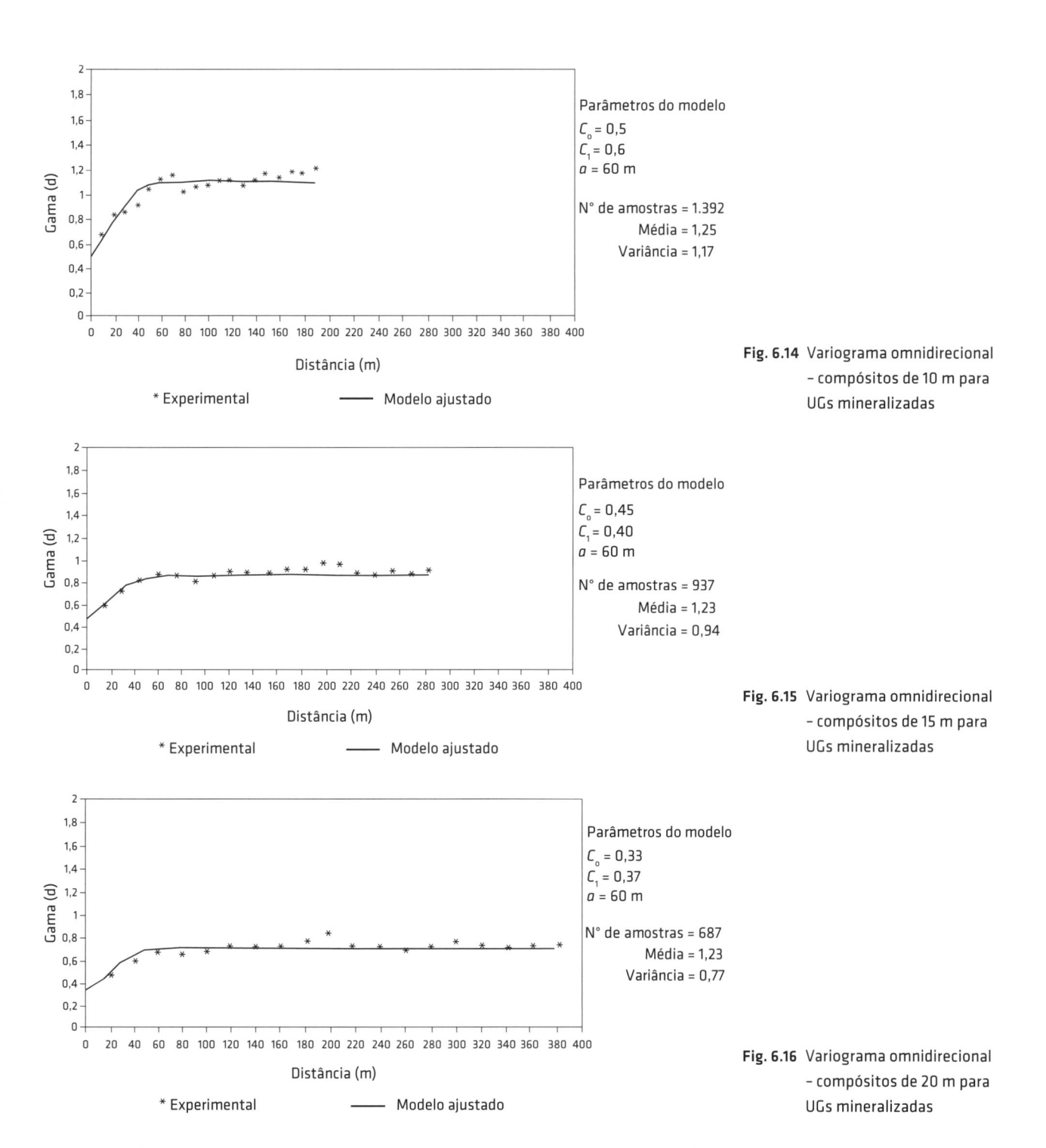

N° de amostras = 687
Média = 1,23
Variância = 0,77

Relações entre teor médio, tonelagem de minério, quantidade de metal e retorno incremental em função do teor de corte

Aplicação de um formalismo estatístico

Um formalismo estatístico deve considerar como elemento básico o estilo da distribuição dos dados que se pretende analisar. As Figs. 6.10 a 6.13 representam os histogramas de compósitos associados às quatro opções consideradas. Esses quatro histogramas ilustram a lognormalidade que afeta as distribuições da jazida. Assim, serão utilizadas

Tab. 6.4 Parâmetros de variografia de compósitos

Parâmetros	10 m	15 m	20 m
Efeito pepita, C_0	0,50 (% Cu)²	0,45 (% Cu)²	0,33 (% Cu)²
Variância, C_1	0,60 (% Cu)²	0,40 (% Cu)²	0,37 (% Cu)²
alcance, a	60 m	60 m	60 m

as relações lognormais para determinar a influência do tamanho do bloco e do teor de corte no teor médio a ser obtido do depósito, nas tonelagens recuperáveis de minérios, na quantidade de metal fino correspondente e, finalmente, nos retornos incrementais que serão gerados.

Formalismo lognormal

Sendo m o teor médio dos valores originais (por exemplo, que seguem uma distribuição lognormal), as relações estabelecidas entre eles são dadas por:

com
$$m = \gamma \cdot e^{\frac{\sigma^2}{2}}$$

$$\sigma^2 = \log(\Sigma^2/m^2 + 1)$$

Assim, se as unidades básicas de extração respondem a uma distribuição lognormal, as relações são representadas por:

$$m_{UBE} = \gamma_{UBE} \cdot e^{\frac{\sigma^2_{UBE}}{2}}$$

com
$$\sigma^2_{UBE} = \log(\Sigma^2_{UBE}/m^2_{UBE} + 1)$$

E, naturalmente, por definição de distribuição lognormal, qualquer valor logarítmico de um teor x será convertido em um valor normal t por meio da relação:

$$t_{UBE} = (\log x_{UBE} - \log \gamma_{UBE})/\sigma_{UBE}$$

De maneira que, para um teor de corte k,

$$t_{UBEk} = (\log x_{UBEk} - \log \gamma_{UBE})/\sigma_{UBE}$$

Desse modo, assumindo a tonelagem total do depósito, acima de um teor de corte $k = 0,0$, igual à unidade (por exemplo, $T_0 = 1,0$), a tonelagem de minério acima de um teor de corte k, T_{UBEk}, será dada pela proporção percentual da curva de tonelagem localizada acima desse teor de corte k:

$$T_{UBEk} = \text{Prop } T(t_{UBEk}) = \text{Prop}\left[(1/\sigma_{UBE}) \cdot \log(x_{UBEk}/m_{UBE}) + \sigma_{UBE}/2\right]$$

Por sua vez, a quantidade de metal acima do teor de corte k está por:

$$Q_{UBEk} = \text{Prop } Q(t_{UBEk}) = \text{Prop}\left[(1/\sigma_{UBE}) \cdot \log(x_{UBEk}/m_{UBE}) - \sigma_{UBE}/2\right]$$

E o teor médio acima do teor de corte k, por:

$$m_{UBEk} = m_{UBEk} \cdot Q_{UBEK}/T_{UBEk}$$

Finalmente, o retorno incremental ou excedente por tonelada de minério de um teor médio m_{UBEk} é dado por:

$$\text{excedente por tonelada} = m_{UBEk} - x_{UBEk}$$

De modo que, para uma tonelagem T_{UBEk}, o resíduo ou retorno incremental total pode ser representado por:

$$II_{UBEk} = T_{UBEk}(m_{UBEk} - x_{UBEk})$$

Todas essas equações foram incorporadas em um programa de computador que forneceu os resultados indicados na seção a seguir.

Resultados obtidos

As Figs. 6.17, 6.18 e 6.19 apresentam as relações existentes entre o teor de corte e o teor médio, a recuperação mineral e o cobre fino recuperável, respectivamente. A Fig. 6.20 descreve o retorno incremental total em função do teor de corte.

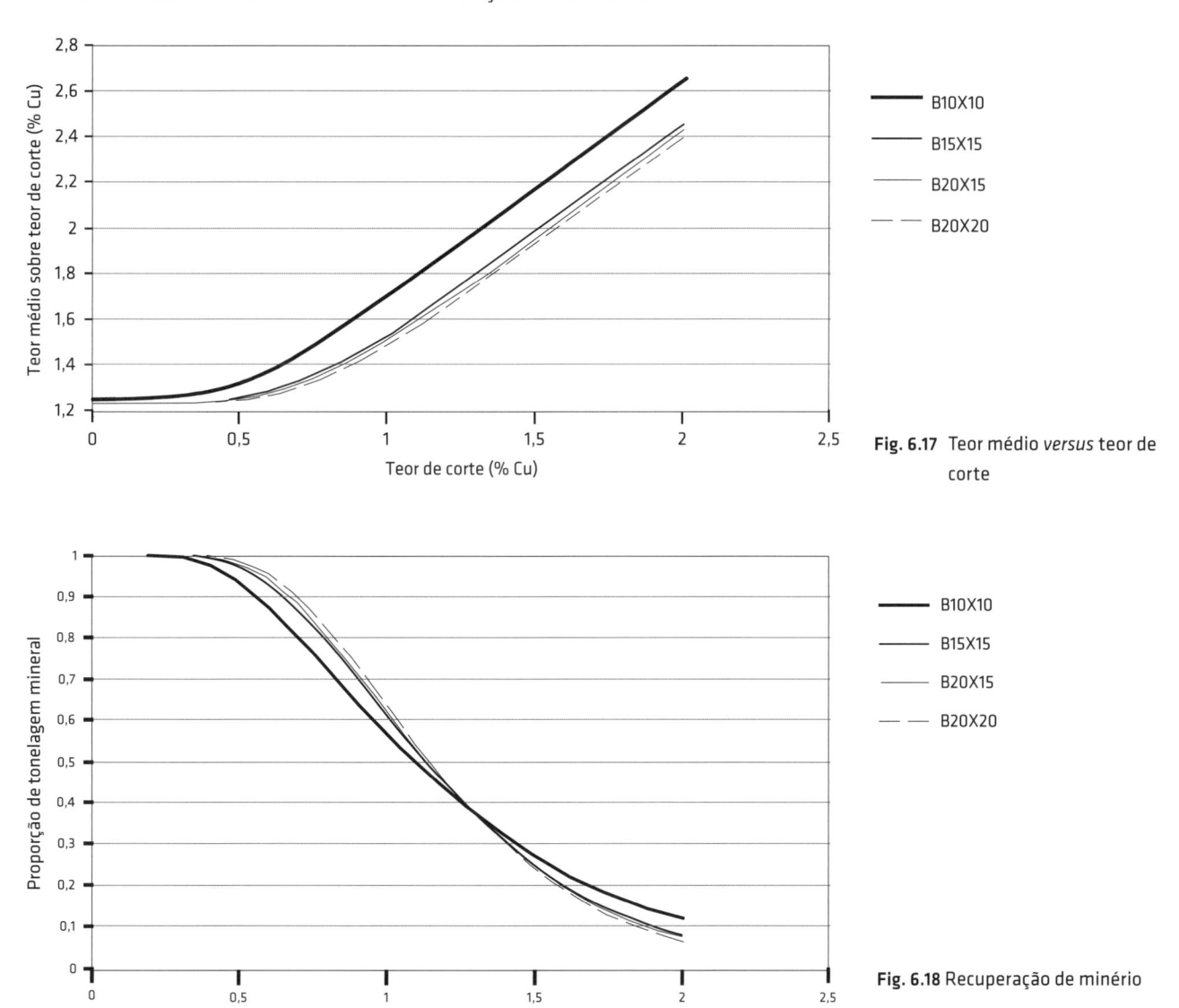

Fig. 6.17 Teor médio *versus* teor de corte

Fig. 6.18 Recuperação de minério

De tais relações, depreende-se que:

- Do ponto de vista do teor do mineral, as unidades menores favorecem um alto teor médio. Nesse sentido, as unidades de 10 m de altura se destacam em relação às unidades de 15 m e 20 m, independentemente do teor de corte selecionado.

Fig. 6.19 Fino recuperável

Fig. 6.20 Retorno incremental

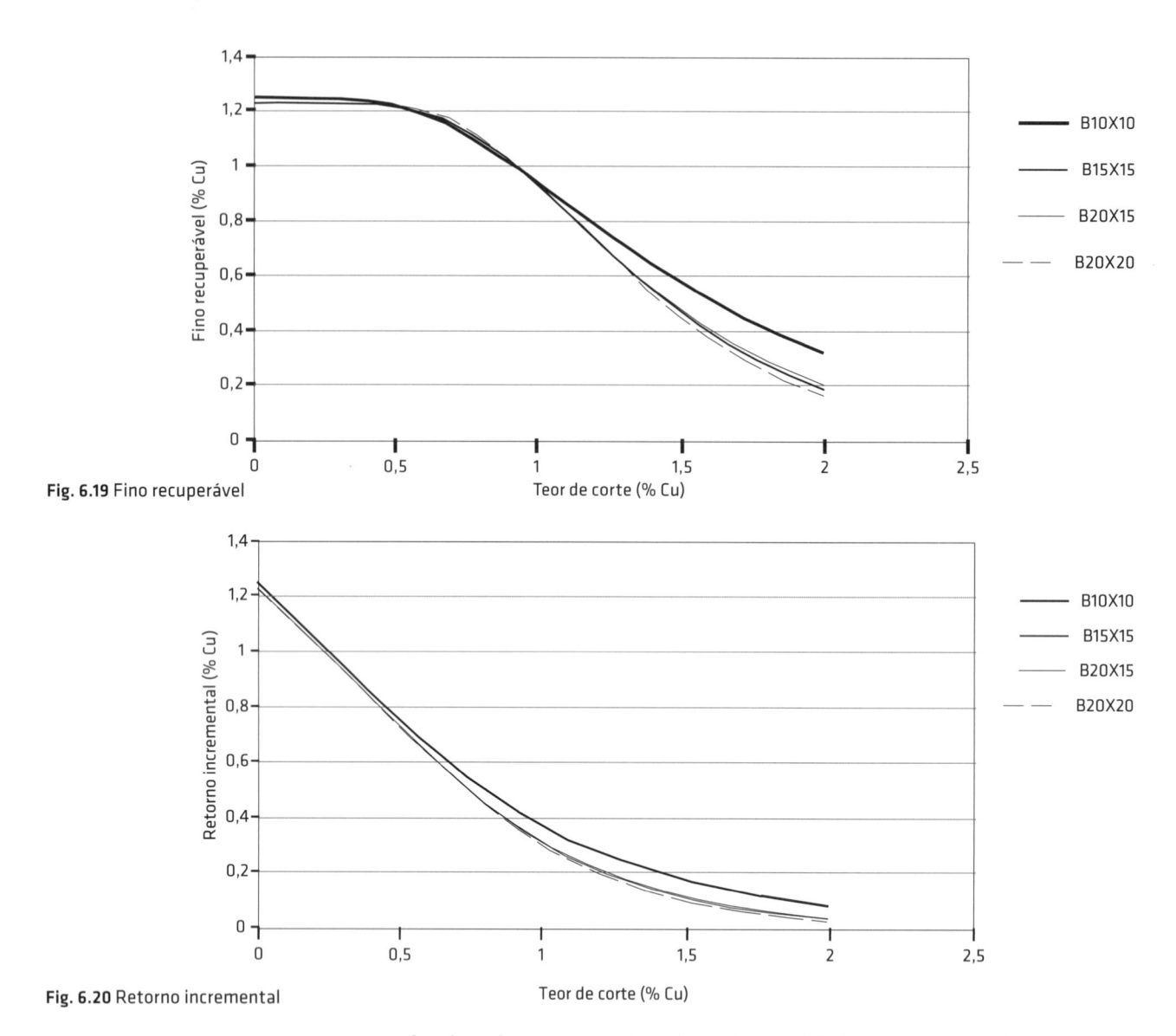

- Do ponto de vista da recuperação mineral, as unidades menores reduzem a recuperação de minérios do depósito quando o teor de corte está abaixo do teor médio global da jazida (por exemplo, em torno de 1,3% Cu). Quando o teor de corte se encontra acima desse teor médio, a recuperação de tonelagem por meio das unidades menores (por exemplo, 10 m) apresenta-se mais acentuada em comparação àquela obtida por meio de unidades maiores (por exemplo, 15 m e 20 m).
- Do ponto de vista do cobre fino recuperado, este é aproximadamente o mesmo para unidades com diferentes alturas de bancada até que o teor de corte ultrapasse 1,1% Cu. A partir desse teor de corte, as unidades menores (por exemplo, 10 m) fornecem uma maior quantidade de cobre fino recuperável.
- Do ponto de vista do retorno incremental, este se apresenta um pouco maior no caso de blocos de menor altura (por exemplo, 10 m). No entanto, é importante notar que esse retorno mais acentuado não envolve as economias de escala produzidas no caso de bancadas mais altas, por causa, em geral, da maior produção associada aos blocos maiores. Uma conclusão definitiva a respeito do rendimento líquido obtido

em cada caso deve necessariamente considerar dados de produtividade, custos de operação e capital que não foram incorporados à expressão do retorno incremental considerado.

Como conclusão dessa análise, é possível afirmar que, em geral, um teor de corte baixo (por exemplo, cerca de 0,5% Cu):

- favorece uma altura de 10 m se o objetivo é obter um teor médio maior (por exemplo, 1,30% Cu) em comparação a uma altura de bancada de 15 m ou 20 m, que gera um teor médio menor (por exemplo, 1,24% Cu);
- favorece uma altura de 15 m ou 20 m se o objetivo é obter uma recuperação de tonelagem mais acentuada (por exemplo, 98%) em comparação a uma altura de bancada de 10 m, que conduz a uma menor recuperação (por exemplo, 95%);
- fornece recuperações iguais de cobre fino, independentemente da altura de bancada.

Para o caso de um teor de corte alto, superior a 1% Cu e, portanto, altamente seletivo, a análise permite concluir que blocos de 10 m de altura favorecem o teor médio e as recuperações tanto de minério como de metal fino.

Construção de uma curva de probabilidade por meio da estimativa de indicadores

Uma função de indicatriz binária

Cada setor, painel ou bloco de uma jazida pode ser formado por pontos cujos teores associados possuem determinada probabilidade de estar acima ou abaixo de um valor de corte. Assim, cada amostra disponível pode estar associada a uma indicatriz binária: se o teor de uma amostra, por exemplo, está acima de um teor de corte selecionado, a amostra é caracterizada por um 1, e, se o teor está abaixo do teor de corte selecionado, a amostra é caracterizada por um 0. Como resultado, o conjunto de teores originais transforma-se em um conjunto de dados 1 e 0. A indicatriz binária descreve a probabilidade de que um ponto determinado seja minério ou estéril e pode responder a um critério subjetivo (porcentagem alta, porcentagem baixa) ou objetivo (acima ou abaixo de um teor de corte).

Krigagem de indicadores

A krigagem de indicadores é um processo que se encontra inserido dentro do formalismo de indicadores. Este conduz a uma função espacial que, basicamente, mapeia eventos. Esses eventos podem ser numéricos (teores, conteúdos, entre outros) ou categóricos (presença ou ausência de um tipo de rocha ou mineralização). Assim, é possível estimar ou simular a geometria de populações conjuntas ou os teores e conteúdos de uma determinada mineralização. A quantidade e a qualidade das informações são fundamentais.

No contexto de definição de áreas, a krigagem de indicadores fornece as fronteiras esperadas de populações mineralizadas, e, no contexto de teores e conteúdos, fornece a probabilidade de que um domínio (ponto ou volume) esteja sobre um determinado conteúdo ou a proporção desse domínio que está sobre esse conteúdo. Assim, o processo de krigagem é aplicado por meio do uso das informações obtidas do depósito e do estabelecimento de indicadores de acordo com *um* conteúdo tomado como referência. Podem ser considerados diversos conteúdos referenciais ou discriminantes. Especificamente, os conteúdos que estão acima do conteúdo referencial se transformam em 1 e os que estão abaixo, em 0. Assim, diferentes conjuntos de indicadores (1 e 0), dependentes dos conteúdos utilizados como referência, são utilizados para a variografia e a krigagem. As sucessivas probabilidades de ocorrência parcial se transformam em uma distribuição conjunta que fornece o teor médio e proporções de material em função dos diferentes conteúdos mínimos considerados. A Fig. 6.21 esquematiza esse processo.

É possível gerar um variograma de indicadores dados pela função $I(x)$ por meio de um conjunto de dados 0 e 1.

$$I(x) \begin{cases} x: \text{localização da amostra} \\ =1: \text{se a amostra possui um teor superior ao teor de corte selecionado} \\ =0: \text{se a amostra possui um teor inferior ao teor de corte selecionado} \end{cases} \tag{6.9}$$

O variograma corresponde a:

$$\gamma(h) = \frac{1}{2N} \sum_{1}^{N} [I(x) - I(x+h)]^2 \tag{6.10}$$

ao qual se pode ajustar um modelo

$$\gamma(h) = \begin{cases} C \left[\dfrac{3}{2} \dfrac{h}{a} - \dfrac{1}{2} \dfrac{h^3}{a^3} \right] & \text{para } h < a \\ \\ C & \text{para } h \geq a \end{cases} \tag{6.11}$$

Ao krigar um ponto x_0 com base em n amostras $x_1, x_2, \ldots x_n$, o estimador da indicatriz $I(x_0)$,

$$I(x_0) = \lambda_1 \cdot I(x_1) + \lambda_2 \cdot I(x_2) + \ldots + \lambda_n \cdot I(x_n) \tag{6.12}$$

representará a *probabilidade* de que o ponto x_0 esteja localizado acima do teor de corte selecionado.

Outra observação importante é que a estimativa da indicatriz $I(x_0)$ não é uma particularidade associada às propriedades da krigagem. Na realidade, a indicatriz pode ser igualmente obtida com base em qualquer procedimento de estimativa, como aquele que é função do inverso da distância.

Determinação da curva de probabilidade

A consideração de teores de corte consecutivos conduz à determinação sucessiva das probabilidades de ocorrência das tonelagens associadas a cada teor de corte. Traduzindo cada teor observado em termos de tonelagem associada, é possível derivar a probabilidade de ocorrência das tonelagens associadas como uma função de uma série de teores de corte. É evidente que essas probabilidades assim calculadas devem cumprir um requisito essencial relacionado a sua ordem ou sequência. Especificamente, é preciso que a probabilidade associada a uma série de teores vá diminuindo à medida que o teor de corte aumenta.

A cada ponto do espaço considerado, é possível associar uma curva de probabilidade de ocorrência de acordo com diferentes teores de corte. Se um bloco ou painel é formado por n desses pontos, será possível contar com n curvas de probabilidade do conjunto. A análise das áreas parciais da curva em comparação à área total fornece uma estimativa da distribuição dessas tonelagens (Fig. 6.22). Essa distribuição, no entanto, ainda representa valores krigados *in situ*. A distribuição de recursos recuperados é obtida por meio da correção da variância de dispersão da distribuição dos recursos *in situ* (seção "Construção de uma curva de probabilidade assumindo o efeito de suavização"), obtidos com um "suporte" pontual.

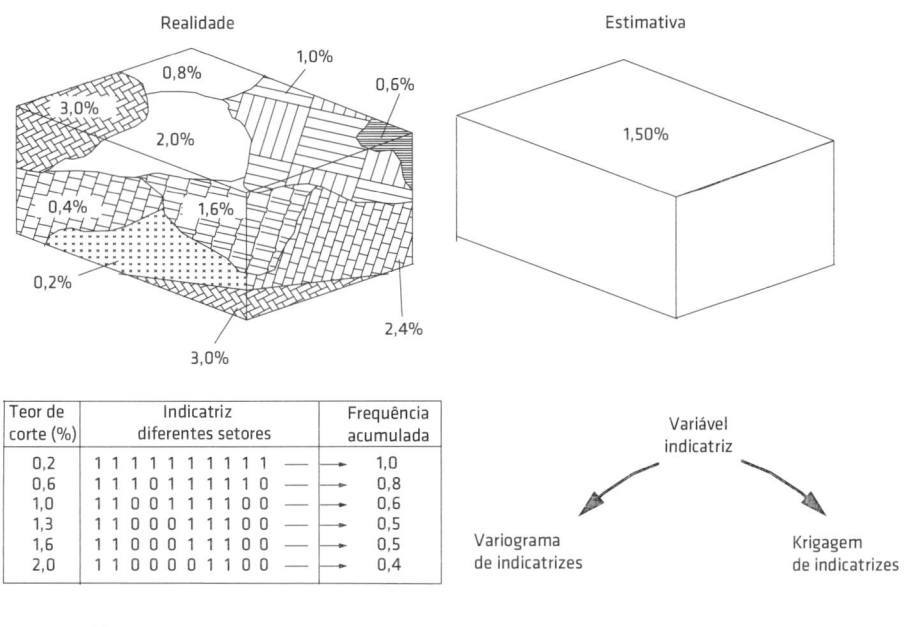

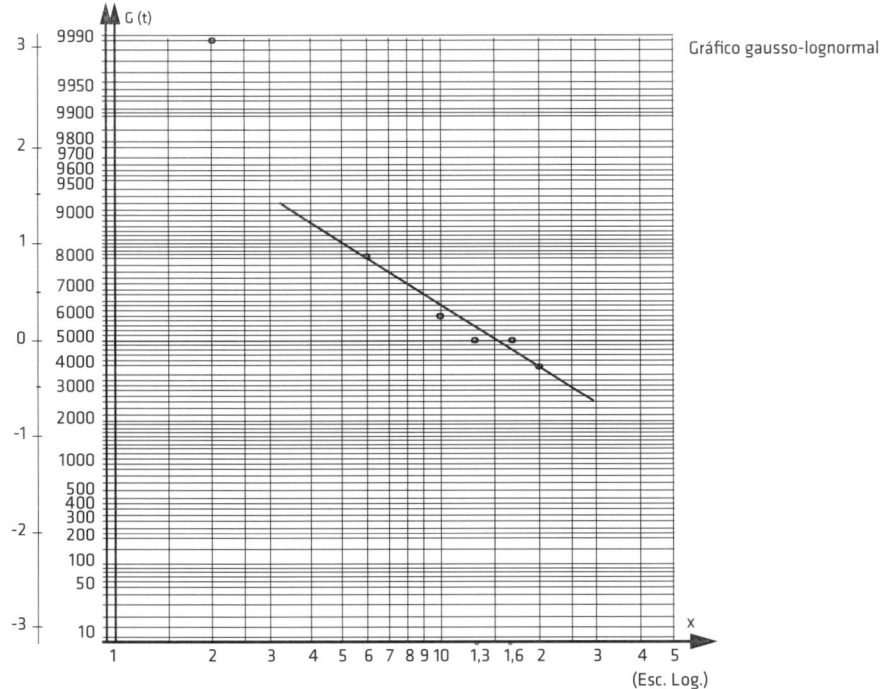

Teor de corte (%)	Indicatriz diferentes setores	Frequência acumulada
0,2	1 1 1 1 1 1 1 1 1 1	1,0
0,6	1 1 1 0 1 1 1 1 1 0	0,8
1,0	1 1 0 0 1 1 1 1 0 0	0,6
1,3	1 1 0 0 0 1 1 1 0 0	0,5
1,6	1 1 0 0 0 0 1 1 0 0	0,5
2,0	1 1 0 0 0 0 1 1 0 0	0,4

Fig. 6.21 Indicadores e distribuição probabilística

Em presença de diversas populações geologicamente diferentes (litologias, alterações, mineralização), a krigagem de indicadores também pode ser aplicada com o propósito de estabelecer estimativas. Para tanto, são determinados, por exemplo, os variogramas dos setores de teores baixos e altos. Cada bloco é krigado de acordo com as mineralizações que contém, utilizando, nesse caso, os variogramas e os valores de teores associados a cada mineralização contida no interior do bloco. Também é determinada a proporção de mineralização encontrada em cada bloco por meio do formalismo de indicadores. O teor estimado do bloco é dado por uma combinação de teores krigados, $z_{mín.\,i}$, ponderados pelas proporções, $p_{mín.\,i}$, das respectivas mineralizações.

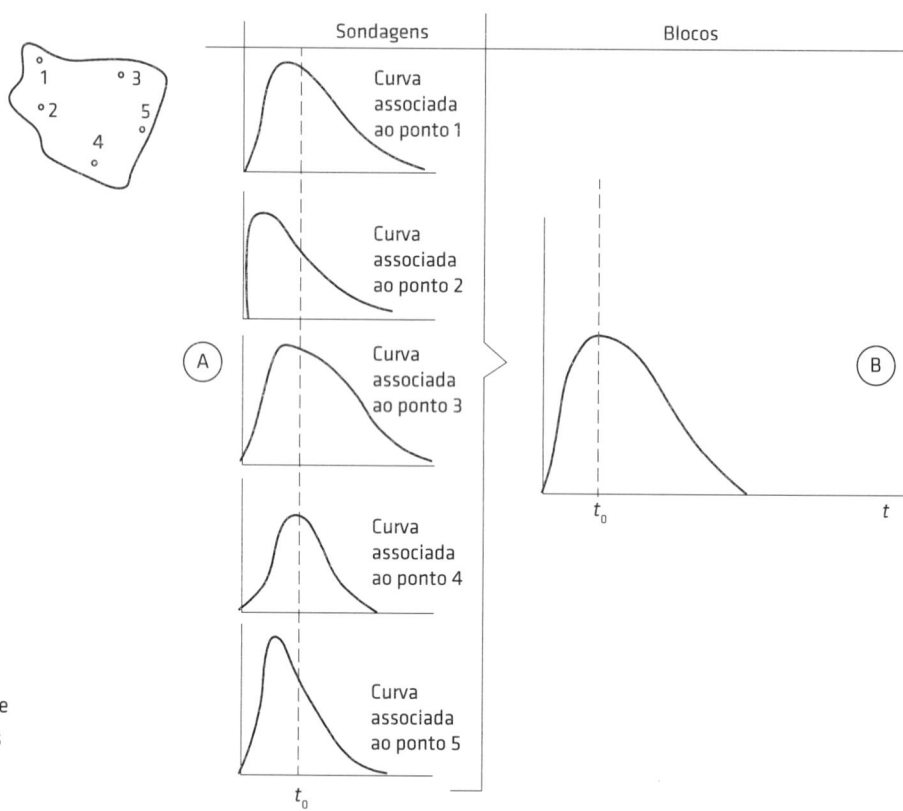

$$Z_{bloco} = z_{mín.\,1} \cdot p_{mín.\,1} + \ldots\ldots\ldots\ z_{mín.\,N} \cdot p_{mín.\,N} \tag{6.13}$$

Fig. 6.22 (A) Curvas de distribuição de probabilidade de ocorrência de teores acima de t_0 associados a diversos pontos e (B) curva de distribuição composta

Simulação condicional

Fundamentos

A simulação condicional é um processo que consiste em estabelecer um modelo numérico do depósito que reproduz as características estatísticas relevantes da mineralização *in situ*. De fato, para obter um conhecimento detalhado do depósito em estudo (por exemplo, tarefas de curto prazo), não parece suficiente conhecer o valor numérico da variância dos conteúdos de interesse nem a probabilidade de suas ocorrências (para apoiar tarefas de longo prazo). Além disso, é necessário conhecer a distribuição espacial desses conteúdos *in situ*. A Fig. 6.23 resume o critério de simulação (Luster, 1985). Basicamente, o processo de simulação gera um modelo numérico da jazida que reproduz a realidade, fornecendo valores simulados com parâmetros estatísticos (histogramas e variogramas) iguais com o objetivo de reencontrar os valores originais obtidos durante a exploração (amostragem).

Critérios para a simulação condicional

Basicamente, a simulação pode responder a dois critérios: a simulação com base em médias espaciais móveis e a simulação sequencial. A primeira é representada 1) pela criação de médias móveis em cada ponto de uma malha tridimensional gerada para esse efeito e 2) pela técnica das bandas rotativas e a segunda, 1) pela simulação sequencial gaussiana e 2) pela simulação sequencial de indicadores.

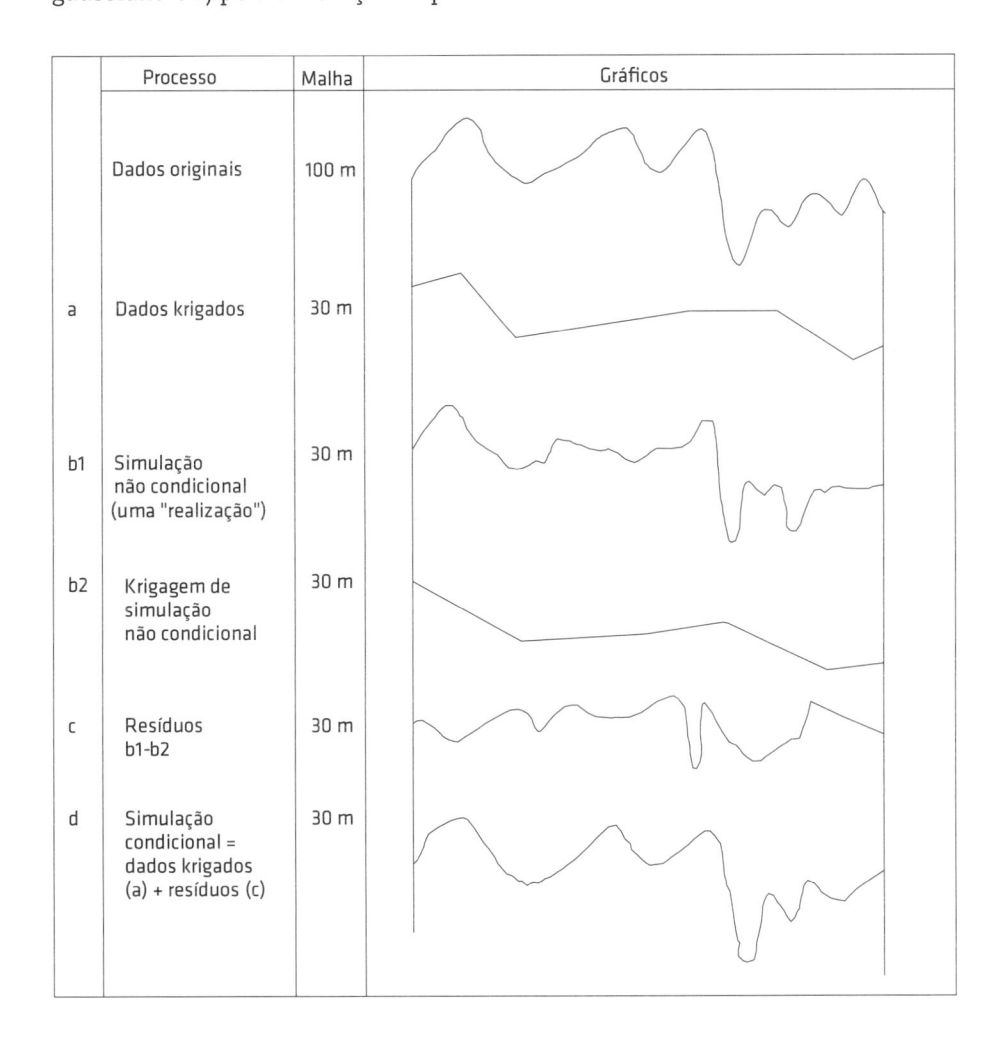

	Processo	Malha	Gráficos
a	Dados originais	100 m	
a	Dados krigados	30 m	
b1	Simulação não condicional (uma "realização")	30 m	
b2	Krigagem de simulação não condicional	30 m	
c	Resíduos b1-b2	30 m	
d	Simulação condicional = dados krigados (a) + resíduos (c)	30 m	

Fig. 6.23 Conceito de simulação condicional

Simulação de médias espaciais móveis
Metodologia

Gera-se uma malha tridimensional ou bidimensional na qual, a cada nó, é associado um número aleatório, independentemente de outros já existentes, extraído de uma distribuição uniforme. Com base em uma janela (circular ou esférica com raio equivalente, em ambos os casos, ao alcance do semivariograma), calcula-se, em cada nó, a soma normalizada de todos os valores aleatórios contidos na janela a ele associada. Essa soma normalizada constitui o valor simulado não condicional associado ao respectivo nó. Obtém-se, então, um $ms(no\text{-}c)$.

Utilizando os dados originais, estima-se por krigagem cada nó da malha, obtendo-se um valor mk correspondente ao nó.

Finalmente, com base nos valores simulados não condicionais, estima-se por krigagem cada nó da malha, obtendo-se um valor $ms(no\text{-}c)k$. E, assim, o valor condicionalmente simulado, $ms(c)$, em cada nó é obtido por meio da relação $ms(c) = mk + \{ms(no\text{-}c) - ms(no\text{-}c\,k)\}$.

6 Distribuição e seleção mineral

Simulação sequencial

Metodologia

O método tem por base que, no caso de uma distribuição normal multivariável, esta pode ser representada como o produto de uma série de distribuições condicionais univariáveis. Há duas vantagens apresentadas por essas distribuições:

- o valor médio de seus valores é equivalente ao valor médio desses valores estimados por krigagem simples;
- a variância é equivalente à variância de krigagem simples.

Assim, é possível assumir duas aproximações: a simulação sequencial gaussiana e de indicadores.

Procedimentos da simulação sequencial (SS) gaussiana

Os dados originais devem ser transformados em indicadores ou em valores normalizados, normalmente padronizados. Determina-se uma rota aleatória para demarcar uma posição em um dos nós da malha. Com base nos dados originais e valores condicionalmente simulados nos nós processados, estimam-se por krigagem simples o valor médio nesse nó e a variância de estimativa. Esse valor médio e sua variância constituem a distribuição condicional associada ao nó. Dessa distribuição, aleatoriamente, extrai-se um valor. Esse valor é aquele condicionalmente simulado no nó e passa a constituir outro entre os valores considerados na estimativa por krigagem simples dos nós que ainda serão processados.

Já que a simulação foi aplicada a valores gaussianos, faz-se necessário transformar esses valores para ajustá-los ao histograma de valores originais. Para isso, é possível assumir uma distribuição estatística específica ou aplicar uma transformação de anamorfose gaussiana, conforme visto no Cap. 2 (seção 2.5.2).

6.2 Valorização do empreendimento mineral: modelos econômico-financeiros

O empreendimento mineral e, mais especificamente, a mineração extrativista compreendem três áreas específicas: a captura e avaliação das informações do recurso-base, os formalismos técnico-econômicos de planejamento e a definição, valorização e operacionalização do empreendimento. A seguir, serão apresentadas as descrições desses três temas.

6.2.1 Captura e avaliação das informações do recurso-base

De acordo com Smith (1994), 68% do risco relativo em um estudo de viabilidade está associado com o *fluxo de retornos* do empreendimento (por exemplo, derivado dos teores, recuperação, seleção e preço), 25% com o *fluxo de custos* (por exemplo, de capital e operação) e apenas 7% com o horizonte produtivo.

Daí vem a importância de validação dos parâmetros técnicos e econômicos do empreendimento: eles *devem ser solidamente sustentados* não apenas em seus *desvios* (por exemplo, teor, recuperação, índices geotécnicos, preço do metal e coprodutos, custos, entre outros), mas também em seus *valores médios estimados*.

> Os formalismos técnico-econômicos e a avaliação econômica adquirem sentido tão somente após a validação do *fluxo de informações* associado à cadeia de valores, *desde a rocha até o produto final*.

As incertezas que afetam os parâmetros fundamentais do empreendimento mineral derivam dos desvios ou discrepâncias que separam as estimativas (valores esperados), estabelecidas espacial ou temporalmente, das realizações (valores reais) alcançadas por esses parâmetros.

No entanto, a medida de incertezas não está unicamente vinculada à magnitude dessas discrepâncias. Por exemplo, se no âmbito de um *estudo conceitual* pode-se aceitar uma certa discrepância na estimativa do conteúdo de metal ou na recuperação metalúrgica, essa mesma discrepância sobre esse mesmo atributo pode se tornar inaceitável em um *estudo de viabilidade*. Assim, além das características intrínsecas da variável em análise (por exemplo, teor de metal, recuperação, preço, custos, entre outros) e dos erros de estimativa (por exemplo, desvio específico entre o valor estimado e o valor real), o grau de incerteza também depende estritamente da *fase* na qual se encontra o empreendimento.

Resumidamente, o empreendimento mineral transita por cinco fases importantes: *exploratória* ou *conceitual*, que inclui a análise de cenários alternativos e desenvolve perfis técnico-econômicos; *pré-viabilidade*, que inclui cenários selecionados, precisa parâmetros técnicos, estima parâmetros econômicos; *viabilidade*, que identifica um cenário definitivo, congela parâmetros técnicos, precisa parâmetros econômicos; *bancabilidade*, que congela parâmetros técnicos e econômicos, sustenta a administração do empreendimento e a planificação da engenharia, construção e início; e *engenharias, construção e início*, que monitora planos operacionais e programa de controles e administra as auditorias correspondentes.

Desde uma etapa incipiente (exploratória ou conceitual) ou fase de desenvolvimento (construção e início) até a transição pelas etapas de pré-viabilidade, viabilidade e bancabilidade, faz-se necessário protocolar os padrões técnicos a fim de aperfeiçoar as informações, delimitando cada vez mais as incertezas, para finalmente assegurar, por meio do movimento sequencial de uma etapa a outra do empreendimento, o controle de qualidade de cada uma das atividades fundamentais incluídas em cada uma de suas fases.

É importante destacar então que, ainda que o empreendimento apresente incertezas e riscos de uma mesma natureza em todas as suas fases, seus níveis são *progressivamente delimitados* à medida que ele transita de uma fase a outra em seu desenvolvimento, ou seja, à medida que as informações são aperfeiçoadas e melhora-se o conhecimento do recurso e do empreendimento em análise. Esse aperfeiçoamento das informações é caracterizado por fornecer o máximo auxílio ao resultado do empreendimento durante sua fase menos custosa (por exemplo, conceitual; pré-viabilidade) e por oferecer contribuições bem mais marginais ao empreendimento durante a fase mais custosa (por exemplo, bancabilidade; engenharias, construção e início) (Fig. 6.24).

A diminuição das incertezas que afetam a mineração extrativista, bem como a garantia da base mineral e a sustentação técnico-econômica do empreendimento, é obtida por meio da adesão das práticas profissionais habituais aos padrões técnicos estabelecidos pela indústria.

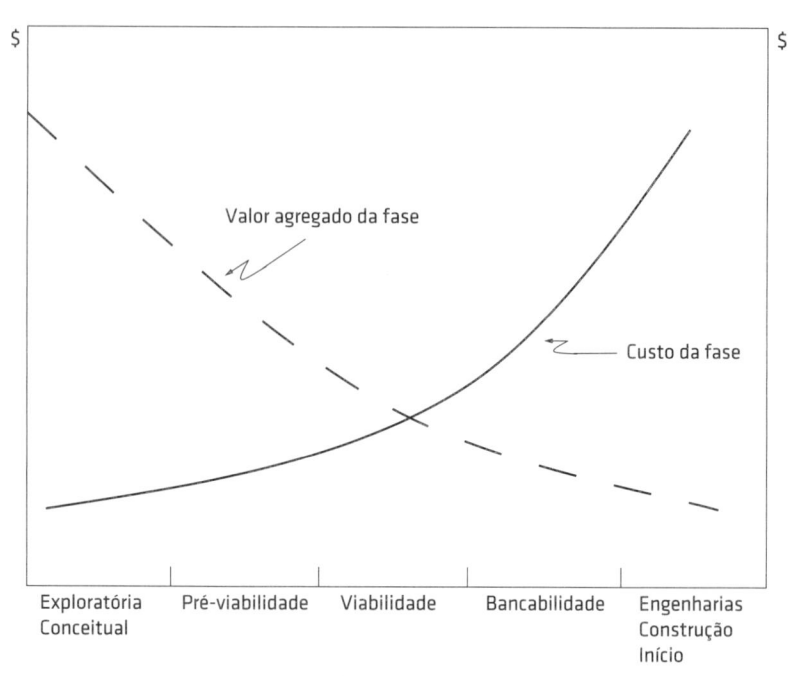

Fig. 6.24 Custo e valor agregado da fase em relação à fase do empreendimento

O papel desses padrões, definidos também como *padrões mínimos*, é articular um ambiente de transparência nas diferentes práticas de engenharia, evitando, ao mesmo tempo, o estabelecimento de regulamentos rigorosos que impeçam ou dificultem os impulsos criativos capazes de maximizar os excedentes econômicos derivados da cadeia de valores, que inclui desde a rocha até o produto comercial.

As informações do recurso-base iniciam-se com aquelas relacionadas à propriedade de mineração, aos protocolos de amostragem e análise e ao reconhecimento do depósito, o qual, baseado normalmente em uma malha de sondagens, possui uma importância crítica nas modelagens geocientíficas e na categorização das incertezas do recurso. Assim, em uma fase conceitual, essa malha pode atingir 200 m ou mais; na fase de viabilidade, entre 75 m e 150 m; e, na fase de bancabilidade, entre 40 m e 100 m. Nas etapas de engenharia, a malha pode atingir dimensões menores, dependendo das incertezas ainda existentes no depósito.

A seguir, serão listados os principais temas relacionados às informações da propriedade de mineração, dos protocolos de amostragem e análise e dos modelos geológico, geometalúrgico, geoestatístico, geotécnico e hidrológico e de valorização.

Informações da propriedade de mineração

- *Status* legal (direitos de propriedade, licenciamentos de extração, exploração e servidões, direitos sobre o uso da água, entre outros).
- *Status* de acordos, associações, compromissos.
- *Status* de direitos superficiais com relação aos acessos.
- Informações de produções anteriores e histórico de mineração. Identificação de áreas de operações minerais antigas e possíveis interferências de operações anteriores no modelo de recursos e planos de mineração atuais.

Informações dos protocolos de amostragem e análise

Informações utilizadas

- *Sondagens (por tipo)*: diâmetros, quantidade, recuperação, controle de desvio de profundidade, validação das elevações dos colares e garantia de sua localização espacial.
- *Canaletas*: quantidade, modo de obtenção da amostra, recuperação ou peso, inspeção de algumas canaletas no terreno, garantia da localização.
- *Mapeamento geológico*: folhas de mapeamento e interpretação de sondagens e galerias.
- *Validação da base de dados*: transferência de dados – da análise química à base de dados informatizada.
- *Sistema de garantia de qualidade de dados*: manutenção e respaldo das bases de dados.

Administração das informações utilizadas

- Evidências geológicas que fornecem as informações geológicas regionais.
- Inspeção aleatória de testemunhos por meio das interpretações geológicas.
- Recuperação de testemunhos e amostras.
- Lógica utilizada para determinar intervalos de amostragem e de interpretações, com o intuito de atribuir consistência às informações.
- Procedimentos utilizados para a disposição dos testemunhos em suas caixas de armazenamento, rejeitos e polpas.
- Furos gêmeos e seus resultados. Deve-se atribuir atenção particular aos furos gêmeos diamantados e de circulação reversa.
- Análise do decaimento de teor realizada por sondagens de circulação reversa.
- Certificados de ensaios e de sua entrada na base de dados e de interpretações geológicas.
- Procedimentos de acondicionamento e transporte de amostras.
- Protocolos de controle de qualidade para avaliar os ensaios.
- Andamento das análises de Cu, CuS, Mo, Au, Ag, As, Sb e Fe.
- Protocolos de preparação de amostras.
- Validação por meio de duplicatas da preparação e da análise de amostras.
- Tipo e quantidade de materiais de referência para a manutenção do controle de exatidão e precisão da análise.
- Compatibilidade e equivalência entre amostras de sondagens e canaletas.

Procedimentos de ensaios

- Amostras de controle de polpas (1 em 20).
- Amostras duplicadas de testemunhos (1 em 40).
- Frequência de amostras em branco.

Ensaios laboratoriais

- Procedimentos laboratoriais documentados.
- Frequência de replicação de ensaios (por exemplo, a cada dez amostras, a amostra é analisada duas vezes).
- Frequência de revisões com o uso de padrões.

Procedimentos de validação

- Confirmação dos procedimentos de ensaio utilizados de acordo com o tipo de mineralização (por exemplo: ouro, ensaios com tamisagem metálica quando há um alto efeito pepita).
- Procedimentos utilizados para integrar ensaios, topografia e dados geológicos na base de dados, e revisão dos procedimentos para a inserção de dados.
- Procedimentos utilizados na transferência de dados e procedimentos de checagem.
- Comparação entre dados de sondagens realizadas em épocas diferentes, com diferentes contratantes e diferentes tipos de perfuração (diamantada *versus* circulação reversa, grande diâmetro *versus* pequeno diâmetro).
- Localização e métodos de amostragem e transporte de testes metalúrgicos. Procedimentos de catalogação e descrição de amostras metalúrgicas na mina antes dos envios.
- Dados de produção para fins de reconciliação com modelos atuais de recursos.
- Método para a determinação da densidade.

Normalmente, são definidas cinco modelagens com base nas informações básicas listadas anteriormente, da interpretação das sondagens e da análise posterior: a geológica, a geoestatística, a geometalúrgica, a geotécnica e hidrológica e a de valorização de produtos. A seguir, serão listados os principais temas compreendidos nesses modelos.

Informações do modelo geológico
Caracterização do modelo

- Estudos mineralógicos.
- Mapeamentos geológicos superficiais.
- Seções com sondagens.
- Consistência entre interpretações geológicas, mapeamentos de superfície, base de dados e informações descritivas.
- Interpretações geológicas e atribuição de consistência por meio de plantas e seções.
- Interpretações de plantas e seções e atribuição de consistência por meio de um modelo 3D.
- Modelos geológicos conceituais e critérios relativos à gênese do depósito no contexto do modelo de recursos: definição de unidades geológicas.
- Critérios e consistência na definição das diferentes unidades consideradas.
- Delineamento de unidades em seções e plantas.
- Consistência entre modelo e informações de mapeamentos geológicos de sondagens e galerias.
- Consistência entre as unidades consideradas e os controles da mineralização de cobre, molibdênio, ouro, prata, arsênico, antimônio e ferro.
- No caso de estudos realizados por vários geólogos: interpretações e mapeamentos consistentes, com a interpretação de tipos de rocha, alterações e determinação de características estruturais.
- Validação do modelo geológico: reconciliação de unidades geológicas e interpretações.

Com base nessas informações, deve-se identificar:

- as fases sucessivas de mineralização, processos de oxidação-enriquecimento-deposição, fenômenos de mobilização e redeposição, e composição de rocha encaixante;
- os processos de alteração hidrotermal;
- a presença de falhas e fraturas e o grau e as geometrias de fraturamento;
- a magnitude dos eventos;
- a presença de água subterrânea e permeabilidade das capas.

Com o objetivo de fazer projeções com relação à:
- profundidade do depósito;
- extensões verticais/laterais, continuidade/erraticidade da mineralização e anisotropias, e qualidade da rocha;
- fracionamentos potenciais e corpos satélites, zoneamentos;
- tonelagens globais dos minérios;
- volume das mineralizações;
- densidade do material (minério e estéril);
- presença de contaminantes;
- dureza da rocha, planos de debilidade e grau de plasticidade da rocha.

Informações do modelo geometalúrgico

Análise de antecedentes geometalúrgicos e testes de respaldo

- Descrição geológica, litológica e mineralógica da jazida.
- Características e distribuição dos tipos de rocha na jazida.
- Medidas de dureza da rocha, consumo de energia, recuperação e qualidade dos produtos (concentrados, soluções) por tipo de rocha.
- Modelo de predição minerometalúrgica.
- Características mecânicas e mineralógicas dos tipos de rocha e suas respostas metalúrgicas na usina.
- Confiabilidade e reprodutividade dos testes padrão.
- Distribuição dos tipos de rochas a serem extraídas por ano e resultados metalúrgicos esperados.
- Análise do critério de mistura dos minérios.

Balanço metalúrgico e testes de respaldo

- Balanço de massas.
- Balanço metalúrgico.
- Balanço de subprodutos.
- Balanço de água.
- Balanço dos requisitos de potência.
- Distribuição granulométrica.
- Distribuição do teor de metal e dos subprodutos por fração granulométrica.
- Análise de flutuações dos atributos mais importantes dos fluxos de entrada, produtos intermediários e finais do processo.
- Impacto das flutuações do minério no rendimento metalúrgico e na qualidade do produto final.

Parâmetros, capacidades operacionais e testes de respaldo

- Circuitos de redução de tamanho: distribuição de potência disponível.
- Capacidade máxima de operações unitárias.
- Capacidade máxima da usina.
- Restrições operacionais.
- Impacto das restrições operacionais na capacidade e eficiência da britagem/moagem.
- Consumos de energia específica de acordo com as granulometrias.
- Circuitos de processos unitários (flutuação e lixiviação, entre outros).
- Duração de processos unitários.
- Dosagem de reagentes.
- Distribuição de reagentes.
- Concentração de sólidos.
- Capacidade máxima por processo.
- Capacidade máxima da usina.
- Impacto das restrições operacionais nos rendimentos metalúrgicos e na qualidade dos produtos finais.
- Relação entre capacidade de britagem/moagem, tamanho dos produtos e a recuperação nos circuitos de processos.
- Efeito da granulometria e a duração dos processos.

Prática operacional

- Ajustes por tipo de minério nos circuitos de processos.
- Sensibilidade de rendimentos metalúrgicos.
- Qualidade do produto final no âmbito das variáveis operacionais.
- Variabilidade do processo.

Identificação de otimizações potenciais

- Processos de redução de tamanho.
- Revisão da eficiência do processo em suas diferentes etapas.
- Balanço dos requisitos de potência. Distribuição ótima da potência instalada. Uso da potência máxima instalada.
- Controle da produção de tamanhos grossos e ultrafinos no produto final da moagem.
- Relação ótima entre a capacidade do processo de britagem/moagem, tamanho do produto e a recuperação nos circuitos de processos. Detecção de inovações tecnológicas e/ou operacionais que melhorem a eficiência dos processos.

Com essas informações, é necessário:

- identificar os parâmetros de britagem e moagem;
- estabelecer as condições definitivas do processo;
- especificar os ciclos e cinéticas correspondentes;
- propor os diagramas preliminares de fluxos;
- fixar os consumos de reagentes.

Com o objetivo de fazer projeções com relação a:

- testes de escalonamento;
- reproduções de testes metalúrgicos.

Informações do modelo geoestatístico

Definição de unidades de estimativa e modelo geométrico

- Consistência entre unidades geológicas e unidades de estimativa.
- Densidade e umidade.
- Critérios de definição do modelo de blocos. Origem e dimensões.
- Critérios de regularização de sondagens e canaletas. Consistência entre regularização e UG. Fenômeno de borda.
- Critérios de atribuição de características geológicas às unidades básicas de cubicação (UBC), às sondagens e às canaletas.
- Revisão da interpretação de controles geológicos.
- Revisão de procedimentos relacionados ao tratamento de teores altos (corte, pesquisa restringida, indicadores etc.).
- Revisão do método de modelagem e resultados das diversas populações geológicas presentes (litologias, zonas de alteração, regimes estruturais, espécies mineralúrgicas etc).
- Estatísticas de posição, dispersão e funções de distribuição de probabilidades por elemento e unidade de estimativa.
- Correlação e análise de regressão.
- Análise variográfica. Variogramas experimentais. Parâmetros essenciais, fundamentar as principais direções da análise. Modelagem variográfica e análise de anisotropias. Consistência geológica da variografia. Efeito proporcional.
- Revisão das análises estatísticas de dados, bem como o tratamento e a interpretação dos resultados da variografia.
- Revisão da lógica utilizada para regularização ou compositagem (sua relação com a altura das bancadas, com códigos geológicos etc.).
- Revisão dos parâmetros utilizados para construir o modelo de recursos (tamanho de blocos, UBC).
- Revisão dos métodos utilizados para determinar as densidades das rochas por tipo de minério no modelo de recursos.
- Revisão dos procedimentos aplicados para a identificação e o tratamento de blocos sem estabelecer estimativa no modelo de recursos.

Estimativa de teores

- Método de estimativa. Fundamento da escolha do método.
- *Software* utilizado.
- Estratégia de estimativa. Discretização de UBC, consideração de anisotropias, seleção de amostras e critérios de pesquisa. Critérios de atribuição de teores aos blocos sem informação dentro do domínio de pesquisa.
- Análise do desvio condicional.
- Revisão da estratégia para considerar a diluição no interior da estimativa de reservas.
- Estudo de seções e plantas com teores estimados e atributos geológicos das UBCs, das amostras utilizadas e do modelo geológico.
- Suavização e desvio condicional dos teores estimados.
- Estimativa de um setor com diferentes tipos de amostra (canaletas *versus* sondagens).

Categorização de recursos

- Critérios de categorização.
- Revisão da lógica utilizada para categorizar os recursos (medidos, indicados, inferidos etc.).
- Consistência entre resultados e nível de informações.
- Critérios de validação utilizados.

Com essas informações, deve-se:

- estabelecer a confiabilidade das informações e da estimativa;
- validar os métodos de estimativa.

Com o objetivo de avaliar:

- a estratégia de amostragem e análise;
- a estimativa, categorização e validação da estimativa.

Informações do modelo geotécnico e hidrológico

- Dados geotécnicos (dados de RQD, desenho de taludes, determinação e tratamento de sistemas estruturais).
- Dados hidrológicos e sua incorporação no desenho e planejamento de lavra de mina.
- Deslocamentos e esforços.
- Presença de água subterrânea.
- Controle de danos e ações remediáveis.

Com essas informações, deve-se:

- predizer as condições geotécnicas;
- especificar parâmetros de desenho de lavra;
- caracterizar operações de monitoramento e controle operacional.

Com o objetivo de garantir a:

- estabilidade/subsidência a longo prazo;
- estabilidade/subsidência a curto prazo;
- requisitos de bombeamento de água e estações de monitoramento.

Informações do modelo de valorização de unidades de extração

- Revisão das recuperações metalúrgicas.
- Revisão de custos estimados de operação.
- Revisão da lógica utilizada para determinar teores de corte (de extração, interno, entre outros).
- Revisão de regalias, impostos, fundição, refinamento e suas influências na valorização dos produtos.
- Revisão de planos e previsões relacionados ao encerramento da mina (reabilitação, remoção de equipes, entre outros).

Parte III

PLANEJAMENTO MINEIRO:
A CONVERSÃO DE RECURSOS
EM RESERVAS

7.1 Parâmetros a serem considerados no planejamento mineiro

7.1.1 Valor do produto

Esse valor é função do preço do produto que será obtido por meio da extração e beneficiamento do minério na jazida e é representado, geralmente, por uma fórmula que pode estar explícita ou implicitamente ligada ao preço do metal. Assim, diversas expressões são comumente utilizadas.

7.1.2 Valor da unidade de metal contido no minério

Nesse caso, determina-se o valor b de uma tonelada de minério de teor por unidade, de maneira que a tonelada de minério de um teor qualquer m apresente o valor:

$$V(m) = b \cdot m \cdot \phi \tag{7.1}$$

Considerando uma recuperação metalúrgica ϕ, b também pode incluir custos de processo (toll payment).

7.1.3 Valor do concentrado com custos de processo dependentes do teor de metal

$$V(c) = (P - G) \cdot (c - q) - S \tag{7.2}$$

em que:

$V(c)$ = valor da unidade de concentrado de teor c (US$/t con) (con = concentrado);

P = cotação da unidade de metal (US$ $\times 10^{-2}$/lb);

G = gastos de fundição, refino e comercialização por unidade de metal (US$ $\times 10^{-2}$/lb);

c = teor de metal do produto (% de metal);

q = perdas metalúrgicas (% de metal);

S = gastos por unidade de concentrado durante o transporte para o processo de fundição e refino.

Por exemplo, no caso de um concentrado de cobre, pode-se ter:

P = 100 US$ $\times 10^{-2}$/lb;
G = 10 US$ $\times 10^{-2}$/lb;
c = teor do concentrado de cobre;
q = 5% Cu;
S = 50 US$/t con.

$$V(c) = 2{,}205 \left(\frac{100 - 10}{100}\right) \cdot \left(\frac{c - 5}{100}\right) - 50 \text{ (US\$ / t con)} \tag{7.3}$$

Nesse caso, fazendo variar o teor do produto c, obtém-se uma série de retas $V(c)$ que correspondem, por exemplo, a diferentes cotações de metal (P). No entanto, muitas vezes é possível proceder de maneira mais prática estabelecendo essas relações em função do teor m do minério extraído. Então, considera-se a razão de concentração R (t concentrado/t minério) a fim de obter o valor de uma tonelada de minério de teor m:

$$R = (m - r)/(c - r) \tag{7.4}$$

em que:

m = teor do minério;

c = teor do concentrado;

r = teor de rejeitos.

Assim, a relação $V(c)$ é transformada em $V(m)$. Dessa forma, para cada teor de minério m, haverá agora uma série de retas de $V(m)$ em função da cotação P.

7.1.4 Valor do concentrado com custos de processo independentes do teor de metal

$$V(c) = P \cdot \alpha - G \tag{7.5}$$

em que:

$V(c)$ = valor da unidade de concentrado de teor c (US$/t)

$\alpha \begin{cases} = \lambda c, \text{ sendo } \lambda \text{ a recuperação (\% do teor } c\text{);} \\ = c - q, \text{ prejuízos metalúrgicos;} \end{cases}$

G = custos de tratamento.

7.1.5 Valor do minério sujeito a controles de umidade

$$V(m) = U \cdot P + (m - Mo) \cdot K \tag{7.6}$$

em que:

$V(m)$ = valor de uma tonelada de minério de teor m;

$U = \frac{100 - u}{100}$, sendo u a umidade do minério;

P = cotação da tonelada de minério seco;

m = teor mineral;

Mo = teor-base do contrato;

K = ganhos ou perdas por cada ponto de m superior ou inferior a Mo.

7.1.6 Custo de produção

Em geral, o custo de produção é função do nível de produção e da tecnologia utilizada. Muitas vezes, esta última também depende do nível de produção. É válido assumir, então, que o custo de um determinado processo de produção é proporcional, em geral, ao nível de produção. Mais especificamente, pode-se supor que o custo de produção por tonelada de minério é inversamente proporcional ao nível de produção, conforme ilustra a Fig. 7.1A.

$$p(t) = a_0 + \frac{a_1}{t} \tag{7.7}$$

em que:

$p(t)$ = custo de produção/tonelada de minério;

a_0 e a_1 = parâmetros que dependem da tecnologia do processo e do estrato de produção escolhido;

t = produção anual.

Fig. 7.1 (A) Custo de produção *versus* nível de produção e (B) custo de capital *versus* nível de produção

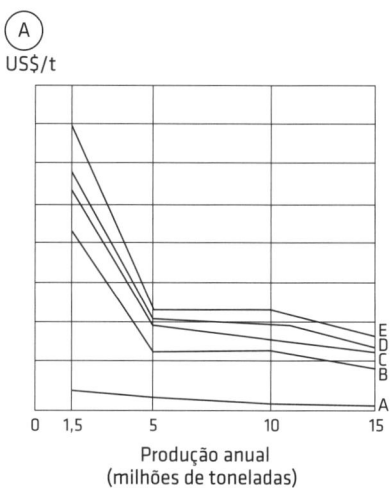

A = preparação sobrecarga + desmonte de rochas
B = A + remoção sobrecarga
C = B + lavra do mineral
D = C + tratamento mineral
E = D + gastos gerais + gastos ambientais

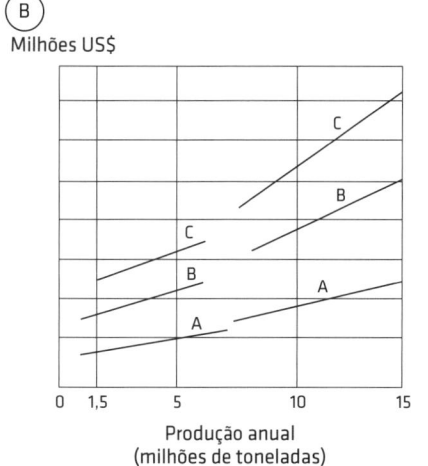

A = mina
B = mina + gastos gerais
C = mina + gastos gerais + planta

É possível afirmar que, geralmente, na passagem de um estrato produtivo a outro, são produzidas descontinuidades na função $p(t)$ (por exemplo, *limiares*) que permitem diferenciar estratos que respondem a tecnologias diferentes (caso típico das chamadas pequenas, médias e grandes minerações). As descontinuidades da função $p(t)$ conduzem a variações incrementais da função custo anual, $p(t) \cdot t$, conforme será demonstrado posteriormente. Assim, estratos de produção diferentes demandam funções de custo distintas.

7.1.7 Custo de investimento

O custo de investimento também é função do nível de produção t. A expressão mais comumente utilizada na indústria é:

$$I(t) = C_0 + C_1 \cdot t^{\gamma}, \text{ com } 0 < \gamma < 1 \tag{7.8}$$

em que:

$I(t)$ = investimento total;

C_0 e C_1 = parâmetros dependentes da tecnologia;

t = nível de produção anual (t/ano).

É possível, sem muito erro e para facilitar os cálculos, considerar $\gamma = 1$, conforme indica a Fig. 7.1B.

7.1.8 Atualização e taxa de juros do capital

Uma vez que as receitas e despesas compreendidas durante o tempo de vida do projeto são realizadas em anos diferentes, elas não podem ser tratadas como valores monetários de igual significado. Assim, é preciso levar em conta o conceito de *atualização* ou *valor presente*. Considere-se i a taxa de juros anual do mercado de capitais. Um valor v(US$) sofrerá desvalorização no momento $d\tau$ em:

$$dv = -i \cdot v \cdot d\tau \tag{7.9}$$

de modo que

$$\frac{1}{v}\frac{dv}{d\tau} = -i \tag{7.10}$$

e

$$d \log v = -i \cdot d\tau \quad (7.11)$$

Imagine-se que o valor inicial de v para $\tau = 0$ seja v_0. Ao término de um período τ, a desvalorização dessa quantidade será:

$$\log \frac{v}{v_0} = -i\tau \quad (7.12)$$

ou seja,

$$v = v_0 \cdot e^{-i\tau} \quad (7.13)$$

Com um total de N períodos, a acumulação das sucessivas desvalorizações da quantidade v_0 a conduziria a um valor atualizado de:

$$\text{valor presente} = \int_0^N v_0 \cdot e^{-i\tau} \cdot d\tau \quad (7.14)$$

isto é,

$$\text{valor presente} = v_0 \cdot \frac{1 - e^{-iN}}{i} \quad (7.15)$$

A expressão $\frac{1 - e^{-iN}}{i}$ recebe o nome de *fator de atualização* e equivale *aproximadamente* a:

$$\sum_{N}^{1} \frac{1}{(1+i)^N} \quad (7.16)$$

que normalmente consta em tabelas financeiras, na tabela T_{VPA} e em gráficos como o representado na Fig. 7.2.

7.1.9 Benefício econômico bruto

Considera-se benefício econômico bruto anual a diferença entre os rendimentos anuais percebidos e os custos anuais de produção.

$$\text{Rendimento anual} = V(m) \cdot t \quad (7.17)$$

$$\text{Custo anual} = p(t) \cdot t \quad (7.18)$$

$$B(m, t) = \text{benefício econômico bruto anual} = |V(m) - p(t)| \cdot t \quad (7.19)$$

7.1.10 Taxa de rentabilidade

A taxa de rentabilidade é comumente compreendida como a relação existente entre o *benefício anual* e o *investimento realizado* e, conforme será demonstrado, é geralmente utilizada como uma medida da eficiência do investimento.

$$\rho_0 = \text{rentabilidade anual} = \frac{B(m, t)}{I(t)} \quad (7.20)$$

Quando os impostos não são considerados, tem-se a *rentabilidade bruta*, ao passo que, descontados os impostos e outros encargos financeiros, obtém-se a *rentabilidade líquida*.

> Para uma taxa de rentabilidade ρ_0, o benefício anual é:
>
> $$B(m, t) = V(m) - p(t) \cdot t = \rho_0 \cdot I(t) \quad (7.21)$$
>
> Portanto, o investimento mínimo por tonelada para obter a taxa ρ_0 será:
>
> $$V_0 = \rho_0 \cdot \frac{I(t)}{t} + p(t) \quad (7.22)$$
>
> Quando o fator $\rho_0 \cdot \frac{I(t)}{t}$, que corresponde à margem de rentabilidade bruta/tonelada, é nulo, o investimento mínimo requerido, V_0, cobre estritamente o custo de produção, $p(t)$.

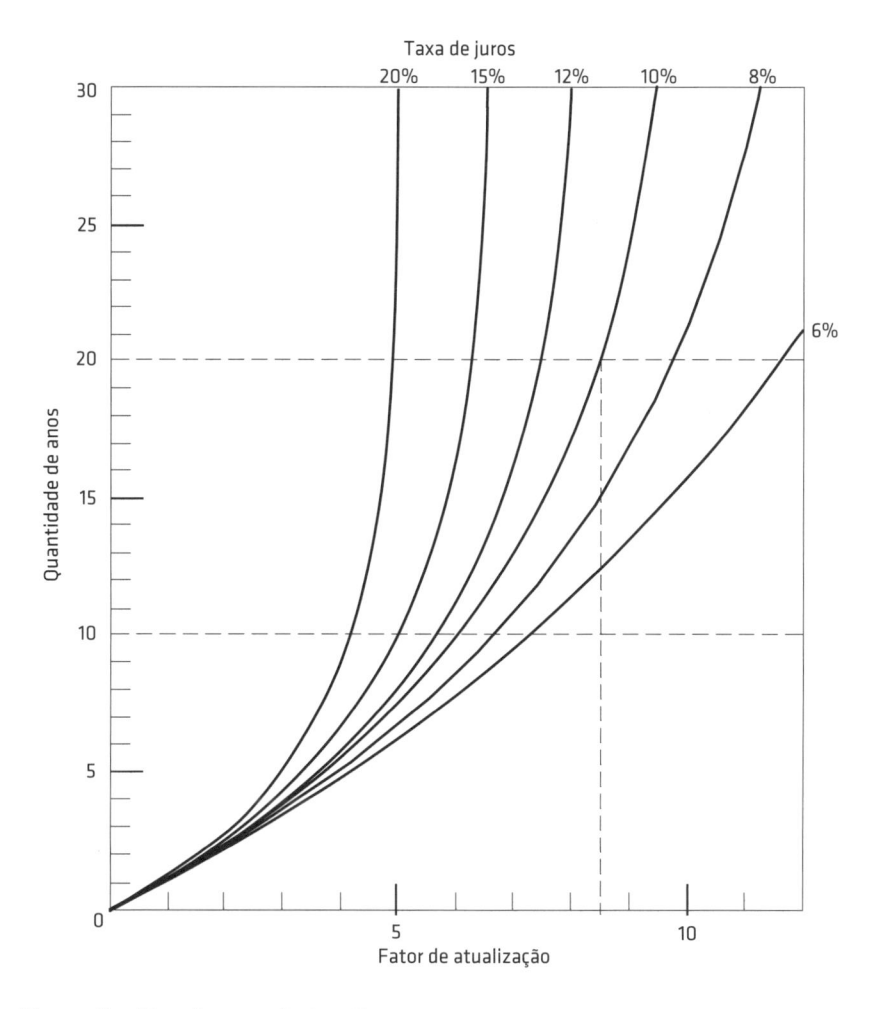

Fig. 7.2 Fator de atualização

7.1.11 Teor-limite de explotação

O valor da unidade de metal correspondente a um minério de teor *m* é, se ϕ representa a recuperação na usina de beneficiamento:

$$b = \frac{V(m)}{m \cdot \phi} \tag{7.23}$$

Considerando V_0 o rendimento mínimo admissível, o teor mínimo admissível para a extração será:

$$m_0 = \frac{V_0}{b \cdot \phi} \tag{7.24}$$

E, de acordo com o exposto no ponto anterior, tem-se que:

$$m_0 = \frac{\rho_0 \cdot \frac{I(t)}{t} + p(t)}{b \cdot \phi} \tag{7.25}$$

O *teor-limite de explotação econômica* para obter uma taxa de rentabilidade ρ_0 é dado por m_0.

Cabe destacar que, se a margem de rentabilidade por tonelada é nula (caso de uma jazida marginal ou da definição de uma envolvente de longo prazo), o teor-limite é convertido em um *teor-limite de explotação técnica*.

$$m_0 = \frac{p(t)}{b \cdot \phi} \tag{7.26}$$

7 Parâmetros técnico-econômicos

Tab. 7.1 Estimativa de custos de capital e custos de operação *versus* capacidade

Capacidade (milhões t/ano)	Custos de capital (MUS$)			Total	Custos de operação (US$/t)			Total
	Mina	Usina	Infraestrutura		Mina	Usina	Infraestrutura	
7,3	30	130	43	203	2,59	4,81	1,52	8,92
11,0	44	185	73	302	2,45	4,56	1,44	8,45
14,6	60	240	100	400	2,38	4,43	1,39	8,20

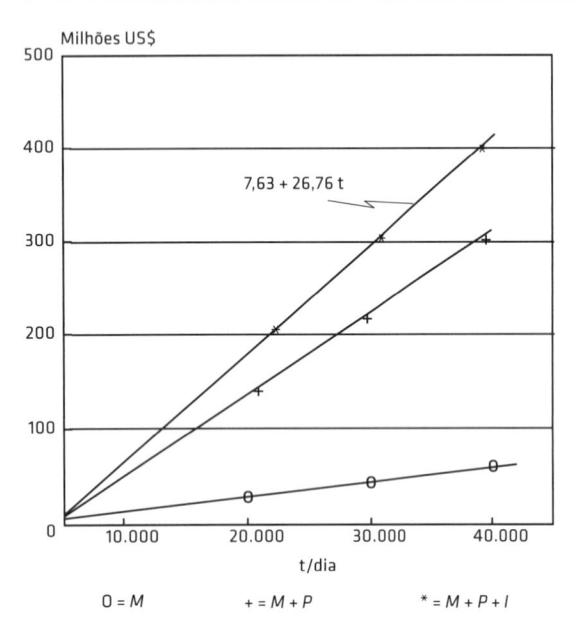

Fig. 7.3 Relações entre custos de capital e nível de produção, com M = mina, P = usina e I = infraestrutura

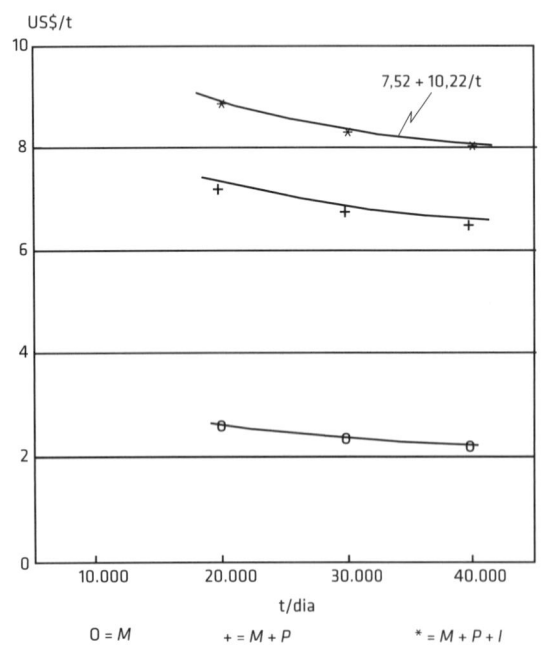

Fig. 7.4 Relações entre custos de operação e nível de produção

7.1.12 Relações entre custos de capital e custos de operação

A Tab. 7.1 fornece os valores estimados dos custos de capital e dos custos de operação para uma extração de minérios com produção diária entre 20.000 t e 40.000 t.

A Fig. 7.3 apresenta as relações dos custos de capital e a Fig. 7.4, as relações dos custos de operação.

As relações anteriormente descritas, vinculadas ao dimensionamento produtivo, constituem um dos elementos mais importantes a considerar com relação à viabilidade do empreendimento mineral. Os demais elementos são constituídos pela reserva disponível e pelo consumo dessa reserva no decorrer do tempo. Com o objetivo de vincular esses três elementos do desenho e do planejamento mineiro, foram desenvolvidos alguns formalismos técnico-econômicos, que serão examinados a seguir.

7.2 FORMALISMOS TÉCNICO-ECONÔMICOS PARA O DESENVOLVIMENTO DO DESENHO E PLANEJAMENTO MINEIRO

O dimensionamento produtivo deve balancear, levando em consideração aspectos técnicos e econômicos, a disponibilidade e o consumo do recurso extraível. A disponibilidade traduz, em essência, a curva tonelagem-teor presente. O consumo está representado pela sequência extrativa do minério no decorrer do tempo. O balanço adequado requer a aplicação de formalismos e critérios técnico-econômicos.

7.2.1 Formalismos técnico-econômicos

Desde que Hotelling (1931) propôs o princípio de equilíbrio entre a oferta e a demanda de um recurso natural com base nos aumentos similares do preço do recurso e na taxa de desconto aplicada a empreendimentos de risco, foram motivadas diversas análises com o intuito de avaliar a disponibilidade e o consumo do recurso mineral. E isso porque o recurso mineral, assim como qualquer outro recurso natural exaurível, possui duas dimensões econômicas relevantes: o recurso disponível e seu esgotamento progressivo.

Em *curto prazo*, os empreendimentos minerais devem ser viabilizados ou simplesmente postergados de acordo com a sua capacidade de produção. Em *longo prazo*, eles devem ser analisados com relação à sua continuidade, ampliação ou diminuição e, por outro lado, devem ser avaliados com o objetivo de garantir sua viabilidade e encerramento definitivo.

> Em virtude da natureza do recurso mineral – ou seja, sua característica de recurso exaurível, conteúdo geralmente decrescente e paulatino esgotamento –, sua *produtividade diminui com o tempo*. Assim, se outros fatores produtivos, tais como o capital, a mão de obra e os esforços tecnológicos, mantêm-se constantes, a diminuição da produtividade do recurso mineral conduz inevitavelmente a um rendimento decrescente. Daí a importância da gestão e das inovações tecnológicas.

Relações de curto prazo

Em curto prazo, as mudanças nos parâmetros técnicos do empreendimento podem afetar:
- o fluxo total produzido;
- o fluxo médio produzido;
- o fluxo marginal produzido.

O fluxo total produzido representa o produto máximo que se pode obter com a extração de uma determinada tonelagem diária de minério, tratado no complexo mineiro, ao passo que o fluxo médio produzido é o produto total dividido pela tonelagem diária de minério extraído e tratado no complexo. Já o fluxo marginal produzido representa o aumento no produto total obtido por cada unidade de minério adicional extraído e tratado no complexo.

Geralmente, cada processo produtivo é caracterizado por:
- um aumento dos fluxos marginais no início;
- uma diminuição dos fluxos marginais em um momento posterior.

Esses fluxos naturalmente influenciam seus custos associados, entre os quais podem ser destacados:
- o custo total;
- o custo marginal;
- o custo médio.

O custo total, CT, que inclui todos os componentes necessários para obter o fluxo total, é constituído pelo custo total fixo, CTF (por exemplo, independente do nível produtivo), e pelo custo total variável, CTV (por exemplo, dependente do nível produtivo), de maneira que:

$$CT = CTF + CTV \tag{7.27}$$

O custo marginal é representado pelo aumento do custo total dividido pelo aumento do fluxo produtivo. Com base no *princípio dos rendimentos decrescentes*, o custo marginal, CMar, em função do fluxo produtivo, apresenta uma diminuição no início e eventualmente segue aumentando (Fig. 7.5).

Por sua vez, o custo total médio, CTM, representa o custo por unidade de fluxo e é constituído pelo custo médio fixo, CMF (por exemplo, custo total fixo por unidade de fluxo produtivo), e pelo custo médio variável, CMV (por exemplo, custo total variável por unidade de fluxo produtivo).

$$CTM = CMF + CMV \qquad (7.28)$$

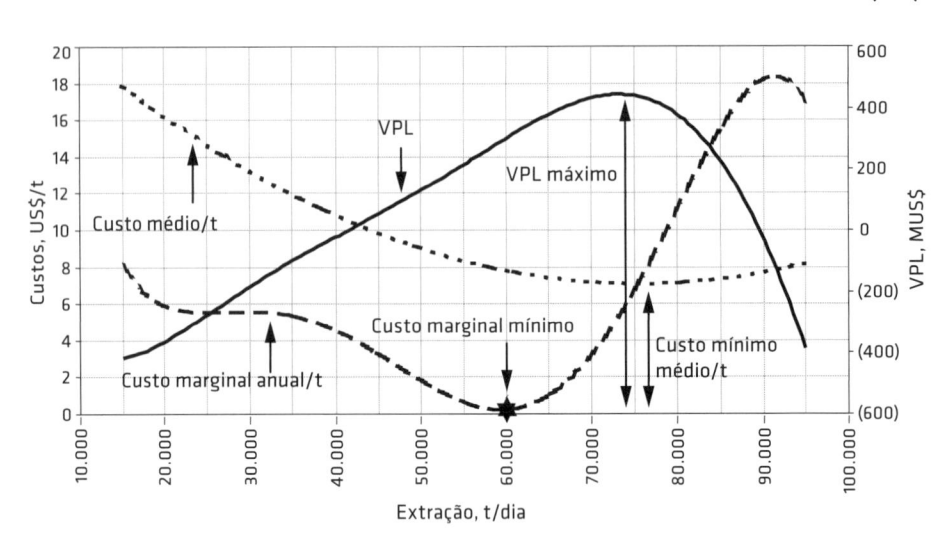

Fig. 7.5 Custo marginal, custo médio e valor presente líquido (VPL)

Da mesma forma, são influenciados os rendimentos. Assim, destacam-se:

- os rendimentos totais;
- os rendimentos totais médios;
- os rendimentos totais marginais.

As definições desses termos são similares às dos custos. A diferença fundamental entre eles tem como base aquela existente entre custos e rendimentos.

Com base nos custos e rendimentos, são obtidos:

- os benefícios totais;
- os benefícios totais médios;
- os benefícios totais marginais.

O benefício total máximo, em curto prazo, é obtido no nível de produção em que a diferença entre rendimentos e custos é máxima, conforme ilustra a Fig. 7.6.

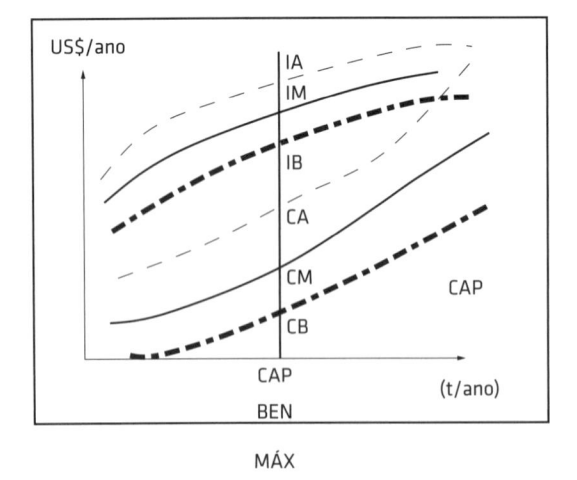

Fig. 7.6 Representação de rendimentos totais, custos totais e excedentes de acordo com a capacidade de produção

Nessa figura, as curvas de rendimentos e custos associados a um caso referencial são representadas pelas linhas (—) e o excedente, por IM-CM. Poderia ser o caso em que a extração de setores mais ricos (por exemplo, teores mais altos) proporcionaria rendimentos maiores, mas igualmente custos mais altos, cujos incrementos não seriam compensados por tais rendimentos incrementais (– – –). Também poderiam existir setores de teor baixo cujos rendimentos diminuiriam de acordo com o caso referencial (– • – •), mas cujos custos também diminuiriam a tal ponto que esses rendimentos menores poderiam ser compensados com a diminuição incremental dos custos associados, fornecendo, assim, uma quantidade maior de excedentes em comparação aos casos anteriores (IB – CB > IA – CA; isto é, baixo rendimento – baixo custo > alto rendimento – alto custo).

> Em *curto prazo*, em um determinado nível da produção, *os incrementos de rendimentos comparados aos incrementos de custos* são aqueles que definitivamente permitem selecionar os setores mais favoráveis à extração do ponto de vista econômico.

Relações de longo prazo

As análises centradas na valorização do empreendimento mineral por meio da utilização de recursos geológicos resultam de diversos esforços destinados a estabelecer modelos numéricos que satisfaçam o propósito enunciado. Entre esses esforços, podem ser destacados os formalismos de dimensionamento, de sequenciamento de teores e das opções em face das contingências que enfatizam, respectivamente, a *quantidade*, a *qualidade* e a *estratégia*.

Otimização do empreendimento por meio do dimensionamento produtivo

Anteriormente, procurou-se estabelecer que a mineração extrativista, sujeita à extração de *recursos não renováveis*, está relacionada ao princípio dos rendimentos marginais decrescentes (Carlisle, 1954). Tal princípio é produzido quando o produto marginal de uma tonelada de teor selecionado é menor que o produto marginal de uma tonelada de teor superior ao selecionado.

A Tab. 7.2 ilustra, como exemplo, o caso de uma iniciativa que inclui um recurso da ordem de 584 milhões de toneladas de minério de cobre e em que a recuperação do processo é assumida em 80%. O preço do metal é projetado em 100 US\$ $\times 10^{-2}$/lb Cu, e a taxa de desconto do empreendimento é estabelecida em 10%. O consumo desse recurso será realizado de acordo com diversas taxas produtivas diárias, que vão desde 10.000 t até 100.000 t de minério.

Essa tabela é autoexplicativa e demonstra as principais relações obtidas no dimensionamento produtivo com base na análise marginal (Figs. 7.5, 7.7 e 7.8):

- O *custo marginal mínimo* é associado ao dimensionamento que gera o maior excedente econômico marginal; ou seja, ao dimensionamento para o qual a última tonelada de recurso extraído fornece o máximo valor agregado ao benefício total do empreendimento.
- O *custo médio mínimo por tonelada* é associado ao dimensionamento que gera o maior excedente econômico do empreendimento no período de tempo considerado; ou seja, ao dimensionamento para o qual a tonelagem total do recurso extraído fornece o máximo benefício possível do empreendimento em termos de valor total distribuído no decorrer de *todo* o seu horizonte temporal, independentemente de quando esses valores são gerados.
- O *valor presente líquido máximo* é associado ao dimensionamento que gera o maior excedente econômico do empreendimento em termos de seu valor presente; ou seja, ao dimensionamento para o qual os fluxos anuais do empreendimento, privilegiados de acordo com a sua geração no horizonte temporal, fornecem o maior valor para o empreendimento por unidade de tempo.

O dimensionamento com custo médio mínimo não admite custos adicionais aos custos de produção envolvidos, como os custos financeiros. Assim, esse critério não pressupõe sequer um componente de custo de capital, ou seja, essa alternativa aceita tão somente uma taxa de desconto nula ($i = 0$). Matheron e Formery (1963) chegaram a um conceito similar aplicando o critério do VPL ao dimensionamento de uma extração mineral e demonstrando que, *do ponto de vista da taxa de produção, e não do empreendimento*, uma taxa de desconto não nula ($i \neq 0$) favorece uma superextração dos setores mais ricos do depósito.

> Em longo prazo, enquanto a mina apresentar uma boa vida útil, o maior excedente associa-se com dimensionamentos que satisfazem *custos marginais mínimos*; por outro lado, se apresenta uma vida produtiva menor, o maior excedente é associado a dimensionamentos que satisfazem *custos médios mínimos* por tonelada.
>
> O dimensionamento associado ao *valor presente* está compreendido entre aqueles que foram determinados por meio dos tipos de custos mencionados anteriormente. Para grandes reservas com extração fracionada, o dimensionamento com o valor presente líquido (VPL) aproxima-se do dimensionamento com custo mínimo. No caso de reservas pequenas com um alto nível de extração, o dimensionamento derivado do VPL aproxima-se daquele obtido com o custo médio mínimo.

Tab. 7.2 Parâmetros econômicos da extração mineral

Tonelagem total (TT)	584 Mt
Recuperação (Rec)	80 %
Preço (p)	1 US$/lb
Taxa de desconto (d)	10%
1 t = 2.204,6 lb/1	ano = 365 dias (dd)

Extração (t/dia)	Produção (t_fino/ano)	Teor (%)	Investimento (MUS$)	Custo total (US$/t)	Custo (MUS$/ano)	Custo fixo (MUS$/ano)	Custo variável (MUS$/ano)	Custo marginal (MUS$/ano)	Custo marginal (US$/t)	Rendimento anual (MUS$)	Rendimento marginal (MUS$/ano)	Benefício anual (MUS$)	Vida (anos)	Fator	VA (MUS$)	Valor presente líquido (MUS$)
Ext	Fino	Teor	Inv	C_t	C	CF	CV	C_{mg}	C_{mg}	Ing	Ing$_{mg}$	B	N	f	VA	VPL
10.000	24.820 / 23	0,850	149	24,7	90	34	56	30	8,1	55	51	(35)	160	10,0	(354)	(503)
20.000	47.888 / 22	0,820	223	16,4	120	38	82	20	5,6	106	47	(14)	80	10,0	(141)	(364)
30.000	69.204 / 18	0,790	310	12,8	140	42	98	20	5,6	153	43	12	53	9,9	123	(187)
40.000	88.768 / 18	0,760	360	11,0	161	46	115	9	2,5	196	39	35	40	9,8	343	(17)
50.000	106.508 / 16	0,730	500	9,3	170	50	120	5	1,5	235	36	65	32	9,5	620	120
60.000	122.640 / 14	0,700	570	8,0	175	54	121	4	1,0	270	32	95	27	9,2	879	309
70.000	136.948 / 14	0,670	668	7,0	179	58	121	23	6,2	302	29	123	23	8,9	1.093	425
80.000	150.000 / 10	0,642	720	6,9	201	62	139	58	15,9	331	23	129	20	8,5	1.100	380
90.000	160.308 / 9	0,610	800	7,9	260	66	194	62	16,9	353	20	94	18	8,2	770	(30)
100.000	169.360	0,580	820	8,8	321	70	251			373		52	16	7,8	408	(412)

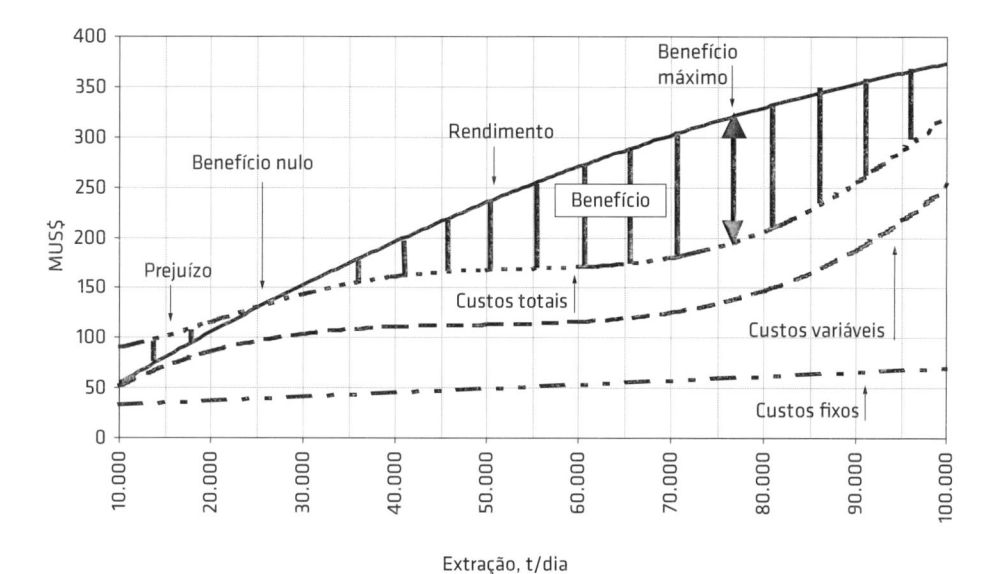

Fig. 7.7 Rendimentos, custos e benefícios

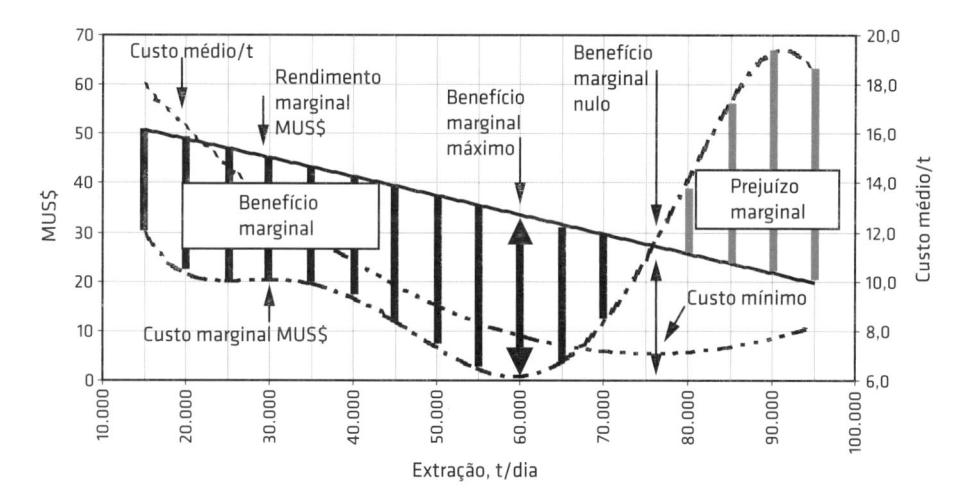

Fig. 7.8 Benefícios e prejuízos marginais

Metodologia de otimização do dimensionamento produtivo: a proposta de Matheron e Formery

Para cada ano de produção, será obtido um benefício anual *BA* igual a:

$$BA = [V(m) - p(t)] \cdot t \qquad (7.29)$$

em que:

BA = benefício anual;

V(m) = valor de uma tonelada de minério com teor *m*;

p(t) = custo de produção por tonelada de minério associado a uma produção anual de *t* toneladas.

O balanço da futura extração apresenta-se, então, como o valor presente de todos esses benefícios futuros, obtidos durante os *N* anos de vida da mina, sendo descontado o investimento total *I(t)* realizado.

Se a atualização é calculada a uma taxa de juros *i*, o benefício será:

$$R(m, t, N) = [V(m) - p(t)] \cdot t \frac{\left[1 - e^{-iN}\right]}{i} - I(t) \qquad (7.30)$$

Se o objetivo é determinar as condições de extração para um benefício máximo, essas condições teriam que cumprir a relação:

$$N = \frac{T(m)}{t} = \frac{\text{tonelagem de reservas exploráveis}}{\text{tonelagem anual}} \quad (7.31)$$

em que:

$T(m)$ = tonelagem de reservas exploráveis com o teor médio m.

Para otimizar uma função B, condicionada a uma dada relação, tal como a Eq. 7.31, utiliza-se o seguinte formalismo de Lagrange:

$$\frac{\partial F}{\partial t} = \frac{\partial F}{\partial N} = \frac{\partial F}{\partial m} = 0 \quad (7.32)$$

em que:

$F = B(m, t, N) - \lambda[Nt - T(m)]$, sendo λ um parâmetro do sistema.

Assim, obtêm-se:

$$\frac{\partial F}{\partial t} = \frac{1-e^{-iN}}{i}\left[t\left[\frac{-dp(t)}{dt}\right] + [V(m)-p(t)]\right] - \frac{dI(t)}{dt} - \lambda N = 0 \quad (7.33)$$

$$\frac{\partial F}{\partial N} = t[V(m)-p(t)]e^{-iN} - \lambda t = 0 \quad (7.34)$$

$$\frac{\partial F}{\partial m} = t\left[\frac{dV(m)}{dm}\right]\frac{1-e^{-iN}}{i} + \frac{\lambda\, dT(m)}{dm} = 0 \quad (7.35)$$

Das equações anteriores, resulta:

$$\frac{1-e^{-iN}}{i}\left[V(m) - \frac{d}{dt}(tp(t))\right] = \lambda N + \frac{dI(t)}{dt} \quad (7.36)$$

$$t[V(m)-p(t)]\,e^{-iN} = \lambda t \Rightarrow \lambda = [V(m)-p(t)]\,e^{-iN} \quad (7.37)$$

E como:

$$\frac{d[V(m)]}{dm} = b \quad (7.38)$$

$$bt\frac{1-e^{-iN}}{i} = \frac{-\lambda\, dT(m)}{dm} \quad (7.39)$$

Das Eqs. 7.36 e 7.37, obtém-se finalmente:

$$[V(m)-p(t)]\frac{1-e^{-iN}-iN\,e^{-iN}}{i} = \frac{dI(t)}{dt} + \frac{t(1-e^{-iN})}{i}\frac{dp(t)}{dt} \quad (7.40)$$

E das Eqs. 7.37 e 7.39:

$$bt\frac{1-e^{-iN}}{i} = -[V(m)-p(t)]\,e^{-iN}\frac{dT}{dm} \quad (7.41)$$

No entanto, conforme a seção 8.3:

$$\frac{dm}{dT} = \frac{x-m}{T} \quad (7.42)$$

logo,

$$bt\frac{1-e^{-iN}}{i} = [bm-p(t)]e^{-iN}\frac{Nt}{m-x} \quad (7.43)$$

$$(m-x)\frac{1-e^{-iN}}{i} - mNe^{-iN} - \frac{p(t)}{b}Ne^{-iN} \quad (7.44)$$

$$(m-x)\frac{1-e^{-iN}}{i} - mNe^{-iN} + xNe^{-iN} - xNe^{-iN} = \frac{-p(t)\cdot Ne^{-iN}}{b} \quad (7.45)$$

Então:

$$(m-x)\left[\frac{1-e^{-iN}}{i} - Ne^{-iN}\right] - xNe^{-iN} = \frac{-p(t)}{b}Ne^{-iN} \quad (7.46)$$

e
$$x = \frac{p(t)}{b} + (m-x)\frac{\left[1-e^{-iN}-iNe^{-iN}\right]}{iNe^{-iN}} \quad (7.47)$$

Essa é a expressão do teor característico considerando uma taxa de juros *i* durante os *N* anos de vida da mina. É interessante notar que essa expressão reflete um teor de corte que otimiza a utilização das reservas extraíveis totais (reservas que cobrem sua extração e beneficiamento) durante *N* anos de vida da operação, incorporando a taxa de desconto *i*. A relação representada pela Eq. 7.47 contém dois termos: um que coincide com a expressão do teor crítico considerando uma taxa de juros nula ($i = 0$) e outro que é altamente sensível em virtude do coeficiente *e* (base dos logaritmos neperianos) que o afeta. Com base nessas observações, pode-se concluir que:

a] Quando a otimização desejada se relaciona com as reservas extraíveis que *maximizam o contorno (envolvente) de extração (recursos de longo prazo)* e que definem basicamente o tempo de vida da operação, o teor característico coincide com um teor marginal dado por:

$$x = \frac{p(t)}{b} \quad (7.48)$$

b] Quando a otimização desejada se relaciona com um tipo de operação que *maximiza a geração acelerada de excedentes no decorrer do tempo*, o teor característico coincide com um teor de corte que incorpora uma taxa de juros *i* durante *N* anos de vida da operação, restringindo a envolvente de acordo com as economias derivadas do planejamento mineiro. Nesse caso, a análise do VPL a uma taxa *i* fornecerá o teor de corte ótimo.

Se o dimensionamento de uma operação de mineração tende a estabelecer a máxima geração de benefícios em longo prazo, *sem condicioná-los à sua priorização no decorrer do tempo (sequência extrativa)*, a expressão do dimensionamento ótimo de uma extração implica considerar esse benefício a uma taxa de juros nula. Nesse caso,

$$B(m,t) = \Box V(m) - p(t) \Box T(m) - I(t) \quad (7.49)$$

com

$$t = \frac{T(m)}{N} \quad (7.50)$$

Aplicando igualmente o formalismo de Lagrange, obtém-se:

$$F = [V(m) - p(t)] N \cdot t - I(t) - \lambda[Nt - T(m)] \quad (7.51)$$

$$\frac{\partial F}{\partial t} = [-p'(t)]Nt + [V(m) - p(t)] \cdot N - I'(t) - \lambda N = 0 \quad (7.52)$$

$$\frac{\partial F}{\partial N} = [V(m) - p(t)]t - \lambda t \Rightarrow 0 \Rightarrow \lambda = [V(m) - p(t)] \quad (7.53)$$

$$\frac{\partial F}{\partial m} = bNt + \lambda \frac{\partial T(m)}{\partial m} = 0 \quad (7.54)$$

Aplicando a segunda equação à primeira:

$$\frac{dI}{dT} + T\frac{dp}{dt} = 0 \quad (7.55)$$

Com base na terceira, obtém-se:

$$bNt = [V(m) - p(t)]\frac{Nt}{m-x} \quad (7.56)$$

$$x = \frac{p(t)}{b} \qquad (7.57)$$

Essas relações também podem ser representadas por:

$$t = \sqrt{\frac{Ta_1}{C_1}} \qquad (7.58)$$

e

$$x = \frac{a_0 + \dfrac{a_1}{t}}{b} \qquad (7.59)$$

Para o cálculo simultâneo do teor crítico e da tonelagem anual, pode-se utilizar o seguinte conjunto de operações:

- Passo 1: supõe-se um dado teor crítico (por exemplo, $x1$).
- Passo 2: com esse teor crítico e a curva tonelagem-teor, determina-se a tonelagem de reservas da jazida T.
- Passo 3: com a relação ilustrada pela Eq. 7.58, determina-se a produção anual t correspondente.
- Passo 4: com t calculado anteriormente, utiliza-se a Eq. 7.59 para determinar o teor crítico x. Se esse x resultar igual ao x considerado no início, o dimensionamento está determinado. Se houver discrepâncias entre os termos x, deve-se eleger um novo teor crítico x e então repetir a operação. Essa repetição deve ser realizada até que os teores críticos x coincidam. A Fig. 7.9 ilustra a mecânica dessas relações.

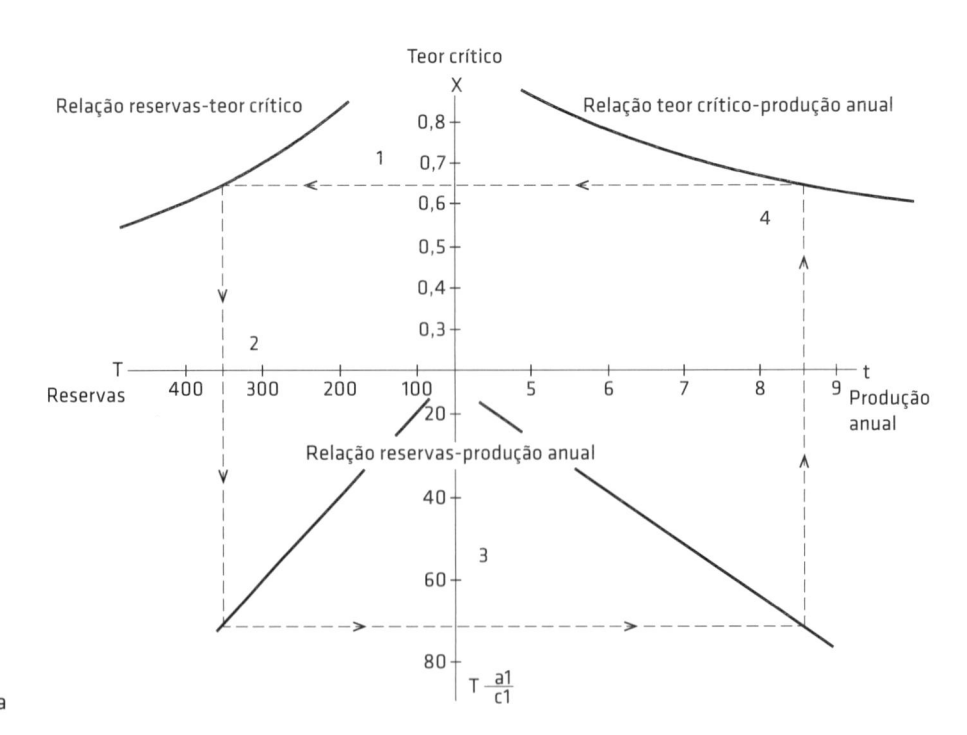

Fig. 7.9 Relação de dimensionamento ótimo com taxa de desconto nula

8.1 Otimização do empreendimento: estratégia de consumo das reservas

Ainda que a atual política de extração dos melhores teores e de tonelagens com menores custos, postergando deliberadamente os teores mais pobres e as tonelagens mais custosas, tenha sido sempre a política utilizada para guiar as iniciativas de mineração, coube a Lane (1988) a tarefa de formalizá-la analiticamente. Ele propôs a introdução de um *custo de oportunidade*, que, além de tratar sobre a questão do dimensionamento, inclui o sequenciamento de teores extraídos, permitindo acelerar o processo de extração dos setores mais promissores do depósito. *Quanto maior a taxa de desconto utilizada, maior será esse custo adicional.* Esse autor otimizou os fluxos anuais fornecidos pelo planejamento, de maneira que, acumulando-os no decorrer do tempo, seja possível estabelecer, por meio da aplicação de um processo iterativo, *uma trajetória ótima de extração* (Fig. 8.1), baseada em uma sequência de teores de corte decrescentes.

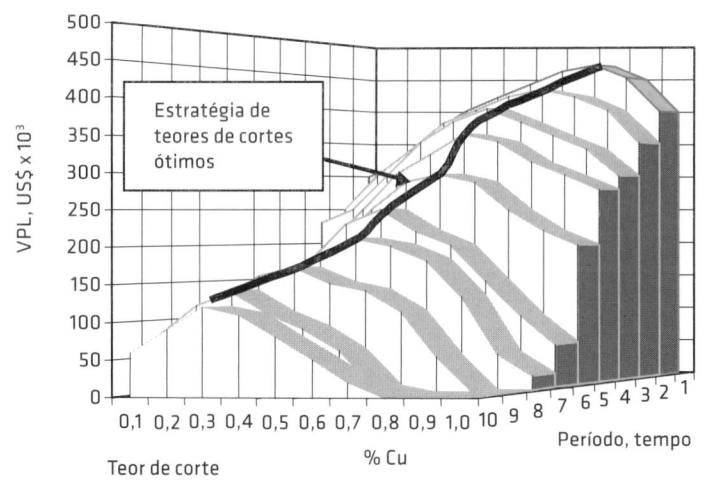

Fig. 8.1 VPL acumulado com uma política de teores de corte decrescentes

8.1.1 Metodologia utilizada para otimizar a estratégia de consumo das reservas: a proposta de Kenneth Lane

O planejamento da lavra tem o objetivo de conciliar três aspectos importantes para o empreendimento da mineração extrativista: a taxa produtiva anual, os recursos disponíveis anualmente e a sequência de consumo desses recursos. No entanto, esses três aspectos estão intimamente inter-relacionados.

A metodologia que mais tem contribuído para a análise desse tema é aquela que tem por base o formalismo de Kenneth Lane, que será apresentada a seguir.

Estabelecimento de uma sequência de teores de corte: o formalismo de Lane

Antes de descrever esse formalismo, serão resumidos os seus principais fundamentos.

Imagine-se dispor de um recurso R no momento T, com uma trajetória ou estratégia ótima que, para cada fase no horizonte temporal, forneça um VPL máximo. Cada *decremento r* do recurso R produzido em cada *incremento t* do horizonte temporal permite expressar o VPL com base em dois componentes: um derivado do fluxo *atual* por unidade de tonelagem, *fcpt*, gerada pelo decremento *r* e outro derivado dos fluxos *futuros V* atualizados, a uma estabelecida taxa de desconto *i*, gerados pela reserva residual R – r. O primeiro fluxo está associado ao período *t*; os seguintes também se relacionam a períodos futuros *t* a partir de T + t.

$$VPL = \{r \cdot (fcpt) + V(T + t, R - r)/(1 + i)^t\} \tag{8.1}$$

O VPL máximo, VPLM, assumindo *r* e *t* como valores muito pequenos, será, então, em uma primeira aproximação, igual a:

$$VPLM = MAX\{r \cdot fcpt + (V + t \cdot dV/dT - r \cdot dV/dR)(1 - i \cdot t)\} \tag{8.2}$$

$$VPLM = MAX\{r \cdot fcpt + (1 - i \cdot t)V + t \cdot dV/dT - r \cdot dV/dR\} \tag{8.3}$$

Assim,

$$r \cdot dVPLM/dR = MAX\{r \cdot fcpt + t \cdot (dVPLM/dT - i \cdot VPLM)\} \tag{8.4}$$

$$r \cdot dVPLM/dR = MAX\{r \cdot fcpt + t \cdot (-F)\} \tag{8.5}$$

ou seja,

$$dVPLM/dR = MAX\{fcpt - F(t/r)\} \tag{8.6}$$

com

$$F = i \cdot VPLM - dVPLM/dT \tag{8.7}$$

Essa expressão indica que a maximização do valor do empreendimento por *unidade de recurso extraído*, *dVPLM/dR*, é obtida por meio da maximização do valor presente residual entre o fluxo de caixa gerado por cada unidade de tonelagem extraída no período *t*, *fcpt*, e o valor gerado por essa mesma unidade extraída em um período que é função de um parâmetro *F*. A maximização do VPL por unidade de reserva utilizada resulta, então, do valor desse parâmetro *F* que aponta a *melhor oportunidade*, do ponto de vista do empreendimento, para a extração de cada decremento de reserva *r*.

A Fig. 8.1 ilustra o processo descrito anteriormente. Ao longo da vida útil da mina (tempo), *T*, são selecionadas diversas porções do recurso *R* que serão extraídas consecutivamente no decorrer de vários períodos ou fases. Associa-se, a cada fase, uma análise econômica que fornece uma distribuição do VPL correspondente e um teor de corte ótimo. Várias fases fornecem uma série de distribuições de VPLs e uma sequência de teores ótimos (indicada pela linha grossa na Fig. 8.1). O acúmulo dos sucessivos VPLs em retrocesso – desde o último ano de vida da mina até o primeiro ano de extração – resulta em um crescimento progressivo do VPL acumulado, partindo de um valor nulo até atingir um valor máximo. Assim, a trajetória desses VPLs sucessivos fornece a estratégia de extração ótima.

Maximização dos valores atuais e futuros: o custo de oportunidade

A maximização dos valores residuais *F* definidos anteriormente mantém uma relação com a *priorização do uso de um recurso escasso*. A importância fundamental desse conceito está na qualificação de recurso escasso, de seu uso e, sobretudo, do critério utilizado para sua priorização.

Sem entrar em considerações que não dizem respeito ao tema em questão, imagine-se que, no caso de uma empresa de mineração, seja o minério um recurso não renovável e exaurível. O empreendimento derivado da extração de minérios será função da priorização do recurso utilizado. Essa priorização pode envolver um custo porque, caso não seja utilizada com o objetivo de maximizar o empreendimento, será descartada a melhor alternativa de uso do recurso disponível. Esse custo recebe o nome de *custo de oportunidade* e indica o custo que envolve a perda da utilização da melhor alternativa.

Lane interpreta a expressão $F = i \cdot VPLM - dVPLM/dT$ como um custo de oportunidade, já que o seu primeiro termo constitui os juros que seriam incorporados ao VPLM inserido no sistema financeiro e o segundo compreende a diminuição desse VPLM no decorrer do tempo. Esse é o significado do valor F no formalismo de Lane.

Implementação do formalismo de Lane: definição dos teores de corte

De acordo com o formalismo de Lane, a definição do *material que, extraído da **mina**, é transportado para a **usina de tratamento** para posterior **comercialização** como produto final* implica limitações fundamentais relacionadas ao horizonte temporal T e ao recurso R e que são constituídas pelas capacidades dos componentes produtivos principais associados, ou seja, *mina*, *usina* e *mercado*.

Essa limitação conduz, em um primeiro momento, à consideração das capacidades do sistema que, essencialmente, condicionam a vida útil do empreendimento e à definição do que finalmente deve ser considerado como *minério*. Tais capacidades condicionam a vida do empreendimento, uma vez que maiores capacidades de extração, tratamento e comercialização significam uma menor vida útil do recurso e vice-versa. Por outro lado, essas mesmas capacidades condicionam a definição de minério.

Retomando o conceito de custo de produção, conforme ilustram a Tab. 7.2 e a Fig. 7.7, este inclui o custo fixo e o custo variável, ambos já definidos. Separa-se o custo fixo total associando-o ao empreendimento, e não apenas a uma área particular de produção. Assim, o recurso geológico que satisfaz sua extração a um custo variável pm transforma-se em material mineralizado e, a partir daí, esse material pode ser considerado minério, desde que pague seu tratamento na usina de processamento. A depender das condições que serão explicitadas posteriormente, o único componente de custo adicional a ser considerado será o custo de oportunidade.

A partir de agora, a análise do sistema mina-usina será centrada nesse ponto.

A capacidade da mina é limitada em comparação à da usina

Quando a capacidade da mina representa o componente de limitação da operação e a capacidade da *usina não apresenta restrições de capacidade*, o teor mínimo associado à *proporção desse minério no material mineralizado*, capaz de cobrir apenas os custos de processamento, pp, constitui o teor de corte desse cenário. Nesse caso, convém enviar, da mina até a usina, a máxima tonelagem possível a fim de abastecer ao máximo sua capacidade; portanto, o teor de corte do minério processável, gm, não está submetido a um custo de oportunidade. Assim,

$$gm = pp/(P - pc)\eta \qquad (8.8)$$

em que:

gm = teor de corte;

pp = custo de processamento;

P = preço por unidade de metal;

pc = custo de comercialização;

η = recuperação.

Essa fórmula equivale a outras, como a Eq. 7.59, já deduzidas anteriormente.

A capacidade da usina é limitada em comparação à capacidade da mina

Quando as instalações de manuseio dos minérios ou a usina de tratamento representam os componentes de limitação da operação e a capacidade da *mina é mais do que suficiente para abastecê-los*, o teor mínimo associado à *proporção de minério no material mineralizado* capaz de cobrir os gastos de processamento, *pp*, também deve satisfazer um custo de oportunidade, *F*.

Assim, além de cobrir o custo *pp*, o teor mínimo deve satisfazer os custos fixos, *pfa/tp*, e um custo de oportunidade, *F/tp*, associados a *cada tonelada* incorporada à usina com capacidade de beneficiamento *tp*.

$$gp = [pp + (pfa + F)/tp]/(P - pc)\eta \qquad (8.9)$$

A usina e a mina apresentam capacidades iguais

O teor de corte que cumpre o papel de balancear adequadamente as capacidades da mina e da usina é dado pelo teor que faz a discriminação entre minério e estéril, de acordo com a razão entre a capacidade da usina e a capacidade da mina. Assim, o teor de corte que equilibra essas capacidades é aquele capaz de equilibrar a razão:

minério/material mineralizado = capacidade de processo/capacidade da mina   (8.10)

Explicitadas as análises dos componentes mina-usina, as demais, relacionadas aos componentes mina-comercialização e usina-comercialização, podem ser obtidas por extrapolação. Dessa maneira, é possível sintetizar o algoritmo de Lane distinguindo três *cenários econômicos* no interior da envolvente final, incluindo um teor de corte marginal dado por *pm(t)/b* com as seguintes restrições: de extração, de processo e de comercialização (Quadro 8.1).

Quadro 8.1 Restrições de extração, processo e comercialização

Restrições		
de extração	**de processo**	**de comercialização**
$gm = pp/(P - pc) \cdot \eta$	$gp = [pp + (pfa + F)/tp]/(P - pc) \cdot \eta$	$gc = pp/[P - pc - (pfa + F)/tc] \cdot \eta$
em que: *gm* = teor de corte da mina; *pp* = custo de beneficiamento; *P* = preço do metal; *gp* = teor de corte da usina; *pc* = custo de comercialização;		*gc* = teor de corte do mercado; *pfa* = custo fixo anual; *F* = custo de oportunidade; *tp* = tonelagem processada; *tc* = tonelagem comercializada; η = recuperação.

Por outro lado, há restrições derivadas da total utilização das capacidades dos componentes produtivos em pares: extração/processo, extração/comercialização e processo/comercialização. Lane (1988) define os teores de corte correspondentes a essas tonelagens associadas como teores de corte balanceados, *gmp*, *gpc*, *gmc*. Estes são função da relação tonelagem-teor e associam-se com a razão *tp/tm* (em que *tm* = tonelagem de minério), no cenário extração/processo, com *tc/tm*, no cenário extração/comercialização, e com *tc/tp*, no cenário processo/comercialização. Portanto:

- no caso do cenário extração/processo, o teor de corte ótimo é dado pelo valor intermediário entre *gm*, *gmp* e *gp*;
- no caso do cenário processo/comercialização, o teor de corte ótimo é dado pelo valor intermediário entre *gp*, *gpc* e *gc*;
- no caso do cenário extração/comercialização, o teor de corte ótimo é dado pelo valor intermediário entre *gm*, *gmc* e *gc*.

Quando não se conhece qualquer outro tipo de restrição, o teor de corte ótimo é dado pela média entre as prévias dos três teores de corte indicados.

Implementação do formalismo de Lane: esquema de cálculo

O formalismo de Lane, no caso de um cenário com restrição extração/processo, pode ser resumido conforme explicitado a seguir (Dagdelen, 1992).

1] São estabelecidas as restrições do Quadro 8.2.

2] Considera-se a curva tonelagem-teor associada à fase atual em análise.
   Para iniciar o processo iterativo:

3] Determina-se o teor de corte processável, gp_N, para o ano N: $gp_N = (pp + \{[pfa+F_N]/tp\}/(P - pc)$, com $F_N = i \cdot VPL_N$. Para a primeira iteração, $VPL_N = 0$. Para as demais, os VPLs correspondem à iteração prévia.

4] Com base na curva tonelagem-teor analisada, determina-se a tonelagem de reserva, *Tp*, e o teor médio, *mp*, acima do teor de corte gp_N; determina-se também a tonelagem abaixo do teor de corte gp_N, *Tw*, sendo *sr* = *Tw/Tp*.

5] Se *Tp* > capacidade máxima de processo, *tp* ⇒ tonelagem de minério processável, *tmp* = *tp*.

6] Se não, ⇒ tonelagem de minério processável, *tmp* = *Tp*.

7] Tonelagem de minério extraível = tonelagem de minério processável · (1 + *sr*).

8] Determina-se o fluxo de caixa do ano $N = CF_N$ (com base na taxa de extração anual); $CF_N = (P - pc) \cdot tp \cdot mp \cdot \eta - tp \cdot (pp + pfa/tp) - tm \cdot pm$.

9] A curva tonelagem-teor é ajustada subtraindo a tonelagem de minério acima do teor de corte (*minério processável*) e o minério abaixo do teor de corte (*minério extraível – minério processável*) da distribuição de teores existente, mantendo-se a mesma forma de tal distribuição.

10] Se tonelagem de minério processável < capacidade de processamento, então a vida útil do recurso, *VM* = *N*, e deve-se pular para o passo 12.

11] Se não, $N = N + 1$, deve-se recorrer ao passo 3.

12] Calculam-se os VPL_N incrementais dos fluxos que vão desde o ano N até o ano *VM* utilizando $VPL_N = \Sigma_{j = N,VM}[CF_j/(1 + i)^{j-N+1}]$ para cada ano $N = [1, VM]$, em que *VM* = vida útil do recurso.

13] Se o VPL_N total, para todo o recurso considerado, na iteração atual difere, fora de certa tolerância, do VPL_N total calculado na iteração prévia, deve-se utilizar o passo 2. Se não, outros detalhes devem ser observados. A sequência de teores gp_N desde o ano 1 até o ano *VM* corresponderá, então, ao teor de corte ótimo com restrições na usina.

Quadro 8.2 Restrições do cenário

Capacidade da mina	(*tm*)	(t material/ano)
Capacidade da usina	(*tp*)	(t min/ano)
Preço líquido do metal	(*P - pc*)	(US$/t min)
Custo da mina	(*pm*)	(US$/t material)
Custo da usina	(*pp*)	(US$/t min)
Recuperação	(η)	
Custo fixo anual	(*pfa*)	(US$/ano)
Taxa de desconto	(*i*)	

Quadro 8.3 Parâmetros e restrições operacionais

Capacidade da mina	(*M*)	(t mat/ano)
Capacidade da usina	(*C*)	(t min/ano)
Preço líquido do metal	(*P - s*)	(US$/t min)
Custo da mina	(*m*)	(US$/t mat)
Custo da usina	(*c*)	(US$/t min)
Recuperação	(*y*)	(%)
Custo fixo anual	(f_a)	(US$/ano)
Taxa de desconto	(*d*)	(%)
Restrições		
Custo da mina (US$/t)	$m = 0{,}85$	
Capacidade da mina (t × 10³/ano)	$M = 18{,}900$	
Custo da usina (US$/t)	$c = 3{,}70$	
Capacidade da usina (t × 10³/ano)	$C = 7{,}200$	
Recuperação (%)	$y = 85$	
Preço líquido do metal (US$/t)	$P - s = 1{,}500$	
Custo fixo anual (US$ × 10³/ano)	$fa = 3{,}500$	
Taxa de desconto (%)	$d = 10{,}00$	

O Quadro 8.3 sintetiza os parâmetros e restrições operacionais correspondentes a um sistema mina-usina. As relações tonelagem-teor correspondentes a quatro fases de extração de minérios são fornecidas pela Tab. 8.1, enquanto os resultados correspondentes à fase 1 são resumidos na Tab. 8.2. As relações tonelagem-teor associadas às quatro fases consideradas, incorporando os resultados ao teor de corte constante (iteração 1), são ilustradas na Tab. 8.3. A Tab. 8.4 explicita e avalia a sequência extrativa gerada a um teor de corte constante e determina o VPL associado, ao passo que a Tab. 8.5 confirma o VPL calculado. Já a Tab. 8.6 explicita e avalia a sequência extrativa gerada a um teor de corte decrescente (iteração 2) e determina o VPL associado e a discrepância tolerada desse VPL com relação ao anterior. Por fim, a Tab. 8.7 explicita e avalia a sequência extrativa gerada a um teor de corte decrescente (iteração 3) e determina o VPL associado e a discrepância tolerada desse VPL com relação ao anterior.

Extensões do formalismo de Lane: otimizando a produção na usina

Afirmou-se anteriormente que, quando a mina possui uma capacidade limitada, convém enviar, da mina até a usina, a máxima tonelagem possível a fim de abastecer ao máximo sua capacidade. Considerando essa afirmação, esse maior envio pode ser facilitado levando em conta que, assim como a oportunidade de *extrair uma porção de minério* (*da mina*) tem um custo associado, *o tempo de permanência dessa porção em seu processamento* (*na usina*) também implica um custo. Esse sacrifício (ou desperdício) de recuperação no processo equivale ao sacrifício (ou desperdício) de teores mais baixos do depósito que permanecem *in situ* durante a extração com o intuito de extrair teores mais altos e superiores, em todo caso, a um teor de corte. Essencialmente, essas extensões tendem a responder apenas ao princípio dos *rendimentos decrescentes*, que caracterizam os recursos naturais, no sentido de que *um maior tempo de permanência* (ou a *extração de teores baixos*) *agrega um valor econômico escasso ao empreendimento, de maneira que* **esse valor apresenta-se muito menor que os gastos demandados por tais esforços**.

Com base na consideração de que a tonelagem processada/dia constitui um parâmetro que pode ser tratado como um teor mineral, é possível conceber diversas taxas de processamento associadas a diferentes recuperações. Há alguns *softwares* que permitem analisar diversos cenários com o objetivo de obter a melhor combinação entre o teor de corte da *mina* e a taxa de produção da *usina*, como o Opti-cut, de Whittle.

Wooller (1999) apresenta uma aplicação sucinta desse critério empregado na otimização da taxa de minério processável em uma usina.

Tab. 8.1 Relações tonelagem-teor (quatro fases)

	Tonelagem-teor											
	Fase 1			Fase 2			Fase 3			Fase 4		
tc	Tonelagem	tm	Razão	Tonelagem	tm	Razão	Tonelagem	tm	Razão	Tonelagem	tm	Razão
(%)	(t × 10³)	(% Cu)	min/material	(t × 10³)	(% Cu)	min/material	(t × 10³)	(% Cu)	min/material	(t × 10³)	(% Cu)	min/material
	20,23			36,545			56,272			80,101		
0,000	20,323	1,050	1,000	36,545	0,790	1,000	56,272	0,570	1,000	80,101	0,590	1,000
0,100	19,590	1,090	0,964	32,748	0,880	0,896	44,819	0,710	0,796	65,375	0,720	0,816
0,200	18,739	1,130	0,922	30,888	0,920	0,845	40,756	0,760	0,724	60,453	0,770	0,755
0,300	16,707	1,240	0,822	27,439	1,000	0,751	32,713	0,890	0,581	55,072	0,820	0,688
0,400	15,283	1,320	0,752	24,434	1,080	0,669	28,520	0,970	0,507	50,257	0,870	0,627
0,500	13,709	1,420	0,675	22,045	1,150	0,603	25,178	1,030	0,447	44,189	0,920	0,552
0,600	12,929	1,470	0,636	19,741	1,220	0,540	21,687	1,110	0,385	38,272	0,980	0,478
0,700	11,963	1,530	0,589	16,120	1,350	0,441	17,694	1,220	0,314	28,599	1,090	0,357
0,800	10,962	1,610	0,539	13,730	1,450	0,376	15,047	1,300	0,267	22,689	1,180	0,283
0,900	9,552	1,720	0,470	11,784	1,550	0,322	12,550	1,380	0,223	16,628	1,300	0,208
1,000	8,643	1,800	0,425	10,246	1,640	0,280	10,017	1,490	0,178	14,539	1,350	0,182
1,100	8,014	1,860	0,394	8,872	1,730	0,243	8,693	1,560	0,154	12,450	1,400	0,155
1,200	7,112	1,950	0,350	7,634	1,830	0,209	6,905	1,670	0,123	8,987	1,490	0,112
1,300	6,425	2,020	0,316	6,583	1,920	0,180	5,402	1,780	0,096	6,998	1,560	0,087
1,400	5,910	2,080	0,291	5,567	2,020	0,152	4,436	1,880	0,079	5,037	1,650	0,063
1,500	5,388	2,140	0,265	4,686	2,130	0,128	3,599	1,980	0,064	3,985	1,700	0,050
1,600	4,450	2,270	0,219	3,957	2,240	0,108	2,740	2,110	0,049	2,926	1,750	0,037
1,700	3,392	2,460	0,167	3,313	2,360	0,091	1,875	2,330	0,033	1,481	1,860	0,018
1,800	2,647	2,660	0,130	2,168	2,670	0,059	1,109	2,740	0,020	1,016	1,920	0,013
1,900	1,982	2,940	0,098	1,660	2,930	0,045	787	3,110	0,014	508	1,980	0,006
2,000	1,746	2,980	0,086	1,474	3,060	0,040	644	3,360	0,011	114	2,160	0,001

Tab. 8.2 Resultados da fase 1

Fase	tc	tm	Minério	Material	Razão	Beneficiamento
	(% Cu)	(% Cu)	(t × 10³)	(t × 10³)	E/M	(US$ × 10³)
1	0,328	1,262	7,200	8,972	0,25	78,122
2	0,000	0,000	0	0	0,00	0
3	0,000	0,000	0	0	0,00	0
4	0,000	0,000	0	0	0,00	0

Tab. 8.3 Relações tonelagem-teor (quatro fases) incorporando os resultados obtidos na fase 1

	Tonelagem-teor											
	Fase 1			Fase 2			Fase 3			Fase 4		
tc (%)	Tonelagem (t × 10³)	tm (% Cu)	Razão min/mat	Tonelagem (t × 10³)	tm (% Cu)	Razão min/mat	Tonelagem (t × 10³)	tm (% Cu)	Razão min/mat	Tonelagem (t × 10³)	tm (% Cu)	Razão min/mat
	20,323			36,545			56,272			80,101		
0,000	11,351	1,050	1,000	36,545	0,790	1,000	56,272	0,570	1,000	80,101	0,590	1,000
0,100	10,941	1,090	0,964	32,748	0,880	0,896	44,819	0,710	0,796	65,375	0,720	0,816
0,200	10,466	1,130	0,922	30,922	0,920	0,845	40,756	0,760	0,724	60,453	0,770	0,755
0,300	9,331	1,240	0,822	27,439	1,000	0,751	32,713	0,890	0,581	55,072	0,820	0,688
0,400	8,536	1,320	0,752	24,434	1,080	0,669	28,520	0,970	0,507	50,257	0,870	0,627
0,500	7,657	1,420	0,675	22,045	1,150	0,603	25,178	1,030	0,447	44,189	0,920	0,552
0,600	7,221	1,470	0,636	19,741	1,220	0,540	21,687	1,110	0,385	38,272	0,980	0,478
0,700	6,681	1,530	0,589	16,120	1,350	0,441	17,694	1,220	0,314	28,599	1,090	0,357
0,800	6,122	1,610	0,539	13,730	1,450	0,376	15,047	1,300	0,267	22,689	1,180	0,283
0,900	5,335	1,720	0,470	11,784	1,550	0,322	12,550	1,380	0,223	16,628	1,300	0,208
1,000	4,827	1,800	0,425	10,246	1,640	0,280	10,017	1,490	0,178	14,539	1,350	0,182
1,100	4,476	1,860	0,394	8,872	1,730	0,243	8,693	1,560	0,154	12,450	1,400	0,155
1,200	3,972	1,950	0,350	7,634	1,830	0,209	6,905	1,670	0,123	8,987	1,490	0,112
1,300	3,588	2,020	0,316	6,583	1,920	0,180	5,402	1,780	0,096	6,998	1,560	0,087
1,400	3,301	2,080	0,291	5,567	2,020	0,152	4,436	1,880	0,079	5,037	1,650	0,063
1,500	3,009	2,140	0,265	4,686	2,130	0,128	3,599	1,980	0,064	3,985	1,700	0,050
1,600	2,485	2,270	0,219	3,957	2,240	0,108	2,740	2,110	0,049	2,926	1,750	0,037
1,700	1,894	2,460	0,167	3,313	2,360	0,091	1,875	2,330	0,033	1,481	1,860	0,018
1,800	1,478	2,660	0,130	2,168	2,670	0,059	1,109	2,740	0,020	1,016	1,920	0,013
1,900	1,107	2,940	0,098	1,660	2,930	0,045	787	3,110	0,014	508	1,980	0,006
2,000	975	2,980	0,086	1,474	3,060	0,040	644	3,360	0,011	114	2,160	0,001

Tab. 8.4 Fases, teor de corte constante, VPL, iteração 1

Fase	Período	tc (% Cu)	tm (% Cu)	Minério (t × 10³)	Material (t × 10³)	Razão E/M	Beneficiamento (US$ × 10³)	VPL (US$ × 10³)
				128,169	193,241		846,592	
1	1	0,328	1,262	7,200	8,972	0,25	78,122	436,814
1	2	0,328	1,262	7,200	8,972	0,25	78,122	402,399
1-2	3	0,328	1,086	7,200	9,649	0,34	61,354	364,546
2	4	0,328	1,022	7,200	9,893	0,37	55,307	339,679
2	5	0,328	1,022	7,200	9,893	0,37	55,307	318,374
2-3	6	0,328	1,018	7,200	10,013	0,39	54,792	294,943
3	7	0,328	0,912	7,200	12,846	0,78	42,699	269,688
3	8	0,328	0,912	7,200	12,846	0,78	42,699	254,005
3	9	0,328	0,912	7,200	12,846	0,78	42,699	236,759
3	10	0,328	0,912	7,200	12,846	0,78	42,699	217,794
3-4	11	0,328	0,861	7,200	11,452	0,59	39,131	196,939

Tab. 8.4 Fases, teor de corte constante, VPL, iteração 1 (cont.)

Fase	Período	tc (% Cu)	tm (% Cu)	Minério (t × 10³)	Material (t × 10³)	Razão E/M	Beneficiamento (US$ × 10³)	VPL (US$ × 10³)
4	12	0,328	0,834	7,200	10,735	0,49	37,296	177,572
4	13	0,328	0,834	7,200	10,735	0,49	37,296	158,112
4	14	0,328	0,834	7,200	10,735	0,49	37,296	136,713
4	15	0,328	0,834	7,200	10,735	0,49	37,296	113,183
4	16	0,328	0,834	7,200	10,735	0,49	37,296	87,311
4	17	0,328	0,834	7,200	10,735	0,49	37,296	58,862
4	18	0,328	0,834	5,769	8,601	0,59	29,882	27,581

Tab. 8.5 VPL a teor de corte constante

		VPL	ΔVPL
Total do VPL no período (US$ × 10³)	1	436,814	0

Tab. 8.6 Fases, teor de corte decrescente, VPL, ΔVPL, iteração 2

Fase	Período	tc (% Cu)	tm (% Cu)	Minério (t × 10³)	Material (t × 10³)	Razão E/M	Beneficiamento (US$ × 10³)	VPL (US$ × 10³)
				85,395	193,241		751,952	
1	1	0,804	1,614	7,200	13,417	0,86	106,657	472,157
1-2	2	0,767	1,506	7,200	15,371	1,13	95,026	412,776
2	3	0,725	1,375	7,200	16,951	1,35	81,677	359,094
2-3	4	0,698	1,307	7,200	18,313	1,54	74,236	313,400
3	5	0,675	1,193	7,200	21,675	2,01	60,908	270,584
3	6	0,650	1,165	7,200	20,576	1,86	59,317	236,824
3-4	7	0,622	1,050	7,200	17,190	1,39	51,624	201,288
4	8	0,605	0,986	7,200	15,262	1,12	47,356	169,902
4	9	0,586	0,972	7,200	14,750	1,05	46,515	139,657
4	10	0,566	0,960	7,200	14,317	0,99	45,782	107,241
4	11	0,543	0,946	7,200	13,849	0,92	44,913	72,330
4	12	0,522	0,933	6,195	11,570	0,87	37,941	34,813
							VPL	ΔVPL
Total do VPL no período (US$ × 10³)	2						472,157	35,344
Total do VPL no período (US$ × 10³)	1						436,814	

Tab. 8.7 Fases, teor de corte decrescente, VPL, ΔVPL, iteração 3

Fase	Período	tc (% Cu)	tm (% Cu)	Minério (t × 10³)	Material (t × 10³)	Razão E/M	Beneficiamento (US$ × 10³)	VPL (US$ × 10³)
				96,014	193,241		776,930	
1	1	0,843	1,657	7,200	14,130	0,96	109,990	475,729
1-2	2	0,778	1,506	7,200	15,915	1,21	94,565	413,329
2	3	0,719	1,369	7,200	16,796	1,33	81,258	360,116
2-3	4	0,670	1,268	7,200	17,411	1,42	71,491	314,891
3	5	0,623	1,135	7,200	19,508	1,71	57,499	274,912

Tab. 8.7 Fases, teor de corte decrescente, VPL, ΔVPL, iteração 3 (cont.)

Fase	Período	tc (% Cu)	tm (% Cu)	Minério (t × 10³)	Material (t × 10³)	Razão E/M	Beneficiamento (US$ × 10³)	VPL (US$ × 10³)
3	6	0,586	1,099	7,200	18,270	1,54	55,200	244,930
3-4	7	0,548	1,026	7,200	16,069	1,23	50,377	214,251
4	8	0,513	0,928	7,200	13,283	0,84	43,742	185,330
4	9	0,480	0,910	7,200	12,703	0,76	42,601	160,156
4	10	0,445	0,893	7,200	12,135	0,69	41,477	133,608
4	11	0,407	0,874	7,200	11,573	0,61	40,210	105,534
4	12	0,366	0,853	7,200	11,114	0,54	38,719	75,924
4	13	0,328	0,834	7,200	10,735	0,49	37,296	44,849
4	14	0,328	0,834	2,414	3,600	0,49	12,506	12,094
							VPL	ΔVPL
Total do VPL no período (US$ × 10³)	3						475,729	3,572
Total do VPL no período (US$ × 10³)	2						472,157	

8.2 Otimização do empreendimento por meio da análise de cenários alternativos e de acordo com a teoria de opções

A valoração dos empreendimentos minerais recorre normalmente a duas ferramentas de análise. Uma delas é constituída pela valoração dos fluxos de caixa associados a parâmetros técnico-econômicos selecionados, estáticos e de caráter determinístico, representativos de um cenário específico de desenvolvimento, descontados no decorrer do tempo de acordo com uma determinada taxa de juros que se mantém constante durante todo o período do projeto. Essa valoração pode ser denominada *valor presente líquido convencional*. A outra ferramenta pode ser chamada de *valor presente líquido com análise de risco* e é representada pela incorporação de modelos probabilísticos associados aos mesmos parâmetros técnico-econômicos utilizados na valoração anterior.

As limitações dos procedimentos tradicionais utilizados para incorporar o risco e a volatilidade dos parâmetros fundamentais (Cavender, 1998), a capacidade de resposta de um sistema produtivo flexível diante das variações imprevistas apresentadas por esses parâmetros, a acentuada queda nos preços dos metais nos últimos anos, a intensa demanda por capitais associada à indústria de mineração e a crescente vinculação entre mercados e projetos de mineração para tornar possível uma estruturação financeira representam alguns aspectos responsáveis pelo crescimento do interesse da indústria extrativista pela identificação de cenários produtivos alternativos, pela antecipação de planos de *contingência* que permitam flexibilizações operacionais e pela valorização do empreendimento por meio da aplicação da técnica de *opções* incorporando uma relação econômica temporal fundamental, *custo de produção/preço do metal (C/P)*.

A alternativa de uso das opções para valorar projetos de risco (Kolb, 1991) começou a ser considerada nos anos 1970, especificamente em 1973, e em um âmbito muito diferente. Nesse ano, a Chicago Board of Trade formalizou, por meio de contratos padronizados, a transação formal de um instrumento financeiro que, oriundo do século passado, não estava até então completamente regularizado: a opção. Na época, estava sendo regularizado um tipo particular de instrumento chamado especificamente de *opção call*. Esse tipo de instrumento fornece ao dono, por tempo determinado (data de expiração), não a obrigação, mas o direito de compra (por um preço ou comissão) de um bem (ativo) por um valor específico combinado antecipadamente (preço de exercício). O instrumento financeiro recém-definido conquistou rapidamente sua presença em negócios que apresentavam grande incerteza (volatilidade) com relação ao valor do ativo em negociação.

Desse ponto de vista, as opções são instrumentos financeiros cujo valor deriva do ativo em transação. A opção, sob a ótica financeira, é o instrumento mais adequado para atribuir um cenário concreto à relação risco-retorno. O retorno é representado pelo aumento potencial do valor do ativo no momento do pagamento do preço de exercício combinado, enquanto o risco é representado pela potencial diminuição do valor desse ativo no momento do pagamento ajustado. *Mas esse risco é delimitado e assimétrico, já que, neste último caso, a opção de compra pode não ser exercida (ao contrário dos contratos futuros, que implicam obrigatoriedade).*

Por meio de um exemplo, é possível ilustrar as diferenças existentes entre as técnicas determinística (como é o caso do VPL-C), probabilística (VPL-AR) e de opções (VPL convencional incorporando um modelo de risco assimétrico de variável discreta VPL-OP) (Fig. 8.2).

Em primeiro lugar, deve-se considerar que a comissão ou prêmio de uma opção financeira representa a compensação monetária exigida pelo vendedor da opção pelo risco que assume ao vendê-la e que o comprador está disposto a pagar pela possibilidade de exercê-la. O valor dessa comissão é atribuído pelo mercado de acordo com o equilíbrio de oferta e demanda. No caso de um projeto de mineração sujeito a contingências, a comissão corresponde ao custo pela possibilidade de exercício das flexibilidades operacionais.

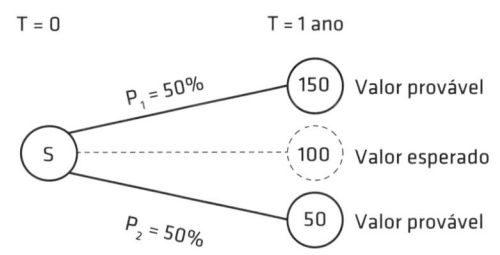

Fig. 8.2 Eventos prováveis geradores de um processo decisional binomial

Imagine-se o comprometimento – após o pagamento de uma comissão que será considerada, nesse caso, nula – com o pagamento, com um ano de prazo, de cem unidades (preço de exercício) por um ativo cujo valor presente é S e cujo valor esperado $E(V)$, ao término desse ano, é de cem unidades. Por outro lado, esse ativo apresenta valores prováveis, também no fim desse ano, iguais a 50 unidades (com probabilidade de 50%) e 150 unidades (com probabilidade de 50%).

O benefício líquido potencial com a técnica determinística seria de $E(V) - 100 = 0$ e, com a técnica probabilística simétrica, de $0,5(150 - 100) + 0,5(50 - 100) = 25 - 25 = 0$. Já com a técnica de opções, antecipa-se, assimetricamente, uma resposta oportuna a uma situação de contingência: nesse caso, se o benefício líquido a receber for positivo (valor esperado do ativo > cem unidades), a opção pode ser exercida. Caso contrário, ou seja, se o benefício líquido apresentar-se negativo ou igual a zero (valor esperado do ativo ≤ cem unidades), o comprador não é obrigado a efetivar a transação, mas perderá a comissão paga antecipadamente, que, nesse caso, foi considerada nula. Assim, a transação apresenta 50% de probabilidade de realização (com benefício líquido de 50) e 50% de probabilidade de não ocorrência (com benefício líquido igual a zero). Dessa maneira, o valor da opção seria: $0,5(150 - 100) + 0,5(0) = 25$.

Todas as técnicas de avaliação descritas anteriormente e os resultados obtidos por meio de sua aplicação estão demonstrados na Tab. 8.8.

Tab. 8.8 Técnicas de avaliação e benefícios líquidos associados

Técnica	Benefício (unidades)
Determinística (VPL-C com parâmetros fixos)	0
Probabilística simétrica (VPL-AR incorporando eventos prováveis simétricos-eventos obrigatórios)	0
Opções (VPL-OP incorporando eventos prováveis assimétricos-eventos opcionais)	25

Esses resultados demonstram que:

> a) Uma flexibilidade operacional possui valor econômico mensurável.
>
> b) A incorporação de uma flexibilidade à avaliação do projeto permite incrementar ou agregar valor ao seu VPL.
>
> c) A técnica de opções é uma ferramenta que permite antecipar o valor de tais flexibilidades operacionais.

A observação do benefício da transação por meio da variação do valor atribuído ao ativo demonstra que, uma vez que o valor esperado do ativo apresente-se superior a cem, o benefício líquido da transação começa a se mostrar positivo e cresce junto com o aumento desse valor. A Fig. 8.3 ilustra o comportamento desses benefícios. Esse tipo de opção é denominado *call*.

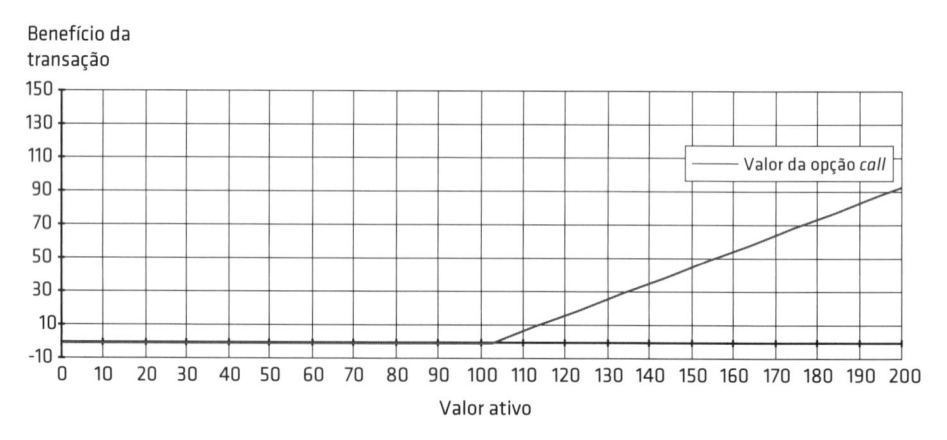

Fig. 8.3 Benefício de uma opção *call*

Também poderia ser considerada uma situação oposta, em que os juros sejam aplicados à venda de um ativo em cem unidades se a diminuição do valor desse ativo apresentar-se menor que o preço de venda. Uma vez que o valor esperado do ativo se apresente inferior a cem unidades, o benefício líquido da transação começa a mostrar um valor positivo e cresce juntamente com a diminuição desse valor. Em uma situação contrária, isto é, quando o valor do ativo é maior que cem unidades, a transação não poderá ser efetuada. O comportamento desses benefícios é apresentado na Fig. 8.4. Esse tipo de opção é denominado *put*.

Em resumo, as duas opções, *call* e *put*, representam transações que efetivamente podem ser executadas desde que o valor esperado do ativo a ser adquirido (ou vendido) apresente-se superior (ou inferior) ao preço de exercício combinado, gerando, assim, benefícios positivos que vão sofrendo ampliações de acordo com o aumento (ou diminuição) do valor esperado desse ativo.

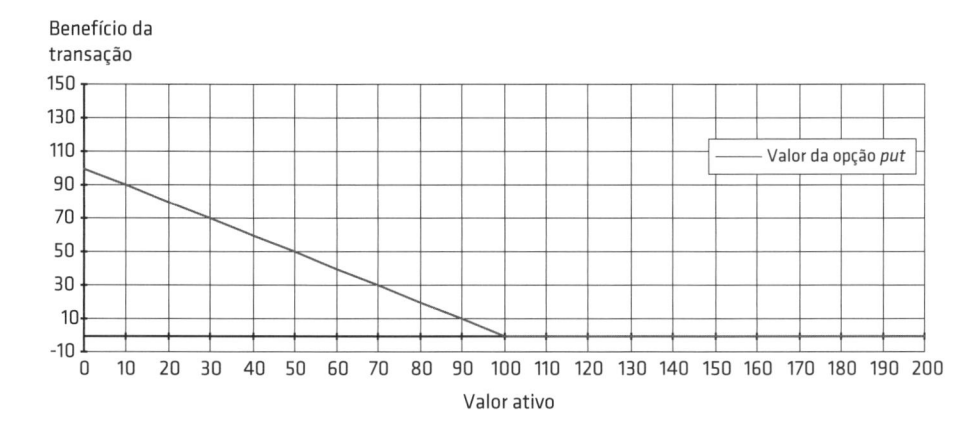

Fig. 8.4 Benefício de uma opção *put*

Uma transação que inclua tanto a opção *call* quanto a *put* e envolva o mesmo ativo subjacente dá origem à cobertura de um portfólio garantido. Ou seja, o risco pode ser evitado com a compra simultânea de uma opção *call* e de uma opção *put* do mesmo ativo.

No exemplo apresentado anteriormente, uma estratégia que cubra a variação do valor do ativo pode ser instrumentalizada por meio da compra de uma opção *call* desse ativo, que pode ser executada caso o seu valor ultrapasse as cem unidades, e da compra de uma opção *put*, que será executada desde que o seu valor seja menor que as cem unidades. Assim, com um ativo que apresente valor maior que cem, a opção *call* permite aproveitar esse cenário, alcançando benefícios adicionais. Por outro lado, se o valor do ativo for menor que cem, a opção *put* permite repor esse valor perdido.

A Fig. 8.5 mostra os benefícios obtidos de acordo com a variação do valor do ativo no caso em que a comissão paga por cada opção é zero.

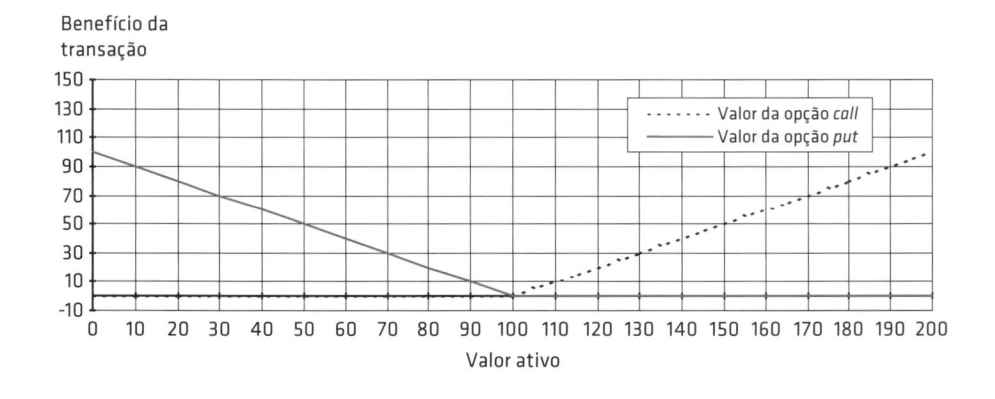

Fig. 8.5 Cobertura de risco: portfólio garantido

A técnica de opções, sustentada nos fundamentos de um processo estocástico (Trigeorgis, 1995), utiliza-se de determinados formalismos estatísticos e matemáticos que dependem do tipo de variação da valorização: se esta ocorre em intervalos de tempo discretos ou, ao contrário, durante lapsos temporais contínuos.

A aplicação da técnica de opções demanda a presença de dois elementos que precisam ser determinados. Um deles é a resposta da gestão do projeto diante de alguma situação de contingência previamente definida (modelagem do cenário), enquanto o outro é o comportamento da variável considerada incerta e que é relevante para os rendimentos do projeto (modelagem da incerteza).

> As respostas da gestão mineira diante de situações de contingência devem ser identificadas, explicitamente, por meio da observação de cenários de produção alternativos, que se fazem possíveis graças às flexibilizações disponíveis e às rupturas tecnológicas e de gestão.
>
> O comportamento da incerteza é estabelecido por meio da caracterização estocástica da variável ou atributo relevante sujeito a flutuações, que é, nesse caso, o preço do metal.

8.3 Modelos, planejamento da lavra e inventário de reservas

No depósito (representado por seus recursos), deve-se buscar o minério que irá satisfazer a taxa produtiva no interior de uma envolvente que delimita qualitativamente as zonas de minério disponíveis para extração em longo prazo (representadas pelas reservas). Essa envolvente qualitativa delimita, essencialmente, o teor de corte crítico, ou simplesmente teor crítico de extração. Assim, a capacidade produtiva de uma mina aparece intimamente associada ao teor crítico de extração, que compreende tecnicamente todas as características intrínsecas da jazida e é definido, do ponto de vista econômico, como o teor mínimo que concede a uma tonelada de minério a possibilidade de produzir um rendimento (retorno marginal) que cubra exatamente o seu custo de produção (custo marginal).

A envolvente técnica e econômica da jazida define a reserva explorável por meio da tecnologia conhecida e das projeções de preço razoavelmente estabelecidas. Assim como, por definição, o teor mínimo de metal associado à envolvente terminal fornece um benefício econômico nulo, qualquer outro teor no interior dessa envolvente produzirá um benefício econômico positivo. Então, o objetivo será localizar, no interior dessa envolvente, diversos cenários de produção, com a possibilidade de satisfazer as demandas produtivas desejadas para curto e médio prazo. Entre todos esses cenários, será selecionado, com o objetivo de definir a *envolvente explorável* para o período escolhido, aquele que produza o maior VPL total.

A sequência de extração de minério no decorrer do tempo define a *estratégia de consumo das reservas estabelecidas*. Essa estratégia é colocada em prática durante as fases de dois a quatro anos de produção, as quais, envolvidas umas com as outras, integram o cenário extrativista selecionado. Cada uma dessas fases se encontra associada, no decorrer do tempo, com um teor mínimo de corte ou teor de corte. *A política de teores de corte estabelecida em uma determinada sequência extrativista fornece o máximo VPL possível durante o período do empreendimento em análise.*

> A extensão da envolvente terminal condiciona, essencialmente, a vida útil da mina (longo prazo). A extensão do cenário extrativista selecionado no interior da envolvente explorável delimita o tempo de duração do empreendimento mineral. A extensão de cada fase (curto prazo) no interior do cenário extrativista selecionado corresponde a uma produção bianual a trianual acumulada.

A diferença entre essas extensões é necessariamente de cunho econômico. A envolvente terminal demanda custos diretos desprovidos de gastos financeiros, depreciações e benefícios. Por definição, esses custos (marginais) igualam os retornos correspondentes, fornecendo para essa envolvente uma margem de benefício econômico nulo. Assim, a envolvente maximiza o uso do recurso mineral, estabelecendo um teor marginal que representa o teor crítico. Esse teor crítico desempenha o papel de teor terminal: o teor mínimo lavrável e processável em longo prazo. Ele se torna dinâmico com o tempo em virtude das condições econômicas aplicadas.

A envolvente explorável define um cenário extrativista que fornece margens de benefícios positivos. Eles estão sujeitos ao pagamento de custos, depreciações e utilidades. O cenário extrativista maximiza o uso do capital utilizado por meio do aumento do VPL associado.

As primeiras fases demandam margens de benefícios maiores (teores mais altos) que aqueles fornecidos pelas últimas fases (normalmente, de teores mais baixos). Assim, cada fase estabelecida corresponde a uma determinada margem de benefício. A sequência dessas fases permite que elas cumpram com a condição colocada anteriormente no sentido de maximizar o VPL do cenário extrativista.

Exigências econômicas excessivas impostas ao recurso em análise diminuem as distâncias de explotabilidade. Da mesma forma, subestimativas das exigências econômicas reais ampliam essas mesmas extensões, conduzindo frequentemente a dimensionamentos extrativistas deficientes com substanciais prejuízos econômicos na extração mineral. É essencial que as envolventes terminal e explorável, bem como o sequenciamento de fases, estejam sustentadas por parâmetros e critérios solidamente estabelecidos.

Sem especificar os componentes de retornos e custos, incluindo a taxa de câmbio dos gastos nacionais, é importante destacar que a fixação desses parâmetros é de suma importância, pois *prolongam ou encurtam a vida útil da mina*, que é fonte de vantagens comparativas na indústria de mineração, a qual deve beneficiar-se das tecnologias, economias de escala e diminuição dos custos globais do processo caso se deseje acessar o potencial de oportunidades oferecidas pelo empreendimento mineral. Além disso, o prolongamento ou diminuição da vida útil da mina pode aumentar ou diminuir o valor dos ativos de uma empresa.

Assim, preços conservadores ou custos muito exigentes em *longo prazo* conduzem à diminuição das envolventes de explotabilidade, que, essencialmente, conspiram técnica, econômica e estrategicamente contra o empreendimento mineral:
- *tecnicamente*: não utilizando totalmente os recursos;
- *economicamente*: perdendo as oportunidades do mercado;
- *estrategicamente*: prejudicando a mina no caso de sua valorização.

A definição da sequência de extração não apenas inclui retornos e custos, mas também a taxa de desconto e o critério do VPL. E, ainda que sejam utilizados diferentes esquemas de cálculo para determinar tanto as *envolventes de explotabilidade* quanto as *sequências de extração*, as observações feitas com relação às primeiras valem para as segundas.

8.3.1 Envolventes e fases

De acordo com as condições técnicas e econômicas prevalecentes, cada envolvente de explotabilidade é definida com relação a um teor crítico. Com base em sua tonelagem e teores associados, cada envolvente pode ser representada por uma curva tonelagem-teor vinculada a um teor crítico x (Fig. 8.6).

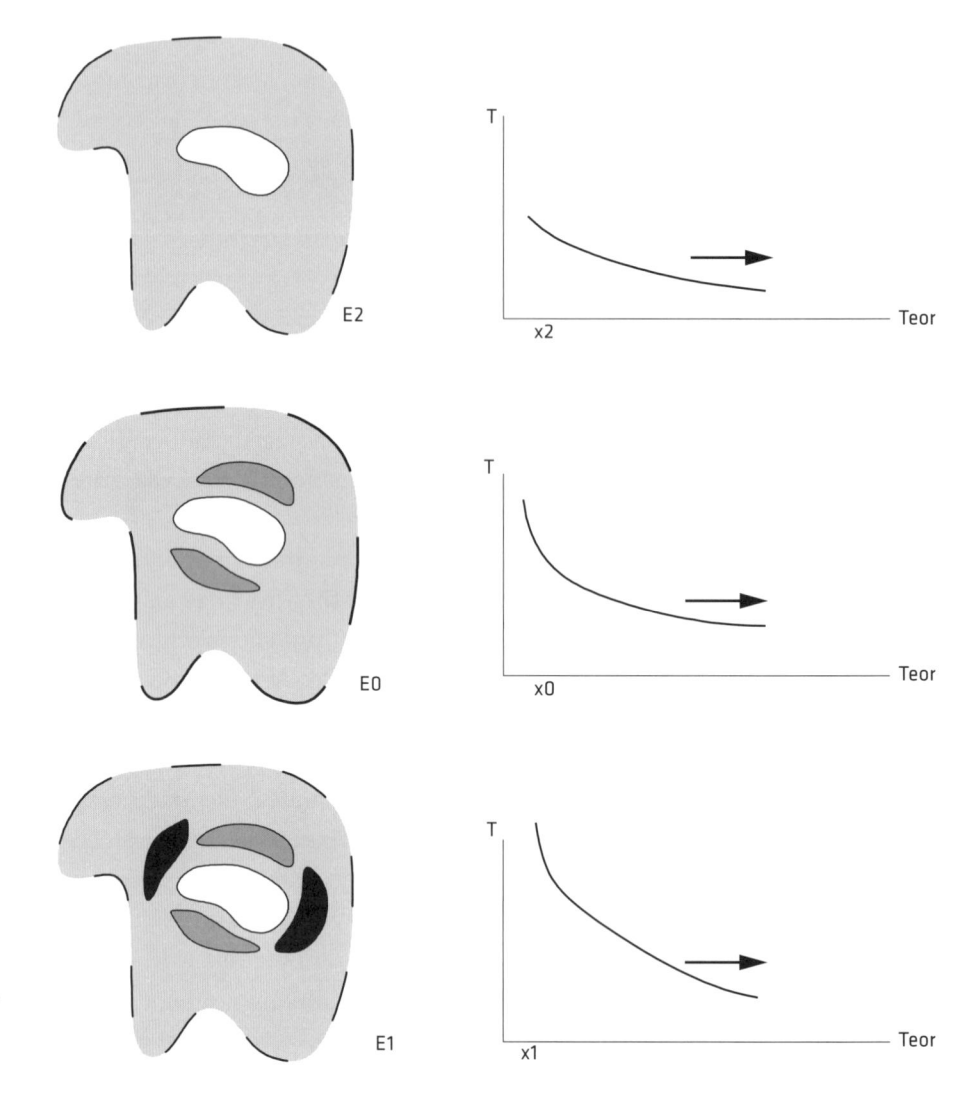

Fig. 8.6 Definição de envolventes, unidades mineralizadas e curvas tonelagem-teor

Se várias envolventes são consideradas de acordo com os seus teores de corte associados, uma curva tonelagem-teor que representa o conjunto dessas envolventes pode ser estabelecida (Fig. 8.7), sendo definida como a curva de explotabilidade do depósito.

Por sua vez, a análise econômica vinculada a cada envolvente permite estimar diferentes VPLs, o que, de acordo com a distribuição fornecida pelos diversos cenários (por exemplo, cada envolvente), proporciona o cenário de VPL máximo (Fig. 8.8). Cada distribuição de VPLs está associada a uma curva de explotabilidade do depósito.

Mudanças nos custos, retornos, presença de contaminantes ou de subprodutos naturalmente modificam as curvas de explotabilidade do depósito (Fig. 8.7) e a distribuição de VPLs já ilustrada (Fig. 8.8).

A programação da produção consiste em estabelecer, *em longo prazo*, a trajetória ótima de recuperação total da reserva disponível (Fig. 8.9).

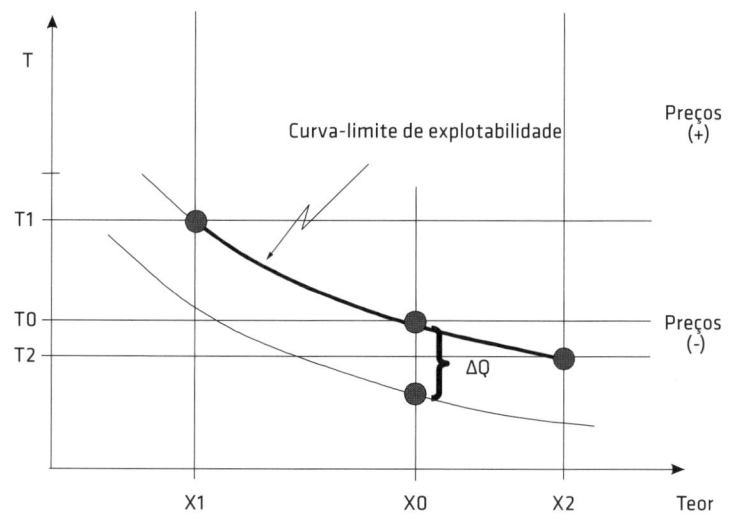

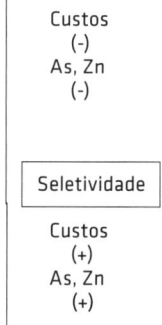

Fig. 8.7 Curva-limite de explotabilidade

8.3.2 Métodos e planejamento de produção: minas a céu aberto

O processo, nesse caso, envolve o modelo geométrico da envolvente que compreenderá todo o volume de cujo interior serão selecionadas as tonelagens que serão definidas como *minério na usina, minério a ser armazenado* ou *material estéril*. Essa envolvente define, na prática, os limites extremos do depósito a ser explorado. Evidentemente, o planejamento final desse tipo de mina a céu aberto deve respeitar as características geotécnicas do depósito. No interior dessa envolvente final, serão definidas as fases de extração que continuam ocorrendo com o passar do tempo de acordo com uma série de VPLs decrescentes (Fig. 8.10).

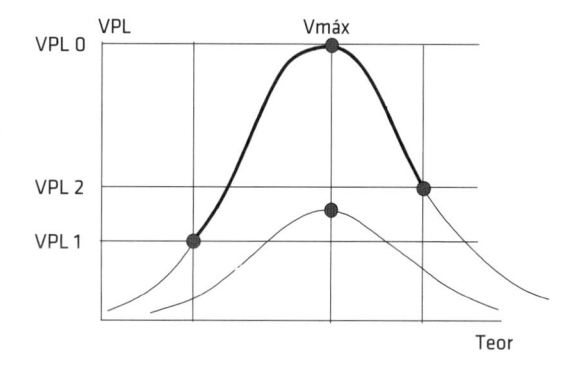

Fig. 8.8 Distribuições do VPL de acordo com cenários alternativos

Desenho da cava final

A identificação dos setores extraíveis e dos setores estéreis de uma jazida deve necessariamente incorporar dados econômicos (em especial os retornos e os custos de operação) e técnicos (como a recuperação metalúrgica e os dados geotécnicos) e a análise dos benefícios associados à extração de cada bloco ou conjunto de blocos do depósito. A respeito do planejamento, são dois os procedimentos mais utilizados: o método manual e o computadorizado.

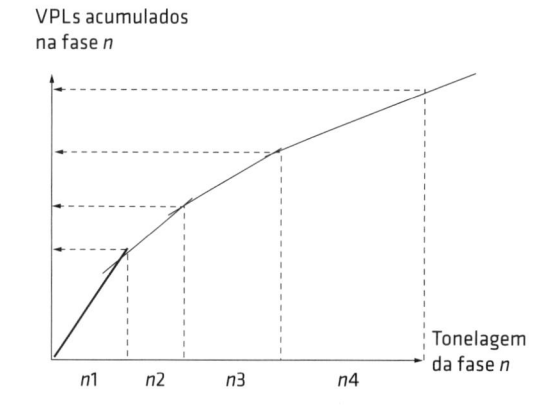

Fig. 8.9 Crescimento do VPL de acordo com o avanço na recuperação total da reserva

Método manual

A expressão que fornece o teor crítico pode ser utilizada para associar o teor de um setor mineralizado à relação estéril/minério que conduz à sua extração econômica.

Conforme explicitado anteriormente, o teor crítico pode ser determinado por:

$$\text{teor crítico} = \frac{\text{custo de operação}}{\text{valor da unidade de metal} \cdot \text{recuperação}} \quad (8.11)$$

8 Estratégia e sequenciamento da extração mineral

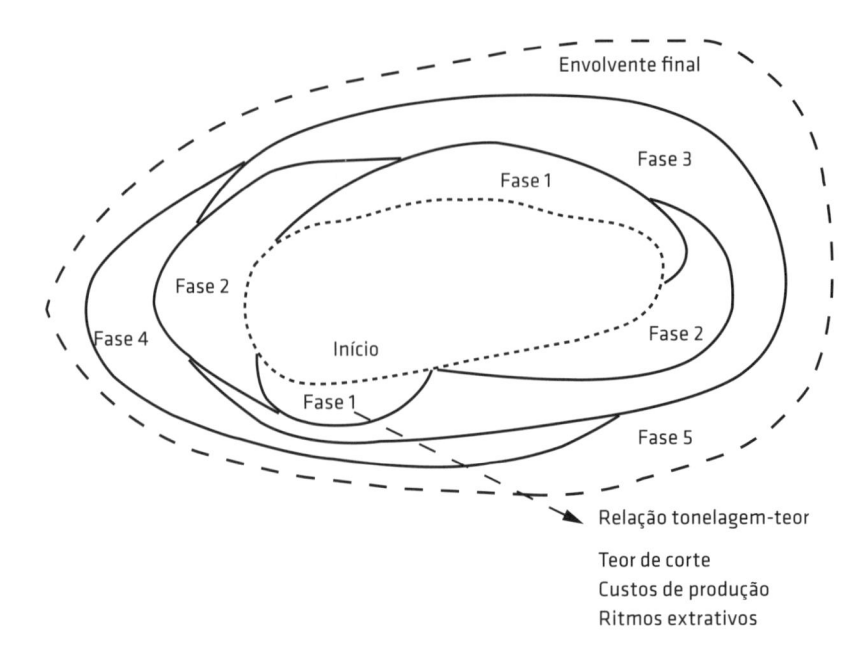

Fig. 8.10 Envolventes e fases

Ou também, nesse caso,

$$\text{teor crítico} = \frac{a + b + c \cdot d}{e} \tag{8.12}$$

em que:

a = custo de extração do minério (US\$/t);

b = custo de processamento (US\$/t);

c = custo de extração do material estéril (US\$/t);

d = razão estéril/minério;

e = valor da unidade de metal × recuperação metalúrgica.

Por meio dessa expressão, é possível estabelecer uma relação entre o teor que satisfaça a razão estéril/minério, conforme mostra a Fig. 8.11.

Esse tipo de aproximação resulta em um procedimento manual muito simples que permite estabelecer os limites econômicos de um corpo mineralizado por meio da análise de suas seções mineralizadas. Considerando perfis consecutivos do depósito, vão sendo analisados os limites de inclinação dos taludes de cada seção da jazida, especialmente suas intersecções com a porção mineralizada. São alvo de interesse as intersecções que:

- respondam às inclinações sugeridas pela geotécnica;
- forneçam teores na parte mineralizada que suportem uma relação estéril/minério selecionada.

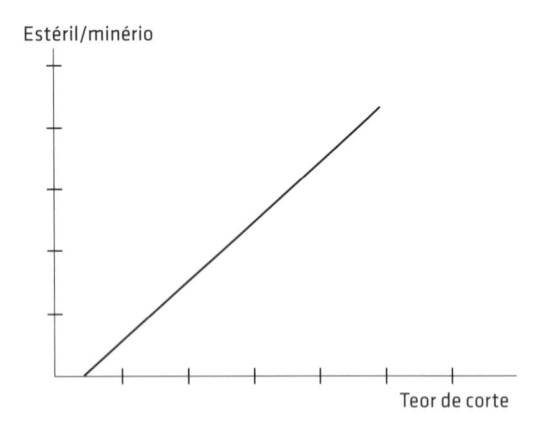

Fig. 8.11 Relação entre a razão estéril/minério e o teor de corte

A Fig. 8.12, por exemplo, demonstra como o deslocamento da linha paralela à inclinação sugerida pela geotécnica fornece uma intersecção mineralizada de teor c e uma relação estéril/minério R. A intersecção a fornecer a associação adequada entre c e R será aquela que permita posicionar adequadamente o limite da mineralização econômica a ser extraída. Essa análise é realizada em cada extremo da seção mineralizada. A Fig. 8.13

mostra o impacto exercido pela inclinação dos taludes na relação estéril/minério, que incide nos custos associados à extração.

Com base nessas informações, as intersecções consideradas podem cobrir vários cenários:

- O teor é suficiente para pagar apenas os custos de operação (mina e usina) que incluem uma razão estéril/minério selecionada e geralmente corresponde aos setores mais pobres do depósito.
- O teor é suficiente para pagar os custos de operação (mina, usina e gastos gerais) e uma depreciação parcial dos custos de capital.
- O teor é suficiente para pagar os custos de operação e a depreciação dos custos de capital.
- O teor é suficiente para pagar os custos de operação e a depreciação e gera benefícios adicionais, correspondendo geralmente aos setores mais ricos do depósito. Considerando as vantagens econômicas representadas pela extração antecipada dos setores mais ricos do depósito, a análise anterior também permite estabelecer as fases ou sequências de extração potencialmente fornecidas pelo programa que maximiza os resultados econômicos da operação. A primeira fase, geralmente associada aos setores mais ricos do depósito, fornece os maiores benefícios econômicos durante os primeiros anos de vida da mina. As fases posteriores, associadas normalmente aos setores mais pobres, fornecem benefícios que vão decrescendo no decorrer do tempo.

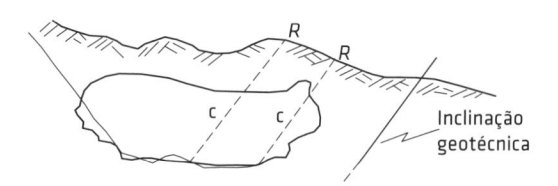

Fig. 8.12 Planejamento manual de seções mineralizadas

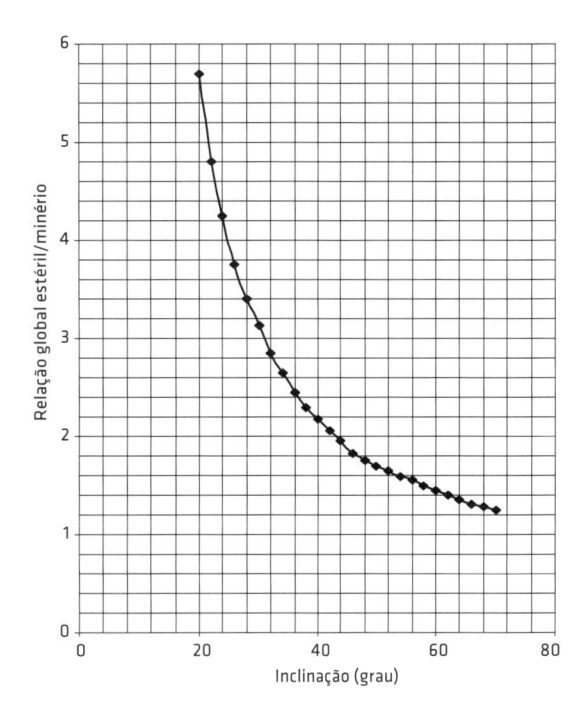

Fig. 8.13 Impacto da inclinação dos taludes na relação estéril/minério

Método computadorizado

Considerando o objetivo principal do desenho final de uma mina a céu aberto, isto é, a maximização do benefício econômico do minério extraído respeitando as condições geotécnicas do depósito, são vários os algoritmos computacionais que podem ser aplicados à definição da envolvente ótima. Todos esses algoritmos consideram como dados de entrada:

- o modelo tridimensional de blocos caracterizados pelo benefício econômico associado a cada um deles (Fig. 8.14);
- as inclinações demandadas por cada setor do depósito.

Definição de parâmetros econômicos

Em qualquer jazida, cada bloco unitário da matriz 3D que represente o depósito em estudo pode ser caracterizado por uma tonelagem e um teor médio acima de um conteúdo mínimo selecionado (teor de corte). Essa tonelagem refere-se à tonelagem de minério, diferente da tonelagem de material estéril que se encontra abaixo desse conteúdo mínimo.

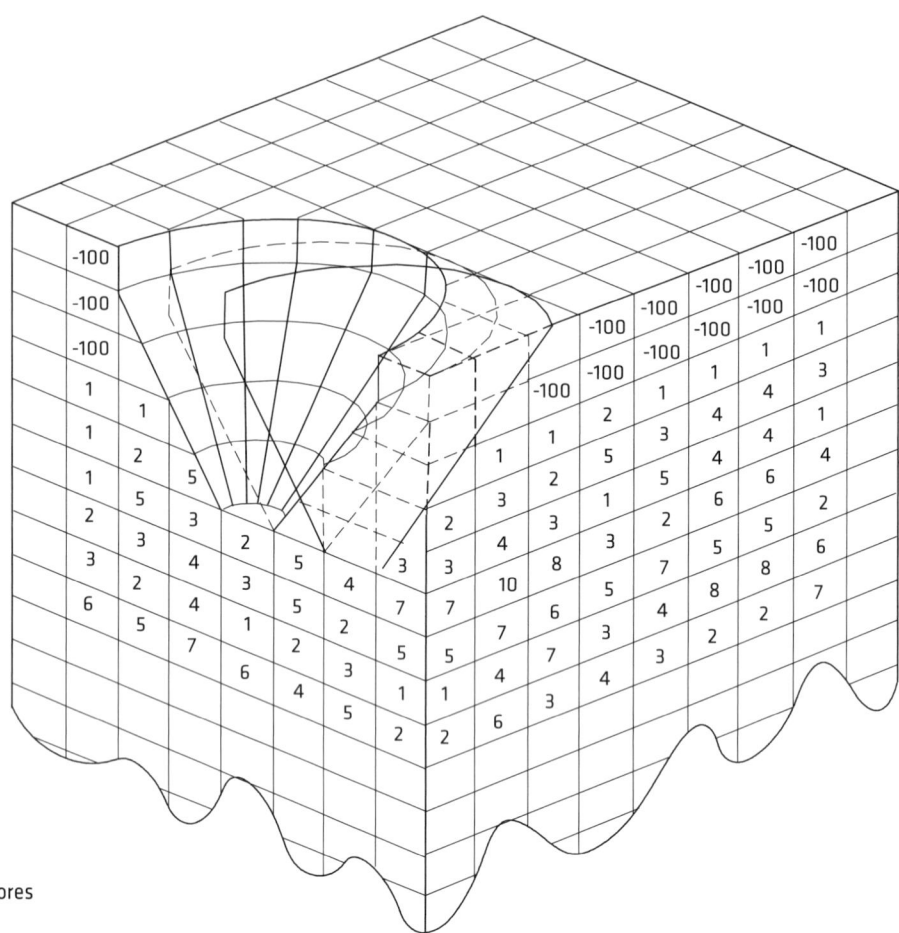

Fig. 8.14 Modelo tridimensional dos valores econômicos na jazida

A extração dessas tonelagens de minério e de material estéril produz custos que devem ser separados daqueles de capital e de operação. Os custos de capital são constituídos pelos investimentos realizados na mina (equipamentos e maquinarias, entre outros), na usina (instalações e infraestrutura, entre outros) e nos serviços gerais (oficinas e edifícios, entre outros), ao passo que os custos de operação compreendem os gastos periódicos com mão de obra, reparos e insumos necessários. Ambos os custos dependem normalmente do nível produtivo da operação.

A extração de cada bloco unitário dá origem à extração e ao beneficiamento de sua porção mineralizada. Em relação ao minério *in situ*, a venda dessa porção fornece um retorno V em função do preço do produto, da qualidade *in situ* m do produto e da recuperação R do produto pelo processo empregado. Isolando os custos de capital que constituem custos globais, cada bloco unitário pode ser identificado, para um preço e recuperação específicos, pelo seu retorno $V(m)$, seu custo de operação $p(t)$ e seu benefício econômico $V(m) - p(t)$. Assim, uma matriz econômica 3D de retornos, custos e principalmente benefícios pode representar os atributos econômicos do depósito com base em diversas considerações de preço e recuperação.

Envolventes finais ou cavas finais

No caso das *jazidas metálicas*, o objetivo principal de uma extração técnico-econômica eficiente é a identificação de uma envolvente final no depósito, limitada à zona em que blocos unitários com um benefício econômico positivo possuem blocos unitários adjacentes com benefício econômico nulo (maximização na utilização do recurso) e na qual o benefício econômico fornecido pelo VPL associado a períodos selecionados do empreendimento, incorporando custos de capital, é máximo (maximização econômica do recurso).

Uma envolvente pode ser considerada final apenas enquanto existirem as condições técnicas e econômicas que lhe deram origem. À medida que varia qualquer uma dessas condições, a envolvente final sofre transformações, de modo que ela representa *um conceito dinâmico*.

Além disso, o custo $p(t)$ envolve gastos relacionados à mina, à usina e aos serviços gerais. Se, em determinadas circunstâncias, certas tonelagens aparecem livres de alguns custos preestabelecidos associados à mina (por exemplo, mineral marginal liberado como consequência de outras tonelagens economicamente extraíveis e processáveis), passam a ter um menor custo $p(t)$ e, portanto, admitem um menor teor mínimo, $x(t)$. Como resultado desse menor custo de extração, as tonelagens disponíveis no depósito aumentam.

No caso de *jazidas não metálicas*, o objetivo principal é maximizar a utilização do recurso, o qual possui um valor unitário que não depende diretamente de seu teor. Assim, nesse caso, o objetivo não é determinar um teor mínimo ou teor de corte de extração. Busca-se a maximização econômica por meio da homogeneização de materiais da mina que permita a acumulação máxima da tonelagem que satisfaça teores específicos de qualidade e sua extração a um custo de operação mínimo.

Geralmente, para dosar adequadamente o minério de uma mina de calcário, é necessário ter ferro e argila à disposição. Assim, um complexo cimenteiro conta normalmente com recursos de ferro e argila nas proximidades de suas minas de calcário. No entanto, podem ser apresentadas duas situações. Na primeira, o complexo possui apenas um tipo de minas de calcário, ferro e argila. Nesse caso, os custos por tonelada de um material com dosagem homogênea são relativamente estáveis e a otimização se dá basicamente por meio da identificação da máxima tonelagem disponível que apresente determinadas especificações químicas. A outra situação pode envolver complexos que possuam depósitos de calcário, ferro ou argila de qualidades diferentes e que apresentem, portanto, custos de extração distintos. Nesse caso, os algoritmos computacionais incorporam técnicas de programação linear com o objetivo de obter as condições técnico-econômicas mais convenientes.

A seguir, serão apresentados os três critérios principais responsáveis por guiar a implementação dos diversos algoritmos relacionados ao modelo de cava final.

Método do cone flutuante

Trata-se de um critério proposto por Pana (1965), da Kennecott Copper Corporation, em meados dos anos 1960 e que obteve grande aceitação na indústria mineira no decorrer do tempo.

O algoritmo é muito simples e, ainda que não forneça a envolvente ótima, executa um trabalho mais que adequado. Trata-se de considerar, em cada nível, fila e coluna, um bloco unitário de benefício econômico positivo como a base de um cone invertido. As paredes do cone devem responder às inclinações exigidas pela geotécnica para cada setor do depósito. Uma vez que o balanço final de todos os blocos, no interior desse cone truncado, resulte positivo, extrai-se o cone por completo. Então, modifica-se a topografia da cava e o próximo bloco unitário de benefício econômico positivo continua a ser considerado, e assim sucessivamente.

A característica mais criticada desse método é a sua incapacidade de considerar cones adjacentes que possam se manter economicamente (Fig. 8.15). Evidentemente, há maneiras de solucionar esse problema por meio da consideração de diversas iterações. A Fig. 8.16 ilustra o caso em que uma segunda iteração permitiu a extração de um cone originalmente qualificado como antieconômico.

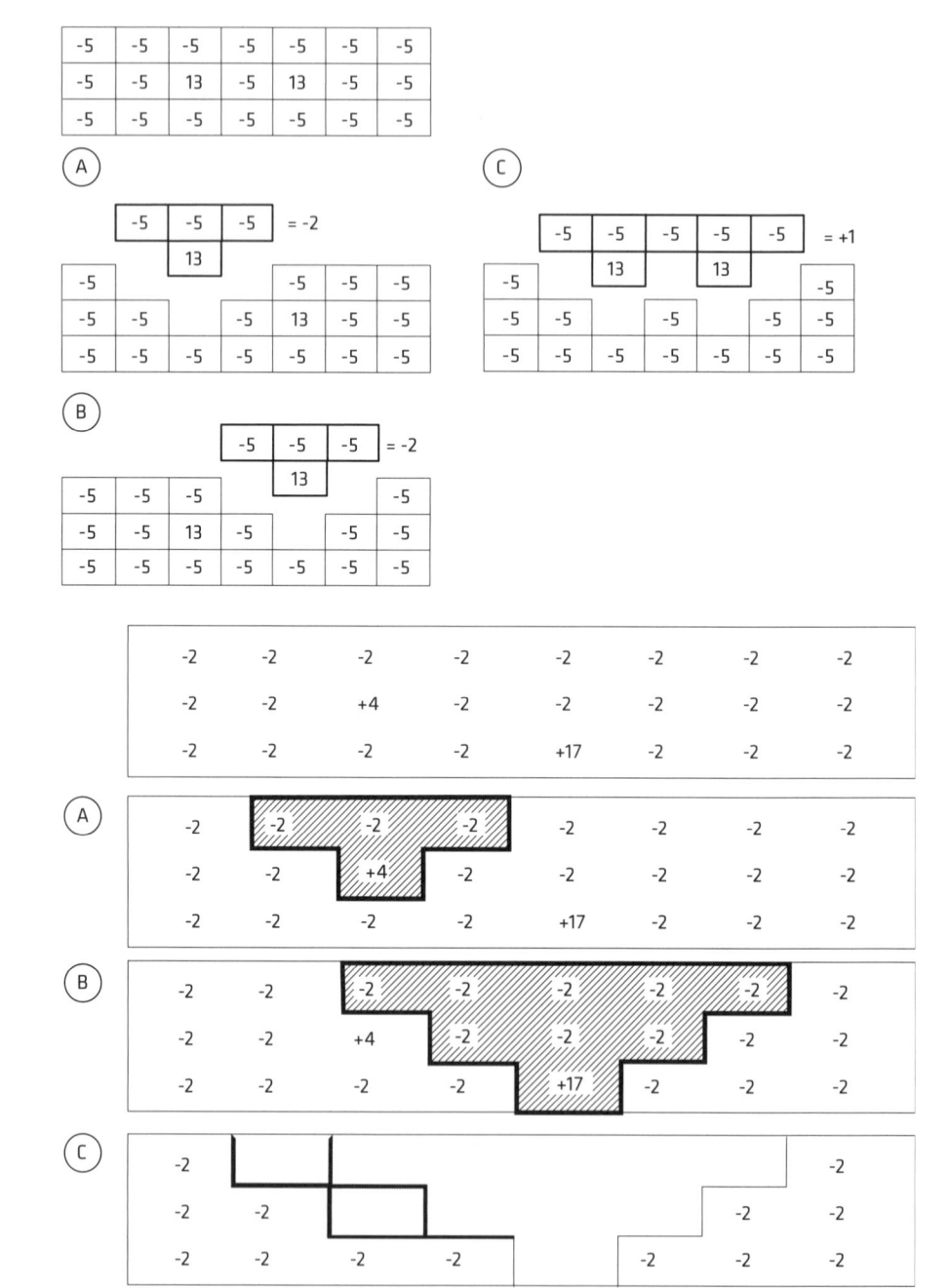

Fig. 8.15 Limitação do cone flutuante: em (A) e (B), cone não extraível, e em (C), cones de (A) e (B) extraíveis

Fig. 8.16 Revisão interativa para extrair blocos não extraídos durante uma primeira análise: em (A), cone não extraível; em (B), cone extraível; em (C), porção não extraível converte-se em extraível

Programação dinâmica

Lerch e Grossman (1965), da IBM, foram os primeiros a estabelecer uma metodologia para a otimização do modelo de mina a céu aberto. Seus trabalhos foram baseados na aplicação de técnicas de programação dinâmica e se concentraram no modelo de uma cava de duas dimensões. A otimização obtida por meio desse algoritmo na configuração de uma cava de duas dimensões pode ser demonstrada matematicamente. A extrapolação de um algoritmo otimizado a um modelo de três dimensões foi um trabalho elaborado principalmente por Johnson e Sharp (1971).

No entanto, nesse caso, a acumulação de seções otimizadas em duas dimensões não conduz a uma otimização imediata do conjunto de três dimensões. O algoritmo é muito rápido e uma série consecutiva de cavas pode ser analisada em pouco tempo com a finalidade de realizar uma posterior comparação (Fig. 8.17).

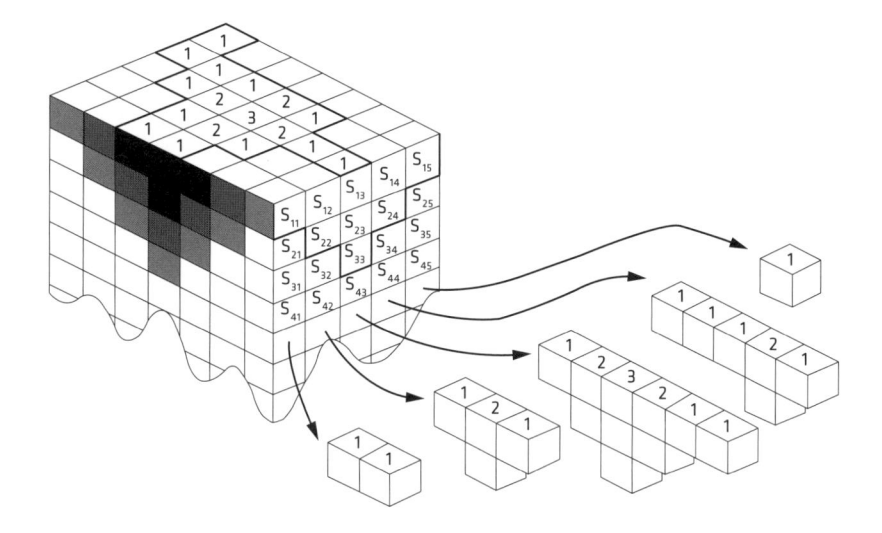

Fig. 8.17 Projeções 2D formando uma envolvente 3D: programação dinâmica

Teoria dos grafos

Esse tipo de modelo utiliza um procedimento baseado na teoria dos grafos que permitiu aos engenheiros Lerch e Grossman (1965) estabelecer uma metodologia de otimização para um modelo de cava final tridimensional. Basicamente, trata-se de unir os blocos entre si em ramos. Há ramos fortes (por exemplo, balanço econômico positivo) e fracos (balanço econômico negativo). Para extrair um ramo forte, é necessário extrair os ramos que condicionam sua extração. A configuração de blocos estabelecida para a análise da extração deve considerar uma expansão cônica que abarque normalmente três níveis e seja baseada em condições geotécnicas.

Programa de produção

Anteriormente, afirmou-se que a estratégia de consumo das reservas em uma operação a céu aberto poderia conduzir diretamente à definição de fases de extração por meio do estabelecimento da extração de blocos com um valor econômico mínimo (Fig. 8.18) ou segundo teores de corte diferentes (Fig. 8.19). Para cada fase, deve-se determinar um inventário das reservas, associando o material estéril de acordo com as bancadas (Mathieson, 1982).

Com o objetivo de definir uma sequência de extração, o tratamento das reservas e do material estéril associado a princípios da teoria de inventários empresta uma grande flexibilidade à análise.

Bancada	Fase F1	Fase F2	Fase F3
	Mínimo teor	Mínimo teor	Mínimo teor estéril
	(t) (%) (t)	(t) (%) (t)	(t) (%) (t)

Fig. 8.18 Definição das fases de acordo com o valor econômico dos blocos

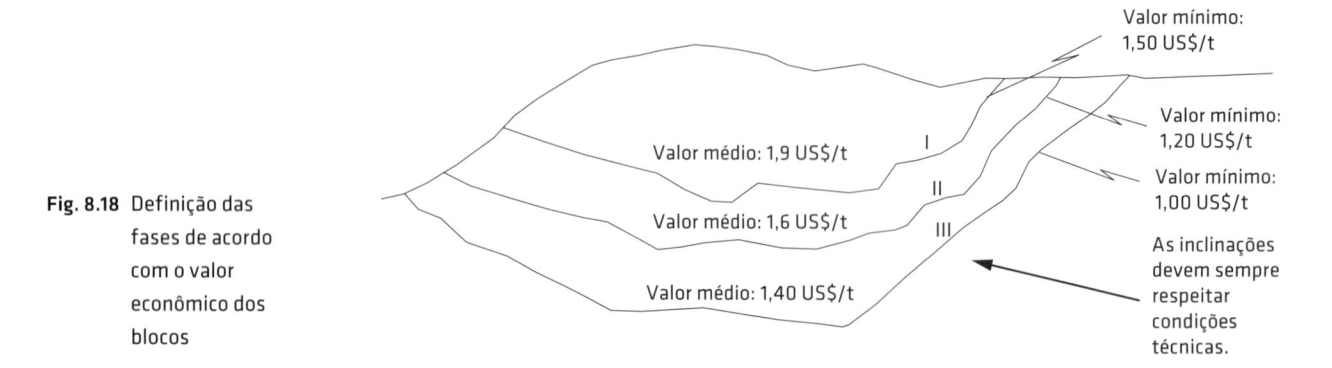

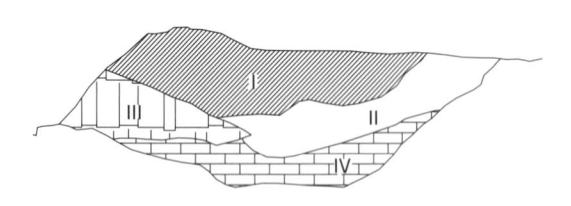

Fig. 8.19 Definição das fases de acordo com teores de corte diferentes

São consideradas duas fases de mineração, (a) e (b) (Fig. 8.20), cada uma contendo minérios para cinco anos (100.000 t). Imagine-se que a fase (a) possua 50.000 t de material estéril e a fase (b), 100.000 t. Antes de explorar (b), a fase (a) deve ser completamente explorada. Além disso, suponha-se que (a) tenha 25.000 t de estéril interno e (b), 75.000 t.

Com base na Fig. 8.20, o que aconteceria se, em vez de ocorrer o acúmulo das 50.000 t de estéril por ano 0 (para iniciar a extração mineral), essa tonelagem fosse acumulada em um período inferior (por exemplo, ponto A)? O minério da fase A estaria disponível antes do esperado (no tempo t_0), ou seja, a fase (a) poderia iniciar no tempo t_0 e teria, de qualquer forma, até o tempo t_1 para ser esgotada.

Pode-se observar que a inclinação considerada (em cinco anos, 75.000 t: 15.000 t/ano) não modifica a inclinação do estéril da fase (b). Assim, haverá disponibilidade de minério na fase (b) durante o período t_1.

Dessa maneira, é possível variar sucessivas inclinações que forneçam diversas taxas de estéril a extrair anualmente, associando uma maior disponibilidade de minério no decorrer do tempo. Essa maior disponibilidade é útil e às vezes necessária para proteger a extração de acidentes imponderáveis que possam ocorrer na mina, como baixas de teores. A Fig. 8.21 ilustra um caso mais complexo que pode ser utilizado como exemplo.

São consideradas quatro fases, (a), (b), (c) e (d). O objetivo é explotar minérios, alternadamente, nas fases (a) e (d), por um lado, e nas fases (b) e (c), por outro. Pode ser o caso, por exemplo, de óxidos e sulfetos.

Com a aplicação desse método, é possível analisar uma série de opções de extração de material estéril no decorrer do tempo. A combinação dos gráficos de abastecimento (de minério e de estéril) permite estabelecer uma programação mais eficiente da produção a fim de combater baixas inesperadas, aumentos necessários na extração de material estéril, mudanças das fases de mineração, entre outros.

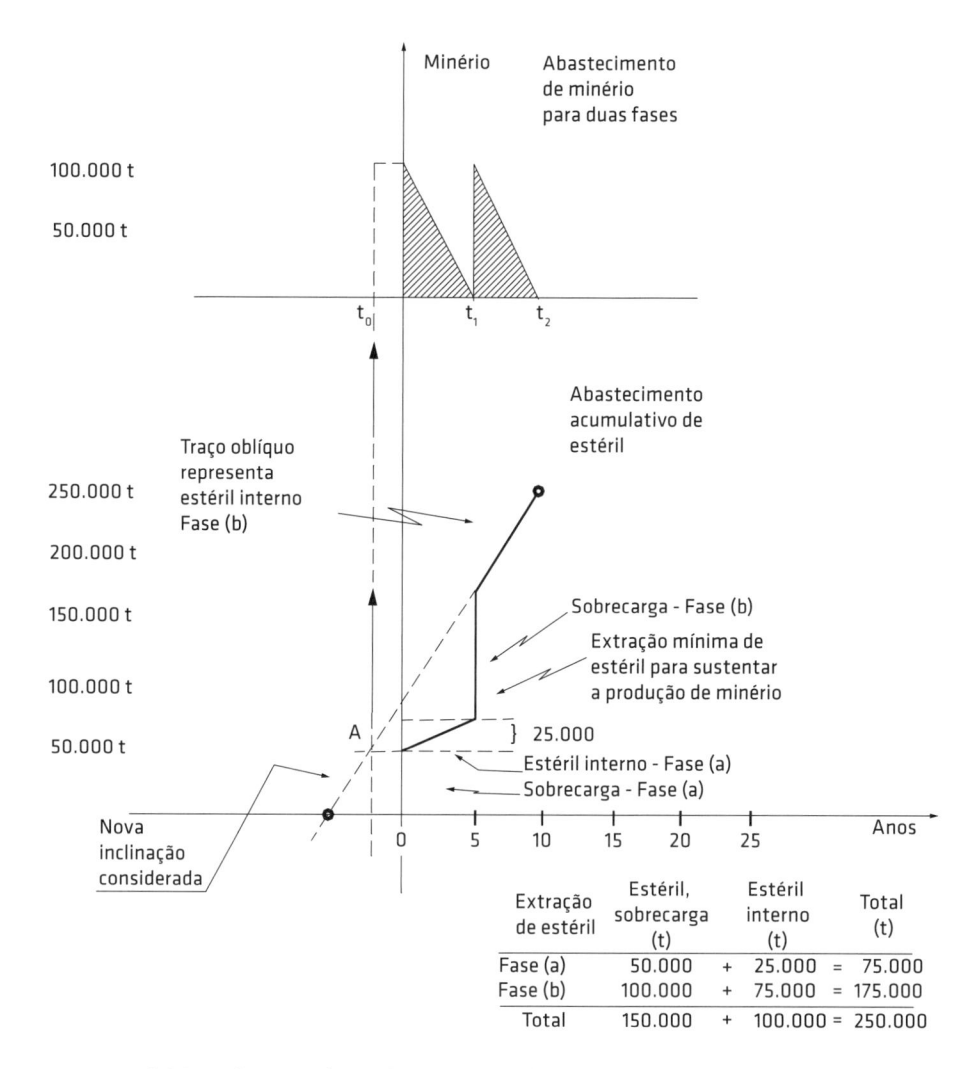

Fig. 8.20 Programa de extração de minério e estéril (duas fases)

Extração de estéril	Estéril, sobrecarga (t)		Estéril interno (t)		Total (t)
Fase (a)	50.000	+	25.000	=	75.000
Fase (b)	100.000	+	75.000	=	175.000
Total	150.000	+	100.000	=	250.000

8.3.3 Métodos e planejamento de produção: minas subterrâneas

O processo de extração em uma mina subterrânea enfrenta uma série de fatores de naturezas variadas. Assim, não existe um método típico de extração, havendo uma gama de alternativas disponíveis: corte e enchimento, recalque (*shrinkage*), câmaras e pilares, subníveis (*sublevel stoping*), abatimento por blocos etc. O método depende, em grande parte, da:

- geometria do depósito;
- natureza da rocha;
- continuidade e definição dos setores mineralizados;
- taxa de produção diária;
- recuperação e diluição.

O objetivo principal, nesse caso, deve ser:

- avaliar as necessidades de desenvolvimento da mineração (galerias, poços e outras atividades relacionadas à infraestrutura associadas ao método de extração proposto);
- avaliar os custos de operação que caracterizam tanto o método escolhido quanto o nível de produção desejado.

As curvas tonelagem-teor dos diversos setores são elementos importantes que devem ser analisados com o objetivo de estabelecer a programação da produção (Fig. 8.22).

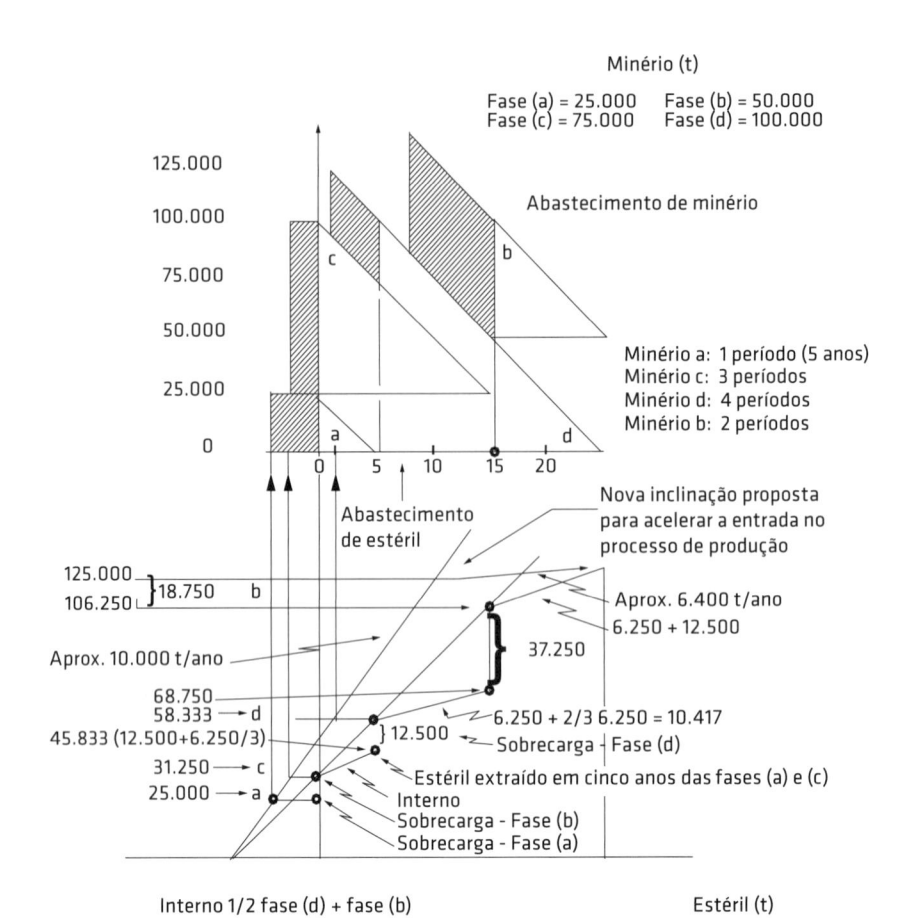

Fig. 8.21 Programa de extração de minério e estéril (quatro fases)

Estéril (t)		
	Sobrecarga	Interno
Fase (a):	25.000	12.500
Fase (c):	6.250	6.250
Fase (d):	12.500	12.500
Fase (b):	37.500	12.500
Total:	81.250	43.750

Total absoluto: 125.000

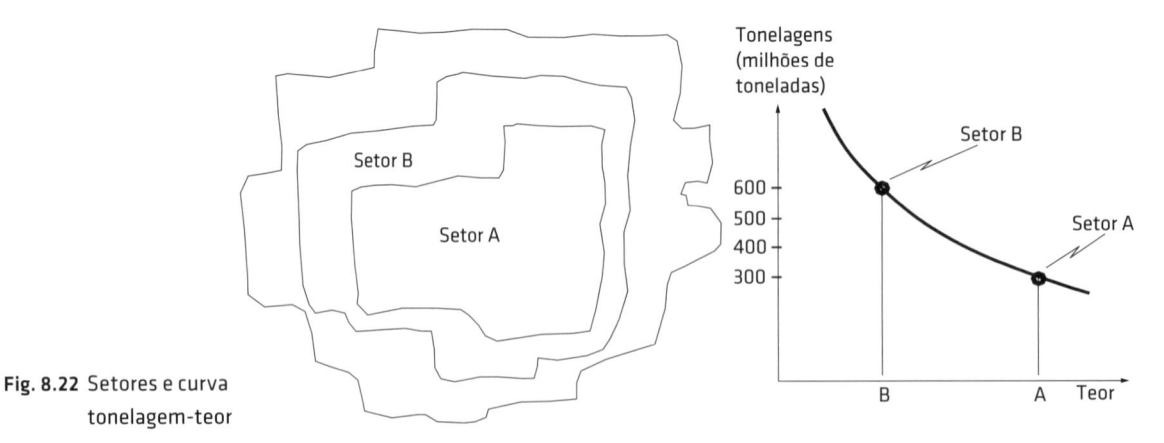

Fig. 8.22 Setores e curva tonelagem-teor

A inclusão de tonelagens maiores ao longo da coluna mineralizada permite determinar a altura ótima de extração por meio do estabelecimento de um VPL máximo. A Fig. 8.23, por exemplo, apresenta o efeito da altura de extração no valor presente acumulado da produção obtida pelo método de abatimento por blocos.

Determinados os valores atuais acumulados das diferentes alternativas técnicas, devem ser comparadas as diversas estratégias com o objetivo de selecionar a mais conveniente. Para ilustrar essa afirmativa, pode-se supor que explorar parcialmente o setor A (teor alto) durante um ano e depois explorar o setor B (teor baixo) por quatro anos é uma alternativa melhor que explorar por completo o setor de teor alto durante três anos e em seguida realizar a extração total do setor de teor baixo por seis anos (Fig. 8.24).

Custo de oportunidade

O fato de que a extração mineral com teores mais altos se torna prioritária em relação àquela de teores mais baixos significa que a primeira suporta maiores custos. Essa prioridade é representada basicamente por um custo adicional que será coberto pela *oportunidade* de uma extração antecipada.

Os conceitos explicitados no parágrafo anterior definem o estabelecimento de uma sequência de conteúdos extraídos no decorrer do tempo que responde a uma política de conteúdos de corte (do mais alto até o mais baixo).

No caso de minerais não metálicos, a sequência equivalente à anterior, relativa aos teores de corte, transforma-se em uma sequência de custos mínimos de operação.

Sequências de extração

Uma sequência decrescente de teores de corte ou crescente de custos de operação tende a melhorar o benefício econômico total derivado do empreendimento mineral. O benefício econômico do empreendimento pode ser medido por meio da maximização de seus benefícios econômicos obtidos no decorrer do tempo com a *atualização* a uma taxa de juros de capital específica. O critério incorpora uma taxa de juros sobre o capital que, à medida que cresce, fornece um menor benefício econômico atualizado. Para uma taxa selecionada (por exemplo, a do mercado), a sequência de teores de corte mais adequada será aquela capaz de maximizar o benefício atualizado.

Assim, é possível estabelecer várias sequências alternativas de teores processáveis e de suas tonelagens de minério e estéril associadas a fim de determinar seus benefícios correspondentes para selecionar, entre elas, aquela que poderá maximizar o empreendimento. Essas sequências alternativas dão lugar à consideração de diferentes opções para diversos parâmetros envolvidos (preços, custos, teores de corte, recuperações etc.). Nesses casos, a aplicação do *método de Whittle* (1989), que pode ser adaptado a uma variedade de *softwares*, é altamente recomendável para agilizar os cálculos.

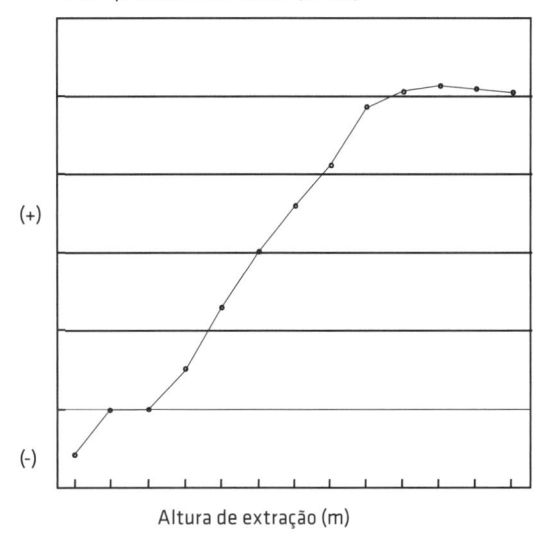

Fig. 8.23 Valor presente acumulado *versus* altura de extração

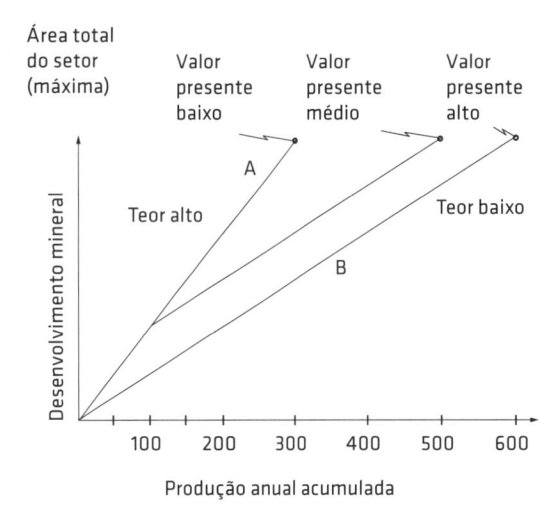

Fig. 8.24 Comparação de sequência alternativa (mina subterrânea)

Por outro lado, o *algoritmo de Lane* (1988) permite definir a sequência capaz de maximizar o empreendimento por meio de um processo iterativo, no qual interagem a *curva tonelagem-teor* (que é atualizada de acordo com o avanço do processo iterativo), um *custo de oportunidade para cada ano do período de extração do depósito* (custo medido em função do benefício total atualizado entre esse ano e o último ano de vida útil da mina; esse custo permite comparar o prejuízo causado pelo adiamento da extração de conteúdos mais altos em favor da extração de outros conteúdos no decorrer do tempo) e *benefícios atualizados incrementais ao longo do tempo* (que devem contribuir com o crescimento sustentado do benefício total do empreendimento).

> Nesse ponto, é importante assinalar que a maioria dos algoritmos e *softwares* utilizados para auxiliar na aplicação desses métodos são implementados com base na consideração de parâmetros técnicos (por exemplo, curva tonelagem-teor) ou econômicos (por exemplo, o benefício líquido atualizado) desprovidos de condições operacionais reais (por exemplo, a distribuição espacial de tonelagens e teores, as capacidades equilibradas entre a mina, o transporte e a usina etc.). Assim, podem surgir divergências entre os resultados obtidos por meio do planejamento estratégico e aqueles colocados em prática durante a planificação operacional. Dessa maneira, a geometria do depósito, os desenvolvimentos da mineração e a distribuição da mineralização são aspectos cruciais para a operação dos algoritmos otimizantes.

9.1 A DECLARAÇÃO DO INVENTÁRIO DE RESERVAS MINERAIS

As reservas minerais declaradas representam um ativo de grande importância para uma empresa de mineração e são sustentadas por estudos de viabilidade que envolvem, evidentemente, os seus aspectos econômicos associados. Porém esse não é o caso dos recursos, que são categorizados de acordo com o conhecimento geológico disponível sobre eles. A seguir, serão definidas as diferentes categorias de materiais mineralizados e alguns de seus parâmetros de caracterização.

- *Recurso mineral*: tonelagem ou volume de rocha, mineralização ou minério de interesse econômico cujos teores, limites, evidência geológica e outras características quantitativas e qualitativas são bem conhecidos.
- *Recurso mineral medido*: volume de rocha cuja densidade e natureza de dados e informações (trincheiras, sondagens, amostras) possibilitam determinar, com alto grau de confiabilidade, as características e controles geológicos e a continuidade, tonelagem e teor da mineralização *in situ*, de maneira que seus parâmetros técnicos e econômicos permitem estabelecer razoavelmente sua potencial viabilidade econômica.
- *Recurso mineral indicado*: volume de rocha cuja densidade e natureza de dados e informações (trincheiras, sondagens, amostras) permitem, com limitada confiabilidade, interpretar o entorno geológico e determinar a continuidade da mineralização, de maneira que a incerteza que afeta os estimadores impede a aplicação de parâmetros técnicos e econômicos cujo objetivo é estimar a viabilidade econômica dessa mineralização.
- *Recurso mineral inferido*: volume de rocha que não dispõe de informações suficientes (trincheiras, sondagens, amostras) para permitir, com algum grau de confiabilidade, a interpretação do entorno geológico e a determinação da continuidade da mineralização.
- *Teor marginal* (xm): teor-limite que permite equilibrar os retornos e custos marginais. Também denominado *teor mínimo*, ele separa a parte mineralizada da porção estéril do depósito, além de fornecer o benefício máximo que se pode obter com a reserva ao longo de toda a sua vida útil.
- *Teor de corte* (x): teor-limite que permite não apenas pagar a extração e o beneficiamento de uma tonelada de minério, mas também é capaz de gerar um determinado bem definido como benefício adicional. Caso esse teor não seja suficiente para cobrir esse benefício, ele passa a equivaler ao teor marginal.
- *Teor de corte limite* (xc): teor-limite abaixo do teor de corte que, em virtude de condições técnico-econômicas muito específicas, permite a extração de setores específicos do depósito, alterando, de alguma forma, os custos de extração do setor e produzindo, em todo caso, um aumento dos benefícios econômicos provenientes de sua extração.

- *Reserva*: porção do recurso que, submetido a estudos técnico-econômicos específicos que envolvem continuidade, distribuição e extensão da mineralização, teores, método de extração, diluição, processos metalúrgicos, recuperação, infraestrutura, considerações ambientais, custos operacionais e custos de capital, demonstra a justificativa de sua extração em um período determinado e sob condições bem definidas.
- *Reserva mineral provada*: porção do recurso medido que, submetido a estudos técnico-econômicos específicos – como um planejamento da lavra que envolve continuidade, distribuição e extensão da mineralização, teores, método de extração, diluição, processos metalúrgicos, recuperação, infraestrutura, considerações ambientais, custos operacionais e custos de capital –, demonstra, por meio de um planejamento da lavra, a justificativa de sua extração em um período determinado e sob condições bem definidas.
- *Reserva mineral provável*: porção do recurso medido ou indicado que, submetido a estudos técnico-econômicos apropriados que envolvem continuidade, distribuição e extensão da mineralização, teores, método de extração, diluição, processos metalúrgicos, recuperação, infraestrutura, considerações ambientais, custos operacionais e custos de capital, demonstra, por meio de um planejamento da lavra, a justificativa de sua extração em um período determinado e sob condições bem definidas.
- *Teor médio $m(x)$*: teor médio das tonelagens T que apresentem teores superiores a um teor mínimo xm, x ou xc.
- *Vida útil do empreendimento*: função da tonelagem de reservas, $T(x)$, em t, e da capacidade ou taxa de produção anual, t, em t/ano, $N = T(x)/t$.
- *Relação tonelagem-teor*: relação existente entre um determinado nível de reservas, T, correspondente a um teor-limite e o teor-limite correspondente, x. A relação $m = f(T)$ pode ser representada, no interior de intervalos específicos de teores, pela relação empírica denominada relação de Lasky:

$$m(x) = \alpha - \beta \cdot \log T(x) \tag{9.1}$$

É preciso ter muito cuidado com a extrapolação de valores que estejam fora do intervalo de validade dos parâmetros α e β.

- *Relação entre teor de corte e teor médio*: por definição, a tonelagem de metal presente na jazida e que está associada a um teor de corte x é dada por:

$$Q(x) = m(x) \cdot T(x) \tag{9.2}$$

Denomina-se dQ a quantidade de metal contida em uma tonelagem marginal dT. Nesse caso-limite,

$$dQ = d(m \cdot T) \tag{9.3}$$

mas também

$$dQ = x \cdot dT \tag{9.4}$$

e, logo,

$$m \cdot dT + T \cdot dm = x \cdot dT \tag{9.5}$$

$$x = m + \frac{dm}{\frac{dT}{T}} = m + \frac{dm}{d \cdot \log T} \tag{9.6}$$

Com base na relação de Lasky, têm-se:

$$\frac{dm}{d \cdot \log T} = -\beta \tag{9.7}$$

$$x = m - \beta \tag{9.8}$$

e, finalmente,

$$m(x) = x + \beta \text{ (para uma tonelagem marginal } dT) \tag{9.9}$$

e

$$T(x) = T(x = 0) \cdot e^{-(x/\beta)} \tag{9.10}$$

O Quadro 9.1 resume a categorização de recursos e reservas e suas bases, propósitos e objetivos.

Quadro 9.1 Categorização de recursos e reservas e suas bases, propósitos e objetivos

Categoria	Bases técnicas	Bases econômicas	Propósitos	Objetivos
Recurso	Confiabilidade baseada em evidências geológicas e na continuidade e extensão da mineralização	Projeções de parâmetros econômicos de longo prazo (custos e preços de longo prazo); potencial de viabilidade econômica: projetado		
Recurso medido	Alta confiabilidade	Potencial de viabilidade econômica: alto	Delineamento das envolventes. Planejamento estratégico de consumo do recurso em longo prazo	Planos de exploração baseados em planos de lavra para a vida útil da mina (> 25 anos)
Recurso indicado	Confiabilidade razoável	Potencial de viabilidade econômica: razoável		
Recurso inferido	Baixa confiabilidade	Potencial de viabilidade econômica: baixo	Definição de minério potencial de interesse a ser estudado	
Reserva	Informações técnicas solidamente sustentadas • mina • usina • infraestrutura • recuperação	Viabilidade econômica comprovada por estudo de viabilidade (custos e preços de mercado)	Estabelece programa de produção avaliado economicamente para o período selecionado	
Reserva provada	Alta e sólida confiabilidade nas informações técnicas	Viabilidade econômica demonstrada por estudo de viabilidade (custos e preços de mercado)	Define porção do recurso medido a ser extraído	Planos de negócios (seis anos) e planos de desenvolvimento (12 anos)
Reserva provável	Confiabilidade moderada e razoável nas informações técnicas	Viabilidade econômica razoavelmente justificada por estudo de viabilidade (custos e preços de mercado)	Define porção do recurso medido e indicado a ser extraído	

Observação: *recursos medidos* e *indicados* dão origem a *recursos demonstrados*. Estes, somados aos *inferidos*, originam os *recursos identificados*. *Reservas provadas* e *prováveis* constituem *reservas demonstradas*, que servem de base para planos de lavra associados a cenários mineiros alternativos estabelecidos de acordo com diferentes níveis do *preço de metal*, do *custo* ou da *razão* entre esses dois parâmetros.

9.2 Definição do complexo mineiro e valorização do empreendimento

A avaliação de um empreendimento mineral deve considerar a estimativa mais aproximada:
- das bases técnicas, geológicas, geometalúrgicas, geoestatísticas e geomecânicas;

- do planejamento da lavra e das reservas extraíveis de acordo com suas categorias (provadas e prováveis) em termos de tonelagens e teores;
- do programa de produção anual com relação a tonelagens, teores e destinos dos materiais que serão extraídos da mina;
- do processo metalúrgico que será empregado e das recuperações que deverão ser obtidas;
- do produto ou dos produtos que serão vendidos com relação à sua quantidade, qualidade e preço;
- dos custos de capital;
- dos custos operacionais;
- dos custos de financiamento dos investimentos;
- do custo do capital de trabalho;
- do programa de investimentos e construção;
- da alocação de pessoal e índices de produtividade.

Os elementos apresentados, além de outros pertencentes a categorias diversas (custo de proteção ambiental, custos administrativos, seguros, impostos, benefícios para os trabalhadores, comunicações, entre outros), devem finalmente ser agrupados e estimados no decorrer dos anos para que seja possível obter uma boa avaliação da propriedade da área do projeto.

A seguir, serão expostos alguns conceitos relevantes para a valorização do empreendimento mineral.

9.2.1 Incerteza e avaliação

A melhor estimativa de qualquer variável de caráter técnico ou econômico é medida em relação ao valor real alcançado pela variável em estudo. Os desvios produzidos entre estimativas e realizações – ou, melhor, entre valores esperados e valores reais – são distribuídos de acordo com valores positivos e negativos e expressam tanto o grau de *exatidão* associado a essa variável quanto seu nível de *precisão*, ambos considerados parâmetros decorrentes dos resultados fornecidos pela realidade.

Obviamente a incerteza com relação a um determinado evento depende dos dois parâmetros mencionados anteriormente. Assim, a incerteza com relação a um deslizamento de geleira difere daquela relacionada ao desvio no conteúdo da rocha, geralmente em virtude da *frequência de ocorrência* desses eventos. Enquanto o primeiro pode ocorrer uma vez em cada dez anos, o segundo pode acontecer mais vezes que o esperado. Dessa forma, a incerteza associada a um evento ou acontecimento encontra no conceito de frequência de ocorrência e, mais especificamente, no conceito de *probabilidade de ocorrência* a ferramenta adequada para a sua medida apropriada.

Além dos aspectos citados anteriormente, o horizonte temporal tem forte influência sobre a incerteza, que cresce à medida que o parâmetro ou atributo vinculado a ela se apresenta mais distante no tempo.

Cada incerteza introduz um risco. Mas esse risco não é apenas produto da *característica* do parâmetro em análise, da *probabilidade* de que esse parâmetro apresente este ou aquele desvio, da *fase do empreendimento* ou, por último, do *horizonte temporal*. Para que a incerteza se transforme em risco, deve haver necessariamente uma *perda de valor eco-*

nômico. Em outras palavras, a incerteza, medida pela probabilidade de ocorrência de um valor específico da variável em análise (por exemplo, teor, recuperação, preço, custo, *toll payment* etc.), deve necessariamente estar vinculada a um *prejuízo econômico* dos retornos do empreendimento para se constituir efetivamente em um *risco*. Especificamente, o conceito de risco relaciona a probabilidade de um prejuízo econômico ao valor que esse prejuízo pode alcançar.

Assim, o conceito de risco passa indiscutivelmente pela revisão de conceitos probabilísticos, em especial aqueles de exatidão, precisão e probabilidade de ocorrência, bem como pela revisão de conceitos de benefício e de valor econômico.

9.2.2 Risco e avaliação

Se os resultados permanecem confiáveis no decorrer do tempo, o empreendimento pode ser qualificado como *livre de risco*. Porém, caso os resultados apresentem alguma volatilidade (por exemplo, flutuações), produto das incertezas inerentes às variáveis relevantes do empreendimento, este pode ser classificado como *de risco* (Fig. 9.1): oferece um risco maior à medida que as variáveis que influem nele apresentam maiores flutuações em seus resultados; caso essas variáveis e, portanto, o próprio empreendimento se mostrem mais estáveis, ele apresentará menos risco. Dessa maneira, é possível resumir um aspecto essencial da análise de risco: *a relação entre a variação esperada dos retornos do empreendimento e o seu valor esperado*.

$$[\text{desvio padrão dos retornos/valor esperado dos retornos}] \qquad (9.11)$$

Essa relação, também chamada de *coeficiente de variação dos retornos*, permite qualificar adequadamente o risco associado a um empreendimento. Assim, quanto *menor* se apresente o coeficiente de variação dos retornos associados a um empreendimento, *melhores* serão seus benefícios do ponto de vista da relação risco/retorno.

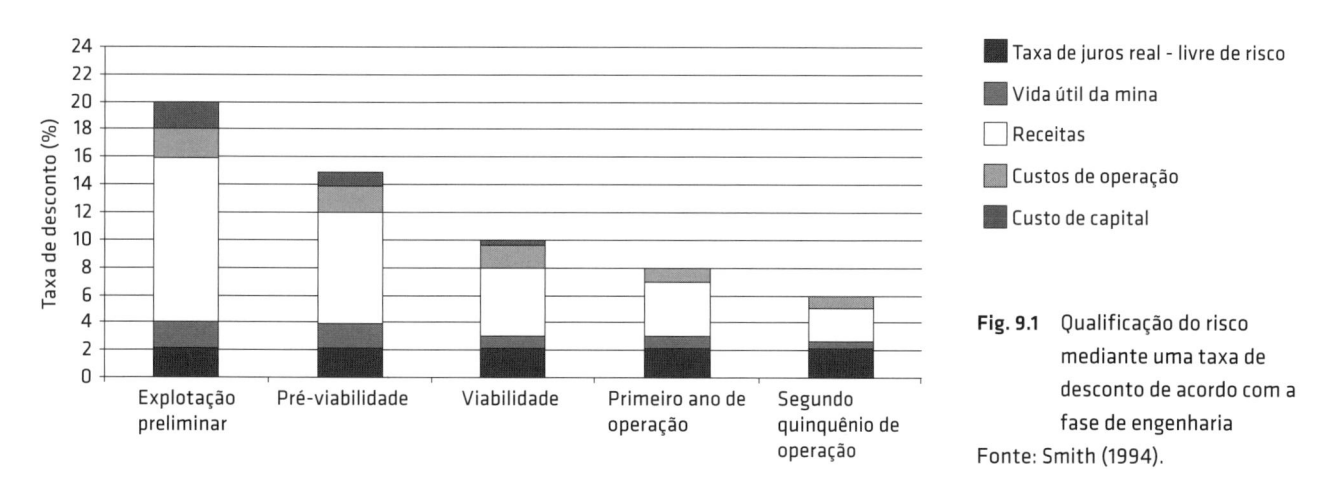

Fig. 9.1 Qualificação do risco mediante uma taxa de desconto de acordo com a fase de engenharia
Fonte: Smith (1994).

No caso de uma empresa, a relação risco/retorno de um projeto qualquer pode ser sincronizada com a relação risco/retorno de outro(s) projeto(s), a fim de reduzir o risco da empresa em seu conjunto, já que o risco total inclui dois componentes de risco: o *risco diversificável* e o *não diversificável* (Fig. 9.2).

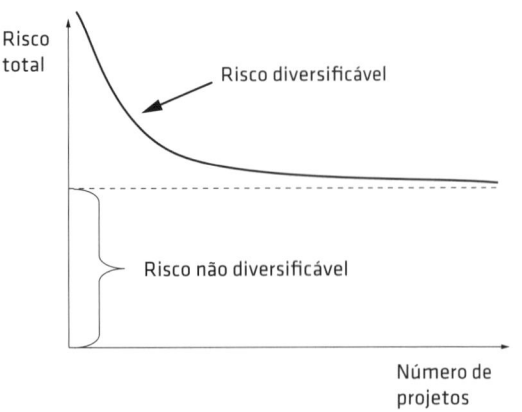

Fig. 9.2 Risco total

O primeiro pode ser diminuído a um valor mínimo por meio da *diversificação de projetos ciclicamente sincronizados*. O segundo, porém, não pode ser reduzido, mas medido por meio de sua comparação com os retornos do mercado. Quanto mais similares se apresentem as flutuações associadas aos retornos de ambos, *do mercado e do projeto*, menor será a sensibilidade do empreendimento derivado do projeto em comparação aos empreendimentos associados ao mercado, e vice-versa.

É possível medir a relação entre os dois retornos por meio da aplicação do *coeficiente beta*. Esse coeficiente traduz o *nível de risco* associado ao empreendimento (por exemplo, as variáveis que influem nele) em comparação ao risco apresentado pelo mercado como um todo ou por um setor industrial que o represente (por exemplo, o setor de mineração) e ao qual é atribuído um valor representado por uma unidade. E é esse nível (< 1 oferece menos risco que o mercado e ≥ 1, mais risco) aquele que definitivamente permite quantificar uma *taxa de desconto* associada aos fluxos de capitais demandados pelo empreendimento.

Por isso, essa *taxa de desconto* finalmente consolidará os riscos associados a um empreendimento com o objetivo de valorizá-lo por meio do VPL.

9.2.3 Modelos numéricos e avaliação

Nesta seção, serão desenvolvidos dois temas referentes aos métodos aplicados à valorização de projetos mineiros de investimentos: a valorização baseada em ativos de capital e a valorização baseada em opções contingentes.

Avaliação de ativos de capital

Incerteza e risco são dois conceitos básicos para a análise e a avaliação do empreendimento mineral. Essa análise inclui como atividade central a valoração dos fluxos anuais derivados do empreendimento. Esse fluxo é função direta de todos os parâmetros definidos anteriormente.

Também a estrutura de financiamento do empreendimento desempenha um papel fundamental em sua avaliação. Por isso, um dos primeiros procedimentos de avaliação é a definição dos *cenários* que prestam contas das fontes e dos fundos disponíveis. Com base neles, é possível prosseguir com a estimativa dos fluxos econômicos do empreendimento.

A disponibilidade de fundos é utilizada para analisar a solidez financeira do empreendimento, ao passo que os fluxos econômicos permitem estimar os benefícios anuais (antes e depois de aplicadas as taxas de impostos) e o VPL do empreendimento à taxa de juros do mercado. Complementando as estimativas anteriores, a avaliação também fornece a TIR, o período de recuperação total do investimento e os índices de rentabilidade de acordo com o capital total investido ou com o capital próprio (se houve financiamento externo).

Em resumo, a trajetória típica de uma avaliação econômica inclui a estimativa do investimento total (Tab. 9.1) desmembrada por meio de um programa de fontes e uso de fundos (Tab. 9.2) e o agendamento de retornos e custos de operação (Tab. 9.3), que permite estabelecer uma série de fluxos de caixa (Tab. 9.4) com o objetivo de determinar o VPL e a TIR.

A Fig. 9.3 mostra o VPL em função da taxa de desconto utilizada, enquanto a Fig. 9.4 ilustra o impacto de investimento, custos operativos e retornos na TIR. Já a Fig. 9.5 vincula uma escalada de custos, investimento e retornos com o seu impacto na TIR.

As análises de sensibilidade geralmente complementam as estimativas anteriores e admitem variações para os diferentes parâmetros econômicos (preços, custos, recuperações, investimentos, taxas de juros, entre outros), a fim de demonstrar seus impactos no VPL ou no retorno sobre o capital próprio, por exemplo (Fig. 9.6).

Tab. 9.1 Investimento

	MUS$
Equipamentos e materiais	408
Serviços	62
Custos corporativos, impostos	96
Escalada (inflação)	114
Total	680

Tab. 9.2 Fonte de fundos (em MUS$)

Fontes/ano	Ano 2	Ano 1	Ano 0	Total
Capital próprio	250	240	30	680
Total	250	240	30	680

Tab. 9.3 Retornos e custos de operação

Número		Ano 3	Ano 10	Ano 20 (total)
1	Retornos [V(m)t]	330	330	6.600
2	Custos [P(t)t]	158	158	3.160
3	*Retornos operacionais* [V(m) - P(t)]t(1 - 2)	172	172	3.440
4	Depreciação	35	35	680
5	Reposição da jazida			
6	Juros			
7	Custos antes dos impostos (4 + 5 + 6)	35	35	680
8	Retornos antes dos impostos (3 - 7)	137	137	2.760
9	Impostos (50%) (8 × 0,50)	68	68	1.380
10	Retorno operacional líquido (8 - 9)	69	69	1.380

Tab. 9.4 Fluxo de caixa

Número		Ano 3	Ano 10	Ano 20 (total)
10	Retorno operacional líquido (8 - 9)	69	69	1.380
11	Depreciação (4)	35	35	680
12	Reposição da jazida (5)			
13	Pagamentos de empréstimos/créditos (dívida)			
14	Fluxo de caixa (10 + 11 + 12 - 13)	104	104	2.060
15	Fluxo de caixa acumulado	-301	1.355	2.060
16	Valor residual			50
Valor líquido total atual (10%)			721,43 MUS$	
TIR			22,10%	

Se, em vez de aplicar variações percentuais selecionadas (positivas e negativas) às variáveis técnico-econômicas que sustentam o empreendimento, são consideradas *distribuições de probabilidade associadas* a essas variáveis, a *análise de sensibilidade* se transforma em *análise de risco* (Fig. 9.7).

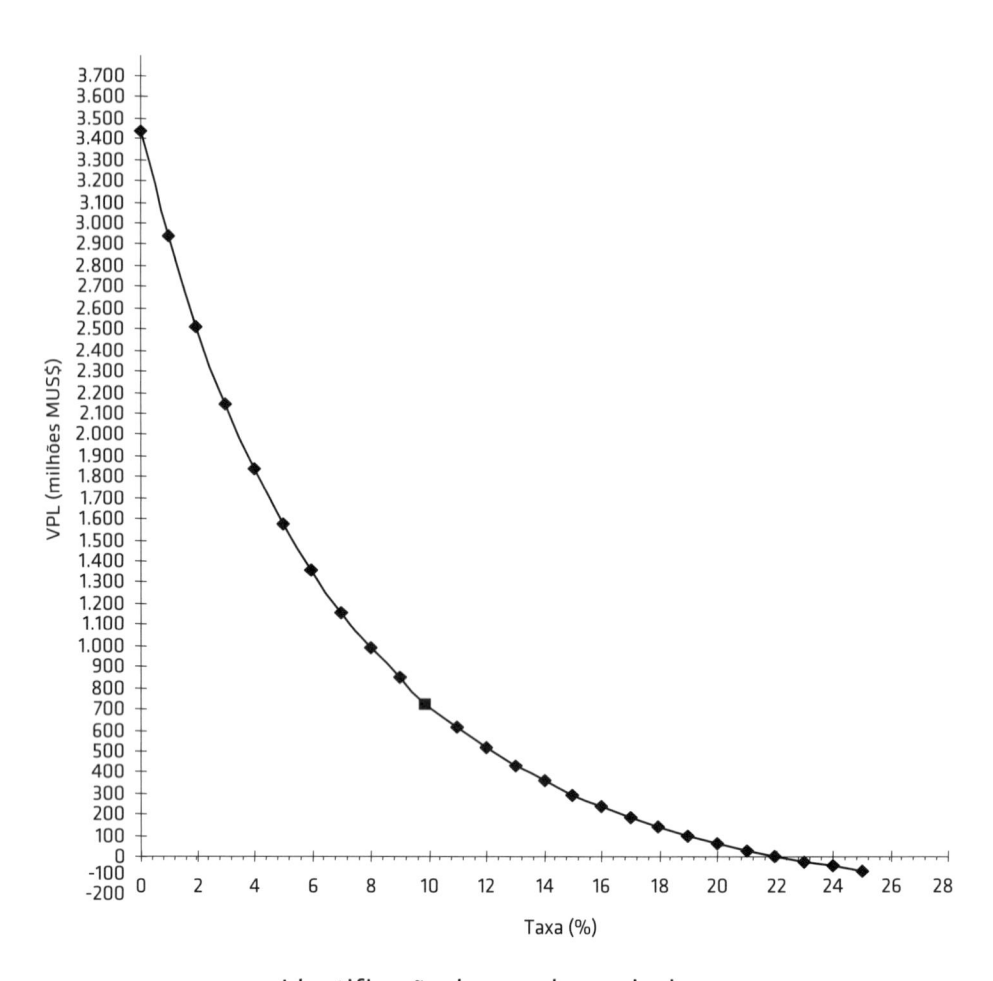

Fig. 9.3 Taxa versus VPL

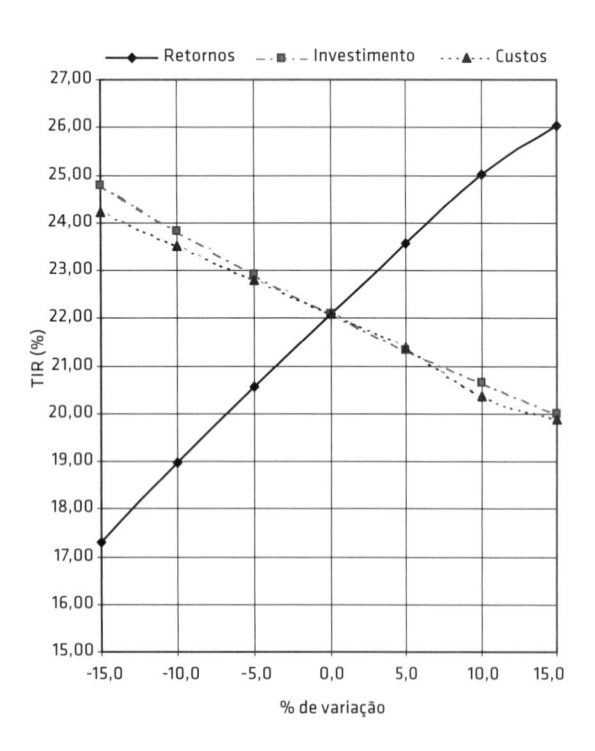

Fig. 9.4 Análise de sensibilidade

Identificação do complexo mineiro

A adequada avaliação do empreendimento mineral requer uma apresentação pormenorizada do complexo mineiro que leve em consideração o reconhecimento geológico, as diversas unidades mineralizadas existentes, os recursos e reservas em suas diferentes categorias, indicando claramente as validações e os fatores de correção utilizados em prol da recuperação de tonelagens e da diluição de teores. Os teores de corte, sua determinação e os teores médios obtidos devem ser claramente estabelecidos. Deve-se estimar o valor de uma tonelada de reserva associada a cada unidade mineralizada. O processo metalúrgico de cada unidade mineralizada deve ser estabelecido em conjunto com seus parâmetros de funcionamento e cinética, a capacidade de desenho da mina, da usina, das pilhas de estéril, da barragem de rejeitos, a especificação dos produtos finais para a venda, a dotação e a organização da empresa e todas as obras de infraestrutura, incluindo aquelas destinadas ao fechamento da mina.

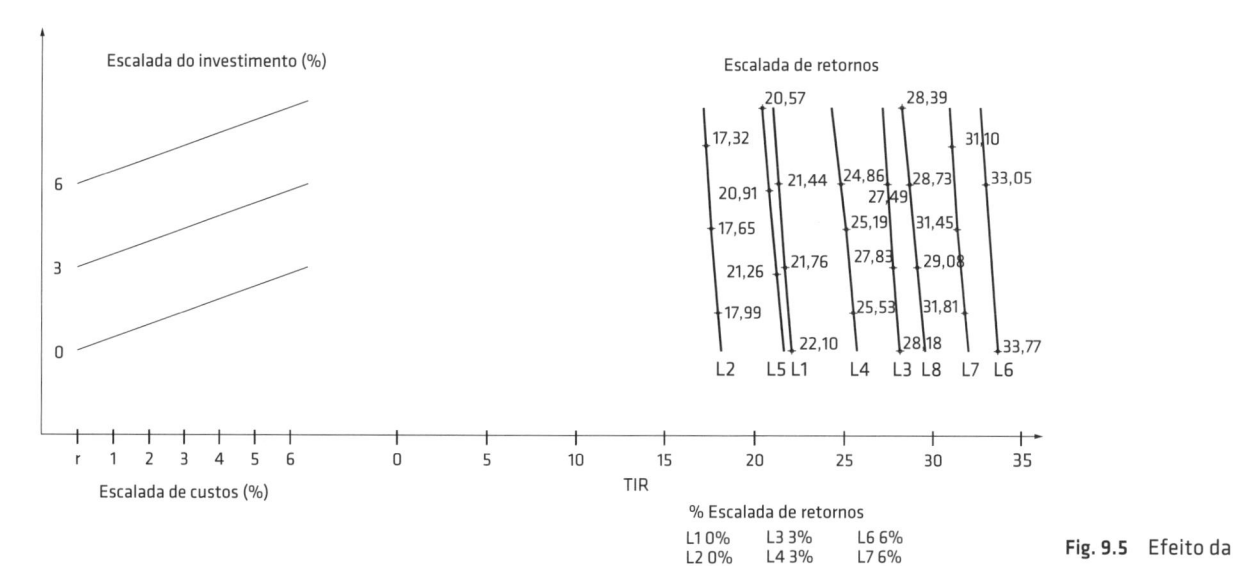

Fig. 9.5 Efeito da escalada na TIR

% Escalada de retornos
L1 0%   L3 3%   L6 6%
L2 0%   L4 3%   L7 6%
        L5 3%   L8 6%

Identificação dos custos de capital

Normalmente, os custos de capital incluem:
- + custos de preparação;
- + mina;
- + usina;
- + gerais;
- + total;
- + contingência (5%);
- + capital de giro (equivalente a seis meses de produção);
- • • total absoluto: investimento a ser financiado.

Geralmente, os custos de pré-produção incluem um componente de custo da propriedade de projeto.

Identificação dos custos de produção

Os custos de produção incluem:
- + mão de obra (direta e indireta);
- + materiais e reposições;
- + administração;
- + reposição da propriedade de projeto (esse item envolve o conceito de incentivo à reposição de reservas);
- + depreciação;
- + vendas e administração;
- • • custo total de produção.

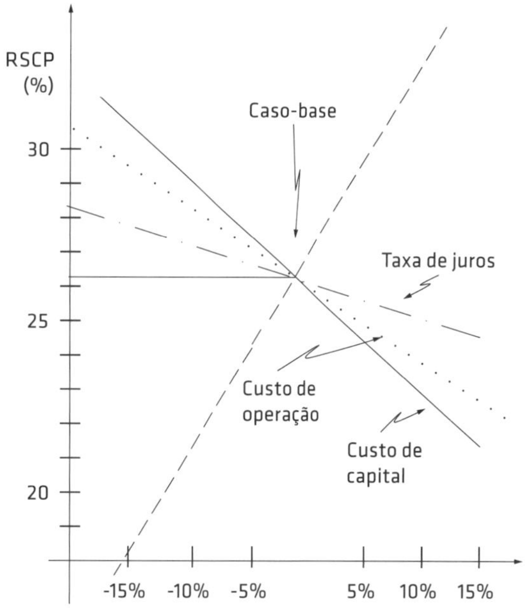

Fig. 9.6 Análise de sensibilidade: retorno sobre o capital próprio (RSCP)

Estimativa do valor de uma propriedade de projeto

Para estimar o valor que será pago por uma jazida, é sempre útil separar a análise em duas partes. Em uma delas, realiza-se a estimativa do retorno que será gerado; na outra, deve-se estimar o valor máximo que será pago pela propriedade.

9 Declaração de reservas minerais

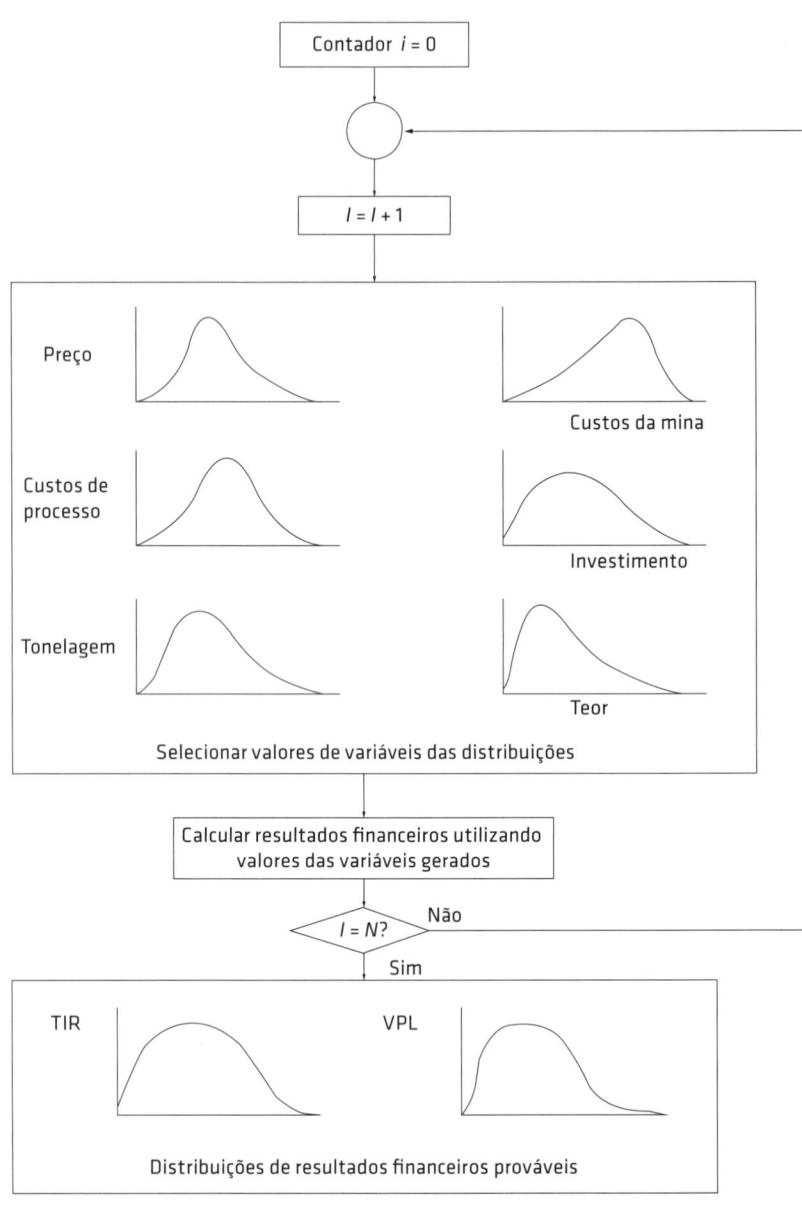

Fig. 9.7 Formalismo de análise de risco
Fonte: Dowd (1994).

Valor de uma jazida

Geralmente, o retorno econômico gerado difere de acordo com o período considerado. Nesse caso, entende-se por períodos aqueles relacionados ao início da extração, aos cinco primeiros anos de produção e aos últimos anos de produção. É interessante elaborar uma tabela que indique a média anual e as estimativas apresentadas por tonelada de minério.

Os componentes mais relevantes para a estimativa de retornos são:

- • valor das vendas;
- – custos da mina e da usina;
- – custo de reposição da jazida;
- – custo de depreciação;
- • benefício bruto;
- – custo de vendas e administração;
- • benefício líquido antes de aplicar as taxas de impostos;
- – impostos;

- • retorno líquido;
- + custo de reposição da jazida;
- • retorno líquido desconsiderando o custo de reposição da jazida.

Valor da propriedade

Do retorno líquido desconsiderando o custo de reposição da jazida são subtraídos os rendimentos esperados do empreendimento que reduzem o retorno previamente calculado. O resultado fornece um valor que permite estabelecer o valor máximo da propriedade do projeto.

Esse procedimento pode ser esquematizado da seguinte maneira:
- • retorno líquido desconsiderando o custo de reposição da jazida;
- − rendimento sobre o capital de giro (~10% ao ano);
- − rendimento sobre os equipamentos e instalações (~15% ao ano);
- • retorno residual.

Até aqui, todos os componentes mencionados devem ser estimados anualmente durante toda a vida útil do projeto. Depois de estabelecer o retorno residual em uma base anual, esses valores devem ser *atualizados* com o objetivo de determinar seu *valor presente*.

- • valor presente do retorno residual;
- + valor residual das instalações;
- • valor presente total;
- + aprovisionamento por conceitos variados (por exemplo, reservas e recursos não desenvolvidos nem valorados);
- • valor da propriedade e das reservas;
- − custo de exploração para estabelecer reservas provadas/prováveis;
- • valor da propriedade.

Impacto dos royalties *no valor de uma propriedade*

A análise do pagamento de *royalties* é outro critério que pode ser usado para avaliar as vantagens econômicas de um determinado sistema de pagamentos destinados ao proprietário de uma jazida e para a avaliação das vantagens de uma potencial aquisição da propriedade de projeto. Nesse caso, deve-se comparar o fluxo de caixa anual gerado pela operação e o fluxo de caixa anual gerado pela operação incluindo o pagamento e o impacto do sistema de *royalties* (por exemplo, impostos). Esses dois fluxos se acumulam e determinam seus *valores presentes*. A diferença entre seus valores pode servir de critério para a negociação do preço de uma propriedade ou para a participação em um empreendimento mineral.

Avaliação de opções diante de contingências

O fato de que, em longo prazo, os retornos nominais de algumas *commodities* sejam de natureza *estocástica* (por exemplo, variam aleatoriamente no decorrer do tempo) expõe a indústria de mineração a *situações de contingência* que devem ser antecipadas e avaliadas. Essas situações apontam incertezas nos fluxos de caixa de um projeto, modificando seus níveis de risco no decorrer do tempo e, portanto, também introduzindo incertezas na taxa de desconto utilizada para descontar esses fluxos. Assim, uma taxa de desconto estática constitui uma grave limitação nos procedimentos de avaliação tradicional de projetos (Myers, 1984).

A fim de superar essas limitações derivadas do tipo de administração do risco associado a projetos baseados em *commodities*, a valoração de ativos mineiros pode ser comparada à valoração aplicável a determinados instrumentos financeiros sujeitos a variações imprevistas no decorrer do tempo: as opções. Dessa maneira, a *técnica de opções* incorpora explicitamente a tendência, volatilidade e risco das *variáveis relevantes e incertas dos retornos de um projeto*, como o *preço do metal*, na avaliação de um ativo mineiro, quando seus valores são ajustados segundo os riscos do mercado.

Por outro lado, a crescente volatilidade de preços e mercados de *commodities* tem acelerado o interesse da indústria extrativista pela elaboração de *planos de mineração de contingência* que permitam a *flexibilidade dos programas de produção*.

O tratamento de risco em projetos de mineração não é um conceito novo. Nos anos 1960, Massé (1962) propôs a otimização *dinâmica* que deveria caracterizar a análise de reservas minerais. Na mesma década, Matheron e Formery (1963) conceberam o algoritmo das *decisões sequenciais* para valorar as opções de abandono, extração imediata e exploração adicional na valoração de uma exploração mineral inicial sujeita a respostas de acordo com o progresso dos resultados obtidos.

Nos anos 1970, Noren (1971) incorporou o conceito de flexibilidade operacional por meio de *contrações e expansões de investimentos* no decorrer do tempo que modificavam a geração dos fluxos econômicos de um empreendimento mineral de acordo com as condições da indústria.

Em geral, toda essa linha de pensamento aumenta a capacidade de resposta de um sistema de produção a situações imprevistas por meio da *flexibilização* da gestão operacional, como geradora de um determinado valor agregado que não pode ser incorporado explicitamente na técnica do VPL convencional.

Síntese técnica

A aplicação da técnica de opções requer a presença de dois elementos que precisam ser determinados. Um é a resposta de gestão do projeto diante de alguma situação de contingência previamente definida (modelagem de cenários operacionais), enquanto o outro é o comportamento da variável considerada incerta e relevante para os retornos do projeto (modelagem da incerteza).

A resposta do projeto em face de alguma situação de contingência é determinada por meio do estabelecimento de *cenários alternativos de mineração*, que serão descritos posteriormente. Interessa resgatar, no entanto, a modelagem do comportamento da variável considerada incerta.

Para apresentar uma breve definição, pode-se afirmar que o preço de uma *commodity* negociável:

- nunca é zero;
- está sujeito a incertezas que crescem no decorrer do tempo;
- está sujeito a mudanças contínuas, gerando, como tendência, retornos crescentes no decorrer do tempo.

Com base nessas informações, é possível assimilar o preço de uma *commodity* (por exemplo, preço de um metal) no momento N com uma variável denominada P_N.

A incerteza que opera sobre P_N gera um preço futuro, no momento $N + \Delta N$, representado por $P_{N+\Delta N}$ e constituído por dois componentes:

- um certo (não estocástico): o preço anterior P_N;
- outro incerto (estocástico): a função de distribuição Ψ_N.

Essa variável pode apresentar características especiais, como mudanças independentes entre si:

- *coeficiente de correlação zero*: as mudanças respondem a uma distribuição com mesmo valor médio e mesma variância;
- *estacionariedade*.

Uma variável estocástica que cumpra os requisitos mencionados responde ao processo de Wiener, de maneira que o retorno $P_{N+\Delta N}$ pode ser representado, nesse caso, por:

$$P_N = P_{N+\Delta N} + \xi \qquad (9.12)$$

Por sua vez, as mudanças relativas da variável ΔP podem ser representadas por $\xi\sqrt{\Delta N}$, com ξ como variável normalizada.

Além disso, se a variável P está sujeita a uma tendência α_N, função do tempo N, a variável responde ao processo de Wiener generalizado:

$$P_N = P_{N+\Delta N} + \xi + \alpha_N \qquad (9.13)$$

e, assim,

$$dP = \alpha_N \cdot dN + \sigma_N \cdot \xi \cdot \sqrt{\Delta N} \qquad (9.14)$$

Nessas circunstâncias, as mudanças são representadas pela relação:

$$\Delta P = \alpha_N \cdot \Delta N + \sigma_N \cdot \xi \cdot \sqrt{\Delta N} \qquad (9.15)$$

O termo ΔP distribui-se normalmente com média $\alpha_N \cdot \Delta N$ e desvio padrão $\sigma_N \cdot \sqrt{\Delta N}$. Já ξ é uma distribuição normal padrão.

Porém, se o processo anterior se dá de tal maneira que tanto α_N quanto σ_N dependem da variável em estudo, P, esse processo se converte no processo de Ito. Assim,

$$dP = \alpha_{N,P} \cdot dN + \sigma_{N,P} \cdot \xi\sqrt{dN} \qquad (9.16)$$

O valor esperado de ΔP será:

$$\Delta P = u \cdot P \cdot \Delta N \qquad (9.17)$$

em que u representa a taxa de retorno esperada e, assim,

$$\Delta P/P = u \cdot \Delta N \qquad (9.18)$$

O grau de incerteza será independente do preço e tão somente função do tempo, portanto,

$$\Delta P/P = u \cdot \Delta N + \sigma \cdot \xi \cdot \sqrt{\Delta N} \qquad (9.19)$$

ou

$$dP/P = u \cdot dN + \sigma \cdot dz \qquad (9.20)$$

em que:

dP/P = retorno relativo esperado da variável P;

u = tendência instantânea do retorno relativo esperado da variável P;
dN = intervalo de tempo;
σ = desvio padrão instantâneo do retorno esperado de P;
dz = incremento estocástico com $E(dz) = 0$ e $\sigma^2(dz) = dN$.

> Assim, a mudança percentual no preço do metal durante o lapso dN é constituída por uma tendência instantânea u e por uma perturbação aleatória distribuída normalmente com média zero e desvio padrão σ.

De acordo com a equação anterior, pode-se também escrever:
$$\ln(P_{N+\Delta N}/P_N) = u \cdot \Delta N + \sigma \cdot \xi \cdot \sqrt{\Delta N} \qquad (9.21)$$

> Essa equação é relevante quando aplicada ao caso do preço dos metais, já que, no caso do cobre, por exemplo, a variável $\ln(P_{N+\Delta N}/P_N)$ é normalmente distribuída (Fig. 2.11), apresenta um coeficiente de correlação (praticamente) nulo (Fig. 3.11) e é estacionária (Fig. 4.12), ou seja, cumpre todas as condições já apontadas.

Se $\sigma = 0$, $\ln(P_{N+\Delta N}/P_N) = u \times \Delta N$ e o preço cresceria de acordo com uma razão exponencial. A incerteza, representada por flutuações, é dada por $\sigma > 0$.

Basicamente, no caso de uma variável discreta, a técnica de opções é representada por um esquema probabilístico *binomial* de nós de decisão (caminho aleatório), conforme indica a Fig. 8.2. Quando esses nós ocorrem infinitamente, o esquema de nós binomiais se transforma em um processo que ocorre de acordo com um esquema probabilístico *normal* (processo de Wiener básico) ou também *lognormal* (processo de Wiener generalizado). Neste último caso, os retornos relativos do cobre apresentam distribuição lognormal e atendem às condições anteriormente impostas com relação à sua correlação e estacionariedade.

Na avaliação convencional, os fluxos de caixa estão sujeitos a apenas uma taxa de desconto derivada da recompensa pelo risco sistemático do projeto. Nesse caso, a recompensa pelo conceito de risco não sistemático é ignorada, uma vez que esse risco se apresenta diversificável. A técnica de opções, por sua vez, *considera explicitamente o risco derivado da variável relevante e incerta, por exemplo, o preço do metal, por sua tendência, volatilidade e relação com o risco total do mercado*. Isso se torna possível por meio do estabelecimento do valor dessa variável de acordo com as flutuações nominais que a afetam, ajustando-o, finalmente, conforme as relações que vinculam seu retorno real com o retorno total fornecido pelo mercado.

Neste livro não serão apresentados os aspectos teóricos que sustentam a técnica utilizada. Porém, esses conceitos podem ser revisados na literatura disponível sobre o assunto: Brennan e Schwartz (1985), Kolb (1991), Lamothe (1993), Mardones (1991) e Trigeorgis (1995).

Essencialmente, a aplicação de um modelo de variável contínua, no caso da técnica de opções, fornece soluções analíticas, transformando as relações entre tendência, volatilidade e variação no decorrer do tempo da variável em estudo em um sistema de equações diferenciais. A resolução dessas equações permite analisar e *otimizar* situações de contingência identificadas especificamente. A dificuldade está baseada, no entanto, no fato de que a solução do sistema de equações se torna mais complexa e imanejável à medida que são incorporadas situações de contingência que conduzem a múltiplas opções interativas.

Simulação de uma distribuição lognormal

A aplicação de um modelo de variável discreta fornece soluções numéricas que permitem analisar, por meio da aproximação direta de um processo estocástico, um conjunto de situações específicas e interativas mediante a simulação de Monte Carlo. Essas situações incluem respostas como a diminuição ou o aumento da produção, a abertura ou o encerramento transitório de setores marginais, ou o adiamento de investimentos, de acordo com condições mercadológicas específicas. A simulação é capaz de *reproduzir*, por meio de um grande número de iterações, a análise de situações produtivas que ocorrem de acordo com tendências de preços e suas volatilidades, tendência de custos, variações na estrutura de custos e flutuações de outros parâmetros.

Considere-se que o preço de um metal apresente uma distribuição lognormal. O logaritmo de seu rendimento médio é representado por u e o logaritmo do desvio padrão anual, por σ.

Se P_{hoje} representa o preço atual do metal, o valor futuro $P_{\Delta N}$, em uma data ΔN, será:

$$P_{\Delta N} = P_{hoje} \cdot \exp(u \cdot \Delta N + \sigma \cdot \xi \cdot \sqrt{\Delta N}) \tag{9.22}$$

em que:

ξ = variável normalizada.

Em geral, obtém-se:

$$P_{N+\Delta N} = P_N \cdot \exp(u \cdot \Delta N + \sigma \cdot \xi \cdot \sqrt{\Delta N}) \tag{9.23}$$

ou seja,

$$P_{n \cdot \Delta N} = P_N \cdot \exp(n \cdot u \cdot \Delta N + \sigma \cdot \xi \cdot \sqrt{n \cdot \Delta N}) \tag{9.24}$$

Por exemplo, se o logaritmo do retorno anual é de 3% e o logaritmo do desvio padrão anual, de 9%, e o objetivo é simular o comportamento diário do preço, o raciocínio seria o seguinte:

$\Delta N = 1/250$ (considerando 250 dias por ano)

$u = 0{,}03$

$\sigma = 0{,}09$

$$P_{N+1} = P_N \cdot \exp(0{,}03/250 + 0{,}09\xi \cdot \sqrt{1/250}) \tag{9.25}$$

A vantagem da simulação é sua capacidade de adaptação a cenários operacionais complexos e a contingências específicas. Essa metodologia, no entanto, não permite otimizar resultados, mas apenas comparar cenários para que, entre eles, sejam selecionados aqueles que ofereçam maiores benefícios.

O Quadro 9.2 resume os diversos procedimentos que permitem abordar variáveis discretas e contínuas.

A valoração de *diversas situações de contingência*, que se transformam em *variados cenários mineiros alternativos*, limita o uso de modelos baseados em formalismos diferenciais para a análise desses cenários. Assim, como forma de exercício, que inclui diversas respostas de gestão de acordo com diferentes preços do metal e custos de produção, será favorecido o uso de processos baseados em simulações de Monte Carlo.

Quadro 9.2 Variáveis em estudo e procedimento utilizado

Variável em estudo	Procedimento
Discreta. Permite analisar situações específicas	Processo binomial múltiplo
Discreta. Situações dependentes de variáveis múltiplas com restrições e comportamentos que exigem a utilização de flexibilidades operacionais. Não permite otimizações, a não ser análises de prova e erro	Processo baseado em simulações de Monte Carlo aplicado a parâmetros que incorporam incertezas associadas e conformam fluxos anuais
Contínua. Admite tratamento analítico e otimizações	Formalismo diferencial que facilita tratamento analítico e otimizações
Contínua. Valores relativos de margens de benefício. Respondem a uma distribuição de probabilidade logarítmica	Formalismo Black e Scholes

Cobertura de um plano-base de lavra

Considerando um *plano-base de lavra* submetido a *contingências* técnicas (que praticamente implicam a paralisação da extração de minério) e econômicas (que dificultam a maximização dos excedentes econômicos originalmente esperados), além de *cenários alternativos de produção* baseados na extração de minério de acordo com diferentes esquemas, afirmou-se, no início desta seção, que esses cenários podem constituir *coberturas* capazes de *repor* ou *agregar valor ao plano-base de lavra*.

Essa circunstância pode ser amplamente aproveitada pela *técnica de opções* com o objetivo de comparar tais cenários considerando relações econômicas temporais, como a razão *custo de produção/preço do metal*.

A análise e a aplicação apresentadas a seguir (Tulcanaza; Zenteno, 1988) foram realizadas em um projeto de recursos lixiviáveis no qual a operação de extração mineral poderia ser originada a partir de três fontes de minério (minério econômico, minério marginal 1, com teor e custo variável baixos, e minério marginal 2, com teor e custo variável altos), às quais se recorre a depender do preço do metal, dos custos de produção e da ocorrência ou não de uma contingência técnica ou econômica.

A Tab. 9.5 apresenta os principais parâmetros do projeto de mineração que será avaliado, que envolve uma mina de cobre a céu aberto com operações de SX/EW capazes de processar, em condições normais, 150 t × 103 Cu/ano provenientes do *minério econômico* com teor superior a 0,4% Cu, um custo fixo de 12,34 cUS$/lb Cu e um custo variável de 25,02 cUS$/lb Cu. No entanto, o modelo de produção identifica dois setores de minério marginal: um de teor e custo variável baixos e outro de teor e custo variável altos. O primeiro, *minério marginal* 1, apresenta um teor médio de 0,35% Cu e um custo variável de 19,00 cUS$/lb Cu. O segundo, *minério marginal* 2, possui teor médio de 0,75% Cu e um custo variável de 50,00 cUS$/lb Cu. A Fig. 9.8 ilustra os três setores mineralizados.

Plano de lavra: contingências técnicas e econômicas

Entendendo o conceito de contingência como um evento fortuito que condiciona o desenvolvimento de uma ação previamente programada, um plano de lavra pode estar exposto a contingências técnicas e econômicas.

Uma *contingência técnica* ocorre quando o evento produzido não permite o desenvolvimento de um processo conforme o planejado, por exemplo, impedindo o consumo de reservas econômicas na mina que supostamente seriam extraídas de acordo com um plano-base. Essas contingências são representadas por trabalhos de demolições, presença não prevista de contaminantes, setores cativos por instalações de valor em sua vizinhança, entre outros.

Tab. 9.5 Principais parâmetros do projeto de mineração

Reservas exploráveis	R	900 Mt
Teor médio do minério econômico	tm	0,60% Cu
Teor de corte do minério econômico	tc	0,40% Cu
Reservas do minério marginal 1	R_{mm1}	1,500 Mt
Reservas do mineral marginal 2	R_{mm2}	500 Mt
Teor do minério marginal 1	T_{mm1}	0,35% Cu
Teor do minério marginal 2	T_{mm2}	0,75% Cu
Produção anual	t	150.000 t Cu/ano
Vida útil da mina	N	25 anos
Preço do cobre (para tomada de decisões)	P_0	100 cUS$/lb Cu
Crescimento do preço do cobre (em longo prazo)	k_{Cu}	2,5% ao ano
Variância do preço (anual)	v	9%
Custo total de operação	C	37,36 cUS$/lb Cu
Custo de operação variável	Cv_0	25,02 cUS$/lb Cu
Custo de operação variável (minério marginal 1)	Cv_{mm1}	19,00 cUS$/lb Cu
Custo de operação variável (minério marginal 2)	Cv_{mm2}	50,00 cUS$/lb Cu
Custo de operação fixo	Cf	12,34 cUS$/lb Cu
Investimento inicial	I	695 MUS$
Taxa de juros anual (inclui risco)	i	10%
Taxa de juros anual (livre de risco)	r	6%

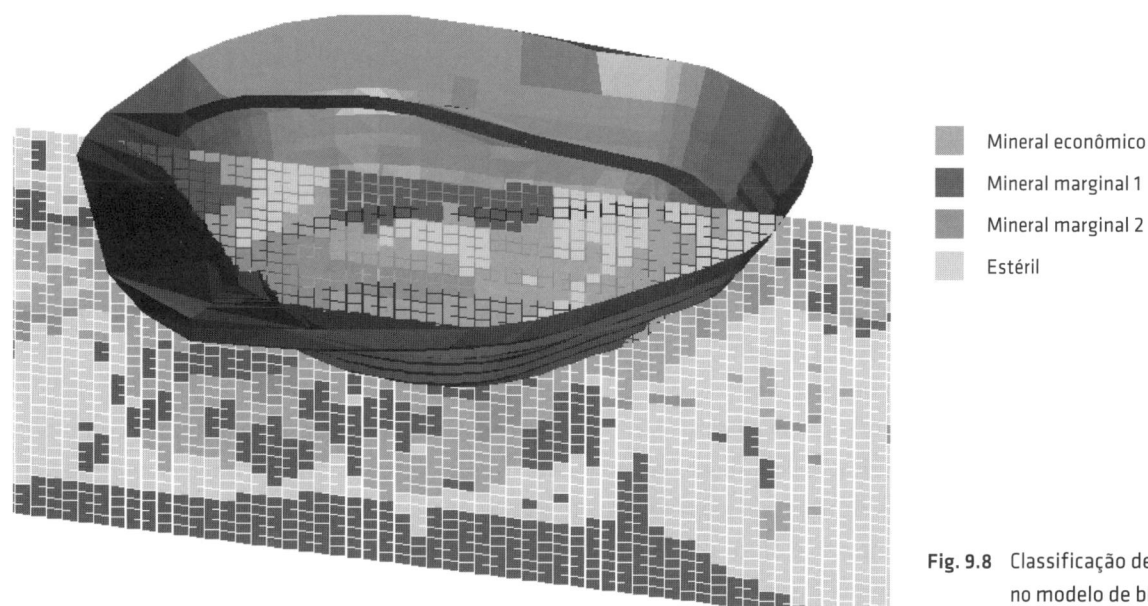

Fig. 9.8 Classificação de minérios no modelo de blocos do projeto em estudo

- Mineral econômico
- Mineral marginal 1
- Mineral marginal 2
- Estéril

Por sua vez, produz-se uma *contingência econômica* quando a operação fica exposta a um evento financeiro que impede a obtenção dos excedentes econômicos esperados (por exemplo, em virtude de uma drástica baixa do preço do metal).

Cobertura de um plano de lavra por meio de cenários de produção alternativos

Situações de contingência que condicionam ou ameaçam o desenvolvimento de um plano--base de lavra durante determinado período de tempo merecem uma resposta de gestão que conduza à análise de cenários de produção alternativos. No projeto em questão, há três opções de produção (considerou-se que a preparação de um cenário alternativo demanda um custo equivalente a 1 MUS$ ao ano):

- *Cenário do caso-base*: processo limitado pela capacidade da usina (150 t × 10^3 Cu/ano com minério econômico);
- *Cenário do caso marginal 1*: teor alto/baixo custo variável, com produção anual menor que a do caso-base (130 t × 10^3 Cu/ano);
- *Cenário do caso marginal 2*: teor alto/alto custo variável, com produção anual igual à do caso-base (150 t × 10^3 Cu/ano).

No caso de uma *contingência econômica*, os três cenários competem com valores de C/P flutuantes que vão desde 0,28 até 1,49. A Fig. 9.9 mostra o comportamento dos fluxos de caixa dos três cenários de acordo com a variação da razão custo total/preço do metal (C/P). Observa-se que, diante de uma contingência econômica e desde que a razão indicada seja superior a 0,52, o cenário do caso marginal 1 fornece fluxos de caixa maiores que aqueles apresentados pelo caso-base. Se a razão indicada for menor ou igual a esse valor, os fluxos de caixa gerados pelo caso-base serão superiores aos apresentados pelos casos marginais considerados.

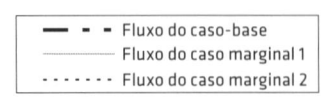

Fig. 9.9 Fluxos de caixa anuais de acordo com a relação custo/preço (contingência econômica)

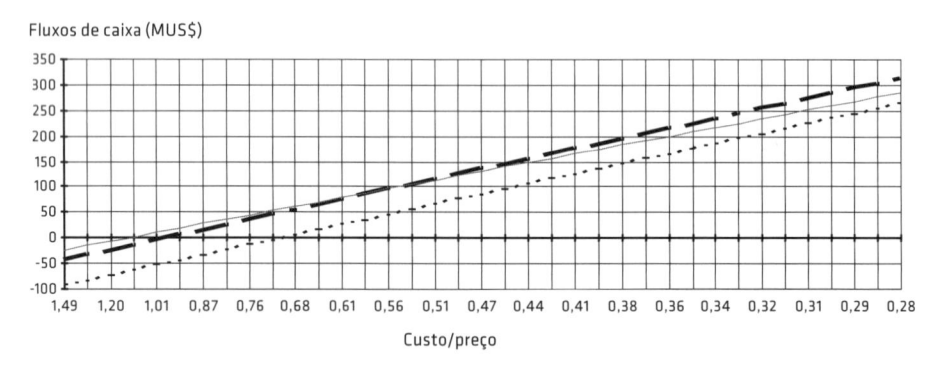

A Fig. 9.10 ilustra o valor da resposta do cenário do caso marginal 1 em relação ao caso--base na presença de uma contingência econômica. O cenário do caso marginal 2, nesse caso, não é competitivo.

No caso de uma *contingência técnica*, apenas dois cenários (casos marginais) competem, já que o cenário do caso-base não é factível. Nessas circunstâncias, a relação C/P se apresenta menos flutuante e varia entre 0,16 e 0,28.

Nesse contexto e diante da *impossibilidade de concretizar o caso-base*, a Fig. 9.11 apresenta os fluxos anuais fornecidos pelos cenários em jogo. Os fluxos do caso-base foram agregados apenas como referência.

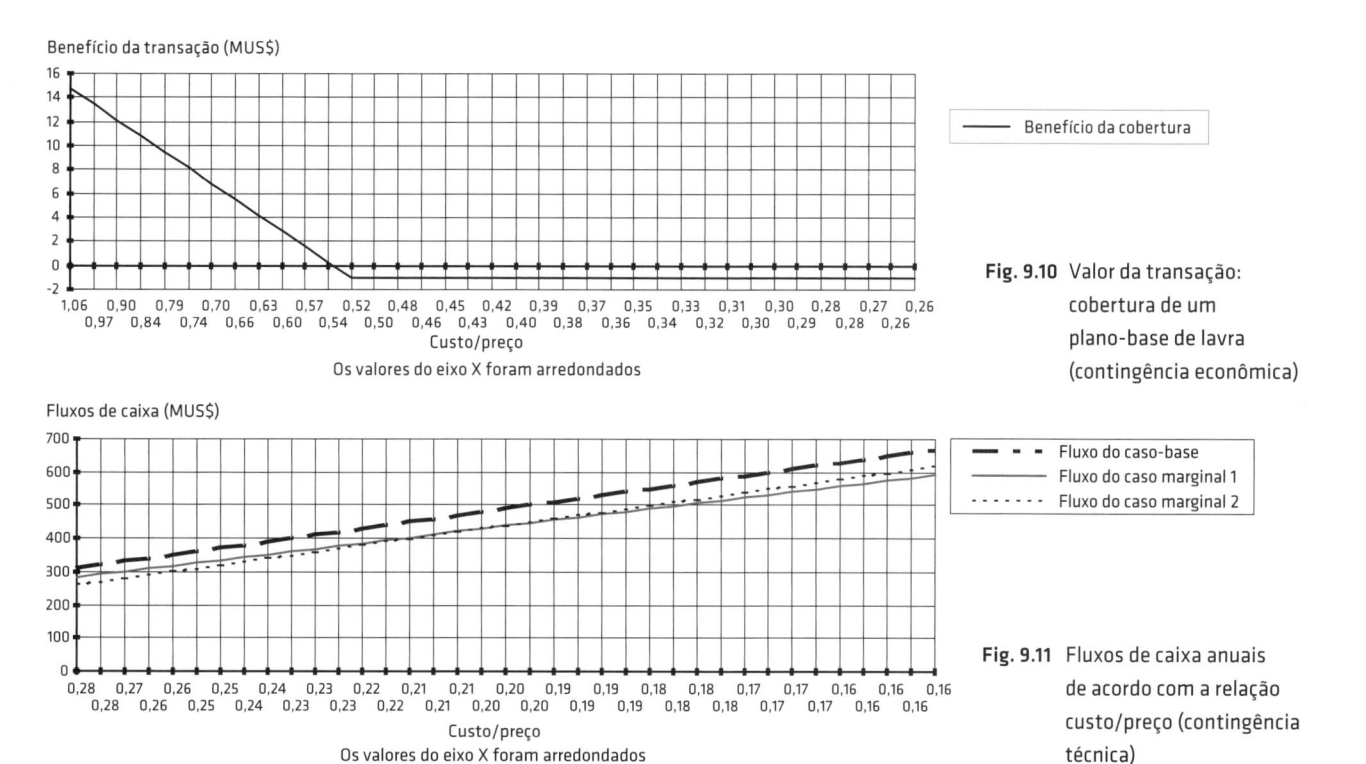

Fig. 9.10 Valor da transação: cobertura de um plano-base de lavra (contingência econômica)

Fig. 9.11 Fluxos de caixa anuais de acordo com a relação custo/preço (contingência técnica)

A Fig. 9.12 explicita o valor agregado pelo efeito da cobertura técnica. Na verdade, ela demonstra um efeito combinado de cobertura diante de uma contingência técnica e apresenta os benefícios fornecidos por cada cenário de caso marginal alternativo em função da razão C/P. Observa-se que, à medida que a razão *representa um aumento*, o cenário do caso marginal 1 melhora o benefício concedido ao empreendimento pelo caso marginal 2, comportando-se como uma opção *put*. Por outro lado, quando a expectativa da razão C/P *é a baixa de valores*, o cenário do caso marginal 2 melhora o benefício oferecido, comportando-se como uma opção *call*.

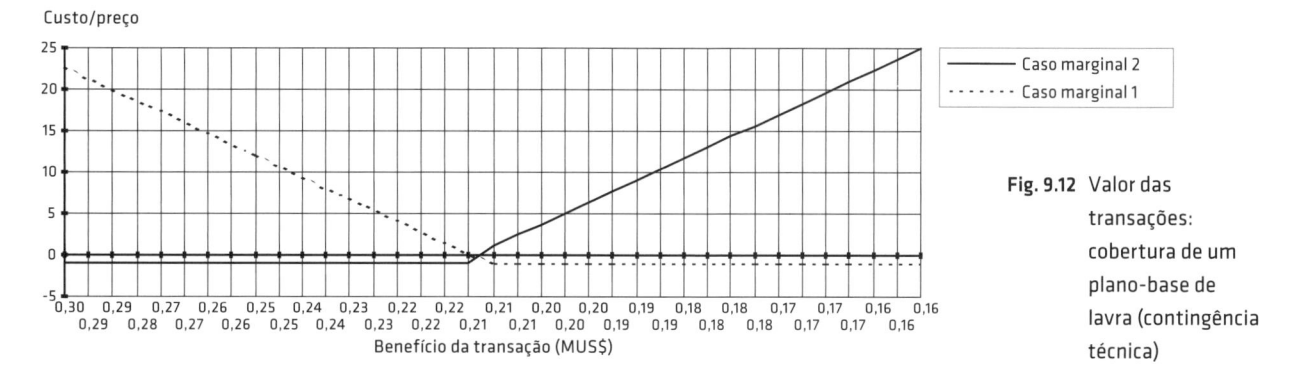

Fig. 9.12 Valor das transações: cobertura de um plano-base de lavra (contingência técnica)

Assim, quando a relação C/P ≤ 0,21, deve-se recorrer ao cenário do caso marginal 2, que apresenta melhoras no fluxo de caixa de até 25 MUS$ em relação ao cenário do caso marginal 1, de acordo com a razão C/P. Por outro lado, quando a relação C/P > 0,21, deve-se recorrer ao cenário do caso marginal 1, que apresenta melhoras no fluxo de caixa de quase 23 MUS$ em relação ao cenário do caso marginal 2 para a mesma categoria de valores C/P considerados anteriormente.

Assim, cenários de produção alternativos podem ser utilizados para proteger os fluxos econômicos de um caso-base diante de contingências e para garantir valor agregado ao empreendimento mineral.

Concentrando-se em uma contingência econômica, é possível determinar o valor fornecido por um cenário alternativo representado pelo caso marginal 1. Nesse caso, considera-se que:

Se C/P ≤ 0,56   Π   *Cenário 1: caso-base*
Envolve produção anual fixa sem minério marginal.

Se C/P > 0,56   Π   *Cenário 2: caso marginal 1*
Envolve a utilização de minério de teor baixo/custo baixo e uma menor produção anual.

Π   *Cenário 3: caso de encerramento temporal*
Envolve uma pausa da produção mantendo custos fixos e um custo adicional de 20 MUS$/ano.

Para este exercício, foi simulada uma série de preços de metal considerando um preço-base de 1,00 US$/lb Cu, tendência de 2,5% ao ano e volatilidade de 9%. Com base nesses parâmetros, foram geradas, para cada ano do projeto, 50 mil iterações, cada uma delas originando um fluxo de caixa. Foram estipuladas médias anuais, de acordo com os períodos analisados, para os fluxos associados a tais iterações com o objetivo de mitigar o efeito de determinadas ocorrências extremas do preço do metal na série de fluxos anuais resultantes (por exemplo, um mínimo de 31,6 cUS$/lb Cu, um máximo de 500 cUS$/lb Cu). A análise mostrou que a série de valores simulados anuais do preço do cobre segue a sua tendência histórica (Fig. 9.13). A Fig. 9.14 apresenta a distribuição de probabilidades associada à simulação do preço, demonstrando que:

1. os preços simulados do cobre apresentam distribuições lognormais;
2. a probabilidade de gerar o caso-base se aproxima de 90%;
3. a probabilidade de gerar o caso-base incorporando minério marginal é de 10%;
4. a probabilidade de encerramento é nula.

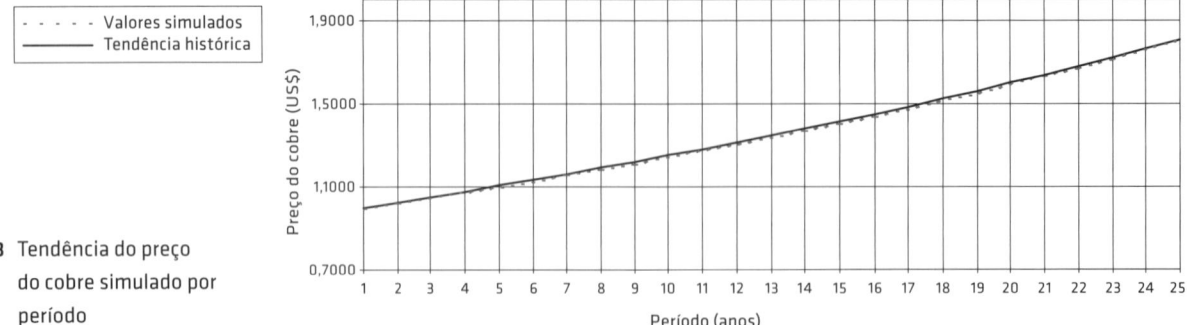

Fig. 9.13 Tendência do preço do cobre simulado por período

Comparando o VPL-C (modelo com parâmetros determinísticos: preço do cobre de 100 cUS$/lb Cu, tendência de 2,5% ao ano e taxa de desconto anual de 10%) para o cenário 1 com o VPL-OP (modelo que incorpora flexibilidades operacionais a um projeto com uma taxa livre de risco de 6% e submetido a flutuações do preço do cobre simuladas com tendência e volatilidade) para o cenário 2, observa-se que este último revaloriza o recurso mineral (Tab. 9.6), de maneira que é possível obter uma maior produtividade econômica da capacidade instalada e do recurso utilizado.

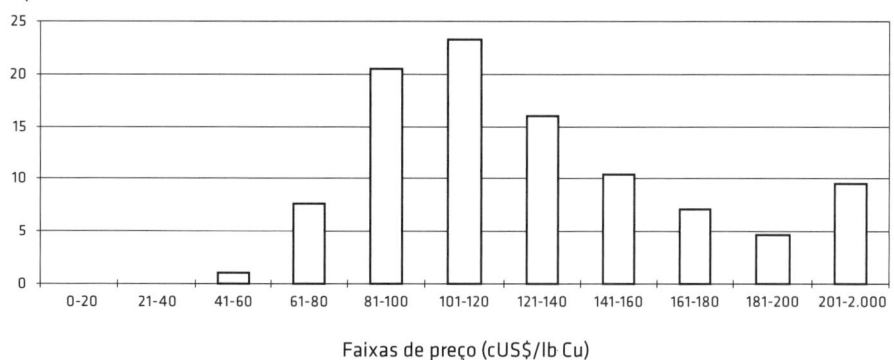

Fig. 9.14 Distribuição de probabilidade (P_0 = 100 cUS$/lb Cu – volatilidade = 9%)

Com o objetivo de melhor precisar o valor agregado da flexibilidade operacional do projeto, *foi considerada a mesma série de preços do metal e uma taxa de desconto similar (livre de risco)* para os dois cenários analisados: um que está sujeito a flexibilidades de acordo com a relação C/P em cada período (representativo do VPL-OP) e outro que não responde a essa relação, de maneira que seu esquema de produção se apresenta estático no decorrer do tempo. A diferença entre os dois VPLs é o valor da flexibilidade.

Tab. 9.6 VPL do projeto em estudo

Avaliação	VPL-C Cenário 1	VPL-OP Cenário 2
VPL (MUS$)	1,552	2,714

A Fig. 9.15 ilustra o comportamento da relação C/P para cada período da vida útil do projeto com base em uma iteração do programa de simulação.

Já a Fig. 9.16 mostra o valor dos fluxos de caixa anuais obtidos segundo a razão anteriormente indicada para cada período. Observa-se que, quando a relação C/P é maior que 0,56, os fluxos de caixa do projeto com cobertura são maiores em comparação aos fluxos do projeto sem cobertura.

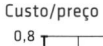

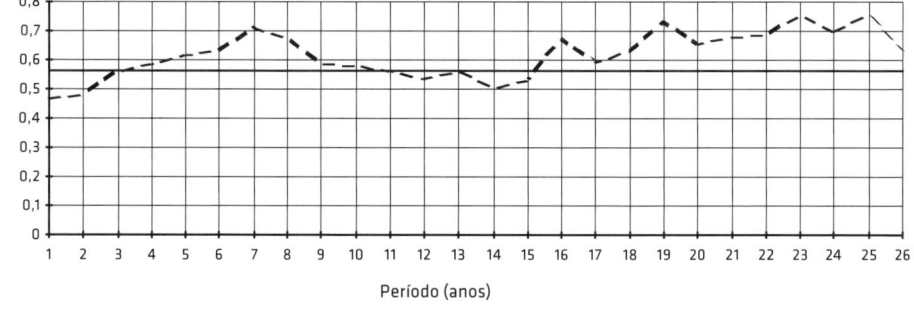

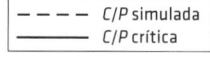

Fig. 9.15 Simulação da relação C/P

Por sua vez, a Fig. 9.17 demonstra o benefício adicional para cada período de cobertura. Nos anos em que a relação C/P se apresenta menor que 0,56, o benefício da cobertura é nulo, pois se recorre ao minério econômico.

A Tab. 9.7 apresenta o valor total de ambos os cenários, da flexibilização aplicada e da porcentagem de minério marginal utilizado na produção.

9 Declaração de reservas minerais

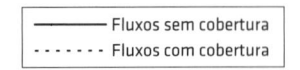

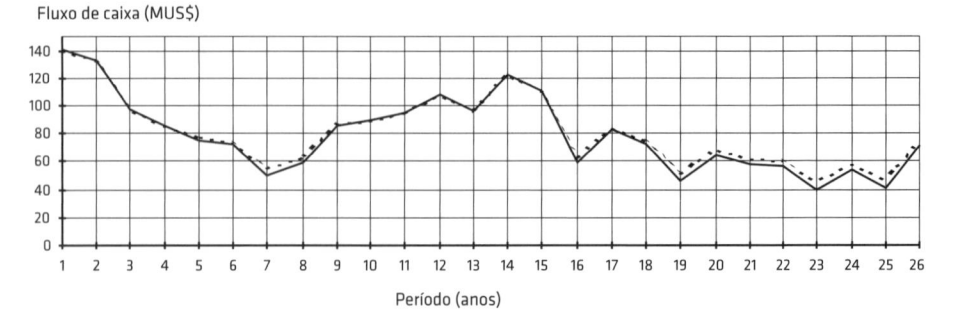

Fig. 9.16 Fluxos de caixa de acordo com a relação C/P para cada período

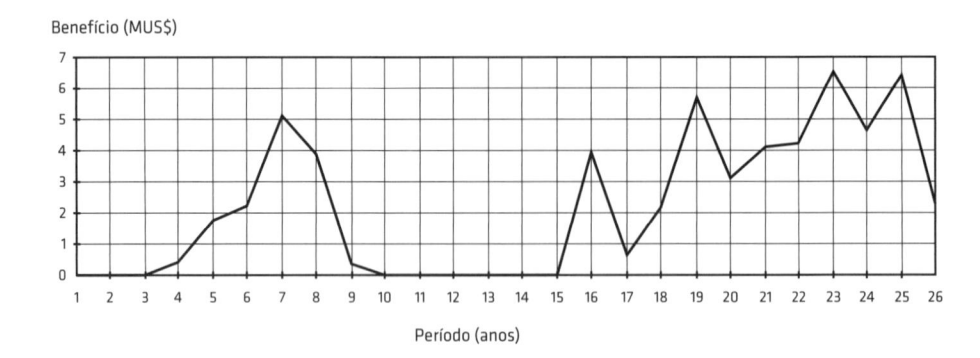

Fig. 9.17 Benefício da cobertura para cada período

Tab. 9.7 Valor do projeto e da flexibilização

Cenário 1: com minério marginal não disponível (MUS$)	Cenário 2: com minério marginal disponível (MUS$)	Valor da flexibilização (MUS$)	Minério marginal utilizado (%)
2,663	2,714	51	9

O uso de minério marginal aumenta o valor do projeto, diminui sua exposição ao risco derivado de uma contingência econômica e permite materializar um sistema de cobertura.

A análise realizada por meio de simulações de Monte Carlo pode ser complementada com a sensibilidade do valor do projeto ao preço do cobre, à volatilidade do preço e à estrutura de custos aplicados. O custo de paralisação da operação foi estimado considerando o valor do custo fixo mais um custo extra de 20 MUS$. Mediu-se o impacto da sensibilidade por meio da comparação entre os VPLs fornecidos por cenários que representam a disponibilidade ou a não disponibilidade de minério marginal. A Tab. 9.8 mostra um resumo dos exercícios realizados.

Tab. 9.8 Sensibilidade ao preço, à volatilidade anual e à estrutura de custos

Sensibilidade	Intervalo
Preço do cobre Volatilidade $v = 9\%$ Razão $Cf/Ct = 0{,}33$	Preço do cobre 60-120 cUS$/lb Cu
Volatilidade Preço $P_0 = 100$ cUS$/lb Cu Razão $Cf/Ct = 0{,}33$	Volatilidade v 9%-40%
Estrutura de custos representada pela razão Cf/Ct $P_0 = 100$ cUS$/lb Cu; volatilidade $(v) = 9\%$	Relação Cf/Ct 0%-40%
Observação: Cf = custo fixo e Ct = custo total.	

Como exemplo, são apresentados os resultados obtidos por meio da sensibilização do preço do cobre (Tabs. 9.9 e 9.10).

Tab. 9.9 Sensibilidade do VPL-OP ao preço do cobre

Preço inicial (cUS$/lb Cu)	Cenário 1: minério marginal não disponível (MUS$)	Cenário 2: minério marginal disponível (MUS$)	Valor da flexibilidade (MUS$)
60	319	518	199
80	1,539	1,643	104
100	2,663	2,714	51
120	3,951	3,977	26

Tab. 9.10 Proporções de minério econômico e minério marginal com variações do preço do cobre

Preço inicial (cUS$/lb Cu)	Minério econômico (%)	Minério marginal (%)
60	40	60
80	70	30
100	91	9
120	97	3

A Tab. 9.9 ilustra o impacto das variações do preço do cobre no VPL gerado e na flexibilidade do projeto para uma volatilidade de 9% e uma razão custo fixo/custo total de 0,33. O preço varia entre Pi = 60 cUS$/lb e Pi = 120 cUS$/lb.

Para a faixa de preços estabelecida, o valor das flexibilidades varia entre 26 MUS$ e 199 MUS$, diminuindo com o aumento do preço do cobre. A Tab. 9.10 demonstra a variação percentual do minério marginal utilizado para o caso em que esteja disponível.

O consumo de minério econômico aumenta de acordo com o preço do cobre, variando de 40%, para um preço igual a 60 cUS$/lb Cu, a 97%, para um preço igual a 120 cUS$/lb Cu. As Tabs. 9.11 e 9.12 apresentam a sensibilidade à volatilidade anual do preço do cobre.

Tab. 9.11 Sensibilidade do VPL-OP à volatilidade do preço do cobre

Volatilidade (%)	Cenário 1: minério marginal não disponível (MUS$)	Cenário 2: minério marginal disponível (MUS$)	Valor da flexibilidade (MUS$)
9	2,663	2,714	51
15	2,674	2,768	94
20	2,670	2,807	137
30	2,708	2,956	248
40	2,890	3,273	383

Tab. 9.12 Proporção de minério econômico e minério marginal diante de variações da volatilidade do preço do cobre

Volatilidade (%)	Minério econômico (%)	Minério marginal (%)
9	91	9
15	69	31
20	61	39
30	57	43
40	54	46

A Tab. 9.11 demonstra o efeito da variação da volatilidade anual do preço do cobre no VPL de acordo com a disponibilidade e não disponibilidade de minério marginal. Estuda-se o valor dessa flexibilidade para um preço inicial $P_0 = 100$ cUS\$/lb Cu e uma razão custo fixo/custo total de 0,33, e a volatilidade varia entre $v = 9\%$ e $v = 40\%$.

i] Demonstra-se que o valor da flexibilidade aumenta de 51 MUS\$ a 383 MUS\$ com o crescimento da volatilidade de 9% a 40%.

ii] Observa-se que o valor do projeto aumenta de 2,714 MUS\$ a 3,273 MUS\$ para o mesmo intervalo de variação da volatilidade.

Já a Tab. 9.12 ilustra a proporção de minério econômico e minério marginal em processo para o caso em que a volatilidade do preço do cobre varia entre 9% e 40%.

A Tab. 9.13 demonstra o efeito da variação da estrutura de custos do projeto no VPL gerado e na flexibilidade operacional de acordo com a disponibilidade e não disponibilidade de minério marginal para um preço inicial $P_0 = 100$ cUS\$/lb Cu e uma volatilidade $v = 9\%$. A estrutura de custos, representada pela razão *custos fixos/custos totais*, varia entre 0% (apenas custos variáveis) e 40% (40% dos custos totais correspondem a custos fixos). Essa tabela mostra que o valor das flexibilidades diminui de 86 MUS\$ a 10 MUS\$ com o aumento da porcentagem de custos fixos de 0% a 40%.

Por fim, a Tab. 9.14 ilustra a proporção de minério econômico e minério marginal em processo para o caso em que a porcentagem de custos fixos relacionados aos custos totais esteja entre 0% e 40%. Essa tabela demonstra que o consumo de minério econômico sofre um aumento de 80% a 94% com o crescimento da proporção de custos fixos de 0% a 40%.

Tab. 9.13 Sensibilidade do VPL-OP à estrutura de custos

Cf/Ct (%)	Minério marginal disponível (MUS$)	Minério marginal não disponível (MUS$)	Valor da flexibilidade (MUS$)
0	2,940	2,854	86
10	2,890	2,820	70
20	2,850	2,814	36
30	2,790	2,775	15
40	2,700	2,690	10

Tab. 9.14 Proporções de minério econômico e minério marginal para variações da estrutura de custos

Cf/Ct (%)	Minério econômico (%)	Minério marginal (%)
0	80	20
10	83	17
20	87	13
30	90	10
40	94	6

Parte IV

CERTIFICAÇÃO DE RECURSOS
E RESERVAS

Durante o século XXI, ocorreu uma grande revalorização dos recursos naturais. A demanda por metais e minerais aumentou drasticamente nos países emergentes, especialmente na China, despertando maior interesse não apenas em investidores e analistas, mas também por parte dos Estados e governos, das comunidades e grupos sociais, dos trabalhadores e líderes empresariais.

Especificamente, no âmbito dos recursos minerais, o foco de interesse recaiu sobre as informações derivadas de seu desenvolvimento, cuja base consiste em seu potencial, nas oportunidades que são capazes de oferecer, nos desafios envolvidos e nos benefícios que podem ser alcançados.

No entanto, as incertezas às quais estão sujeitos os recursos minerais dificultam a aquisição de uma série de informações exigidas por todas as partes interessadas nos projetos de mineração, como tonelagens, teores, profundidades e benefícios, méritos e particularidades geológicas, metalúrgicas, geomecânicas, hidrológicas, ambientais, entre outras. As informações, a princípio fragmentadas, são corroboradas, crescem e se aperfeiçoam graças a uma série de estudos e engenharias realizadas sequencialmente no decorrer do tempo e que condizem com o tipo de capital utilizado (capital de risco ou capital de investimento) (Fig. 10.1).

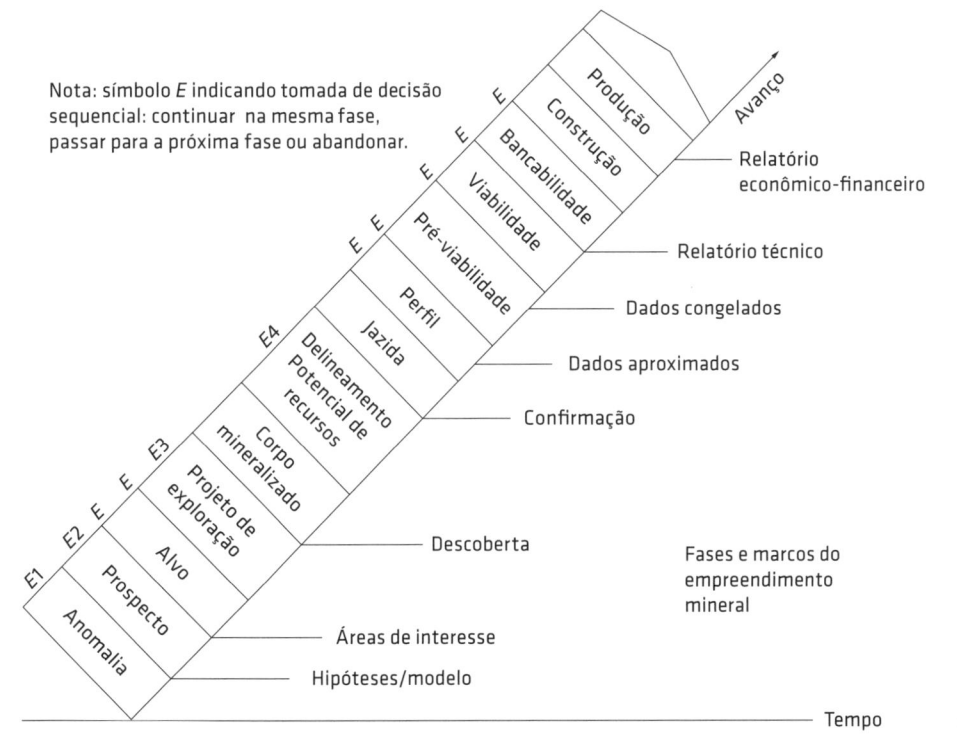

Fig. 10.1 Fases de um empreendimento mineral, em que E, $E1$, $E2$, $E3$ e $E4$ representam as diferentes fases da exploração

Naturalmente, as atividades realizadas durante as fases de exploração e desenvolvimento de um depósito mineralizado vão desde aquelas classificadas como de alto risco (capital de risco, quando os dados constituem informações fragmentadas) até atividades de baixo risco (capital de investimento, quando os dados permitem estabelecer modelos geológicos, minerais e metalúrgicos).

10.1 Estudos realizados durante as etapas de exploração e desenvolvimento

No decorrer das etapas de exploração e desenvolvimento e suas respectivas fases – exploração, engenharia básica, engenharia conceitual ou pré-viabilidade e engenharia executiva ou viabilidade –, são desenvolvidas e aprofundadas progressivamente as mesmas áreas temáticas, que variam apenas com relação aos conteúdos, nível de profundidade e resolução de incertezas: geologia, geomecânica, geometalurgia e plano de lavra, entre outras.

Entre as áreas temáticas de maior relevância, podem ser destacadas as que seguem.

10.1.1 Exploração

Essa atividade inclui duas fases principais: a exploração básica, que inclui desde a conceituação geológica até a confirmação de um ativo de mineração, e a exploração avançada, que inclui a identificação do recurso mineral associado a esse ativo de mineração.

10.1.2 Exploração geradora e exploração intermediária

A exploração básica inclui, por sua vez, a exploração geradora (conceituação do que se espera encontrar) e a exploração intermediária (trabalhos de campo que permitem confirmar alguns conceitos).

10.1.3 Estudos de recursos geológicos

Fornecem dados e informações do depósito mineral que potencialmente poderia ser explotado e resultar em um retorno econômico. Os modelos geológicos, gerados com base em informações coletadas por sondagens, poços, túneis e outros trabalhos de mineração complementados com interpretações geológicas e observações de campo, fornecem dados básicos a respeito da forma, da disposição física do corpo mineralizado e da extensão das zonas mineralizadas, bem como tonelagens e uma completa distribuição de teores na extensão de todo o espaço mineralizado.

10.1.4 Estudos de garantia e controle de qualidade

Têm por objetivo monitorar a captura, manipulação, vigilância e prolixidade dos procedimentos aplicados à amostragem do depósito e à análise química das amostras com a finalidade de garantir a confiabilidade dos resultados laboratoriais com relação aos graus de exatidão e precisão de teores, conteúdos e natureza.

10.1.5 Estudos mineralógicos

São aqueles que determinam as características de composição e estrutura da rocha mineralizada e do estéril para fins de processamento mineral e também a fim de prever possíveis impactos ambientais. Esses estudos fornecem informações sobre o impacto da estrutura e da composição do minério na recuperação metalúrgica, a presença de contaminantes, de elementos problemáticos no minério e na rocha estéril, a existência de rochas geradoras de ácido, entre outros.

10.1.6 Estudos geomecânicos

Fornecem dados básicos sobre a estrutura do maciço rochoso, condições de esforços *in situ* e qualidade da rocha em geral. Providenciam recomendações a respeito da escavação máxima possível, requerimentos de controle do terreno e limitações do sequenciamento mineral como resultado das condições do terreno, além de um bom entendimento em relação aos esforços gerados à medida que avançam as escavações.

10.1.7 Estudos hidrológicos

Fornecem estimativas dos fluxos de água no decorrer da vida útil da mina em potencial, além de uma avaliação da qualidade das águas. Também podem incluir recomendações relacionadas à drenagem da superfície da mina, ao controle das descargas de água, ao uso das águas superficiais e ao tratamento anterior à descarga final.

10.1.8 Estudos ambientais

Fornecem uma descrição das questões ambientais que poderiam causar impactos no projeto, além de critérios a respeito dos aspectos que devem ser levados em conta durante a fase de planejamento a fim de garantir que os padrões aplicados sejam cumpridos ou excedidos. Geralmente, esses critérios incluem a avaliação dos possíveis impactos no local do projeto e nas áreas adjacentes, incluindo a água (quantidade e qualidade de descargas de água, impactos em leitos de águas locais, pesca), o ar (poeira, ruídos, entre outros) e a terra (impactos na vida selvagem local e nas propriedades próximas, rejeitos, pilhas de estéril e preservação de sítios arqueológicos locais). Os estudos ambientais avaliam esses impactos potenciais e registram os compromissos de mitigação que devem ser incluídos nas solicitações das licenças para a construção e a operação das instalações.

10.1.9 Estudos metalúrgicos

Fornecem informações sobre os requisitos necessários para o processamento do minério (incluindo a granulometria ótima e os parâmetros de lixiviação/flotação), estimativas da recuperação do metal e uma projeção da qualidade dos concentrados e produtos finais.

10.1.10 Estudo das relações comunitárias

As relações comunitárias têm a finalidade de conquistar o aval público do projeto e proporcionar um espaço de discussão para os moradores locais como forma de garantir que suas preocupações e sugestões a respeito do projeto sejam ouvidas. O respaldo da comunidade local fornece uma ajuda essencial para a obtenção de licenças de operação. Por outro lado, essa atividade ajudará a definir a disponibilidade e as oportunidades para a contratação de mão de obra local e a identificar fornecedores e suas capacidades para o treinamento de pessoal.

10.1.11 Estudos dos recursos minerais

Permitem elaborar, com base no depósito, uma matriz 3D de blocos unitários pequenos e de igual tamanho, atribuindo a cada bloco as informações fragmentadas, coletadas, validadas e confiáveis associadas a cada um deles, de maneira que as informações relacionadas aos teores, conteúdos, densidades e outros índices de caráter técnico possam ser estendidas a todos os blocos dessa matriz.

A confiabilidade dessas estimativas conduz ao conceito de recursos medidos (*alta confiabilidade*), indicados (*confiabilidade média*) e inferidos (*baixa confiabilidade*). Apenas os recursos medidos e indicados podem servir de base para um projeto de mineração.

10.1.12 Estudos de desenho e plano de lavra

São aqueles responsáveis por esquematizar os processos de lavra, em um primeiro momento seguindo uma abordagem figurativa e, posteriormente, uma abordagem operacional. Esses processos podem estar associados a projetos superficiais ou subterrâneos incluindo a sequência de lavra, os acessos à mina, os procedimentos de preparação, os teores mínimos de explotação, a diluição, a taxa de produção anual, a movimentação de materiais, a seleção de equipamentos e maquinarias, a dotação, os custos de capital e de operação, além de outros fatores e parâmetros relacionados a essas operações.

10.1.13 Estudos de reservas minerais

São aqueles que permitem incorporar características técnicas, econômico-financeiras e socioambientais à extração de recursos no projeto, planejamento e processo dedicados à extração comercial de ativos, transformando tais recursos minerais em reservas, as quais são classificadas como *provadas* (provenientes de recursos medidos) e *prováveis* (provenientes de recursos indicados e, eventualmente, de recursos medidos).

10.1.14 Estudos econômico-financeiros

Permitem atribuir valor ao empreendimento mineral por meio da análise dos fluxos de caixa descontados no decorrer do tempo, mediante *ratios* alinhados de acordo com transações internacionais ou com a aplicação da técnica de opções reais.

Conforme afirmado anteriormente, a resolução gradual das incertezas latentes em uma jazida, que surgem à medida que se desenvolvem, progressivamente, os estudos recém-identificados, permite estabelecer uma estratégia de desenvolvimento mineral no decorrer de diversas fases de estudos e engenharias.

10.2 Fases de engenharia de um projeto de mineração

Durante o desenvolvimento de um projeto de mineração, as primeiras atividades que deverão ser realizadas consistem nas tarefas de exploração: *exploração geradora*, na qual são concebidos modelos virtuais com o objetivo de aumentar as probabilidades de descoberta de um depósito mineral; *exploração intermediária*, em que são iniciados os trabalhos geofísicos, geoquímicos e de geologia do terreno e abertura de valas e poços de pouca profundidade para amostragem de suas paredes; e *exploração avançada*, na qual são realizadas sondagens com diferentes inclinações em uma malha que no início apresenta dimensões de 150 m × 150 m ou de 200 m × 200 m e que depois se transforma em malhas de 75 m × 75 m, 50 m × 50 m ou menores.

Cada amostra de sondagens coletada passa por um processo de preparação para garantir e controlar sua qualidade com o objetivo de realizar posteriormente uma análise química que determinará os teores dos principais elementos (cobre, ouro, molibdênio etc.). Esses teores, uma vez confirmados, constituem a base para estimar os recursos minerais.

Para tanto, subdivide-se a jazida em pequenas malhas ou, melhor, em blocos unitários; alguns deles conterão amostras em seu interior, outros não contarão com nenhuma. Por meio de processos de *variografia* e *krigagem* (interpolação e/ou extrapolação de amostras), são atribuídos os teores dos elementos de valor a cada bloco da jazida. De acordo com a confiabilidade na estimativa de cada bloco, este poderá ser classificado como *medido*, *indicado* ou *inferido*. Paralelamente, devem ser considerados testes preliminares nas áreas de geometalurgia, hidrogeologia e geotécnica durante o período da exploração avançada.

As próximas tarefas constituem processos de engenharia que incluem a engenharia básica, a pré-viabilidade e a viabilidade.

10.2.1 Engenharia básica

Nessa etapa, são identificados diversos cenários operacionais e de produção viáveis, *com base em dados médios geralmente provenientes da literatura da área de mineração* e em estatísticas fornecidas pela indústria, com o intuito de estimar a viabilidade técnico-econômica de um projeto de investimento no depósito (Tab. 10.1).

Tab. 10.1 Estudo de engenharia básica

Porcentagem de engenharia*	2% a 5%
Exatidão dos estimadores de custos	+/-50%
Contingência	+/-30%
Duração média do estudo	4 a 6 meses
Custo de um estudo**	+/-0,1% a 0,3% de custo de capital
Ativos de mineração	Principalmente recursos

Observações: *calculada com base nas atividades de engenharia; **calculado com base no custo total do projeto.

10.2.2 Pré-viabilidade

Essa etapa é baseada nos diferentes cenários concebidos na fase anterior, que são comparados detalhadamente com o objetivo de possibilitar a escolha de *um caso-base selecionado*. Esse caso é estabelecido levando em conta produtividades específicas, tonelagens e teores confiáveis e precisos, além de cotações formais de equipamentos, maquinarias e instalações.

Os custos operacionais são orçados de acordo com especificações definidas por empreiteiros ou por quantidades e valores auditados. São incorporados testes metalúrgicos específicos, bem como os esquemas dos processos selecionados. Além de consultar formalmente a comunidade, também é realizada uma avaliação do impacto ambiental. Os parâmetros de pré-viabilidade permanecem *congelados*.

As alternativas viáveis do ponto de vista técnico e econômico encontradas na etapa anterior são avaliadas mais detalhadamente, descartando-se aquelas menos atrativas. Nessa etapa, atribui-se especial atenção à determinação dos custos e benefícios identificados na fase de engenharia básica. É necessário avaliar com cuidado as viabilidades técnicas, econômicas e ambientais das alternativas, ou seja, analisar os aspectos operacionais e de produção, o tamanho e a localização do projeto e as condições institucionais e legais relevantes.

O estudo de mercado constitui a base para a estimativa dos retornos e deverá incluir a análise de vulnerabilidades e oportunidades e o estudo das incertezas ainda não resolvidas e dos riscos apresentados pelo projeto.

A análise tecnológica inclui equipamentos, matérias-primas e processos que permitem determinar os custos do projeto.

Sobre o tamanho e a localização da usina, deve-se considerar seu tipo (construção, ampliação, redução) e a identificação de seus recursos, reservas e consumos, bem como os possíveis impactos ambientais.

A análise dos aspectos administrativos permite determinar alguns componentes do custo fixo e a organização dos recursos humanos, físicos e financeiros. Já a análise dos aspectos legais permite conhecer as restrições desse tipo que limitam o projeto.

Essa é a fase mais importante no processo de desenvolvimento de uma mina, pois é nela que o ativo de mineração gera a máxima criação de valor. A Tab. 10.2 apresenta algumas de suas características.

Tab. 10.2 Estudo de pré-viabilidade

Porcentagem de engenharia*	5% a 15%
Exatidão dos estimadores de custo	+/-30%
Contingência	+/-20%
Duração média do estudo	6 a 12 meses
Custo de um estudo**	+/-0,2% a 0,8% de custo de capital
Ativos de mineração	Recursos medidos/indicados

Observações: *calculada com base nas atividades de engenharia; **calculado com base no custo total do projeto.

10.2.3 Viabilidade

Os parâmetros do caso-base selecionado durante a fase de pré-viabilidade possuem um nível aceitável de exatidão. A viabilidade inclui informações para propósitos de otimização, descrição de custos e agendamentos, além de uma análise detalhada de riscos e oportunidades. Esse documento deve fornecer um nível de confiabilidade à administração que seja suficiente para conduzir, como resultado, ao compromisso de captação de fundos para a construção do projeto.

Deve-se dar especial atenção a uma análise detalhada e precisa da alternativa considerada mais viável na etapa anterior. O foco está em medir e avaliar, da forma mais precisa possível, seus custos e benefícios.

Em virtude da quantidade de recursos destinados a essa etapa, apenas chegarão a ela os projetos que não suscitam dúvidas com relação à sua rentabilidade positiva, ou seja, que efetivamente serão realizados. Portanto, ganham maior importância os fluxos financeiros e a programação das obras.

Uma vez definido e caracterizado o projeto, deve-se otimizar seu tamanho, localização e momento mais propício para a realização do investimento, entre outros.

Devem ser coordenados a organização, o início e a operação do projeto e determinados o calendário de desembolsos para o investimento, a disponibilidade de equipamentos e seus prazos, o anteprojeto de engenharia e a seleção e treinamento de pessoal responsável pela administração, operação e manutenção. Também é importante elaborar um capítulo completo sobre a análise dos riscos do projeto.

Essa etapa representa a conclusão do processo de aproximações sucessivas na formulação e preparação de um projeto e constitui a base da decisão a respeito de sua execução. A Tab. 10.3 ilustra algumas de suas características.

A avaliação não é apenas útil para a pessoa ou organização dona do projeto, mas também para aqueles que o financiam e para as autoridades pertinentes.

Tab. 10.3 Estudo de viabilidade

Porcentagem de engenharia*	20% a 50%
Exatidão dos estimadores de custos	+/-10% a 20%
Contingência	+/-15%
Duração média do estudo	18 meses
Custo de um estudo**	+/-0,5% a 1,5% de custo de capital
Ativos de mineração	Reservas provadas e prováveis

Observações: *calculada com base nas atividades de engenharia; **calculado com base no custo total do projeto.

10.2.4 Bancabilidade

Esse tipo de estudo é realizado para propósitos de financiamento e, portanto, deve prestar contas de todas as atividades desenvolvidas em um projeto, desde a campanha de exploração, a garantia e o controle de qualidade e uma primeira identificação da mineralização até a melhor aproximação à questão dos recursos e reservas minerais que servirão de base para a definição do desenho e do planejamento da lavra a fim de valorizar o empreendimento potencial derivado do projeto.

10.2.5 Engenharia executiva

Essa fase inclui a finalização dos desenhos de planejamento detalhados baseados nos cenários conceituais aprovados durante o estudo de viabilidade e de outros desenhos que estejam prontos para a construção, provisões para especificações de construção e equipamentos, definição do alcance dos esforços que serão realizados com o objetivo de organizar a posterior documentação de contratos, regulamentos de controle da construção e compras de alguns equipamentos essenciais, construção de escavações e operações preliminares (*obras antecipadas*).

10.2.6 Construção do complexo

Tanto as matrizes quanto as equipes de campo devem ser capazes de validar qualquer pedido de alteração, esclarecimento de planos, inspeções de obras, aderência às práticas de controle de qualidade, manuais de operação e de manutenção.

10.2.7 Contratação da engenharia e entrega ao proprietário

Essa é uma atividade muito importante e inclui os testes de eficiência operacional e aceitação do complexo por parte do proprietário em termos de objetivos de produção, da segurança dos trabalhadores e da produtividade que se espera alcançar. É importante reunir todos os materiais relativos à construção e ao comissionamento para que sejam entregues formalmente ao proprietário do complexo.

10.3 O RELATÓRIO TÉCNICO DE UM PROJETO DE MINERAÇÃO

O objetivo desta seção é contribuir com uma das atividades mais importantes da indústria de mineração: coletar informações sobre os recursos e as reservas minerais, em particular no que diz respeito à *estimativa*, *categorização* e *avaliação* de recursos e reservas.

O grande interesse com relação aos recursos naturais converteu-se, na prática, em uma relação de *oportunidades* versus *vulnerabilidades*: *oportunidades* derivadas de bons retornos, preços altos e superciclos e *vulnerabilidades* resultantes dos regulamentos ambientais, passivos futuros para a comunidade e efeitos sobre a segurança e a salubridade. Assim, o que se busca atualmente é proporcionar um bom nível de confiabilidade para todos os envolvidos a respeito do potencial, do uso e dos resultados obtidos por meio da exploração de um recurso mineral. Portanto, a indústria de mineração tem procurado estabelecer padrões e códigos que sirvam de guia para a elaboração de relatórios dos resultados obtidos em uma explotação mineral e de relatórios que dizem respeito aos recursos e reservas minerais (Fig. 10.2).

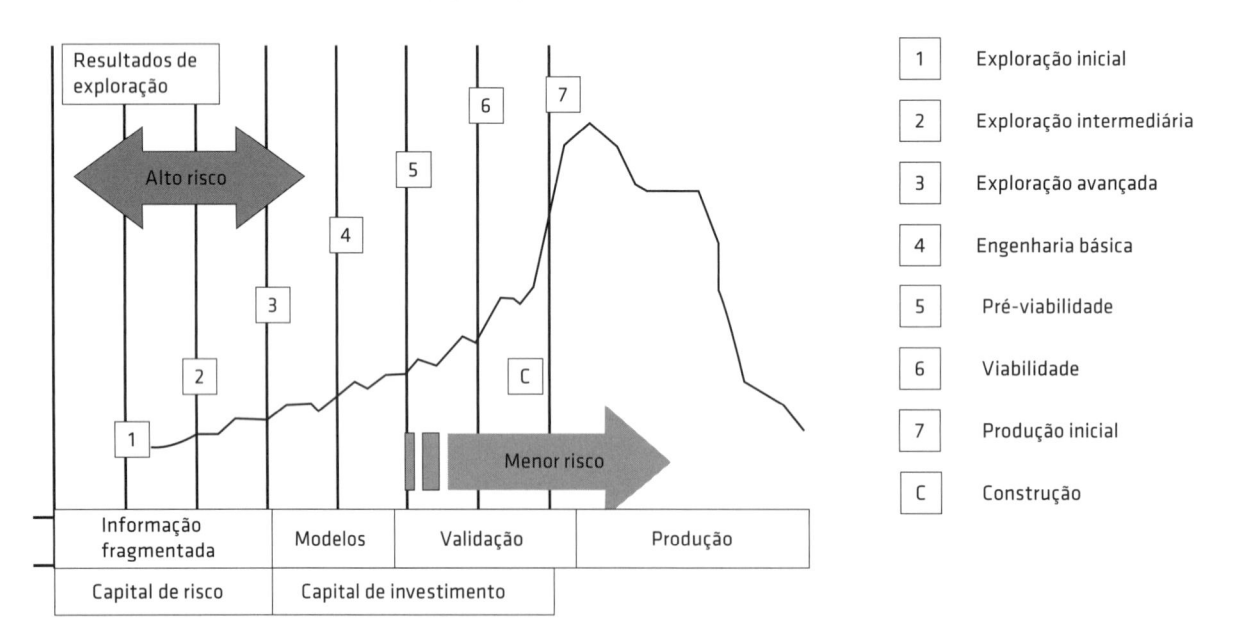

Fig. 10.2 Padrões internacionais de recursos e reservas minerais

Esses padrões e códigos devem estar baseados em princípios caracterizados por três atributos essenciais: a materialidade, a transparência e a competência.

- *Materialidade*: o relatório deve contemplar todas as informações relevantes que podem ser solicitadas por todos os envolvidos com os ativos de mineração e seus consultores com o objetivo de fazer uma avaliação fundamentada a respeito dos benefícios de um ativo.
- *Transparência*: o relatório deve fornecer informações suficientes, cuja apresentação precisa ser clara e objetiva a fim de não suscitar dúvidas em sua leitura.

- *Competência*: o relatório deve estar baseado em atividades realizadas sob a responsabilidade de profissionais qualificados e competentes, subordinados às restrições de um código de ética profissional. Assim, esses profissionais, denominados pessoas competentes (PC) ou pessoas qualificadas, devem cumprir alguns requisitos mínimos para optar pelo registro oficial de PC. No Chile, por exemplo, admite-se qualquer título obtido em uma universidade reconhecida no país, a atuação comprovada de no mínimo cinco anos em um nicho específico da indústria de mineração e duas cartas de recomendação emitidas por PCs já registrados na Comisión Calificadora de Competencias en Recursos y Reservas Mineras[1]. Cada país segue sua norma específica.

O relatório será emitido por uma PC que deverá declarar, no próprio documento, que não recebeu nenhuma influência por parte da organização e/ou de pessoas envolvidas no requerimento do relatório, de maneira que todos os juízos e opiniões da PC estejam devidamente documentados, revelando todos os aspectos que um leitor informado possa requisitar com o objetivo de fazer um juízo fundamentado *a posteriori*.

Um relatório de recursos e reservas geralmente inclui 27 seções ou itens, cada qual brevemente apresentado mais à frente: 1) resumo; 2) introdução; 3) apoio de outros especialistas; 4) descrição e localização da propriedade; 5) acessibilidade, clima, recursos locais, infraestrutura e fisiografia; 6) histórico; 7) contexto geológico e mineralização; 8) tipos de depósito; 9) exploração; 10) sondagem e reconhecimento; 11) preparação, análise e segurança das amostras; 12) verificação de dados; 13) processamento de minérios e testes metalúrgicos; 14) estimativa de recursos minerais; 15) declaração de reservas minerais; 16) métodos de mineração extrativista; 17) métodos de recuperação; 18) projeto de infraestrutura; 19) estudos e contratos de comercialização; 20) estudos ambientais, licenças e impacto sociocomunitário; 21) custos operacionais e de capital; 22) análise econômica; 23) propriedades adjacentes; 24) dados e informações adicionais; 25) conclusões e interpretações; 26) recomendações; 27) referências.

Formalmente, um relatório de recursos e reservas deve conter uma página inicial em que serão incluídos o título do relatório técnico, a localização do projeto, os nomes e especificações dos responsáveis técnicos que participaram de sua elaboração, além da data efetiva do relatório.

O documento deve contar, ainda, com um índice de conteúdos, incluindo figuras, gráficos e tabelas, além de mapas, planos e seções divididas de maneira que seja possível distinguir aspectos importantes. Os mapas devem ser datados e incluir autor ou fonte de pesquisa, escala e indicação da direção norte. Todos os relatórios técnicos devem conter mapas detalhados ilustrando limites da propriedade, setores de mineralização, envolventes de zonas reconhecidas, estradas, outras propriedades adjacentes, anomalias geoquímicas/geofísicas, zonas de recursos, zonas de reservas, acessos e infraestrutura geral da área.

---

1 Comissão Qualificadora de Competências em Recursos e Reservas Minerais, entidade chilena encarregada de administrar o registro público de profissionais legalmente qualificados para atuar nas áreas de recursos e reservas minerais, zelando pelos regulamentos legais previstos pela legislação do país em relação às atividades compreendidas no processo de extração de recursos. (N. T.)

10.3.1 Resumo

Breve resumo das informações mais relevantes, incluindo descrições da propriedade, títulos de propriedade, geologia e mineralização, *status* da exploração, desenvolvimento e operações, recursos minerais e declaração de reservas, conclusões e recomendações do responsável técnico.

10.3.2 Introdução

Essa seção fornece detalhes sobre:

a) o emissor para o qual o relatório técnico está sendo preparado;

b) os termos de referência e propósitos segundo os quais o relatório técnico está sendo preparado;

c) as fontes de informação e os dados contidos no relatório técnico ou que foram utilizados em sua preparação (se necessário, incluir citações);

d) detalhes da visita à propriedade pelo técnico responsável envolvido ou, se for o caso, as razões pelas quais tal visita não pôde ser realizada.

10.3.3 Apoio de outros especialistas

O profissional qualificado responsável por preparar ou supervisionar um relatório técnico ou parte dele pode incluir uma anotação de responsabilidade limitada caso se baseie em um relatório, opinião ou declaração de outro especialista que não seja considerado qualificado ou em informações fornecidas pela companhia responsável pelo projeto sobre aspectos legais, políticos, ambientais ou tributários relevantes para o relatório, a respeito das quais o responsável técnico deve identificar: a) as fontes das informações; b) seções ou trechos dos relatórios aos quais se referem a anotação; c) a competência e qualificação do especialista nessa área em que não pode ser considerado apto para atuar como responsável técnico.

10.3.4 Descrição e localização da propriedade

Se possível, descrever:

a) a área da propriedade em hectares ou outras unidades;

b) a localização informada mediante um sistema geográfico de coordenadas facilmente reconhecível;

c) o tipo de propriedade mineira (direitos de propriedade, concessão, arrendamento etc.) e o nome e número de cada uma;

d) a natureza e extensão do título da propriedade ou do título de interesse nela, incluindo os direitos de superfície, acessos legais, obrigações que devem ser cumpridas para reter a propriedade e datas de expiração dos direitos de propriedade, licenças e outros direitos de posse dela;

e) os termos de *royalties*, direitos de devolução, pagamentos e outros acordos e encargos aos quais está sujeita a propriedade;

f) todos os passivos ambientais aos quais a propriedade está sujeita;

g) as permissões que devem ser adquiridas para dar prosseguimento ao trabalho proposto e se as autorizações foram obtidas;

h) qualquer fator de risco ou significativo que possa afetar o acesso, título, direito ou habilidade para iniciar o trabalho na propriedade.

10.3.5 Acessibilidade, clima, recursos locais, infraestrutura e fisiografia

Descrever: a topografia, a elevação e a vegetação; os meios de acesso à propriedade; a sua proximidade em relação a um núcleo populacional e a natureza dos transportes; levando em conta as informações pertinentes para o projeto de mineração, determinar o clima e a duração da temporada de funcionamento e, na medida do possível, o alcance dos direitos de superfície para as operações de lavra, a disponibilidade e as fontes de energia, água, pessoal, as possíveis áreas de armazenamento de rejeitos, as possíveis áreas de disposição de resíduos, áreas de plataforma de lixiviação em pilhas e o potencial dos locais da usina de processamento mineral.

10.3.6 Histórico

Na medida do possível, descrever:
a) a situação da propriedade antes das alterações de propriedade e posse;
b) o tipo, a quantidade e os resultados gerais da exploração e o desenvolvimento dos trabalhos realizados por diversos proprietários ou em operações anteriores;
c) qualquer recurso mineral histórico significativo e estimativas de reservas;
d) a capacidade de produção da propriedade.

10.3.7 Contexto geológico e mineralização

Nesse caso, deve-se descrever:
a) a geologia regional, local e da propriedade;
b) as zonas mineralizadas significativas encontradas na propriedade, incluindo um resumo dos tipos de rocha nas imediações e controles geológicos relevantes, assim como comprimento, largura, profundidade e continuidade da mineralização, junto a uma descrição do tipo, caráter e distribuição da mineralização.

Deve-se descrever, em especial, a geologia local do ambiente em que está situado o depósito. É importante distinguir entre os aspectos objetivamente observáveis e as interpretações derivadas dessas observações da geologia, indicando as variações que podem ser originadas por tais interpretações. Essa descrição deve incluir:
- litologia;
- estrutura;
- mineralização;
- alterações.

Deve-se acompanhar seções transversais, longitudinais e plantas para ilustrar dados e interpretações. A geologia, mineralogia e continuidade da mineralização devem ser compreendidas em uma escala geral e global.

10.3.8 Tipos de depósito

Descrever os tipos de depósito mineral em estudo ou em fase de exploração e o modelo geológico ou conceito aplicado na análise e de acordo com as bases sobre as quais o programa de exploração tenha sido planejado.

10.3.9 Exploração

Descrever brevemente a natureza e extensão dos trabalhos de exploração relevantes realizados fora da perfuração e conduzidos ou representados pela companhia, incluindo:

a) os procedimentos e parâmetros relacionados aos estudos e análises;

b) os métodos e a qualidade da amostragem, incluindo avaliações sobre a representatividade das amostras e qualquer fator que possa resultar em um desvio das amostras;

c) informações relevantes sobre a localização, número, tipo, natureza e espaçamento ou densidade das amostras obtidas e o tamanho da área coberta;

d) os resultados significativos obtidos e a interpretação das informações de exploração.

10.3.10 Sondagem e reconhecimento

Descrever:

a) o tipo e o alcance da sondagem, incluindo os procedimentos tomados e um resumo e interpretação dos resultados pertinentes;

b) qualquer sondagem, amostragem ou recuperação dos fatores que poderiam afetar materialmente a exatidão e a confiabilidade dos resultados;

c) para uma propriedade que não tenha trabalhos de exploração, a localização, o azimute e a profundidade de qualquer furo de sonda e os intervalos de amostras pertinentes;

d) a relação entre os intervalos de amostragem e a espessura real da mineralização, se conhecidos; se não conhecidos, descrever apenas a orientação da mineralização;

e) informar todos os intervalos de teores significativamente mais altos encontrados em intervalos de menor teor.

10.3.11 Preparação, análise e segurança das amostras

Compreende:

a) os métodos de preparação de amostras e as medidas de controle de qualidade aplicados antes do envio delas para um laboratório de análises ou testes; o método ou processo de separação da amostra e sua redução (tamanho e peso) e as medidas de segurança adotadas para garantir a validez e a integridade das amostras consideradas (amostras padrão, brancas e duplicadas);

b) as informações pertinentes relativas à preparação das amostras, ensaios e procedimentos analíticos utilizados, o nome e a localização dos laboratórios analíticos ou de testes, a relação do laboratório com o emissor e se os laboratórios estão devidamente certificados, incluindo os detalhes dessas certificações;

c) um resumo da natureza, extensão e resultados dos procedimentos de controle de qualidade empregados e as ações de controle de qualidade adotadas ou recomendadas a fim de fornecer a confiabilidade adequada ao levantamento e processamento de dados;

d) a opinião do responsável técnico sobre a adequação da preparação da amostra, a segurança e os procedimentos de análise.

10.3.12 Verificação de dados

Descrever as instruções estabelecidas pelo responsável técnico a fim de verificar os dados contidos no relatório, incluindo:

a) os procedimentos de verificação dos dados aplicados pelo responsável técnico;

b) qualquer limitação encontrada ou não realização dessa verificação e as razões pelas quais foram produzidas falhas ou limitações;

c) a opinião do responsável técnico a respeito da adequação dos dados aos aspectos apontados no relatório técnico.

10.3.13 Processamento de minérios e testes metalúrgicos

Caso tenha sido realizado o processamento dos minérios ou a análise de testes metalúrgicos, deve-se discutir:

a) a natureza e o alcance dos testes e os procedimentos analíticos, fornecendo um resumo dos resultados pertinentes;

b) a base de qualquer hipótese ou predições sobre as estimativas de recuperação;

c) se possível, o grau em que as amostras enviadas para análise química possam representar os diferentes tipos e estilos da mineralização e o depósito de minérios em seu conjunto;

d) se possível, qualquer fator de processamento ou elementos nocivos que possam causar um efeito significativo no potencial de extração econômica.

10.3.14 Estimativa de recursos minerais

Um relatório técnico deve:

a) fornecer uma análise necessária e suficiente das principais hipóteses, parâmetros e métodos utilizados para estimar os recursos minerais, de modo que sua leitura apresente claramente os procedimentos tomados para gerar essa estimativa;

b) fornecer todas as informações relevantes para a definição de recursos minerais (teores de corte, tonelagem de minério, teores médios, quantidade de metal, categorização). Explicitar o caso-base, o cenário preferencial do teor de corte, as tonelagens e os teores arredondados;

c) informar, no caso de considerar e reportar tonelagens – com dois ou mais elementos de valor (por exemplo, cobre e ouro, cobre e prata) – associadas somente a um dos elementos na forma de minério ou metal equivalente, os conteúdos individuais de cada metal ou minério e os preços dos metais respectivos, suas recuperações e qualquer outro fator de conversão pertinente utilizado para estimar o teor do metal ou do minério equivalente;

d) incluir uma discussão geral sobre o grau em que as estimativas de recursos minerais se veriam substancialmente afetadas por qualquer fator ambiental, de mercado ou político, licença, título, imposto, aspectos sociocomunitários ou qualquer outro fator relevante.

10.3.15 Declaração de reservas minerais

O relatório técnico tem o objetivo de apresentar as reservas minerais. Para tanto, deve-se:

a) discutir e detalhar as principais hipóteses, parâmetros e métodos utilizados nesse processo de maneira que um leitor relativamente informado seja capaz de entender como o responsável técnico converteu os recursos em reservas minerais;

b) fornecer todas as informações necessárias para definir as reservas minerais (teores de corte, tonelagem de minério, teores médios, quantidade de metal, categorização) e explicitar o caso-base, o cenário preferencial do teor de corte, as tonelagens e os teores arredondados;
c) informar, no caso de considerar e reportar tonelagens – com dois ou mais elementos de valor (por exemplo, cobre e ouro, cobre e prata) – associadas somente a um desses elementos na forma de minério ou metal equivalente, os conteúdos individuais de cada metal ou minério e os preços dos metais respectivos, suas recuperações e qualquer outro fator de conversão pertinente utilizado para estimar o teor do metal ou do minério equivalente;
d) discutir em que medida a declaração de reservas minerais poderia ser substancialmente afetada pelo processo de mineração, metalurgia, infraestrutura, licenças e outros fatores relevantes.

10.3.16 Métodos de lavra

Discutir os métodos de lavra atuais ou propostos e fornecer um resumo das informações pertinentes utilizadas para estabelecer os benefícios dos recursos ou reservas minerais a respeito dos métodos de lavra em questão. Quando possível, considerar:
a) parâmetros geotécnicos, hidrológicos e outros relacionados à mina, seus desenhos e planejamentos;
b) as taxas de produção, a vida útil esperada, as dimensões da unidade básica de lavra, a mineração e os fatores de diluição utilizados;
c) os requisitos de lavra subterrânea; a preparação da mina, o método, o enchimento, a fortificação;
d) frota de mineração requerida e equipamentos e maquinarias.

10.3.17 Métodos de tratamento

Análise das informações disponíveis relativas aos resultados de testes geometalúrgicos relacionados à recuperação metalúrgica dos elementos de valor e ao beneficiamento do minério com relação aos métodos de processamento propostos. Quando oportuno, considerar:
a) uma descrição ou diagrama de fluxo de qualquer usina de processo atual ou futura;
b) o desenho da usina e as características e especificações dos equipamentos;
c) os requisitos atuais ou projetados com relação à energia, à água e aos materiais de processo.

10.3.18 Projeto de infraestrutura

Nessa seção, deve-se fornecer um resumo da infraestrutura e das necessidades logísticas do projeto, incluindo, por exemplo, estradas, ferrovias, instalações portuárias, diques, aterros, pilhas de estéril, pilhas de lixiviação, disposição de rejeitos, energia e tubulações.

10.3.19 Estudos e contratos de comercialização

Nessa seção, deve-se:

a) fornecer um resumo das informações disponíveis sobre os mercados com relação à comercialização dos produtos da companhia, incluindo a natureza e as condições materiais dos produtos. Também é necessário discutir a natureza dos estudos e análises realizados pela companhia, incluindo os estudos de mercado correspondentes, as projeções de preços dos produtos básicos, a valoração de produtos, as estratégias de entrada no mercado ou os requisitos de especificação dos produtos. É importante ter certeza de que o responsável técnico revisou minuciosamente tais estudos e que os resultados apoiam as hipóteses apresentadas no relatório técnico;

b) identificar qualquer documento contratual que exija que a companhia seja responsável pelo desenvolvimento da propriedade ou do projeto, incluindo lavra, concentração, fundição, refino, transporte, venda e cobertura, além dos contratos ou acordos de vendas futuras. Também é necessário apresentar o *status* dos contratos já negociados e daqueles que ainda estejam em fase de negociação. No caso dos contratos já negociados, discutir se os termos, taxas ou encargos se encontram de acordo com aqueles praticados no setor.

10.3.20 Estudos ambientais, licenças e impacto sociocomunitário

Essa atividade deve garantir que todas as informações razoavelmente disponíveis a respeito do meio ambiente, das licenças e dos fatores sociocomunitários relacionados ao projeto estejam devidamente em dia. Para tanto, faz-se necessário considerar:

a) um resumo dos resultados de todos os estudos ambientais e a discussão das questões ambientais conhecidas que poderiam afetar materialmente a capacidade de extração dos recursos ou reservas minerais pela companhia;

b) os requisitos para o planejamento e disposição das pilhas de estéril, resíduos e rejeitos, a monitoração do local e a gestão da água durante as operações e após o encerramento da mina;

c) os requisitos de licenças e o *status* de qualquer solicitação de licenças, bem como outros requisitos conhecidos com relação ao desempenho ambiental;

d) uma análise dos possíveis requisitos e planejamentos sociais ou relacionados à comunidade para o projeto e a situação das negociações ou acordos firmados com as comunidades locais;

e) uma sumária explicação dos requisitos e custos para o encerramento de minas, a remediação e a recuperação.

10.3.21 Custos operacionais e de capital

Nesses casos, deve-se fornecer um resumo das estimativas de capital e custos de operação, incluindo os principais componentes, que devem ser dispostos em tabelas. Explicar e justificar a base das estimativas desses custos.

10.3.22 Análise econômica

Nessa seção, deve-se fornecer uma análise econômica para o projeto, incluindo:
- a) uma declaração objetiva das principais hipóteses e sua justificativa;
- b) as previsões dos fluxos anuais efetivos com base nas produções derivadas das reservas minerais e/ou dos recursos minerais de acordo com o calendário de produção anual durante a vida útil do projeto;
- c) uma explicação do VPL, da TIR e do período de amortização do capital com juros imputados ou reais;
- d) um resumo dos impostos, direitos e outros encargos governamentais ou interesses aplicáveis ao projeto de mineração ou à produção e aos retornos ou rendas procedentes do projeto;
- e) a sensibilidade ou outra análise por meio da utilização de variações de preços e de qualidade dos produtos básicos, dos custos operacionais e de capital ou de outros parâmetros significativos, analisando o impacto dos resultados.

10.3.23 Propriedades adjacentes

Um relatório técnico pode incluir informações pertinentes relacionadas a uma propriedade adjacente se:
- a) tais informações foram levadas a público pelo proprietário ou gestor da propriedade adjacente;
- b) as fontes das informações podem ser identificadas;
- c) o relatório estabelece que o responsável técnico não pôde verificar as informações e que estas não são necessariamente indicativas da existência de mineralização na propriedade estudada no relatório técnico;
- d) o relatório técnico apresenta distinções claras entre as informações da propriedade adjacente e as informações da propriedade estudada.

10.3.24 Dados e informações adicionais

Aqui pode ser incluída qualquer informação ou explicação necessária para que o relatório técnico se apresente da maneira mais clara possível.

10.3.25 Conclusões e interpretações

Nessa seção:
- a) são resumidos os resultados e interpretações pertinentes às informações e análises apresentadas no relatório;
- b) discutem-se os riscos e incertezas mais relevantes que poderiam possivelmente afetar a confiabilidade das informações de exploração, recursos e reservas minerais ou dos resultados econômicos;
- c) pode ser levada em conta qualquer repercussão razoavelmente previsível desses riscos e incertezas com relação às perspectivas de viabilidade econômica do projeto. Um relatório relativo às informações de explotação deve incluir as conclusões do responsável técnico.

10.3.26 Recomendações

Nessa seção, serão fornecidos os detalhes dos programas de trabalho recomendados e um desmembramento dos custos para cada programa. Caso sejam recomendadas sucessivas fases de trabalho, cada uma delas deve culminar em um ponto de decisão. As recomendações não devem ser aplicadas a mais de duas fases de trabalho e devem indicar se a passagem para uma fase posterior está sujeita aos resultados positivos obtidos na fase anterior.

Em alguns casos específicos, o responsável técnico pode não ter condições de apontar recomendações para o trabalho futuro. Em geral, essas situações estão limitadas às propriedades em fase de desenvolvimento ou de produção cujas atividades de exploração e estudos de engenharia estejam praticamente concluídos. Nesses casos, o responsável técnico deverá explicar os motivos pelos quais não estão sendo realizadas novas recomendações.

10.3.27 Referências

Aqui deve ser incluída uma relação detalhada de todas as referências citadas no relatório técnico.

Parte V

VALORAÇÃO DE RECURSOS
E RESERVAS

Alguns critérios gerais utilizados na indústria de mineração serão revisados e, posteriormente, complementados com algumas métricas de valor aplicadas à valoração de propriedades e empreendimentos minerais. Esse exercício se faz necessário, já que os conceitos de valoração, criação de valor e tributação de recursos e reservas minerais se movimentam em um contexto diferente do cenário de avaliação de projetos de mineração e, mais ainda, de avaliação de empreendimentos que não pertencem a essa área. Tal como a certificação de recursos e reservas, os critérios sobre tributação de ativos de mineração devem ser caracterizados pelos conceitos de materialidade, transparência e competência e devem também incorporar os 27 itens já descritos nos critérios sobre certificação.

As métricas de valoração de ativos minerais incluem a definição dos fundamentos em que são baseadas, de suas metodologias e de suas aplicações às propriedades exploradas, em desenvolvimento, em processo de produção etc.

A seguir, serão apresentadas breves descrições de um padrão internacional que diz respeito à tributação de propriedades (IVS) e de alguns outros padrões internacionais aplicados atualmente (CIMVal, VALMIN, SAMVAL e USMinval).

11.1 Padrões internacionais
11.1.1 International Valuation Standards Committee

O International Valuation Standards Committee (IVSC) é uma organização cujo objetivo é desenvolver um conjunto de padrões internacionais de avaliação (IVS) que, presume-se, serão adotados mundialmente. É afiliada à International Accounting Standards Board (IASB), uma iniciativa privada com sede em Londres dedicada ao desenvolvimento, no interesse público, de um conjunto simples de padrões contábeis globais de alta qualidade e inteiramente compreensíveis que necessitam de informações transparentes e comparáveis relacionadas a declarações financeiras. Com um conselho composto de 14 membros de diferentes nacionalidades, cada qual com direito a um voto para a tomada de decisões, a IASB colabora com órgãos nacionais contábeis com o objetivo de aproximar os padrões nacionais dos demais modelos utilizados ao redor do mundo.

Os IVS apresentam o mesmo formato que a maioria dos códigos internacionais (por exemplo, VALMIN, CIMVal, SAMVAL e USMinval). Assim, a consistência entre eles facilita a adaptação a qualquer código nacional, se é que os IVS chegarão a ser reconhecidos futuramente como padrão mundial.

11.1.2 CIMVal (Canadá)

O código CIMVal (Committee on Valuation of Mineral Properties) tem o objetivo de complementar o instrumento nacional 43-101 (código canadense de recursos e reservas minerais) para a valoração de propriedades mineiras. A Mining Standards Task Force (MSTF), da Bolsa de Valores de Toronto e da Comissão de Títulos Imobiliários de Ontário, em um relatório final datado de janeiro de 1999, recomendou especificamente que o Canadian Institute of Mining, Metallurgy and Petroleum (CIM) organizasse um comitê de especialistas em avaliações de recursos minerais que seriam responsáveis por revisar e elaborar recomendações sobre os critérios e métodos aplicados à tributação de propriedades de mineração.

Esses padrões e critérios estabelecidos pelo código CIMVal são importantes por garantir que a valoração de propriedades mineiras seja realizada por profissionais devidamente qualificados, de modo que todas as informações relevantes sejam apresentadas. O sistema está baseado nas melhores práticas da indústria, permitindo, em alguns casos, uma avaliação profissional. Com o intuito de se fazer ainda mais claro, a tributação no CIMVal concentra-se mais no valor de uma propriedade mineira do que em uma avaliação genérica cujo objetivo principal seja a análise econômica de uma propriedade.

O documento que apresenta os padrões e critérios do código CIMVal está organizado em duas partes. A primeira consiste nos padrões, que são regras obrigatórias de tributação das propriedades mineiras. A segunda parte trata dos critérios, que são elaborados com base nos padrões e, ainda que não apresentem regras obrigatórias, fornecem instruções e práticas recomendadas para o processo de avaliação das propriedades de mineração.

Conforme já indicado, o relatório final da MSTF recomendou ao CIM a realização de revisões e a elaboração de recomendações a respeito dos critérios para a valoração de propriedades mineiras. Essencialmente, conclui-se que os critérios e as metodologias utilizados na valoração devem ser selecionados pelo avaliador. Em outras palavras, a responsabilidade recai sobre o avaliador, que deve declarar as razões pelas quais optou por cada uma das metodologias aplicadas no processo de tributação.

11.1.3 VALMIN (Austrália)

O objetivo do código VALMIN é fornecer um conjunto de princípios fundamentais e recomendações relacionadas à boa prática profissional para dar apoio a todos os envolvidos na elaboração de um relatório de tributação independente e público solicitado para estimar e/ou valorizar um ativo mineral ou petroleiro, de maneira que o documento final transmita confiança, seja completo e compreensível, incluindo todas as informações solicitadas por investidores e assessores quando da tomada de decisões a respeito de investimentos.

O código foi criado com a colaboração de um comitê formado pelo Australasian Institute of Mining and Metallurgy (AusIMM), pelo Australian Institute of Geoscientists (AIG) e pela Mineral Industry Consultants Association (Mica), com a participação da Australian Securities and Investments Commission (Asic), da Bolsa de Valores da Austrália, do Minerals Council of Australia (MCA), da Petroleum Exploration Society of Australia (Pesa) e do Securities Institute of Australia (SIA), além de representantes do setor financeiro australiano. O comitê do VALMIN elaborou versões prévias desse código: a primeira foi publicada em 17 de fevereiro de 1995 (aplicada a partir de julho de 1995) e a segunda, em 22 de novembro de 1997 (aplicada a partir de abril de 1998).

Os elementos fundamentais desse código exigidos para a preparação de um relatório de tributação público e independente são a materialidade, a competência, a imparcialidade e a transparência.

Um relatório de tributação público e independente pode ser solicitado por corporações, por regulamentos da Bolsa de Valores Australiana ou outro órgão financeiro reconhecido ou para qualquer outro objetivo que possa envolver transparência, competência e imparcialidade.

11.1.4 SAMVAL (África do Sul)

O código sul-africano para a tributação de ativos de mineração (SAMVAL) estabelece padrões mínimos, recomendações e critérios para a tributação de ativos de mineração na África do Sul. Foi elaborado pelo comitê encarregado do código sul-africano para a tributação de ativos de mineração (SAMREC), que opera de acordo com normas estabelecidas pelo South African Institute of Mining and Metallurgy (SAIMM) e pela Geological Society of South Africa (GSSA).

O comitê SAMREC/SAMVAL inclui representantes do SAIMM, do South African Council for Natural Scientific Professions (SACNASP), da GSSA, da Geostatistical Association of Southern Africa (Gasa), do South African Council for Professional Land Surveyors and Technical Surveyors (Plato), da Bolsa de Valores de Joanesburgo (JSE), do Council for Geoscience, do South African Institute of Chartered Accountants (Saica) e da Chamber of Mines of South Africa (CoM).

O processo de estabelecimento do SAMVAL foi iniciado em um fórum aberto realizado em um colóquio organizado pelo SAIMM em março de 2002. Diversos documentos e artigos publicados sobre o tema foram apresentados para suscitar comentários e conclusões. Também foram estabelecidos contatos com o Australasian Institute of Mining and Metallurgy (AusIMM), o CIM, a IASB e o IVSC. O colóquio resultou no desenvolvimento do código SAMVAL, que incorporou os princípios dos códigos CIMVal, VALMIN e IVSC, além de ser consistente com as práticas internacionais de elaboração de relatórios e com outros códigos internacionais, padrões e critérios, operando de acordo com outros desenvolvimentos globais da área e reconhecendo a necessidade de especificações locais para cada país.

11.1.5 USMinval (Estados Unidos)

Nos Estados Unidos, o código utilizado para a avaliação técnica e econômica de propriedades mineiras com o intuito de produzir um relatório elaborado por especialista independente (código USMinval) é composto de duas partes, apresentando o código em si e as definições pertinentes.

As diferenças entre o USMinval e o Guia Industrial 7, do Securities and Exchange Commission (SEC), dizem respeito, por um lado, à aceitação (por parte do USMinval) ou proibição (por parte do Guia 7) do termo *recursos* e, por outro, à definição dos preços dos metais considerados em uma avaliação.

De acordo com o USMinval, o objetivo do especialista independente é coletar, interpretar e sintetizar informações materiais relacionadas às propriedades mineiras consideradas e apresentar com clareza e precisão as informações e opiniões do técnico responsável por preparar e emitir o relatório de tributação e dos profissionais que contribuíram com o especialista responsável por tal relatório.

O USMinval identifica os desvios que podem ser produzidos pelas variações derivadas de processos geológicos, metalúrgicos, geotécnicos, regulamentos ambientais, direitos superficiais, tendências tecnológicas, preços, taxas de intercâmbio, impostos e regimes de depreciações, inflação, estrutura de custos, taxas de juros, entre outros.

De acordo com as leis estaduais e federais de mercado nos Estados Unidos (por exemplo, seção 11 da Lei de Valores Imobiliários, de 1933), os técnicos e especialistas estão sujeitos a penas criminais e civis por incluir declarações que conduzam a confusões mal-intencionadas em um relatório técnico do USMinval ou por omitir informações materiais sobre o documento. Evidentemente, se a leitura do relatório suscitar dúvidas, o técnico responsável e os demais especialistas devem se apoiar em fundamentos que lhes permitam provar que as declarações foram devidamente organizadas com base nas informações disponíveis.

O USMinval exige que o analista possua pelo menos dez anos de especialização, competência, experiência em avaliação econômica e tributação, qualificações e reputação a fim de atribuir credibilidade e autoridade às declarações.

11.2 Valoração de propriedades mineiras

A entidade ou indivíduo que solicita a valoração de um ativo de mineração deve se fazer responsável por garantir que o profissional competente a cargo dessa valoração seja devidamente capacitado, qualificado e autorizado para realizar essa atividade. Além disso, os solicitantes da valoração e o analista encarregado devem estabelecer formalmente os termos de referência utilizados para executar a valoração e a posterior emissão do relatório. A solicitação de uma valoração deve considerar:

- as circunstâncias que envolvem a valoração;
- os objetivos da valoração;
- uma descrição exata dos ativos que serão avaliados;
- a data-limite para a emissão dos resultados dessa valoração;
- a existência de qualquer limitação associada às informações solicitadas pelo profissional competente;
- a permissão para a colaboração de outros especialistas e profissionais qualificados, bem como a natureza da responsabilidade atribuída ao especialista encarregado da valoração.

11.2.1 O avaliador qualificado

Com o objetivo de satisfazer os requisitos exigidos pelos padrões internacionais, um relatório de valoração deve levar em conta os aspectos apresentados a seguir:

- A documentação em que são registrados as estimativas e os relatórios que serviram de base para um relatório público deve ser preparada, organizada e assinada por um avaliador qualificado.
- O avaliador qualificado é responsável pela avaliação dos ativos de mineração e pela preparação do relatório de valoração desses ativos. Ele pode ser assistido por outros profissionais técnicos para conduzir diversas atividades associadas à valoração dos ativos e à elaboração do relatório correspondente.
- Os profissionais convocados para assinar o relatório de valoração na qualidade de avaliadores qualificados, além de certificarem-se de que aplicaram adequadamente suas capacidades, devem estar cientes de que podem ser procurados para declarar e demonstrar sua competência na aplicação dos critérios de valoração e das metodologias envolvidas.

- O avaliador qualificado responsável pelo relatório deverá fazer uma visita à propriedade avaliada. Caso não seja possível realizá-la, as razões devem ser muito bem explicadas.
- O relatório de valoração deve declarar o valor estimado pelo avaliador qualificado e uma série de valores relacionados com o objetivo de refletir a incerteza e a natureza subjetiva do processo de valoração. Caso as informações estejam resumidas em apenas um valor, faz-se necessário justificar a seleção desse valor único. A validação de todas essas declarações deve estar acompanhada de um sólido respaldo.

11.2.2 O relatório de valoração de ativos

O relatório de valoração de ativos de mineração deve ser composto pelos seguintes elementos:

- Resumo executivo fornecendo uma breve descrição dos termos de referência, alcance do trabalho, datas da tributação, localização da propriedade mineira, geologia e mineralização, histórico de exploração e produção, *status* atual, potencial de exploração e/ou projeção da produção, recursos e reservas minerais, instalações de produção (se existirem), considerações de cunho ambiental, licenças, critérios e métodos de tributação, a tributação propriamente dita e conclusões.
- Introdução e alcance, explicitando as instruções recebidas para realizar a valoração, incluindo uma referência à nota de convocação para a realização do trabalho, a data, o propósito e a intenção de uso do relatório de valoração. O avaliador qualificado deve declarar qualquer interesse pelo ativo de mineração, bem como pela companhia que solicitou o relatório. Fornecer os tipos de definições utilizadas no relatório.
- Alcance do trabalho realizado. Descrever as informações revisadas ou que serviram de referência para a elaboração do relatório, além de suas fontes. Relatar os passos estabelecidos para garantir a confiabilidade das informações usadas. Descrever a verificação ou validação dos dados empregados. Incluir o nome do avaliador qualificado responsável pelo reconhecimento de campo, a data da visita e os aspectos que foram examinados ou, ainda, explicar por quais motivos a visita não pôde ser realizada. Especificar se os dados são confidenciais e por quais razões. Expor qualquer limitação ou restrição no alcance do trabalho, bem como as instruções especiais que serão seguidas pelo avaliador qualificado e como estas podem ter, de alguma forma, afetado a confiabilidade da valoração obtida.
- Cumprimento dos padrões internacionais. Determinar em que aspectos a tributação se apresenta inconsistente com relação aos critérios internacionais, expressar e explicar tais inconsistências ou desvios e suas razões.
- Localização da propriedade, acessos e infraestrutura. Fornecer uma descrição detalhada da localização e o mapa do lugar e seus acessos, indicando as distâncias até os grandes centros. Descrever as disponibilidades de infraestrutura, como caminhos, ferrovias, portos, aeroportos, energia, água, dutos, centros de trabalho, abastecimento e serviços. Realizar um resumo de outros temas relevantes, como lugares de atividades especiais, frequência de ocorrências sísmicas ou de outra natureza, cabos de eletricidade e acumulação de rejeitos.

- A identidade dos proprietários do ativo, os direitos da propriedade ou as ações que serão valorizadas, isto é, as características físicas, legais e econômicas da propriedade. Incluir *status* e acordos.
- Histórico das atividades realizadas na propriedade, resultados e operações concluídas até a data atual. Fornecer a cronologia dos programas prévios de exploração, incluindo os métodos empregados e os resultados, bem como a qualidade dos trabalhos e da propriedade no decorrer desses trabalhos. Tabelar as estimativas dos recursos e reservas minerais (se relevante) junto à fonte e à qualidade dos estimadores e o histórico de produção demonstrando as tonelagens e teores anuais. Estabelecer uma reconciliação entre as reservas e os dados de produção na medida do possível. Se relevante, fornecer informações similares em relação a outras propriedades localizadas no distrito.
- Ambiente geológico e mineralização. Descrever a geologia e a mineralização regional e, detalhadamente, a geologia e a mineralização da propriedade, bem como as rochas encaixantes e os controles geológicos relevantes. Fornecer a geometria, as dimensões, o tipo, o caráter, a continuidade e a distribuição das zonas mineralizadas. Esquematizar o julgamento atual a respeito das fontes e controles da mineralização, bem como os modelos e conceitos aplicados à exploração. Se relevante, expor informações similares acerca das propriedades adjacentes. Fornecer mapas geológicos regionais e da propriedade ilustrando a mineralização e outros dados relevantes.
- Dados de exploração. Descrever os trabalhos recentes de exploração realizados na propriedade e discutir os resultados, sua interpretação e importância. Discorrer sobre a qualidade e a confiabilidade do trabalho e dos dados de exploração. Fornecer opiniões sobre o potencial de exploração para a existência e a descoberta de mineralização econômica na propriedade. Caso seja indicada a presença de um depósito mineral significativo, fornecer uma avaliação do potencial por alguma mineralização adicional. Descrever qualquer limitação que afete possíveis êxitos, como disputas legais, julgamentos de direitos de propriedade, licenças ou impedimentos físicos para uma efetiva exploração.

11.2.3 Critérios de informação e elaboração do relatório técnico

O objetivo desta seção é explicitar os dados e parâmetros geológicos, minerais e metalúrgicos solicitados para a identificação do potencial e dos riscos apresentados por um depósito no desenvolvimento de um estudo mineral, a fim de estabelecer sua compatibilidade estratégica e econômica com uma carteira de negócios. Se a oportunidade de investimentos garantir a passagem para uma etapa mais complexa, o estudo deve identificar as alternativas que deverão ser avaliadas nessa fase posterior.

11.2.4 Alcance

O alcance do estudo deve cobrir:
- o potencial do ativo associado com o prospecto mineral;
- a caracterização desse ativo, incluindo potencialidades e oportunidades que deverão ser estudadas em uma fase posterior;
- as alavancas mais significativas de criação de valor, bem como qualquer falha potencial;

- a grandeza dos custos operacionais e de capital estimados e associados com o ativo;
- os temas técnicos que necessitam de investigação mais detalhada, como estudos geológicos ou testes metalúrgicos adicionais;
- os custos e o tempo demandados para realizar e, eventualmente, concluir a próxima fase do projeto;
- os recursos e serviços demandados para a realização de trabalhos adicionais que sejam necessários para o andamento do projeto.

11.2.5 Organização da equipe de estudos

Antes de iniciar qualquer fase do projeto, o coordenador do estudo deve:
- formar uma equipe que represente o proprietário a fim de dirigir e gerenciar o estudo, garantindo que as habilidades necessárias estejam presentes em sua realização;
- estabelecer a metodologia de contratos, os critérios de seleção e o alcance dos trabalhos que deverão ser realizados por terceiros e consultores externos;
- atribuir o escopo e as responsabilidades dos líderes de equipe do proprietário;
- estabelecer mecanismos de controle, de monitoração e dos relatórios de desenvolvimento do estudo;
- acordar o formato, a frequência e a circulação dos relatórios de desenvolvimento com as instâncias corporativas superiores;
- garantir que cada atividade do estudo seja regida de acordo com o mais alto padrão de qualidade.

11.2.6 O relatório

A equipe que representa o proprietário deverá preparar o relatório da fase respectiva com o objetivo de apresentar os resultados do estudo e informar as principais demandas associadas a esse guia.

O relatório deve incluir um resumo executivo compreendendo os 23 temas apresentados a seguir.

Introdução
Fornecer um resumo do projeto incluindo os maiores benefícios econômicos, os riscos sobressalentes e os próximos passos.

Recomendações
Recomendar ou desaconselhar o uso de fundos adicionais com o objetivo de salientar a oportunidade de negócio e os riscos potenciais que se apresentam nesse processo.

A recomendação pode incluir a permanência na fase atual do projeto ou a mudança para a próxima fase. Devem ser apresentados os cenários alternativos que serão estudados durante a nova fase.

Apoio de outros especialistas
Identificar qualquer profissional que participe dos estudos e análises realizados, bem como qualquer outro documento ou fonte utilizada na preparação de um relatório. Essas informações devem ser claras e completas.

Localização e descrição da propriedade

Breve resumo da localização e descrição da propriedade. Especificar coordenadas, distâncias, propriedades adjacentes, quantidade e lista de concessões com identificação.

Acessibilidade, clima, recursos locais, infraestrutura e fisiografia da propriedade

Fornecer um resumo dos acessos à propriedade, caminhos, vias, disponibilidade de água e de energia elétrica, existência de portos, aeródromos, presença de comunidades locais, além de especificação de flora e fauna do entorno.

Histórico de exploração

Resumir o histórico das explorações realizadas no depósito e informar quem foram os responsáveis pelo início dos primeiros estudos, pela continuação e pela conclusão dos últimos trabalhos. Fornecer datas e técnicas ou critérios utilizados. Descrever interpretações e estimativas realizadas no decorrer do tempo. Comparar resultados.

Sítio geológico e mineralização

Descrever a geologia local do ambiente em que está localizado o depósito. Estabelecer distinções entre os aspectos observados objetivamente e as interpretações derivadas dessas observações, indicando as variações que podem resultar de tais interpretações. Essa descrição deve incluir:

- litologia;
- estrutura;
- mineralização;
- alterações.

Acompanhar seções transversais, longitudinais e plantas para ilustrar dados e interpretações. A geologia, a mineralogia e a continuidade da mineralização devem ser compreendidas em uma escala geral e global.

Tipo de depósito

Descrever a forma, o tamanho, a inclinação e a orientação das principais estruturas, o tipo de continuidade da mineralização e qualquer atributo que suscite interesse.

Exploração

Fornecer informações sobre os trabalhos de exploração: trincheiras, poços, sondagens (diamantada, circulação reversa), configuração da malha, número de sondagens, profundidades, recuperação e tipo de armazenamento de testemunhos, ordenamento, transferência de informações.

Sondagem

Incluir as interpretações geológicas (litológica, estrutural e mineralógica) e hidrológicas, geofísicas e geotécnicas.

Descrever os tipos de sondagem e os métodos de amostragem, incluindo considerações sobre a justificativa do método utilizado; a posição das sondagens; os métodos de amostragem, os comprimentos e a recuperação.

Também identificar o método utilizado para a determinação da densidade in situ, a densidade seca e úmida, a umidade e a porosidade, entre outros; o armazenamento de amostras residuais; o controle de posicionamento das sondagens, a inclinação, a organização de dados e o armazenamento, os procedimentos de auditoria e segurança.

Preparação, análise e segurança de amostras

Especificar:

a] os métodos de preparação de amostras e as medidas de controle de qualidade aplicadas antes do envio das amostras para um laboratório de análises ou testes, o método ou processo de separação das amostras e redução, bem como as medidas de segurança adotadas para garantir a validade e a integridade das amostras consideradas;

b] as informações pertinentes relativas à preparação de amostras, ensaios e procedimentos de análise utilizados, o nome e a localização dos laboratórios analíticos ou de testes, a relação do laboratório com o emissor do relatório e se os laboratórios estão devidamente certificados (fornecer detalhes das certificações);

c] um resumo da natureza, da extensão e dos resultados dos procedimentos de controle de qualidade empregados e as ações de controle de qualidade adotadas ou recomendadas com o objetivo de obter a confiabilidade adequada na coleta e no processamento de dados;

d] a opinião do autor a respeito da adequação da preparação da amostra, da segurança e dos procedimentos de análise.

Verificação de dados

Descrever as etapas de verificação dos dados apresentados no relatório técnico, incluindo:

a] os procedimentos de verificação de dados utilizados pelo técnico responsável;

b] qualquer limitação ou não realização dessa verificação e as razões pelas quais existem tais falhas ou limitações;

c] a opinião do responsável técnico a respeito da adequação dos dados aos procedimentos utilizados na elaboração do relatório técnico.

Processamento de minérios e testes metalúrgicos

A caracterização metalúrgica deve incluir:

- referências e lista das amostras metalúrgicas disponíveis (isto é, testemunhos);
- análise metalúrgica, espécies de minérios, tamanho dos grãos, textura;
- mineralogia da ganga, espécies, tamanho dos grãos, textura;
- química dos minérios presentes, incluindo a identificação de elementos deletérios ou insignificantes;
- química dos tipos de rocha e estéril.

A maioria dessas caracterizações pode ser adquirida por meio de observações iniciais da área.

Estimativa de recursos

Descrever os métodos de estimativa dos recursos *in situ* e incluir um resumo das decisões tomadas a respeito dos critérios utilizados. A análise de dados de exploração inclui a análise de dados coletados por unidades geometalúrgicas, justificando a identificação destas; a análise estatística por variável e a análise geoestatística. Os modelos utilizados para a estimativa devem conter todas as informações disponíveis que eventualmente poderiam afetar a estimativa, a extração, o processo, o meio ambiente e a comercialização. Nessa fase, deve-se estimar globalmente o recurso considerando a continuidade esperada das principais variáveis e características do depósito. A variabilidade espacial pode ser assumida, desde que seja amplamente justificada. Os modelos alternativos (se existirem) devem ser identificados e documentados. Tonelagens e teores podem ser considerados inferidos até a fase de perfil (diagnóstico). O restante deve ser qualificado como recurso indicado/medido. Essas classificações devem ser confirmadas por um profissional qualificado. O modelo de blocos inclui a litologia, a seleção do tamanho e forma do bloco, a análise geoestatística por unidade geometalúrgica; o modelo de teores; o modelo de densidade; a validação. Determinar tonelagens e teores para diferentes teores de corte; comparar as primeiras estimativas (explorações ou outras) com a atual; estabelecer inventários com teores de corte e categorizações.

Declaração de reservas

Um relatório técnico que apresenta a análise de reservas minerais deve discutir e expor os principais pressupostos e métodos utilizados para que um leitor razoavelmente informado seja capaz de compreender de que maneira o responsável técnico converteu recursos em reservas minerais; informar, quando o teor de uma reserva mineral se expressa como metal ou minério equivalente, a qualificação individual de cada metal ou minério e os preços dos metais, as recuperações e qualquer outro fator de conversão pertinente utilizado para estimar o metal ou o minério equivalente e discutir a influência dos fatores de modificação (desenho e planejamento da lavra, metalurgia, infraestrutura, licenças e outros fatores relevantes).

Métodos de mineração

Discutir os métodos de extração atuais ou propostos e fornecer um resumo das informações pertinentes utilizadas para adequar os recursos ou reservas aos métodos de explotação mineral propostos. Considerar e, quando oportuno, estudar:
- a] o impacto nos resultados obtidos dos parâmetros geotécnicos, hidrológicos e outros relacionados ao desenho e aos planejamentos da lavra de mineração;
- b] as taxas de produção, a vida útil esperada, as dimensões da unidade de mineração, a mineração e os fatores de diluição utilizados;
- c] os requisitos de extração, explotação subterrânea, o enchimento;
- d] a frota requisitada e a maquinaria.

Descrever o regime das águas superficiais que podem ser encontradas no interior do depósito, incluindo uma descrição geral dos possíveis aquíferos, do nível das águas, da provável porosidade e permeabilidade, além de uma avaliação sobre o potencial impacto na explotação do depósito. Nesse caso, também devem ser considerados os riscos que supostamente poderiam afetar a explotação.

Demandas de recursos hídricos para a realização dos processos de explotação e beneficiamento devem ser identificadas. Documentar, também, as opções e a execução de testes eventuais.

Método de extração metalúrgica

Analisar as informações fornecidas pelos resultados de testes ou de explotação relacionados à recuperação do metal ou metais de valor ou matéria-prima e o benefício da mineralização a respeito dos métodos de processamento propostos. Considerar e, se oportuno, fornecer:

a] uma descrição ou diagrama de fluxos de qualquer usina de processo atual ou em planejamento;
b] o desenho da usina e as características e especificações dos equipamentos;
c] as demandas atuais ou projetadas relacionadas à energia, à água e aos materiais de processo.

Infraestrutura

Fornecer um resumo da infraestrutura e das necessidades logísticas do projeto, que poderia incluir estradas, ferrovias, instalações portuárias, diques, aterros, estoques, pilhas de lixiviação, disposição de rejeitos, a energia e as tubulações.

Estudo de mercados e contratos

a] Fornecer um resumo das informações disponíveis relativas aos mercados de atuação da companhia, incluindo a natureza e as condições materiais do caso e as relações de agência. Discutir a natureza dos estudos e análises realizados pela companhia, incluindo os estudos de mercado correspondentes, as projeções de preço dos produtos básicos, a valoração de produtos, as estratégias de entrada no mercado ou os requisitos de especificação do produto. Confirmar que esses estudos e análises foram revisados pelo responsável técnico e que os resultados condizem com as hipóteses apresentadas no relatório.

b] Identificar qualquer contrato relativo à companhia que possa ser solicitado para o desenvolvimento da propriedade, incluindo a mineração, a concentração, a fundição, o refino, o transporte, a manipulação, a venda e a cobertura, além dos contratos de acordos de venda futura. *Status* dos contratos já estabelecidos e daqueles que ainda estejam em fase de negociação. No caso dos contratos já estabelecidos, comentar se os termos, taxas ou encargos estão incluídos no *benchmark* do setor.

Estudos ambientais, licenças e impactos sociocomunitários

Analisar as informações disponíveis a respeito das questões ambientais, licenças e fatores sociocomunitários relacionados ao projeto. Considerar e, quando oportuno, fornecer:

a] um resumo dos resultados de todos os estudos ambientais, incluindo discussões sobre os aspectos que poderiam afetar materialmente a capacidade de extração dos recursos ou reservas minerais por parte do emissor;

b) os requisitos e planos para a disposição de resíduos e rejeitos, a monitoração do local e a gestão da água tanto durante as operações quanto no posterior encerramento das minas;

c) as demandas de licenças e o *status* de qualquer solicitação de licenças, bem como os requisitos necessários para a obtenção dos resultados de desempenho ou de recuperação;

d) uma análise dos possíveis planos sociais ou relacionados com a comunidade e a situação das negociações ou acordos realizados com a população local;

e) uma explicação a respeito do encerramento da mina, suas demandas e custos (de remediação e recuperação).

Custos operacionais e de capital

Fornecer um resumo das estimativas de custos operacionais e de capital, apresentando os principais elementos em tabelas. Explicar e justificar a base das estimativas de custos.

Análise econômica

Fornecer uma análise econômica para o projeto incluindo:

a) declaração clara e justificada das principais hipóteses;

b) os fluxos de caixa anuais efetivos baseados nas produções minerais e no calendário de produção anual durante a vida útil do projeto;

c) uma explicação do VPL, da TIR e do período de amortização do capital com juros nominais ou reais;

d) um resumo dos impostos, direitos e outros encargos governamentais ou interesses aplicáveis ao projeto de mineração ou à produção e aos retornos ou rendas resultantes do projeto;

e) a sensibilidade ou outra análise por meio da aplicação de variantes de custos de operação e de capital, de preços dos insumos básicos, de qualidade ou de outros parâmetros significativos, analisando o impacto nos resultados.

Identificar e custear os trabalhos geológicos, de reconhecimento e de estimativa adicionais que deverão ser realizados para uma boa sustentação da próxima fase de engenharia. Avaliar as melhorias que precisarão ser obtidas.

Propriedades adjacentes

Um relatório técnico pode incluir informações pertinentes relativas a uma propriedade adjacente se:

a) tais informações foram levadas a público pelo proprietário ou gestor da propriedade adjacente;

b) são identificadas as fontes das informações;

c) o relatório técnico estabelece que o responsável técnico não pôde verificar as informações e que estas não são necessariamente indicativas de presença de mineralização na propriedade que representa o objeto central do documento;

d) o relatório técnico faz claras distinções entre as informações da propriedade adjacente e as informações da propriedade estudada.

11.3 Critérios para a tributação de propriedades mineiras

Serão revisados seis critérios geralmente admitidos para a tributação de propriedades mineiras (Quadro 11.1):
- capitalização de fluxos em ambientes de certezas;
- capitalização de fluxos em ambientes de incertezas;
- valorização de fluxos descontados no decorrer do tempo;
- valorização de fluxos descontados no decorrer do tempo e sujeitos a riscos;
- gastos acumulados;
- transações internacionais;
- o método geocientífico de Kilburn.

Quadro 11.1 Critérios de tributação de acordo com o tipo de propriedade

Critérios de tributação	Propriedade em exploração	Propriedade em desenvolvimento	Propriedade em produção	Propriedade abandonada	Propriedade esgotada
Capitalização de fluxos (certezas)	Não	Sim	Sim	Sim	Não
Capitalização de fluxos (incertezas)	Sim	Sim	Sim	Sim	Sim
Valorização de fluxos descontados	Não	Não	Sim	Sim	Sim
Valorização de fluxos descontados e sujeitos a riscos	Sim	Sim	Sim	Não	Não
Gastos acumulados	Sim	Sim	Não	Não	Não
Transações internacionais	Sim	Sim	Sim	Sim	Sim
Método geocientífico	Sim	Não	Não	Não	Não

A seguir, serão apresentadas breves descrições desses critérios, incluindo as metodologias utilizadas para a tributação de propriedades na indústria mineral aplicáveis a cada um dos critérios.

11.3.1 Capitalização de fluxos em ambientes de certezas

Também conhecido como *modelo do fluxo de caixa descontado* (em inglês, *discounted cash flow*, DCF), esse critério é baseado no princípio do valor presente de benefícios futuros. Com base nesse critério, foram desenvolvidas diversas aproximações.

Fluxo de caixa descontado (DCF)

Geralmente, o método do DCF, que pode apresentar algumas variantes, conforme será apresentado a seguir, desconta os fluxos de caixa líquidos ao longo de toda a vida útil do empreendimento mineral (mina, usina ou outro ativo de mineração), complementando-se com o valor residual remanescente do projeto ao término de sua vida útil.

O método é baseado no princípio de que, para cada investimento inicial associado a uma oportunidade de negócio, o investidor considera os fluxos de caixa futuros a fim de adiantar um retorno mínimo sobre uma taxa de desconto mínima aceitável aplicada ao investimento. A taxa mínima indica que, se os resultados obtidos a essa taxa não satisfazem as condições impostas pelo investidor, a decisão de investir nessa oportunidade será descartada. Por outro lado, se os resultados satisfazem essas condições, a taxa indica que existe uma probabilidade de alcançar retornos mínimos. Os dados utilizados como entrada devem ser validados em nível de pré-viabilidade ou em estudos de bancabilidade.

O VPL do projeto baseado na técnica do DCF é dado por:

$$VPL = \sum_{t=1}^{N}[Cf_t/(1+rr)]^t - Ic \tag{11.1}$$

em que:

$\sum^{t=1,N}$ = somatória de $t = 1$ a $t = N$;

Cf_t = fluxos de caixa em termos reais no ano t;

t = período de ocorrência desses fluxos de caixa;

rr = taxa de desconto real ajustada por risco;

Ic = valor presente do investimento.

Dados de entrada

A valoração de empreendimentos minerais mediante a capitalização do modelo de fluxos de caixa descontados inclui os fluxos de caixa estimados com antecipação e o respaldo dos critérios utilizados pelo avaliador com o objetivo de obter esses valores. Assim, para cada ano, são dados:

1] a tonelagem e os teores *in situ* extraídos da mina e enviados para a usina;
2] a tonelagem e os teores diluídos em relação a tonelagens e teores *in situ*;
3] os fatores de recuperação que demonstrem os teores finais da usina;
4] os retornos anuais por unidade de produto final;
5] os custos relacionados à mina, à usina, à fundição, à refinaria, à comercialização e ao meio ambiente, assim como outros custos por unidade (ou seja, por tonelada, por unidade recuperada) e o total anual;
6] os custos de capital desagregados do inicial, de reposição e permanentes;
7] o valor residual dos ativos de mineração menos os compromissos, incluindo os compromissos ambientais ao término da vida do projeto ou empreendimento;
8] os impostos, os *royalties* e outros encargos similares, com o fornecimento de detalhes concretos de acordo com a necessidade;
9] os benefícios ou prejuízos decorrentes de ganhos de capital;
10] os custos financeiros e juros esperados;
11] as mudanças no capital de giro e suas implicações nos fluxos de caixa;
12] os fundos desmembrados em capital próprio, dívidas e recursos internos;
13] os pagamentos de empréstimos e dívidas;
14] o fluxo de caixa líquido final para cada ano;
15] a série de taxas de desconto reais ou nominais utilizadas para descontar os fluxos de caixa livres por ano e os consequentes valores atuais líquidos;
16] o valor presente por unidade de produto, com a finalidade de estabelecer uma valorização final comparativa;
17] as mudanças na taxa de intercâmbio e na taxa de desconto e outros fatores relevantes, como a taxa de inflação e taxas de *scale-up* e *scale-down*.

Depois de calculados todos os fluxos anuais no interior de uma série de vários anos, a valoração consiste simplesmente em determinar o VPL de todos eles e estabelecer a sua somatória (Tab. 11.1).

Tab. 11.1 Valoração de um empreendimento mineral

Ano	Fluxo de caixa	Fatores de desconto				VPL
0	−500	×	$(1+0{,}08)^{0}$	=	−500 × 1	−500
1	+200	×	$(1+0{,}08)^{-1}$	=	200 × 0,9259	+185,18
2	+200	×	$(1+0{,}08)^{-2}$	=	200 × 0,8573	+171,46
3	+200	×	$(1+0{,}08)^{-3}$	=	200 × 0,7938	+158,76
					VPL =	+15,40

A taxa de desconto

Naturalmente, todas as variáveis identificadas na seção anterior estão sujeitas a incertezas que impactam economicamente o projeto, configurando o risco associado ao seu desenvolvimento, que se traduz por uma taxa de desconto. Nessas circunstâncias, a taxa de desconto contém todos os componentes de risco que podem causar impactos no projeto com base em apenas um valor, que, por sua vez, é utilizado para atualizar todos os fluxos de caixa estimados antecipadamente. Assim, um projeto que apresente altos riscos em termos de custos, programas de produção, qualidades e preços pode apresentar uma alta taxa de desconto; da mesma forma, um projeto seguro cujos dados foram validados implicará uma taxa de desconto baixa.

No entanto, a acumulação de todas as incertezas em uma taxa de desconto sem conhecer suas reais consequências parece não ser a alternativa mais adequada, já que:

1] algumas incertezas são bastante limitadas quando um responsável técnico esteve por trás da definição do projeto e de seus principais parâmetros;

2] existem incertezas, como o preço dos metais na valorização de um projeto, que causam impactos mais significativos que outras no valor de um projeto. Logo, assumir que qualquer incerteza poderá ser anulada com a existência de uma taxa de desconto alta não parece ser um bom critério.

Para evitar essas debilidades e insuficiências do critério do VPL, foi inventada a técnica de opções reais, que será mais bem explorada posteriormente.

O cálculo de uma taxa de desconto não é subjetivo. Na área das teorias financeiras, uma taxa normalmente depende de dois fatores:

1] a taxa livre de risco em longo prazo (por exemplo, um título governamental);

2] um prêmio à taxa livre de risco em longo prazo, o qual depende do risco de mercado, do risco técnico-econômico e do risco em nível nacional.

Muitas vezes, os impactos de uma determinada variável nos resultados do empreendimento podem ser analisados por meio da simulação descrita a seguir.

As taxas livres de risco são geralmente cotadas em termos nominais, de modo que a taxa de inflação deve ser reduzida dos retornos (em porcentagem) com o objetivo de obter taxas livres de riscos reais.

Se todo fundo de investimento constitui capital próprio, será necessário considerar apenas o custo desse capital. Esse cenário deu origem ao modelo de avaliação de ativos de capital (*capital asset pricing model*, CAPM), que considera que o retorno, r_e, sobre o qual está fundamentado o empreendimento pode ter relação com a taxa que representa esse mercado em qualquer momento, $R\beta$:

$$re = f + R\beta \tag{11.2}$$

em que:

re = retorno esperado do empreendimento;

f = taxa livre de risco;

R = prêmio concedido à taxa de risco do mercado relativo à taxa livre de risco em longo prazo;

β = fator beta do empreendimento (coeficiente do risco sistemático do mercado).

O custo médio ponderado de capital (weighted average cost of capital, WACC)

É possível determinar uma taxa de desconto aplicável a um empreendimento específico com base nas expectativas da indústria a respeito de uma TIR e dos fatores de risco que a influenciam. O custo de capital corporativo é proposto no âmbito financeiro para determinar uma taxa de desconto corporativo. Esse custo de capital representa o custo médio ponderado de capital, que é dado por:

$$rWACC = re \cdot pe + rd \cdot pd + rp \cdot pp \tag{11.3}$$

em que:

$rWACC$ = custo médio ponderado de capital;

re, rd, rp = custo relativo ao capital próprio, à dívida (depois de aplicadas as taxas de impostos) e às ações preferenciais (%);

pe, pd, pp = proporção de capital próprio, dívida (depois de aplicadas as taxas de impostos) e ações preferenciais do total do capital corporativo, que somam 1,00 (isto é, $pe + pd + pp = 1{,}00$) (%).

Variantes utilizadas no critério de capitalização de fluxos de caixa
Análise de sensibilidade

A fim de estabelecer a solidez do valor determinado, costuma-se variar um dos dados básicos de entrada com o objetivo de simular o efeito produzido em um resultado previamente calculado. Assim, é possível determinar quanto o valor desse dado básico pode afetar o VPL do empreendimento. Por exemplo, se o dado selecionado refere-se ao teor ou à tonelagem, seria interessante variar esses parâmetros em 5% ou 10% ou outra porcentagem com o objetivo de prever os efeitos produzidos no VPL previamente calculado.

Exemplo

Considerando um VPL esperado (Tab. 11.2), cada parâmetro pode ser considerado individualmente com o objetivo de prever os efeitos de sua variação nesse valor. Os resultados são apresentados na Tab. 11.3.

-Investimento

Qual deve ser o investimento inicial máximo para obter um VPL igual a zero?

$$X + 500 \cdot FA(3; 10\%) = 0$$
$$X = 500 \cdot FA(3; 10\%) = 1.243 \text{ UF}$$

Tab. 11.2 VPL esperado

	Ano 0	Ano 1	Ano 2	Ano 3
Investimento	−1.000			
Retornos		2.500	2.500	2.500
Custos		−2.000	−2.000	−2.000
Fluxo anual	−1.000	500	500	500
VPL esperado = −1.000 + 500 · FA(3; 10%) = +243				

Observação: *FA* = fator de atualização de tabelas financeiras (Cap. 1).

em que:

UF = unidade monetária chilena equivalente a 39 US$.

O investimento inicial máximo deve ser de 1.243 UF.

-Vida útil

Qual deve ser a vida útil mínima para obter um VPL igual a zero?

$$1.000 + 500 \cdot FA(X; 10\%) = 0$$

A vida útil mínima deve estar compreendida entre dois e três anos:

$$X = 2 + [132(3 - 2)/(243 + 132)] = 2{,}35 \text{ anos}$$

-Retorno

Qual deve ser o retorno anual mínimo para obter um VPL igual a zero?

$$1.000 + X \times FA(3; 10\%) - 2.000 \times FA(3; 10\%) = 0$$
$$X = [1.000 + 2.000 \times FA(3; 10\%)]/FA(3; 10\%) = 2.402 \text{ UF}$$

O retorno anual pode decair até 2.402 UF.

-Custo

Qual deve ser o custo máximo para obter um VPL igual a zero?

$$1.000 + 2.500 \cdot FA(3; 10\%) - X \cdot FA(3; 10\%) = 0$$
$$X = [-1.000 + 2.500 \cdot FA(3; 10\%)]/FA(3; 10\%) = 2.098 \text{ UF}$$

Os custos não podem ultrapassar 2.098 UF durante os três anos anteriores à comprovação de que a decisão de seguir adiante é incorreta.

-Taxa de desconto

Qual deve ser a taxa de desconto máxima para obter um VPL igual a zero?

$$1.000 + 500 \cdot FA(3; x\%) = 0$$
$$FA(3; 10\%) = 1.000/500 = 2$$

Usando uma interpolação linear:

$$FA(3; 20\%) = 2{,}11$$
$$FA(3; 25\%) = 1{,}95$$
$$X = 0{,}20 + [(2{,}11 - 2{,}0)(0{,}25 - 0{,}20)]/(2{,}11 - 1{,}95)$$
$$X = 0{,}234$$

A taxa pode alcançar 23,4%.

Tab. 11.3 Resultados

Variável	Original	Valor máximo	Delta	% delta
Investimento	1.000	1.243	+243	+24,3%
Vida útil	3	2,35	−0,65	−21,7%
Retorno	2.500	2.402	−98	−3,9%
Custos	2.000	2.098	+98	+4,9%
Taxa de desconto	10%	23,4%	+13,4	+134%

11.3.2 Capitalização de fluxos em ambientes de incertezas

Essa métrica considera desconhecidos os dados de entrada utilizados para gerar os fluxos do projeto ou empreendimento e que, com base em apreciações subjetivas ou de outra natureza, é possível estabelecer diversos cenários que ocorrem de acordo com diferentes níveis de probabilidade.

Análise probabilística

Alguns empreendimentos podem ser descritos de acordo com cenários de ocorrência cujos resultados econômicos se distribuem mais ou menos simetricamente ao redor de uma média, estando sujeitos a ponderadores probabilísticos. Nesses casos, vale a pena determinar o valor médio ponderado dos resultados econômicos e, além disso, a dispersão típica desse valor médio. Assim, é possível associar esses dois parâmetros a uma distribuição normal de resultados econômicos e determinar a probabilidade de que esses resultados se apresentem maiores que um valor mínimo determinado. Tudo isso com base nas áreas compreendidas pela distribuição normal padrão. As áreas correspondentes podem ser obtidas em tabelas estatísticas específicas.

Exemplo

Considere-se um projeto avaliado em diferentes cenários com uma taxa livre de risco de 4%. A taxa inclui, para cada cenário, um risco de 10% e o investimento é de 10.000 UF (Tabs. 11.4 e 11.5).

Tab. 11.4 Exemplo de análise probabilística

	1	2	3	Probabilidade
Condições boas	1.000	1.000	1.000	0,10
Condições médias/boas	800	800	800	0,20
Condições médias	600	600	600	0,40
Condições médias/ruins	400	400	400	0,20
Condições ruins	200	200	200	0,10

Tab. 11.5 Exemplo de análise probabilística utilizando uma taxa livre de risco de 4%

	VPL	Probabilidade		(VPL − VPL esperado)^2 × probabilidade
Condições boas	1.775	0,1	177,5	$(1775 - 665)^2 \times 0,10 = 123,210$
Condições médias/boas	1.220	0,2	244,0	$(1220 - 665)^2 \times 0,20 = 61,605$
Condições médias	665	0,4	266,0	$(665 - 665)^2 \times 0,40 = 0,0$
Condições médias/ruins	110	0,2	22,0	$(110 - 665)^2 \times 0,20 = 61,605$
Condições ruins	−445	0,1	−44,5	$(-445 - 665)^2 \times 0,10 = 123,210$
			VPL esperado = 665	Variância = 369,630

Se o objetivo é estabelecer a probabilidade de que o VPL apresentado no exemplo seja igual a zero ou menor, deve-se transformar a abscissa da distribuição real em abscissa da distribuição normal padrão (DNP) e, então, determinar a área ou probabilidade correspondente.

$$\text{abscissa DNP} = (x - m)/\sigma$$

Assim, a probabilidade de um VPL negativo (menor que zero) será:

$$[0 - 665]/608 = 1{,}094 \text{ desvio padrão}$$

Esse desvio corresponde a 13,8% da DNP e, em virtude da transformação, a 13,8% da distribuição real (Fig. 11.1).

Análise de simulação

Em vez de variar apenas um dado por vez, é possível simular ao mesmo tempo vários cenários caracterizados por mudanças em diversos dados fundamentais (por exemplo, teores e custos anuais e taxas produtivas, entre outros). No entanto, é preciso tomar cuidado quando certas variáveis (o teor, por exemplo) variam inversamente (com a tonelagem).

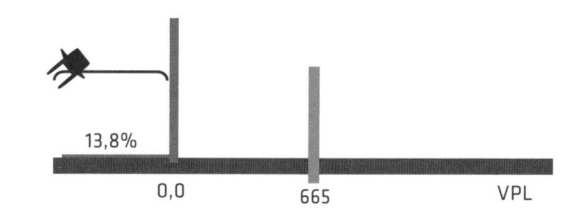

Fig. 11.1 Desvio da DNP

O Quadro 11.2 apresenta exemplos de variáveis simuladas.

Quadro 11.2 Exemplos de variáveis simuladas

Variável	Distribuição	Pior caso	Melhor caso	Distribuição
Toneladas processadas	Triangular	-5	+23	
Teor processado	Triangular	-1	+15	
Material diluente	Retangular	0,15 20%	0,25 80%	
Energia	Retangular	-20% 40%	0% 60%	

Análise de árvores de decisão

Árvores de decisão representam graficamente tanto modelos binomiais quanto modelos trinomiais, determinados por meio de alguma metodologia de avaliação. O método considera níveis de probabilidade de caráter subjetivo ou intuitivo para o caso de determinados cenários possíveis. Ou seja, essas probabilidades não respondem e tampouco se vinculam ao desenvolvimento das fases de engenharia do projeto e às flutuações do mercado correspondente, dependendo apenas do parecer do analista.

Assim, o método, com suas probabilidades associadas, representa um meio de considerar diversos cenários que podem ocorrer, mas que não possuem os devidos respaldos técnicos e econômicos.

A árvore binomial típica envolve uma análise DCF, na qual uma determinada taxa de desconto afeta os valores ou retornos obtidos ao longo da vida útil do empreendimento ou projeto. Assim, obtém-se, no início do empreendimento, um valor presente específico que depende dos possíveis cenários considerados que podem ocorrer como oportunidades de investimento.

11.3.3 Capitalização de fluxos com incidência de riscos

Os impactos das decisões futuras sobre o retorno podem ser analisados, conforme o caso anterior, com base em suposições. Se tais suposições se apresentam desprovidas de um formalismo que inter-relacione as possíveis altas e baixas no valor do ativo e não respondem a fundamentos financeiros validados, mas, antes, são baseadas tão somente em conjecturas de caráter intuitivo que transitam ao longo dos vários cenários que podem suceder no decorrer do tempo, o valor obtido pode subvalorizar ou sobrevalorizar o empreendimento em estudo (Fig. 11.2).

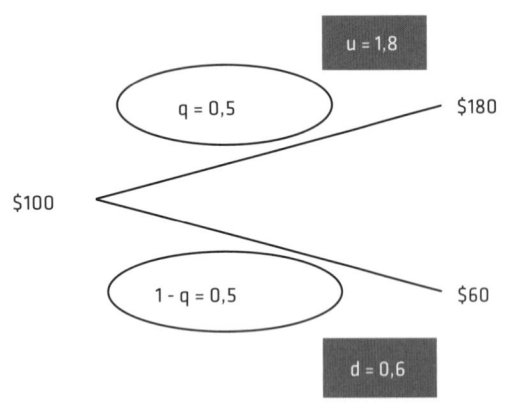

Fig. 11.2 Subvalorização ou sobrevalorização de ativos

Exemplo

Considere-se que o alvo de interesse seja um empreendimento cujo *valor presente* é de 100 UF e cujo *preço de venda* é de 102 UF. De alguma maneira, dispondo de informações que facilitem uma análise mais objetiva das expectativas desse empreendimento, é possível projetar que, em um ano, seu potencial pode derivar tanto em crescimento e aumento de seu valor até 180 UF quanto em decrescimento e diminuição para 60 UF. Na ausência de dados mais detalhados, deve-se assumir que cada uma dessas possibilidades tem uma probabilidade de ocorrência de 50%. Com base nesses dois cenários, qual seria o valor presente do empreendimento diante dos prováveis cenários de ocorrência?

Deve-se determinar, primeiro, a taxa de desconto correspondente.

No caso desse projeto, que supõe parâmetros sem o apoio de fundamentos financeiros validados, o valor presente dos prováveis retornos é dado por:

$$Vo = [0,5 \times 180\ US\$ + 0,5 \times 60\ US\$]/(1,0 + X) = 100\ MUS\$$$

$$X = 0,20 \gg 20\%$$

E o VPL do empreendimento será:

$$VPL = \{[0,5 \times 180\ US\$ + 0,5 \times 60\ US\$]/1,20\}MUS\$ - 102\ MUS\$$$

$$VPL = 100\ MUS\$ - 102\ MUS\$ = -2\ MUS\$$$

Deve-se optar, portanto, por não dar início ao projeto.

Caso não sejam realizadas suposições e não se busque *transparência*, *materialidade* e *competência* nas informações, pode-se afirmar que a valoração com incidências de riscos associada ao desenvolvimento do projeto é a técnica que melhor se adéqua ao esforço realizado pelos responsáveis técnicos com o objetivo de elaborar um relatório confiável, íntegro e com amplo respaldo. Isso porque, para garantir os parâmetros de um projeto ou empreendimento, o responsável técnico (*competent person*) deve diminuir as incertezas relevantes de maneira que seja possível focar naquelas que de fato afetam o empreendimento, como a variabilidade dos preços dos metais, as alternativas de desenvolvimento do projeto e a taxa de desconto considerada equivalente a uma taxa livre de risco em virtude da delimitação das incertezas.

Outra particularidade dessa técnica é que uma de suas aproximações é representada pela aplicação do princípio de *preço único*, que condiciona a probabilidade de que, tanto diante de uma alta quanto de uma baixa do preço, o ativo obtenha a taxa livre de risco.

O esquema operacional consiste em determinar, primeiro, a evolução do valor do empreendimento no decorrer do tempo com base em seu valor presente, sem nenhuma interferência nem intervenção externa, e, depois, retroceder no tempo incorporando a cada período diferentes *opções de desenvolvimento*, avaliando cada uma delas, comparando-as e selecionando entre essas opções aquela de maior valor. A análise termina com o valor da opção determinado para o ano zero (Fig. 11.3).

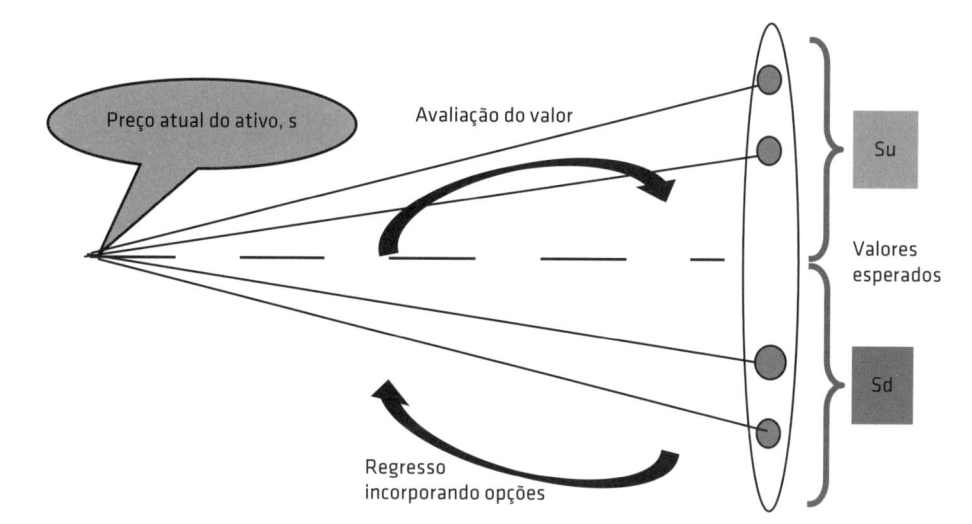

Fig. 11.3 Capitalização do fluxo com incidência de riscos

O valor do empreendimento projetado para períodos futuros, sem intervenção externa e em períodos Δt, é determinado por meio dos fatores:

- $u = \exp(+\sigma \cdot \Delta t)$: fator para incrementos;
- $d = \exp(-\sigma \cdot \Delta t)$: fator para decrementos.

O valor do empreendimento é determinado por meio das margens econômicas obtidas entre o valor alcançado pelo ativo no momento da tomada de decisão final (no momento da expiração da opção) e o valor do ativo estabelecido (preço de expiração, E):

Se o valor de Su menos o preço de exercício $E > 0$, a opção vale:

$$Vu = Su - E \geq 0$$

Se o valor de Sd menos o preço de exercício $E < 0$, a opção vale:

$$Vd = Sd - E < 0$$

O valor das opções em cada período durante o regresso ao momento atual varia de acordo com o momento da tomada de decisão: se foi realizada no momento da expiração da opção ou antes dela. No primeiro caso, o valor da opção é obtido com base na margem que corresponde entre o valor evoluído final e o valor inicial; no segundo caso, o valor dependerá do valor da próxima fase menos os gastos associados necessários para passar da fase em estudo para essa fase posterior.

Fundamentos do método

As oportunidades e os riscos, bem como as vulnerabilidades e o potencial de um depósito mineral (do qual se possua alguma informação), conduzem a uma análise progressiva e seletiva das diversas alternativas de empreendimentos com que se defronta esse depósito ao término de cada fase de desenvolvimento (exploração, estudo da pré-viabilidade e da viabilidade, entre outros). Isso é importante porque, à medida que se passa de uma exploração inicial para uma avançada e daí a uma exploração de engenharia básica ou pré-viabilidade, o valor do ativo aumenta. Esse aumento progressivo de valor – ou, pelo contrário, o abandono repentino dos esforços – é função da variabilidade das margens econômicas fornecidas pelo ativo ao término de cada uma das fases de exploração e desenvolvimento. Ao final de cada fase de trabalho e das atividades, algumas dúvidas vêm novamente à tona: prosseguir, abandonar, vender etc.

A evolução do valor apresentada pelos ativos de mineração no decorrer do tempo é caracterizada, naturalmente, por dois fatores básicos:

1] o crescimento ou decrescimento dos retornos do empreendimento em razão, principalmente, da volatilidade do preço da *commodity* que está implícita no depósito e que é produto das flutuações do mercado;

2] a coleta de novas informações técnico-econômicas relevantes sobre o ativo:

- O crescimento ou congelamento dos preços das *commodities* tem sua melhor expressão na volatilidade experimentada pelos preços dessas *commodities*, que, assim, converte-se na ferramenta fornecida pelo mercado com o objetivo de aproximar o valor esperado que pode ser apresentado por esses ativos ao longo do tempo e seu impacto no desenvolvimento de tais ativos.
- O valor das novas informações é produzido tão somente no caso em que um projeto ou atividade transita entre fases de engenharia.

A Fig. 11.4 representa as evoluções positivas e negativas que podem ser apresentadas por um ativo desde a etapa de exploração até a fase de viabilidade.

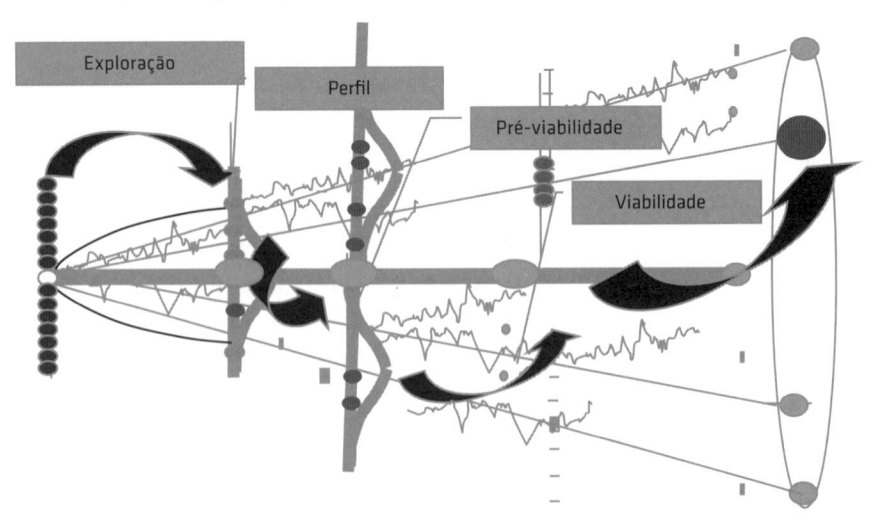

Fig. 11.4 Cone de incertezas e oportunidades apresentadas a um ativo de mineração ao término de uma de suas fases de desenvolvimento

O valor das diversas oportunidades identificadas ao término de cada fase ou período demanda uma tomada de decisão com o objetivo de avaliar qual delas poderá ser selecionada. Assim, os próximos passos ou iniciativas serão definidos de acordo com a avaliação de cada oportunidade e incerteza ao final de cada uma das fases ou períodos.

A metodologia envolve uma série de conceitos e algoritmos que permitem avaliar diversos cenários como resultado desse tipo de incertezas. Assim, é importante apresentar e avaliar esses cenários, oportunidades ou opções, que devem, então, ser valorados pelo gestor do projeto ao final de cada fase de desenvolvimento.

A Fig. 11.5 ilustra as oportunidades básicas de um processo de exploração em que, no decorrer de cada uma das fases, foram sendo coletadas e geradas novas informações.

Assim, o gestor de recursos minerais será capaz de selecionar a alternativa mais acertada ao término de uma fase, já que todas elas deverão ser valoradas. Sem dúvidas, o valor do ativo ao final de uma fase qualquer dependerá dos valores esperados ou potenciais que podem ser alcançados por esse ativo na próxima fase menos os gastos que foram necessários para chegar até essa etapa. O fato de que é necessário, primeiro, estimar o valor do ativo na fase posterior para depois determinar seu preço na fase atual torna indispensável o estabelecimento de um sistema, de acordo com a metodologia proposta, em que devem ser definidos: 1) o *valor presente do empreendimento* assumindo parâmetros produtivos potenciais esperados; 2) a *evolução do valor do ativo* através de seu valor presente incorporando apenas a volatilidade do preço dos metais e desconsiderando qualquer intervenção externa; e 3) *valorar* – por meio da consideração das diversas oportunidades que se apresentam para o ativo ao final de cada fase de sua trajetória progressiva e regressiva até a sua origem; por exemplo, desde uma última fase (a implementação de um ativo ou sua viabilidade) até a primeira fase ou fase inicial (a exploração geradora ou instância do descobrimento) – e *selecionar*, ao término de cada fase, a oportunidade mais valiosa. O valor selecionado representa um valor presente estratégico do ativo, já que envolve todos os cenários de oportunidades apresentados pelo ativo de mineração nessa fase ou período de desenvolvimento.

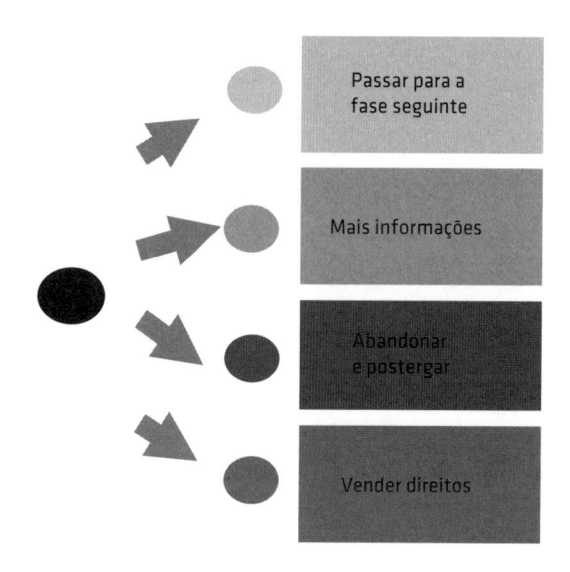

Fig. 11.5 Opções ou oportunidades que se apresentam para um gestor do ativo ao término de uma das fases de desenvolvimento

Exemplo

Com base na Fig. 11.5, considere-se que, para financiar o preço de exercício, E, foram adquiridas m ações do S (que se deseja adquirir) e, além disso, foi solicitado um empréstimo B a uma taxa livre de risco rf. Ou seja, depois de um ano, têm-se que, no início do ano 1 (Fig. 11.6):

$$E = m \cdot S + B$$

e, no fim do ano 1,

$$Eu = m \cdot Su - B(1 + rf), \text{ se aumenta}$$

e

$$Ed = m \cdot Sd - B(1 + rf), \text{ se diminui}$$

em que:

Eu = preço de exercício que sofreu incremento;
Su = valor do ativo que sofreu incremento;
Ed = preço de exercício que sofreu decremento;
Sd = valor do ativo que sofreu decremento.

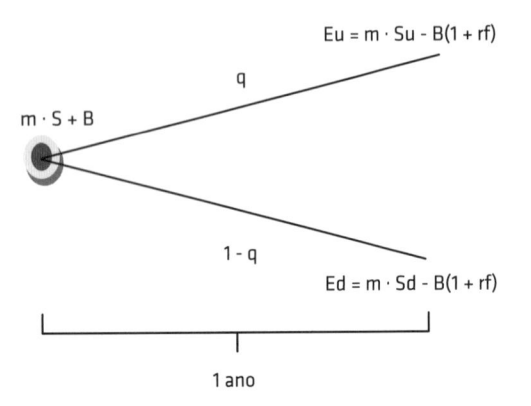

Fig. 11.6 Preço de exercício, E, no início e no fim do ano 1

Dois critérios podem ser utilizados com o intuito de avaliar um projeto sujeito a riscos associados a seu desenvolvimento:

- Mediante uma *taxa ajustada por risco*, que pode ser obtida por meio da simulação dos resultados potenciais do empreendimento realizada com base em um portfólio cujos resultados condizem com os resultados do projeto (*portfólio gêmeo*). Assim, de acordo com esse portfólio duplicado, é possível simular o comportamento futuro do projeto.

- Mediante uma *taxa livre de risco* (método também conhecido como *certeza equivalente* ou *probabilidade neutra a risco*), que pode ser obtida por meio da consideração de um princípio denominado *lei do preço único*, que basicamente indica a necessidade de igualar os resultados do empreendimento quer o valor do projeto diminua, quer aumente. O retorno é a taxa livre de risco.

Das relações anteriores, são obtidas as expressões fundamentais:

$$V = [(qV^+ + (1-q)V)]/(1+rf)$$
$$q = [V(1+rf) - V)/(V^+ - V)]$$

em que:

q = probabilidade neutra a risco;
rf = taxa livre de risco;
V = valor da opção de compra;
V^+ = valor superior da opção de compra;
V = valor inferior da opção de compra.

Considere-se um projeto que será realizado em duas etapas e que apresenta um valor presente de 100 MUS$, com *probabilidades objetivas* de $q = 0,6$ e $1 - q = 0,4$, provável aumento de 20% e provável baixa de 16,67% em cada um dos períodos considerados (Fig. 11.7).

Agora será aplicada a técnica da *certeza equivalente*. Considere-se o mesmo projeto, elaborado agora de acordo com uma taxa livre de risco de 3,00% (Fig. 11.8):

$$p = [(1+rf) - d]/[u - d] = [(1,03) - 0,833]/[1,2 - 0,833] = 0,54$$
$$1 - p = [1 - 0,53722] = 0,46$$

Considere-se que o valor do exercício seja de 95 MUS$ (Fig. 11.9).

Aplicando o método da *taxa de desconto ajustada por risco*:

$$Mu^2 \cdot S - (1+rf)B = 49$$
$$mud \cdot S - (1+rf)B = 5$$
$$m = 1; B = 92,23$$

$Vu = mu \cdot So - B = 120,0 - 92,23 = 27,8$

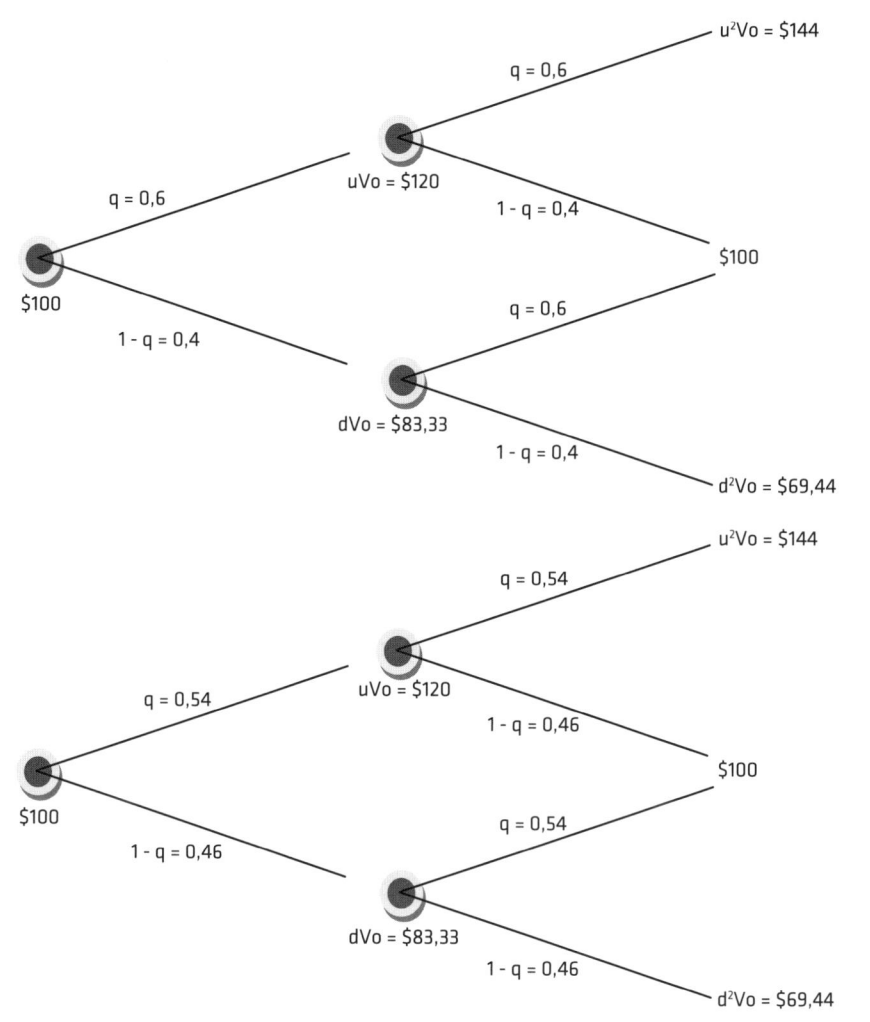

Fig. 11.7 Exemplo de projeto realizado em duas etapas, em que *Vo* representa o valor inicial, *u*, o incremento e *d*, o decremento

Fig. 11.8 Exemplo de projeto realizado em duas etapas e elaborado de acordo com uma taxa livre de risco de 3,00%

em que:

So = valor inicial do ativo.

$$md^2 \cdot S - (1 + rf)B = 0$$
$$mud \cdot S - (1 + rf)B = 5$$
$$m = 0{,}1636; B = 11{,}03$$
$$\boldsymbol{Vd = md \cdot So - B = 13{,}63 - 11{,}03 = 2{,}6}$$

$$mu \cdot So - (1 + rf)B = 27{,}77$$
$$md \cdot So - (1 + rf)B = 2{,}60$$
$$m = 0{,}686; B = 53{,}00$$
$$Vo = m \cdot So - B = 68{,}6 - 53{,}00 = 15{,}6$$

$$m \cdot So - Bo = Vo$$
$$m \cdot So - Vo = Bo$$
$$[(Vu - Vd)/(Su - Sd)]So - Vo = Bo$$
$$[(25{,}2/36{,}67)]100 - 15{,}6 = Bo$$
$$68{,}6 - 15{,}6 = Bo$$
$$53{,}00 = Bo$$

Vuu = MAX [u^2So - E,0]
Vuu = MAX [144. - 95,0] = 49
Vuu = 49 - Exercitar

Vud = MAX [udSo - E,0]
Vud = MAX [100. - 95,0] = 5
Vud = 5 - Exercitar

Vdd = MAX [69,44 - 95,0]
Cdd = 0 - Abandonar = 0

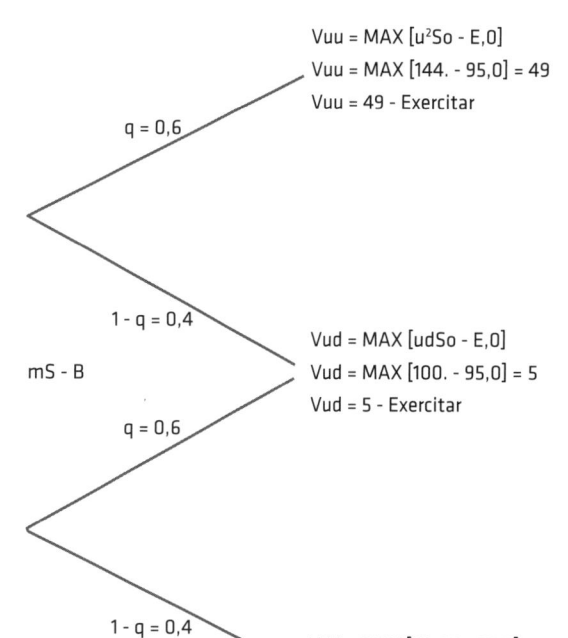

Fig. 11.9 Valor do exercício igual a 95 US$

11 Valoração de recursos e reservas minerais

em que:

B_o = empréstimo inicial.

A Fig. 11.10 apresenta os resultados.

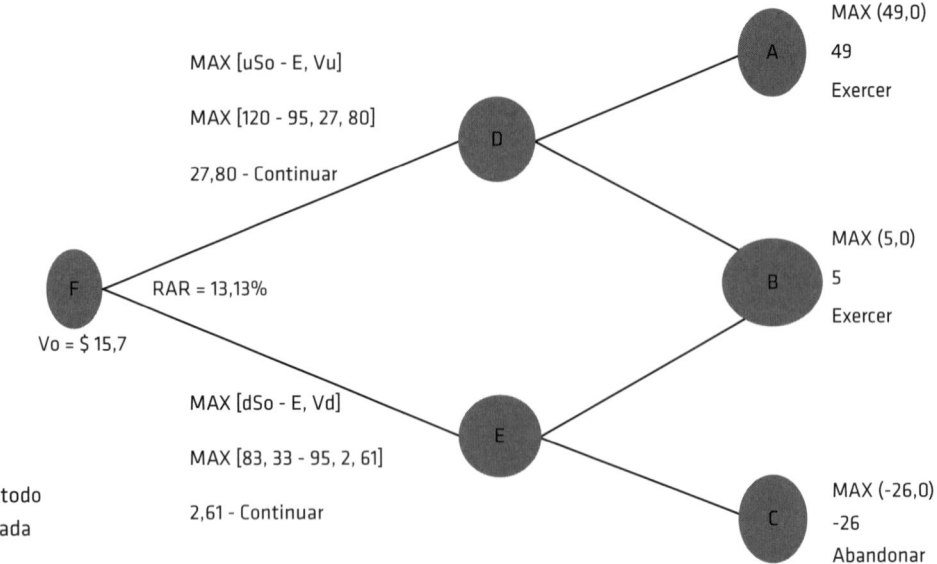

Fig. 11.10 Resultado aplicando o método da taxa de desconto ajustada por risco

```
                                                              MAX (49,0)
                                                       A      49
           MAX [uSo - E, Vu]                                  Exercer
           MAX [120 - 95, 27, 80]
                                      D
           27,80 - Continuar
                                                              MAX (5,0)
                                                       B      5
    F      RAR = 13,13%                                       Exercer
  Vo = $ 15,7
           MAX [dSo - E, Vd]
                                      E
           MAX [83, 33 - 95, 2, 61]
                                                              MAX (-26,0)
           2,61 - Continuar                            C      -26
                                                              Abandonar
```

Aplicando o método da *taxa livre de risco*, também conhecido como *probabilidade neutra a risco*, obtém-se o resultado da Fig. 11.11.

Por exemplo,

$$Vu = [p \times Vuu + (1 - p)Vud]/(1 + rf) = [0{,}54(49) + 0{,}46(5)]/1{,}03 = 27{,}8$$

com

$$p = (1 + rf - d)/(u - d) = (1{,}03 - 0{,}833)/(1{,}2 - 0{,}833) = 0{,}54$$

Essencialmente, esse resultado mostra que:

a) se a decisão de comprar foi tomada no início dos dois anos, o benefício econômico seria de 5 UF (100 UF – 95 UF). Por outro lado, caso fosse tomada uma decisão estratégica, o valor da opção seria de 15,67 UF. Ou seja, as opções reais resultariam em ganhos de 10,7 UF (= 15,7 – 5);

b) os dois procedimentos (a taxa de juros ajustada por risco e a taxa com probabilidade neutra a risco) fornecem resultados similares.

Aplicações no setor de mineração

Nesta seção, serão apresentados dois tipos de aplicação. Em ambos os casos, o objetivo é valorar um *provável* cenário futuro do empreendimento, a depender:

1) do nível das informações técnicas, que evolui e se acumula progressivamente, através de sucessivas fases técnico-econômicas, até alcançar a fase que se deseja valorar; ou

2) das informações que não apresentam mudanças, ou seja, que permanecem no mesmo *status* técnico-econômico por um longo período de tempo.

A valoração de um ativo que passa por determinadas etapas de exploração (pré-viabilidade e viabilidade, entre outras) pertence ao primeiro tipo de aplicação; nesse caso, a valoração depende fundamentalmente das informações técnicas disponíveis acumuladas no decorrer das diferentes fases. Já a segunda aplicação pode ser atribuída à valoração de um ativo que se encontra em um determinado nível de informação, desejando-se com essa informação avaliar cenários alternativos projetados, como aumentar, diminuir, continuar ou abandonar o empreendimento.

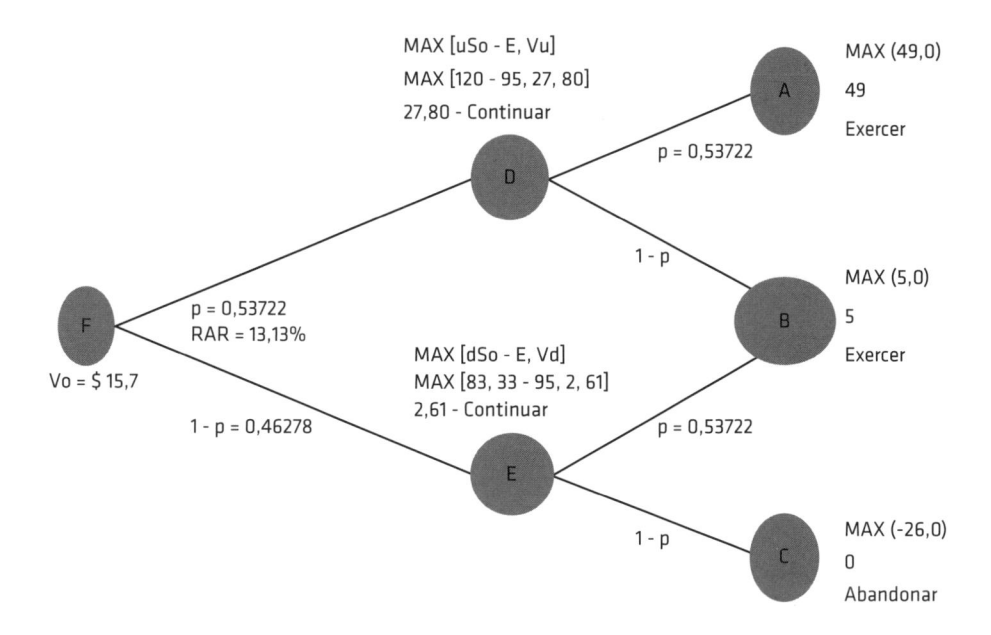

Fig. 11.11 Resultado aplicando o método da taxa livre de risco

Conforme mencionado anteriormente, o desenvolvimento de um projeto ou de um empreendimento mineral pode ser representado por meio de *prováveis* cenários técnicos e financeiros. É possível expressar ambos os tipos de cenário de acordo com dois parâmetros de natureza probabilística: um de caráter técnico e outro de caráter financeiro.

Probabilidade de caráter técnico

Esse tipo de probabilidade diz respeito às expectativas de mudanças de fases: por exemplo, a probabilidade de que, ao término de uma exploração avançada, sejam apresentadas condições suficientes para passar para uma etapa de engenharia básica; ou, ao final da fase de engenharia de pré-viabilidade realizada no depósito, a probabilidade de avançar para a etapa de viabilidade. Essa probabilidade, estabelecida com base em dados específicos da indústria mineral, é uma probabilidade objetiva e, neste livro, será estabelecida de acordo com os valores apresentados na Tab. 11.6.

Tab. 11.6 Probabilidade de mudanças nas fases da indústria mineral

Fase		Exploração geradora	Exploração intermediária	Exploração avançada	Perfil	Pré-viabilidade	Viabilidade
Probabilidade (%)	A	7	15	35	50	80	90
	B	46,67	42,86	70,00	62,50	88,88	90,00

Observações: Dados correspondentes a uma análise estatística realizada em uma série de projetos de mineração executados no Chile. (A) Probabilidade de evoluir de uma fase de desenvolvimento para a aprovação de um projeto de mineração. (B) Probabilidade de passar de uma fase para outra.

No caso de um projeto que não apresenta mudanças de fases e acúmulo de informações, mas que permanece no mesmo nível de estudos, dados e conhecimento por um longo período de tempo, a probabilidade de transitar de um período de tempo a outro superior é de 1,0.

Probabilidade de caráter financeiro

Esse tipo de probabilidade diz respeito às expectativas de ganhos ou prejuízos durante as mudanças de fases ou períodos no decorrer do processo de desenvolvimento de um ativo. A condição, nesse caso, é considerar a lei ou regra do *preço único*. Segundo essa lei, independentemente de haver ganhos ou prejuízos na mudança de fases, o resultado econômico na fase seguinte deve contar pelo menos com a taxa livre de risco (TLDR, taxa associada aos títulos governamentais mais sólidos e mais bem respaldados). Essa probabilidade, estabelecida com base no desenvolvimento da teoria de opções, é definida de acordo com o seguinte formalismo:

$$p = [(1 + rf)V - V_{MIN}]/(V_{MAX} - V_{MIN})$$

em que:

rf = taxa livre de risco;

V = valor presente do ativo;

V_{MAX} = valor máximo do ativo;

V_{MIN} = valor mínimo do ativo.

No primeiro tipo de aplicação, os diferentes cenários que poderiam ocorrer durante o desenvolvimento de um projeto ou empreendimento mineral podem estar associados com os dois parâmetros: o de caráter técnico (mediante as diferentes probabilidades associadas ao desenvolvimento de um projeto) e o de caráter financeiro (a probabilidade neutra a risco).

No segundo tipo de aplicação, os diferentes cenários alternativos possíveis apresentam as mesmas informações e, portanto, não existem probabilidades de mudanças de fases, mas uma probabilidade (de 1,0) de mudanças de períodos cujas informações permaneçam as mesmas. Assim, apenas a probabilidade financeira se aplica nesses casos (a probabilidade neutra a risco).

O objetivo, aqui, é estabelecer probabilidades que, de uma maneira ou de outra, sirvam para quantificar métricas mais objetivas – baseadas tanto em *dados concretos da indústria* (probabilidade técnica) quanto em *valores ditados pelo mercado* (probabilidade financeira) – sobre as quais repousem todas as oportunidades que se apresentam ao ativo em um determinado momento de sua existência.

Para valorizar cada fase de desenvolvimento de uma concessão mineral com recursos minerais reconhecidos, esse processo deve ser iniciado a partir da última fase de seu desenvolvimento. Considera-se que esta última fase equivale à aprovação de investimentos do projeto. Nessa etapa, por exemplo, o projeto apresenta um VPL estimado. Para descobrir o valor da concessão na fase prévia, durante o início do estudo de viabilidade, é possível elaborar uma tabela como a apresentada a seguir (Tab. 11.7).

Considerando um VPL de 100,00 para um projeto em *status* de aprovação de investimentos, um valor máximo para esse VPL (igual ou percentualmente maior que o VPL, nesse caso, 110) e um valor mínimo (geralmente zero) e aplicando parâmetros assumidos (como a probabilidade de mudança de fases, a duração em anos da fase e os gastos correspondentes), o valor no *início da fase de viabilidade* resulta em 51,8.

Tab. 11.7 Fases de valoração de uma concessão na fase inicial

I	II	III	IV	V	VI
Valor esperado da fase	Probabilidade de ocorrência entre fases consecutivas	N	Probabilidade neutra a risco	G	Valor da opção
110 100 0	0,75	2	Risco Probabilidade neutra	10	Valor da opção
[100 x 0,75] / 1,102					
= 62 Taxa de desconto = 10% Valor fase atual	= 0,75 Probabilidade de passar entre fases		[6 x 1,05 - 0] / [110 - 0] Anos = 0,59 Probabilidade neutra a risco	{[0,59 x 110 + 0,41 x 0] / 1,05} Gastos 0,10 = 51,8 Valor fase anterior	

A estimativa da etapa anterior à fase de viabilidade (ou seja, a pré-viabilidade) pode ser obtida com o uso de procedimentos similares àqueles apresentados no parágrafo anterior, considerando um valor máximo equivalente ao VPL da fase precedente e incorporando os parâmetros correspondentes, e assim sucessiva e progressivamente até atingir o *início da exploração geradora*.

A seguir, são apresentados alguns exemplos.

Exemplo: valoração de um ativo de mineração no decorrer de suas fases de desenvolvimento

Considere-se uma jazida que possui 600 Mt com teor de 0,45% Cu e recuperação metalúrgica de 75%. Assuma-se um preço de 3,00 US$/lb Cu e um custo operacional de 1,8 US$/lb Cu. O desafio consiste em determinar o potencial de criação de valor desse ativo considerando a volatilidade do preço do metal e a flexibilidade com que se pode administrar o desenvolvimento das fases de engenharia do projeto.

Para a preparação de dados para a matriz de valoração, assumem-se:

- 100,000 t Cu/ano;
- 20 anos;
- Preço do cobre: 3,0 US$/lb Cu;
- Custo: 2,00 US$/lb Cu;
- Investimento: 1.100 MUS$;
- Taxa de desconto: 10%;
- Taxa livre de risco: 5%.

E obtêm-se:

- Utilidade: 1,00 US$/lb Cu;
- Utilidade anual: 220,5 MUS$/ano;
- Utilidade 20 anos: $220,5(1 - e^{-2,0})/0,10$;
- Utilidade 20 anos: 1.906 MUS$;
- Excedente: 806 MUS$.

$$\text{Recurso total identificado} = 600.000.000 \times 0,45 \times 0,75/100 \text{ t Cu}$$
$$= 2.025.000 \text{ t Cu} = 4.464 \text{ Mlb Cu}$$

em que:

Mlb = milhões de libras.

As Tabs. 11.8 e 11.9 continuam a apresentação dos cálculos econômicos básicos utilizados para aproximar o VPL desse empreendimento.

Tab. 11.8 Matriz de valorização de um depósito mineral por fases de desenvolvimento

I	II	III	IV	V	VI
Valor esperado da fase	Probabilidades entre fases	N	Probabilidade neutra a risco	G	Valor da opção
Viabilidade					
VPLmax = 806 E(VPL) = 806 × 0,90/1,10 = 659 VPLmin = 0	0,90	1	659 × 1,05 − 0/ 806 = 0,86	20 MUS$	$(0,86 \times 806 + 0,14 \times 0)/(1,05)^1 - 20(1,10) =$ 637 MUS$
Pré-viabilidade					
VPLmax = 659 E(VPL) = 659 × 0,88/1,10 = 527 VPLmin = 0	0,8888	1	527 × 1,05 − 0/659 = 0,84	12 MUS$	$(0,84 \times 659 + 0,16 \times 0)/(1,05)^1 - 12(1,10) =$ 514 MUS$
Perfil					
VPLmax = 527 E(VPL) = 527 × 0,6250/1,102 = 272 VPLmin = 0	0,6250	2	272 × 1,05 − 0/527 = 0,54	6 MUS$	$(0,54 \times 527 + 0,46 \times 0)/(1,05)^2 - 6(1,10)^2 =$ 252 MUS$
Exploração avançada					
VPLmax = 272 E(VPL) = 272 × 0,70/1,101 = 173 VPLmin = 0	0,70	1	173 × 1,05 − 0/272 = 0,67	3 MUS$	$(0,67 \times 272 + 0,33 \times 0)/(1,05)^1 - 3(1,10) =$ 170 MUS$
Exploração intermediária					
VPLmax = 173 E(VPL) = 173 × 0,4286/1,102 = 61 VPLmin = 0	0,4286	2	61 × 1,05 − 0/173 = 0,37	3 MUS$	$(0,37 \times 173 + 0,63 \times 0)/(1,05)^2 - 3(1,10)^2 =$ 54 MUS$
Exploração geradora					
VPLmax = 61 E(VPL) = 61 × 0,4667/1,101 = 26 VPLmin = 0	0,4667	1	26 × 1,05 − 0/61 = 0,44	2 MUS$	$(0,44 \times 61 + 0,56 \times 0)/(1,05)^1 - 2,00(1,10) =$ 23 MUS$

Tab. 11.9 Valores obtidos como VPL (em MUS$ e cUS$/lb Cu) para as diferentes fases de desenvolvimento de um projeto cuprífero

Fase	VPL (MUS$)	VPL (cUS$/lb Cu)	VPL (%)
Decisão de investimento	806	18	100
Viabilidade	637	14	79
Pré-viabilidade	514	12	64
Perfil	252	6	31
Exploração avançada	170	4	21
Exploração intermediária	54	1	7
Exploração geradora	23	0,5	3

Ou seja, os cálculos realizados nesse exemplo indicam que, na fase de viabilidade, os recursos minerais (medidos e indicados) podem ser cotados em 14 cUS$/lb Cu; por outro lado, os inferidos (associados principalmente às fases de exploração) ficam limitados entre 1 e 4 cUS$/lb Cu.

A exploração satisfaz apenas 21% do total do VPL. A fase de perfil pode aumentar essa porcentagem para 31% e a pré-viabilidade duplica o valor, atingindo até 64%.

Exemplo: valoração de uma redução, de uma expansão ou da capacidade de produção

Nesse exemplo, o objetivo é determinar a decisão mais adequada a respeito da capacidade de produção de uma mina: a) avançar a fim de atingir uma nova capacidade de produção; b) manter a capacidade; c) desconsiderar a ideia de mudança de capacidade. O potencial atual da mina permite estimar um VPL de 100 MUS$. Reduzir sua capacidade implica diminuí-la em 10% e significa economizar 25 MUS$; expandir a capacidade implica aumentá-la em 30% a um custo de 20 MUS$; a desconsideração da ideia permitiria vender direitos por 100 MUS$. A volatilidade dos retornos é de 15% e a taxa livre de risco, de 5%.

Têm-se os seguintes valores:

- Fator de redução de produção: 0,9, com 25 MUS$ de economia;
- Fator de expansão de produção: 1,3, com 20 MUS$ de custos;
- Valor residual: 100 MUS$;
- S = 100 MUS$;
- $\sigma = 0{,}15$;
- t = 5 anos;
- taxa livre de risco = 0,05;
- $u = e^{\sigma\sqrt{\Delta t}} = 1{,}1618$;
- $d = e^{-\sigma\sqrt{\Delta t}} = 0{,}8607$;
- $p = [e^{rf(\Delta t)} \cdot d]/(u - d) = 0{,}633$.

Tab. 11.10 Evolução do valor do ativo ao longo do tempo

	S_0*	S_0u**	S_0u^2***			211,7	
					182,2		
				156,8		156,8	
			134,9		134,9		
		116,2		116,2		116,2	
	100		100		100		
		86,1		86,1		86,1	
			74,1		74,1		
				63,8		63,8	
					54,9		
	S_0	S_0d	S_0d^2			47,2	
Abandono: 100 MUS$	S_0	S_0u	S_0u^2	.....	....	255,1	E
Expansão: 1,3 × 211,7 - 20 = 255,1 MUS$					217,9		
Redução: 0,9 × 211,7 + 25 = 215,5 MUS$							
Continuar: 211,7 = 211,7 MUS$				185,8		183,9	E
MAX (100, 211,7, 215,5, *255,1*)							
Abandono: 100 MUS$			158,8		156,5		
Expansão: 1,3 × 134,9 - 20 = 155,4 MUS$		136,5		134,3		131,0	E
Redução: 0,9 × 134,9 + 25 = 146,41 MUS$	119,02		117,3		115		
Continuar: $[p \cdot 185{,}8 + (1 - p)$		105,5		104,2		102,5	C
$134{,}3]e - rf\Delta t$: 158,8 MUS$			100		74,1		
MAX (100, *158,8*, 146,4, 155,4)							
O valor da opção resulta em:				100,0		100,0	R
119,02 - 100 = 19,02 MUS$					54,9		
	S_0	S_0d	S_0d^2	....	..	100,0	R
E Expansão							
C Continuação							
R Redução							

Observações: *S_0 = valor inicial do ativo; **S_0u = valor do ativo - período 1; ***S_0u^2 = valor do ativo - período 2.

Os resultados demonstram que tomar uma decisão irreversível no início da análise proporcionaria um ganho de 14,5 MUS$ caso a decisão seja *expandir*, 15 MUS$ se a decisão for *reduzir* e 6,32 MUS$ se a capacidade é mantida. Por outro lado, seria possível, em vez de optar por qualquer uma das decisões anteriores de maneira irreversível, fazer uma análise que permitisse acumular mais informações, compondo, assim, uma base mais sólida de dados técnicos e econômicos, com a possibilidade de obter ganhos ao redor de 19,0 MUS$.

11.3.4 Capitalização por meio de transações comparáveis

A comparação de vendas de acordo com o comportamento do mercado constitui outra aproximação ao valor de uma propriedade mineira, desde que a propriedade analisada e a de referência apresentem igual natureza.

Para realizar essa aproximação, geralmente é necessário dispor de uma base de dados confiável que permita realizar comparações adequadas, justas e de acordo com parâmetros e atributos do mesmo tipo. Para tanto, existem vários tipos de aproximação.

Valor monetário por hectare (MVH)

Nos casos em que as informações geológicas são insuficientes, mas dispõe-se de informações técnico-econômicas, é possível utilizar o método MVH para propósitos de valoração.

US$ por unidade de metal contido (US$/lb Cu e US$/oz Au, entre outros)

Esse método é amplamente utilizado. Geralmente, é aplicado quando se deseja atribuir um valor à unidade de minério in situ de uma propriedade de ouro, cobre, carbono etc. É necessário tomar um cuidado especial quando são estudadas reservas (provada ou provável) ou recursos (medido, indicado ou inferido). Todas essas categorizações apresentam valores específicos.

Outras maneiras de valorar uma propriedade estão constituídas pela *capitalização de mercado por unidade de minério* e, no caso de uma mina e usina, é usada a *capitalização de mercado por unidade de produção anual de metal ou minério*.

As Tabs. 11.11 e 11.12 apontam alguns valores de metal unitário correspondentes a propriedades de cobre e ouro do ano de 2014. Esses valores são apresentados como porcentagens dos preços de ambos os metais.

Tab. 11.11 Preços de aquisição de propriedades de cobre (porcentagem do preço do metal)

	Exploração	Desenvolvimento	Produção	Corporativo
Mínima	0,6	1,8	5,4	
Média	1,2	3,4	7,2	
Máxima	2,4	4,5	10,2	

Tab. 11.12 Preços de aquisição de propriedades de ouro (porcentagem do preço do metal)

	Exploração	Desenvolvimento	Produção	Corporativo
Mínima	1,0	4,9	10,6	18,2
Média	1,7	6,4	12,2	20,7
Máxima	3,5	10,8	22,0	25,6

11.3.5 Capitalização mediante despesas incorridas

A aproximação de acordo com esse critério é baseada no pressuposto de que as despesas incorridas em um ativo de mineração contribuem com o seu valor. A aproximação à despesa incorrida é normalmente utilizada nos casos em que as informações são insuficientes para suprir as métricas anteriormente indicadas.

No entanto, todas as práticas contábeis aplicadas e relativas ao reconhecimento do ativo devem ser cuidadosamente declaradas, e é necessário garantir que tenham sido realizados todos os testes relevantes utilizados para detectar eventuais anomalias ou deficiências.

11.3.6 Capitalização por meio da aplicação do método geocientífico de Kilburn

O método geocientífico proposto em 1990 por Lionel Kilburn para a valoração de propriedades mineiras que não dispõem de reservas exploráveis atribui pontuações a quatro fatores geocientíficos associados à concessão: o *distrito* em que a concessão está localizada; o *prospecto* em termos geocientíficos; o *alvo*, que representa a área que será investigada; e os *sinais geológicos* disponíveis.

Essencialmente, esse método demonstra o processo de avaliação de maneira palpável. Considera-se, primeiro, os gastos de concessão e manutenção anuais de um hectare nos terrenos que se deseja acessar (esse valor é denominado custo básico de aquisição, CBA); depois, devem ser considerados os quatro fatores citados anteriormente: (I) o distrito ou localização, (II) o prospecto ou área de interesse, (III) o alvo ou zona a ser investigada e (IV) os sinais geológicos. Ao término do processo, é possível agregar um quinto fator (V), incorporando as expectativas do mercado (Tab. 11.13). A pontuação atribuída a cada fator será relevante para um cálculo posterior.

Tab. 11.13 Custo básico de aquisição

Fator	Intervalo de pontuação
(I) distrito	1,0-10
(II) prospecto	1,0-10
(III) alvo	0,5-10
(IV) sinais geológicos	0,1-10
(V) *expectativas do mercado*	0,5-3

O produto dos quatro fatores, (I) × (II) × (III) × (IV) – eventualmente considerando-se também o quinto, (V) –, multiplicado pelo CBA fornece o valor do hectare em estudo, que, multiplicado pelo número de hectares, resulta finalmente no valor da propriedade.

A aplicação desse método fornece algumas vantagens, uma vez que:

a) incorpora a análise técnica do geólogo em uma fase de exploração em que as informações disponíveis ainda são muito fragmentadas e não permitem, portanto, a confirmação de modelos;
b) permite caracterizar e relacionar quatro conceitos fundamentais para o potencial de um ativo de mineração: a localização, o prospecto, o alvo e os sinais geológicos;
c) estabelece uma métrica ou pontuação representada por uma escala relativa que pode ser reduzida ou ampliada de acordo com o critério adotado pelo geólogo;
d) o método já foi aplicado no Canadá (British Columbia Securities Commission), seu país de origem, e na Austrália (Snowden, 2002);
e) associa um valor à área de terrenos superficiais (em hectares), que pode ser calculado de acordo com a circunstância.

O método, utilizado para a valorização de concessões sem a presença de informações verificáveis (sondagens, trincheiras, poços), requer considerável competência e experiência geológica para quantificar subjetivamente os atributos dos quatro fatores relevantes relacionados a cada unidade de área (direitos de propriedade, concessão, hectare): o potencial (1) do *distrito*, (2) do *prospecto* e (3) do *alvo* e (4) os *sinais geocientíficos*. Conforme afirmado anteriormente, eles podem ser ordenados de acordo com uma escala de 0,1 a 10, segundo a classificação de alguns de seus atributos e *status* em *significativos, importantes, favoráveis, não favoráveis*, entre outros. Esses fatores são avaliados e qualificados sistematicamente para cada unidade de superfície. Além disso, são multiplicados entre eles com o objetivo de estabelecer uma pontuação representativa para cada unidade de área; por sua vez, multiplica-se esse valor pelo número de concessões ou direitos de propriedade que deverão ser valorizados; finalmente, deve-se multiplicar esse número pelo valor atribuído a um direito de propriedade ou hectare estipulado pelo pagamento de patentes, de manutenção, de contratação de pessoal, entre outros próprios do sistema de propriedade.

Distrito, prospecto e alvo

Esses três conceitos são relacionados. O *distrito* é um conceito geoespacial em que um agrupamento ou *cluster* de depósitos evidencia condições especiais para a localização de mineralizações de interesse. O distrito espacial é capaz de cobrir, normalmente, uma área de 40 km^2 a 50 km^2 (Fig. 11.12).

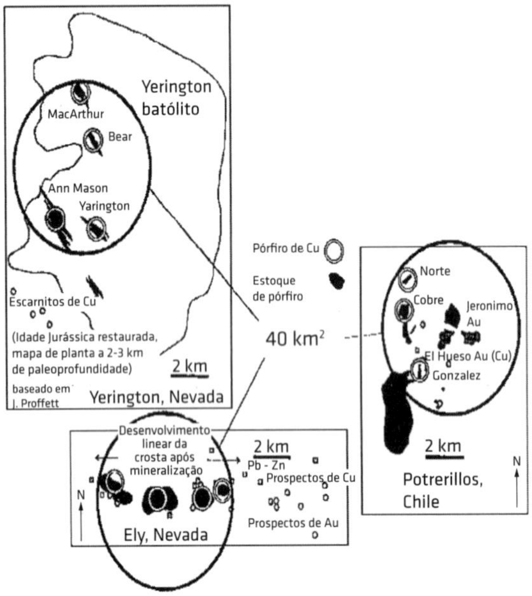

O *prospecto* envolve um conceito probabilístico que deverá ser avaliado por um especialista. Trata-se, nesse caso, de uma *área* localizada no interior do distrito em que os *padrões litológicos, mineralógicos, estruturais e dos tipos de alterações* apresentam uma *grande probabilidade de descoberta* de um depósito similar ao qual se está buscando.

O *alvo* representa uma porção do *prospecto* na qual as *expressões geoquímicas, geofísicas e outras de igual natureza* permitem presumir a melhor aproximação com o objetivo de converter uma probabilidade de ocorrência em certeza de êxito. Os *sinais geocientíficos* apontam a presença de afloramentos, teores e continuidade das mineralizações.

Normalmente, deve-se selecionar dois valores para cada fator a fim de obter uma pontuação mais baixa e outra mais alta. A preferência será dada para uma pontuação intermediária (produto da negociação). O quinto fator, relativo ao mercado, aprova ou não o valor obtido anteriormente.

Fig. 11.12 Distritos de mineração
Fonte: Einaudi (1997).

A base do método de Kilburn é uma matriz que subdivide o grupo de ocorrências mineralizadas em dois grandes subgrupos: 1) ocorrências em que existem apenas estruturas de valor econômico potencial (classificadas entre 0,1 e 1,0) e 2) aquelas que apresentam poucas intersecções mineralizadas (classificadas entre 1 e 10). As primeiras podem não contar com trabalhos de exploração (classificadas entre 0,1 e 0,4) ou contar com alguns trabalhos que não obtiveram êxito (classificadas entre 0,4 e 1,0); o segundo grupo se subdivide entre as ocorrências que contaram apenas com trabalhos de exploração (classificadas entre 1,0 e 3,0) e aquelas em que as explorações evidenciam mineralizações de interesse (classificadas entre 3,0 e 10,0).

O Quadro 11.3 sintetiza alguns dos atributos e suas respectivas graduações.

Quadro 11.3 Método de Kilburn: *ranking* de qualificações segundo características da concessão

Qualificação	Distrital	Prospecto	Alvo	Sinal geológico
0,1 a 0,4			Sem evidências concretas	Desde sinais geológicos desfavoráveis até sinais de interesse
0,5 a 0,9				Desde sinais de valor até sinais muito favoráveis
1 a 3	Desde mineralização desconhecida até uma série de trabalhos de exploração	Desde mineralização desconhecida até uma série de trabalhos de exploração	Desde inexistência até uma clara existência de alvos	
3 a 4	Desde uma grande quantidade de trabalhos realizados até minas com poucas operações de lavra	Desde uma grande quantidade de trabalhos realizados até minas com poucas operações de lavra		Desde sinais muito favoráveis até estruturas com evidências de mineralização
4 a 10	Grande quantidade de trabalhos realizados em minas com operações de lavra de escala média a grande	Grande quantidade de trabalhos realizados em minas com operações de lavra de escala média a grande	Presença de continuidade geológica e de teores	

Tais classificações são aplicadas a quatro domínios: *distrito, prospecto, alvo* e *sinais geológicos*.

Os *sinais geológicos* fornecem, por si mesmos, uma pontuação mínima de 0,1 a 0,4. Normalmente, as pontuações de uma companhia de mineração relativas a esses domínios classificam valores entre 1,0 e 10,0. Assim, uma concessão média valorizada de acordo com o seu distrito, prospecto, alvo gerado e sinais geológicos demonstrados pode projetar uma pontuação R (= fator Kilburn) entre 1,0 (= 1,0 × 1,0 × 1,0 × 1,0) e 10.000 (= 10 × 10 × 10 × 10).

Esses resultados, obtidos por meio da multiplicação das pontuações parciais apresentadas pelos quatro domínios, são considerados por hectare de propriedade. Portanto, se uma concessão tem N hectares cobrindo sua superfície, a pontuação associada a essa concessão será $R \times N$. Esse produto é associado ao valor da concessão fornecido pelo gasto G (gastos com aquisição, legalização e manutenção de cada hectare por ano), ou seja, o valor da concessão fornecido pelos gastos de manutenção anual da concessão será $R \times N \times G$.

É evidente que esse método está baseado principalmente na experiência, no julgamento e no conhecimento do avaliador. Além disso, na presença de valores tão subjetivos, o mais prático seria, em alguns casos, considerar dois valores para o gasto anual, a fim de proporcionar mais possibilidades de análise.

A seguir, serão apresentados dois casos de concessões ocorridos no Chile. Ainda que ambos os casos disponham de informações geológicas, serão consideradas apenas suas extensões superficiais, ou seja, a área dada pelos hectares que cobrem essas propriedades.

Concessão A (Puntilla Galenosa) (12,0 ha): cobre duas áreas

Área de 4 km × 2 km com três unidades. Os veios com mineralização de calcopirita, pirita e molibdenita, quando expostos, foram lixiviados, gerando uma mineralização de óxidos verdes, calcosina e covelina em menor quantidade, além de limonitas associadas. Os principais minérios de cobre oxidados que compõem o depósito são atacamita, brochantita e crisocola.

Em uma unidade, são encontrados óxidos, sulfetos secundários e primários. Os óxidos e sulfetos podem ser encontrados até uma profundidade de 380 m a 430 m. Os teores médios estão entre 0,1% Cu e 0,3% Cu. A zona primária corresponde à calcopirita e à pirita em veios de quartzo. Os teores de cobre da zona primária são da ordem de 0,2% Cu.

A aplicação do método de Kilburn a essa concessão está ilustrada na Tab. 11.14. Caso se considere um custo anual por hectare de 15 US$, o valor de Puntilla Galenosa está entre 28 MUS$ e 37 MUS$.

Concessão B

Área de 2 km × 1,5 km com três zonas mineralizadas: óxidos, misto e sulfetos primários. Os óxidos compreendem a zona que parte da superfície e alcança os 150 m de profundidade. Atacamita, crisocola e brochantita são minerais comuns. Sob essa zona, há uma zona mista com potência de 50 m a 100 m (0,3% Cu). Mineralização com crisocola, atacamita, limonita, hematitas, calcopirita e pirita, entre outros. A pirita se encontra associada à calcosina e à covelina. A mineralização primária está localizada entre 300 m e 350 m abaixo da superfície com calcopirita e pirita.

Tab. 11.14 Aplicação do método de Kilburn à concessão A

Concessão	Hectares disponíveis (N)	Distrito	Prospecto	Alvo	Sinais geológicos	Fator Kilburn (R)	R × N
A	12.959	4	4	3 a 4	3	144	1.866.096
						192	2.488.128

AGTERBERG, F. (1977) Statistical Methods for Regional Resource Appraisal. *CIM Bulletin*, Feb. 1977.

BRENNAN, M. & SCHWARTZ, E. (1985) *A New Approach to Evaluating Natural Resource Investments*, Midland Corporate Finance Journal, Vol. 3, N° 1, New York, pp. 37-47.

CARLISLE, D. (1954) *Economic Aspects of the Definition of Ore*, Trans Inst. Min & Metall, Vol. 64, pp. 89-99, 1958-1955.

CAVENDER, B. W. (1998) *Does the Capital Budgeting Process Inhibit Corporate Competitiveness*, Society for Mining, Metallurgy and Exploration, SME Annual Meeting, March 9-11, Preprint 98-64.

COOLEY, W. & LOHNES, P. (1980) *Multivariate data analysis*, John Wiley & Sons, 363 pp.

DAGDELEN, K. (1992) *Cut-off grade optimization*, Proc. 23rd APCOM Symposium, U. Arizona, Tucson, Arizona, April 1992.

DAVID, M. (1977) *Geostatistical ore reserve estimation*, Elsevier Sci. Pub. Co.

DAVID, M. (1979) *A short course in Geostatistics*, SME Annual Meeting, Golden, Colorado.

DAVIS, J. (1973) *Statistics and data analysis in Geology*, Wiley and Sons, N. Y.

DAVIS, J. (1977) *Estimation of the probability of success in petroleum exploration*, Mathematical Geology, Vol. 9, N° 4, 1977.

DOWD, P. (1994) *Risk Assessment in Reserve Estimation and Open Pit Planning*, Trans. Insttn Min. Metall. (Sect. A: Min. Industry), 103, Sept.-Dec. 1994.

EINAUDI, M. T. (1977) *Porphyry and epithermal deposits*, U. de California.

GY, P. (1982) *Sampling of Particulate Materials, Theory & Practice*, Elsevier Scientific Publishing Co.

HARBAUGH, J. et al. (1977) *Probability methods in oil exploration*, Wiley-Interscience, N. Y.

HOHN, M. E. (1980) *Geostatistics and Petroleum Geology*, Van Nostrand Reinhold, 263 pp.

HOTELLING, H. (1931) *The Economics of Exaustible Resources*, Journal of Political Economy, April 1931.

ISAAKS, E. & SRIVASTAVA, R. M. (1989) *An Introduction to Applied Geostatistics*, Oxford University Press.

JOHNSON, T. & SHARP, W. (1971) *A Three-Dimensional Dynamic Programming Method for Optimal Ultimate Open Pit Design*, USBM R.I. 7553.

JOURNEL, A. & HUIJBREGTS, CH. (1978) *Mining Geostatistics*, Academic Press.

KOLB, R. (1991) *Options-An Introduction*, Kolb Publishing Company, Miami.

KRIGE, D. (1966) *Two Dimensional Weighted Moving Average Trend Surfaces for Ore Valuation*, in Proceed. of the Symp. on Mathem., Statistics and Comp. Applic. in Ore Evaluation, Johannesburg, S. African Inst. of Mining and Metal, Johannesburg.

LAMOTHE, P. (1993) *Opciones Financieras, Un Enfoque Conceptual*, McGraw-Hill.

LANE, K. F. (1988) *The Economic Definition of Ore*, Mining Journal Books Ltd.

LASKY, S. (1950) How tonnage and grade relations help predict ore *reserves, Engineering and Mining Journal*, Vol. 151, N° 4, April 1950, pp. 81-85.

LERCH, I. & GROSSMAN, H. (1965) *Optimum Design of Open – Pit Mines, Transactions, CIM*, Vol. LXVIII, pp. 17-24.

LUSTER, G. R. (1985) *Raw Materials for Portland Cement applications of Conditional Simulation of Corregionalization*, Dpt. Applied Earth Sciences, Stanford University, a Ph. D. Dissertation.

MARDONES, J. (1991) *International Investment Contracting Financial Market Segmentation: Option Valuation of a Copper Mine*, Ph. D. Thesis, Tufts University, Boston.

MASSÉ, P. (1962) *Optimal Investment Decisions*, Englewood Cliffs, N. J.

MATHERON, G. (1965) *Les Variables Regionalisées et Leur Estimation*, Editions Masson, Paris.

MATHERON, G. & FORMERY, P. (1963) *Recherche d'Optima dans la Reconnaissance et la Mise em Exploitation des Gisements Miniers*. Annales des Mines, Vol. V, pp. 230-237, Vol. VI, pp. 260-277.

MATHIESON, G. A. (1982) *Open Pit Sequencing and Scheduling*. Presented at SME-AIME Full Meeting Honolulu, Hawaii, September 4-9.

MYERS, S. C. (1984) *Finance Theory and Financial Strategy*, Interfaces 14: 1, Jan.-Feb. 1984, pp. 126-137.

NOREN, N. E. (1971) *Mine Development-Some Decisions Problems and Optimization Models*, Decision Making in the Mineral Industry the Canadian Institute of Mining and Metallurgy, Special, Vol. 12, 1971.

PANA, M. (1965) *The Simulation Approach to Open Pit Design-Proceedings of the 5th APCOM Symposium*, Arizona, pp. zz1-zz24.

ROSCOE, W. (1971) Probability of an exploration discovery in Canada, *CIM Bulletin*, March 1971.

SINGER, D. & MOSIER, D. (1981) A review of regional mineral resource assessment methods. *Economic Geology*, Vol. 76, August 1981, N° 5.

SMITH, L. D. (1994) *Discount Rates and Risk Assessment in Mineral Project Evaluations*, Transactions of the Institution oh Mining and Metallurgy, 103, Sept.-Dec. 1994.

SNOWDEN (2002) *Independent technical review and valuation of the mineral assets of Ramelius Resources Limited*.

TRIGEORGIS, L. (1995) *Real Options*, MIT Press, London.

TULCANAZA, E. & ZENTENO, L. (1988) *Options for Hedging Mine Planning Scenarios to Meet Contingencies*, Engineering & Mining Journal, June-July-August 1998.

WHITTLE, J. (1989) *The Facts ad Fallacies of Open Pit Design*, Whittle Programming Pty Ltd.

WOOLER, R. (1999) *Cut-off grades beyond the mine*, Mining Magazine, August 1999, pp. 121-125.

SOBRE O AUTOR

Edmundo Tulcanaza é engenheiro civil de minas. Egresso da Universidade do Chile, realizou estudos de especialização na França (Centro de Geoestatística de Fontainebleau), na Société d'Économie et de Mathématiques Appliquées (Sema, Paris), e em Harvard, no Departamento de Ciências Geológicas, em Cambridge, Massachusetts (EUA).

Sua carreira profissional inclui cargos na Empresa Minera de Mantos Blancos e na Empresa Nacional de Minería (Enami), além de consultorias para a Centromin Peru, Minero Perú, Compañia de Minas Buenaventura, Coluranio, BHP Ingeniería e para diversas empresas de engenharia internacionais, como PAH, Fluor Daniels, Bechtel, entre outras. Em parceria com a Davy Corporation, no Minerals & Metals Center de San Francisco, Califórnia, o autor dedicou-se por mais de uma década a projetos nos Estados Unidos, Papua-Nova Guiné, China e América do Sul. Atualmente, Tulcanaza preside o Committee for Mineral Reserves International Reporting Standards (CRIRSCO) e dirige o Centro de Estudios Mineros em Santiago, que realiza consultorias e capacitação em certificação de reservas, valoração de ativos, auditorias, *due diligences* e planos estratégicos para o setor de mineração.

O autor ministrou cursos e seminários em várias universidades e companhias de mineração na América do Sul. Algumas dessas atividades foram patrocinadas pelo Programa das Nações Unidas para o Desenvolvimento (PNUD), pela Organização de Estados Americanos (OEA) e por institutos profissionais.